"챕 클라크의 이 고전적 저서는 십대의 스트레스에 관한 글을 쓰는 청소년 사역자와 교육자가 강력하게 추천하는 책이다. 청소년의 상처 입은 마음을 들여다볼 소중한 통찰을 주는 필독서라 할 수 있다."

　　　　_페기 켄달(Peggy Kendall), 「유스 워커 저널」(Youth Worker Journal)

"이 책은 사춘기 청소년에게 영향을 미치는 문제들을 해석하는 틀을 제시하는 중요한 일을 한다. 나는 이 책에서 몇 가지 놀라운 통찰을 얻었다. 그동안 내가 제작에 참여한 영화들을 보고 사춘기 청소년들이 환호하는 것은 어찌 보면 당연하다. 영화에 등장하는 인물 역시 청소년들처럼 희망과 진정성을 찾아가는 여정에 있기 때문이다. 이 책은 어른들이 접하는 세계 바로 아래 감추어져 있는 사춘기 청소년의 세계를 잘 보여준다."

　　　　_랄프 윈터(Ralph Winter), 〈엑스맨〉(X-Men) 3부작, 〈판타스틱 포〉(Fantastic Four), 〈스타 트렉〉(Star Trek) 시리즈 등 영화 제작자

"이 책이 무엇보다 소중한 이유는 치밀한 학문적 연구의 정수를 보여주는 동시에 청소년을 바라보는 시선에 깊은 연민이 녹아 있기 때문이다. 클라크는 세심한 문화기술지적 연구를 실행하는 학자이자, 모든 자료를 수집한 후에도 학생들과 여전히 교류하는 최전방의 청소년 사역자다. 이 중요한 책은 청소년 사역자, 부모, 교육자 모두에게 매우 유익할 것이다."

　　　　_더피 로빈스(Duffy Robbins), 이스턴 대학교 청소년 사역 부교수

"이 책은 사춘기 청소년을 만나는 모든 사람이 읽어야 하는 필독서다. 클라크가 지적하듯이 유기의 부정적 영향을 극복하기 위해서는 십대가 각기 자신의 세상에서 긍정적인 목소리를 다양하게 내야 한다. 누구나 읽기 쉽게 쓴 이 책은 청소년 대상 사역 단체의 자원봉사자들을 위한 교재로도 사용할 수 있다. 또한 이 책에 담긴 깊이 있는 연구 결과는 학문적 연구 분야에서도 소중한 자료가 될 것이다."

　　_안나 E. 에이븐(Anna E. Aven), 「유스 미니스트리 저널」(Journal of Youth Ministry)

"클라크의 명료한 문체는 사회학 교과서 특유의 직설적인 단순함이 돋보이지만, 따스하면서도 풍부한 공감의 마음이 그대로 전해진다. 관찰한 내용을 자신과 다른 학자들의 광범위한 연구로 뒷받침하고 있는 이 책은 부모나 교육자, 청소년 사역자라면 빠짐없이 읽어야 할 필독서다."

　　_게리 해시그(Gary Hassig), CBA 리테일러+리소스(CBA Retailers+Resources)

Hurt 2.0

: 십대들의 치열한 내면세계

챕 클라크 지음
김진선 옮김

Hurt 2.0: 십대들의 치열한 내면세계

1쇄 발행	2024년 12월 11일
지은이	챕 클라크
옮긴이	김진선
펴낸이	고종율
펴낸곳	㈜도서출판 디모데〈파이디온선교회 출판 사역 기관〉
등록	2005년 6월 16일 제319-2005-24호
주소	서울특별시 서초구 서초대로 141-25(방배동, 세일빌딩)
전화	마케팅실 070) 4018-4141
팩스	마케팅실 02) 6919-2381
홈페이지	www.timothybook.com
ISBN	978-89-388-1712-9 (03230)

ⓒ 2024 도서출판 디모데 All rights reserved. 〈Printed in Korea〉

Hurt 2.0

ⓒ 2004, 2011 by Chap Clark
Originally published in English under the title *Hurt 2.0: Inside the World of Today's Teenagers* by Baker Academic, A division of Baker Publishing Group
P.O. Box 6287, Grand Rapids, MI 49516, USA.
All rights reserved.

This Korean edition ⓒ 2024 by Timothy Publishing House, Inc., Seoul, Republic of Korea Used and translated by the permission of Baker Publishing Group through rMaeng2, Seoul, Republic of Korea.

이 한국어판의 저작권은 알맹2를 통하여 Baker Publishing Group과 독점 계약한 ㈜도서출판 디모데에 있습니다.
신저작권법에 따라 한국 내에서 보호받는 저작물이므로 무단 전재와 무단 복제를 금합니다.

Hurt 2.0

: 십대들의 치열한 내면세계

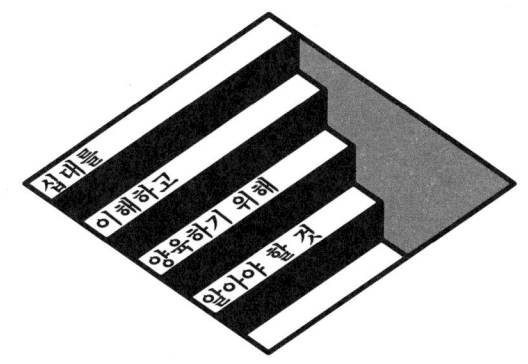

챕 클라크 지음   김진선 옮김

차례

서문	9
초판 서문	19
감사의 글	31

1부. 변화하는 사춘기 청소년의 세계   35
  1장. 사춘기의 변화하는 얼굴   41
  2장. 유기, 현대 청소년의 결정적 문제   71
  3장. 그들만의 지하 세계   109

2부. 지하 세계의 풍경   137
  4장. 또래   141
  5장. 학교   169
  6장. 가족   199
  7장. 스포츠   221
  8장. 성   243
  9장. 바쁜 일상과 스트레스   273
  10장. 윤리와 도덕성   293
  11장. 파티, 게임, 소셜 네트워킹   319
  12장. 주변부 양극단에 있는 아이들   339

3부. 우리의 선택지   381

13장. 중기 사춘기 청소년들에게는 무엇이 필요한가?   385

14장. 체계적 유기의 흐름을 되돌릴 다섯 가지 전략   399

부록. 방법론   411

참고 문헌   425

주   453

서문

한 책의 개정판이 필요한 때가 언제인지 결정하기란 쉽지 않다. 이 책의 초판에서 다룬 문제들과 문화적 변화는 십대뿐만 아니라 어른이 십대에게 물려준 세계를 완전히 새로운 시각으로 바라보게 해주는 계기가 되었다. 그 덕분에 초판의 결론은 상대적으로 긴 유효 기간을 자랑했다. 그러나 동시에 '허트 프로젝트'(Hurt Project, 지금도 이렇게 불릴 때가 많다)를 시작한 이후로 점점 선명하게 드러난 한 가지 사실이 있다. 이 프로젝트는 시작에 불과하다는 것이다. 세상은 하루가 다르게 변하고 있고, 우리 청소년들은 그 변화에 적응해야 한다. 그러나 청소년이 어떤 존재인지, 그들이 어떻게 느끼는지, 그들이 성장을 어떻게 바라보는지에 대한 어른들의 인식과 기본 전제는 그 속도를 따라가지 못한다. 더욱이 지난 몇십 년간 청소년을 돌보기 위한 지침으로 어른들이 공들여 다듬어온 제도와 구조가 대대적으로 변화되었다. 이 책의 초판이 출간되었을 때와 비교하면, 교육에서부터 청소년 스포츠와 미디어와 자녀 양육에 이르기까지 거의 모든 제도가 더 복잡해지고 까다로워졌으며, 사람들 사이의 관계가 더 단절되었다. 어른들은 자신의 생존을 위해 안간힘을 쓰고 있다. 그 과정에서 자신의 계획이나 목표를 방해하는 아동이나 청소년은 바로 문제아가 되어버리거나, 심리 치료사의 표현을 빌리면 '지목된 환자'(identified patient)가 된다.

이 책의 초판이 처음 출판되었을 때 나는 사방에서 적지 않은 반발에 부딪혔다. [다만 당사자인 청소년들은 예외였다. 내가 초판이나 더 대중적인 자매편 『아이들이 상처 입을 때』(When Kids Hurt)에 대해 강연하거나 감독하는 내용을 들은 십대들은 거의 이구동성으로 "드디어 우리를 이해해주는 사람이 생겼어! 이 사람의 말을 들어봐!"라고 외쳤기 때문이다.] 이 책이 세상에 나왔던 첫 1-2년 동안 많이 들었던 두 가지 말이 있다. "우리 애들이랑은 상관없는 내용이네요. 당신이 말하는 아이들은 LA에 사는 아이들입니다." "당신이 집중적으로 다루는 아이들은 _____한(똑똑한, 안정적인, 재능 있는 등) 아이들이 아니라, 극단적이거나 주변부에 있는 아이들입니다." 부모를 비롯하여 오늘날 현장에서 십대와 직접 만나는 사람들과 이야기할 때(나는 매년 전 세계에서 이 주제로 수천 명의 사람에게 강의하고 있다) 그들이 보이는 반응은 거의 항상 압도적으로 비슷하다. "그 징도는 이미 일고 있어요! 그런데 우리가 내제 무엇을 해야 하나요?"

아동과 사춘기 청소년이 건강한 성인기를 맞이하도록 돌보고 이끄는 방식에 실제로 변화를 일으키기 위해 모두가 준비되어 있다면, 굳이 개정판을 내야 할 이유가 무엇인가? 청소년을 돕는 제도와 구조를 바꾸거나 근본적인 변화를 시도하여 사회가 다시 청소년과 관계를 맺을 준비가 되어 있다면, 더 많이 연구하고 최신 자료를 조사하며 더 심층적이고 폐부를 찌르는 질문을 해야 하는 이유는 무엇인가? 오랫동안 고수하던 전제에 의문을 품고, 우리 자녀의 문제에 더 깊은 두려움을 느껴야 하는 이유는 무엇인가? 단순한 한 가지 이유가 있다. 많은 이가 초판에서 발견하고 제시한 내용의 함의를 제대로 깨닫지 못했기 때문이다. 이 개정판을 내는 이유는 청소년을 양육하고 훈련할 책임이 있는 사람들, 즉 그와 관련된 제도와 구조를 통제하고 규정하는 사람들(특별히 그 제도나 구조와 관련하여 영향력을 지닌 사람들)이 현재 청소년의 생활 환경이 얼마나 파괴적인지를 모르거나, 널리 드러나는 징후들을 진지하게 바라볼 의지가 없기 때문이다.

나에게 이 두 경우 모두 유감의 수준에서 끝날 일이 아니다. 이들은 비난받아 마땅하다.

내가 과장한다고 생각하거나, 그동안 이 책의 초판을 접했지만(아마 책을 읽은 사람일 수도 있다) 그 결론을 과소평가하거나 함의를 무시했던 사람이 있다면, 이 개정판은 바로 그런 사람들을 위해 쓰였다. 물론 이런 결과물과 결론을 한 번도 접한 적이 없었던 모든 사람을 위한 책이기도 하다. 이 책은 초판의 기본적인 얼개를 그대로 활용했고, 지난 몇 년간 변화가 없었던 부분은 그대로 수록했다. 동시에 개정판에서는 초판이 출간된 이후부터 연관성을 갖게 된 일련의 새로운 통찰과 자료를 참고했다. 이 책은 오늘날 아이들의 내면과 삶의 상황을 세심하게 평가하기 위해 항목별, 단락별, 연구 내용별로 살펴보는 방식을 택했다.

　이 책에 추가된 새로운 자료와 아이들에 관한 몇 가지 사례에는 다음의 내용이 포함되어 있다(책을 읽으면 더 많은 사례를 확인할 수 있다).

　　—미국 질병통제예방센터(CDC)의 연구에 따르면, 14-19세 사춘기 소녀 중 25퍼센트가 다소 흔한 성병 중 '적어도 한 가지 병'에 걸려 있다고 한다(이 연구는 CDC를 통해 보고된 사람들에 한정되기 때문에 이 위험이 얼마나 널리 퍼져 있는지 정확히 알 수 없고, 20대가 되어 성행위의 횟수가 증가하면 그 비율이 얼마나 높아지는지 확인할 수 없다).

　　—프린스턴과 코넬 대학에서 진행한 자해에 관한 연구는 대학 신입생 가운데 여학생 5명 중 1명, 남학생 7명 중 1명이 '자해'를 한다고 보고한다(응답자의 자기보고식 질문지를 기초로 한 결과다. 이는 보고된 수치보다 실상이 훨씬 심각할 수 있음을 뜻하며, 그것마저 미국 명문 대학교에 한정되

어 있다).

— 2000년대 초반에는 MILF[1]라는 표현이 성적인 의미를 담은 '단어'였지만, 오늘날에는 '쿠거'(cougar)와 '섹스팅'(sexting)이 그 자리를 대신하고 있다.[2]

— 발달 심리학자 제프리 J. 아넷(Jeffrey J. Arnett)과 그 외 다른 학자들은 고등학교 졸업 후의 '성인 모색기'(emerging adults)에서 '청소년'이라는 용어를 제거하려는 캠페인을 벌였다. 이는 20대와 심지어 30대에 들어서도 성인 역할에 적응하는 데 어려움을 겪는 사람들을 '불쾌하게' 하지 않기 위함이다. 이 캠페인은 14-20세까지 포함된 기존의 '중기 사춘기 청소년'(midadolescent)이라는 용어를 재정립해야 하는 파급 효과를 낳았다. 그러나 사춘기라는 용어의 고전적 이해에 따르면, 이제 사춘기는 세 단계로 구분할 수 있다. 초기 사춘기(11-14세)는 구체적 인지와 심리사회적 역동성이 두드러지고, 후기 사춘기(20-30대 초반)는 추상적 인지와 심리사회적 역동성이 그 특징이다. 이에 비해 중기 사춘기는 개인적 생존에 몰두하기 때문에 이 시기의 특징은 생활에서 자기중심적 추상화가 두드러진다.

— 자녀의 세계와 성과에 과도하게 개입하여 자녀가 결과에 책임을 지지 않도록 과잉보호하는 과거의 '헬리콥터 부모'가 이제는 긍정적인 영향보다 유해한 영

향을 미치는 '스텔스 폭격기 부모'가 되었다. 이런 부모 밑에서 자란 자녀는 자신의 발달적 필요를 희생하면서까지 적응하는 법을 배운다.

― 초판에서는 중기 사춘기 청소년이 일상생활을 바라보는 방식을 이해하기 위해 그들이 여러 '층위' 속에 살고 있다고 묘사했다. 이 책에서는 우리 연구팀의 관찰과 결론뿐 아니라 최신 연구 이론과 자료를 바탕으로 '다중 정체성'이라는 더 정확한 이미지를 사용하여 중기 사춘기 청소년이 한 상황에서 다른 상황으로 옮겨가거나, 심지어 때로 한 사람에서 다른 사람으로 옮겨가는 식으로 생활하는 모습을 설명할 것이다. 그들은 '다중 자아'(혹은 다중 층위)로 살아가며 이 자아들은 각기 나머지 자아들과 상호 작용하여 인과 관계를 만들어낸다.

위와 같은 사례들은 이 책에서 제시한 새로운 통찰과 시각의 일부일 뿐이다. 이 책은 초판과 다른 구체적 내용을 구태여 강조하지 않고, 기존 자료와 지난 10년간의 새로운 관찰과 연구 내용을 통합했다. 초판을 읽은 후의 반응은 다양했다. 십대와 정기적으로 교류하며 그들을 위해 일하는 '현장 종사자'(교육자, 청소년 상담사, 사회 복지사, 도시 청소년 가정 전문가, 청소년 사역 종사자)는 초판의 내용을 다수가 10년 이상 경험해온 것을 새롭게 규명하고 설명하는 작업으로 이해했다. 학계에서는 연구자와 이론가의 반응이 분야를 막론하고 미온적인 것부터 부정적인 것까지 다양했다. 연구 결과 자체를 인정하지 않는 학자도 많았다. 어떤 이들은 초판의 연구와 결과물이 엄격한 학문 연구가 요구하는 범주를 충족하지 못한다고 주장했다. 그래서 이 연구 결과가 사춘기 청소년의 건강과 안녕이라는 개념 테이블에 초청받지 못하고 외면당할 때가 적지 않았다. 다양한 학술적, 실용적 학문에 종사하는 동료들은 우리가 사용한 연구 방법이 청소년의 마음과 의식 안에서 실제로 벌어지고 있는 일을 심층적으로 이해하는 데 학문적으로 신뢰할 수 있고 건전한 방식을 제공한다는 것을 알아야 한다.

우리 팀의 시각에서 볼 때 청소년에 대한 전통적 연구 방법(자기보고, 광범위한 일반 연구 자료, 표적 집단 면접)은 우리 이해에 분명히 도움이 된다. 그래서 우리는 이 연구의 많은 부분을 인용 자료와 참고 자료에 포함했다. 그러나 이런 청소년 연구 방식조차 가파른 사회적 변화와 그 최전선에 있는 청소년 발달의 복잡성을 적절히 기술하고 설명하지 못한다. 그래서 청소년을 대상으로 일하는 지도자들은 오늘날 성장하는 청소년에게 이러한 변화가 어떤 의미를 지니는지 인식하지 못하기도 한다. 심지어 결혼 및 가정 상담사, 임상심리학자, 교육행정가와 정책입안자와 정책에 영향을 미치는 사람들(청소년에게 필요한 것을 제도적으로 마련할 권한이 있는 대표적인 최종 책임자) 중 이런 자료와 연구 결과를 알고 있는 사람은 극소수다. 사춘기 청소년이 현실을 보고 경험하는 방식은 전 국가적 담론의 중심이 되어야 한다. 특별히 그들의 시각과 우리의 문화적 권력 시스템 사이의 거대한 간극에 비추어 논의해야 한다. 부디 이 책이 학술적, 기술적 근거로 무시될 수 없을 만큼 압도적인 사례를 제시하기를 바란다.

집단으로 모여 이런 문제들을 주제로 대화하는 것이 얼마나 중요한지를 깨달은 계기가 있다. 노터데임 대학교의 크리스천 스미스(Christian Smith)가 청소년과 종교에 대한 전국적 연구(National Study of Youth and Religion) 프로젝트에서 얻은 연구 결과와 현대 청소년의 종교 생활을 다룬 그의 저서이자 영화인 『영혼 탐색』(Soul Searching)을 두고 여러 명이 토론했을 때였다.[3] 토론하기 앞서 함께 영화를 보고 나서 그는 청중에게 이렇게 말했다.

특별히 오늘 챕 옆자리에 앉은 저는 영화를 보며 깨달은 것 때문에 놀라움을 금치 못하고 있습니다. 원작인 책에서는 거의 볼 수 없지만, 영화에서는 생생하게 드러났던 한 가지 주제가 있습니다. 영화를 찍는 과정에서 우연히 추가된 주제인데 십대가 어떻게 상처 입는가에 대한 것입니다. 영화에서는 상처에 관해 많이 다루었지만, 책에는 그런 내용이 없습니다. 영화 대본에는 없는데, 그 주제가 자연스럽게 표현되었습니다. 자살에 대한 대화가 실제로 영화에 더 많았지만, 최대한 편집했습니다. 제 말은 자살을 다룬 영화가 될까 염려돼서 아주 신중하게 여러 부분을 잘라냈지만 이런 결과물이 나왔다는

겁니다.[4]

    십대의 종교 생활을 다룬 다큐멘터리를 만드는 과정에서 영화 제작자를 '건드렸던' 부분은 오늘날의 십대가 상처를 받고 있다는 사실이었다. 앞서 나온 초판에서도 이 내용을 살펴보았지만, 나는 초판이 나온 이후로 상황이 더 악화되었다고 생각한다. 이 사실을 알아차리는 사람이 점점 더 많아지고 있다. 지금은 청소년을 연구하고, 그들을 위해 일하며, 그들에게 영향을 미치는 정책을 만드는 모든 사람이 모여 청소년을 체계적으로 유기(abandonment)하고 고립시키는 일, 특히 그 가운데서 아이들이 받는 상처의 문제를 다루어야 할 때다. 새롭게 단장한 이 책은 초판을 읽은 사람도 오늘날 십대의 고통을 더 깊이 있고 새롭게 이해하도록 도와줄 것이다. 이 책을 통해 연구자와 실천가와 부모 그리고 특히 청소년과 협력하고 양육 방침을 만들며 사회에 필요한 제도와 구조를 개혁할 힘이 있는 사람들 사이에 불길이 일어나 청소년들과 소통하는 운동이 일어나기를 소망한다. 우리 아이들에게 이런 관심이 절실하게 필요하고, 그들은 이런 관심을 받을 자격이 있다.

초판 서문

"누가 우리를 연구하고 싶어 하겠어요?"

17살 고등학생이 보여준 냉소적 태도가 내게는 상당히 이상하고 어색했다.

"제 말은 애들이 뭐가 중요해서 책을 쓰냐는 거예요. 왜 우리에 대해 책을 쓰는 거죠?"

샤론은 내가 대체 교사로 들어간 수업에서 만난 학생이었다. 그 아이에 대해 아는 것이라고는 11월의 시애틀처럼 늘 차갑고 우울한 분위기가 감도는 학생이라는 점이었다. 샤론은 내가 학교에 와 있는 이유를 한동안 집요하게 캐물으며 나를 괴롭혔다. 나는 교수이고 안식년 휴가를 받았다는 설명에도 납득이 되지 않는다는 표정을 지었다. 아이들과 어울리는 것을 좋아한다는 가벼운 농담이나, 심지어 어른은 대부분 사춘기 청소년이 어떻게 지내는지 모른다고 생각한다는 나의 상세하고도 진지한 설명에도 시큰둥했다. 샤론은 내게 숨은 저의가 있을 것이라고 생각했다. 또래 친구들을 이용해 뭔가 노리는 게 있다는 것이었다.

"이렇게 하면 선생님이 유명해지나요?"

나는 큰 소리로 웃고 말았다. "사실 거의 읽는 사람이 없는 책을 몇 권 쓰고 나서 그런 기대는 오래전에 접었어."

"그러면 왜 이런 일을 하려는 거예요? 그게 그렇게 중요한 일인가요?"

샤론이 던진 마지막 질문에 나는 완전히 허를 찔렸다. 안식년을 보내는 좋은 아이디어 차원에서 시작한 일이 이 책이라는 구체적인 결과물을 낳았다. 나는 학생들을 알고 싶다는 순수한 마음으로 이 일을 시작했다. 나는 대부분의 어른이 '아이들'이라고 부르는 집단을 돌보는 데 전 성인기를 헌신했다. 그 시간 동안 연구의 목적, 방식, 가설, 나의 관심의 범위가 점차 구체화되었고, 청소년, 가정, 문화 연구를 전문으로 다룬 시리즈를 출판하자는 출판사의 제안에 관심이 생겼다. 그러면서 나는 이 연구가 단순히 나 홀로 몇백 시간 동안 오늘날 중기 사춘기 청소년의 상태를 고민한 것으로 끝낼 수 없는 매우 중요한 작업임을 깨달았다. 많은 사람에게 널리 알려야 하는 필수적인 이야기가 된 것이다. 그러나 그 이후로 끊임없이 머릿속을 맴도는 한 가지 질문이 있었다. 이 책이 누군가에게 중요한 책이 될 수 있을까?

사람들이 무언가에 관심을 갖도록 강제할 수 없기 때문에 더 이상 그 문제를 두고 고민하지는 않았다. 결국 사람들이 직접 선택해야 하는 것이다. 내가 이 책을 쓴 이유는 과거 세대와 비교해 오늘날 고등학생의 인생이 얼마나 다른지 기꺼이 살펴볼 사람들을 돕기 위해서다. 나의 연구 결과를 진지하게 받아들이는 사람은 이 책을 중요하게 여길 것이다. 내가 공유하는 연구 결과와 내가 내리는 결론에 모든 성인이 동의하지는 않을 것이다. 심지어 대다수가 동의하지 않을 수도 있다. 그러나 나는 대다수 성인이 무시했거나 놓친 것을 밝히고자 치밀하게 노력했다. 나의 목표는 대화의 수준을 높이고, 궁극적으로는 우리 사회의 청소년을 위한 개인적, 집단적, 제도적 참여의 수준을 끌어올리는 것이다.

이 책을 읽으면서 여기에 소개된 관찰 내용을 가볍게 여기거나 쉽게 무시하지 않기를 바란다. 나의 지적이 다 옳지 않을 수 있다. 대부분의 문화기술지 연구 보고서처럼, 이 연구에는 이론적인 허점이 존재할 수 있고 때로는 실수도 있을 것이다. 하지만 미국의 십대 세계의 내부적 시선으로 그들을 정직하게 바라보고자 노력했다. 미국 전역의 수많은 청소년을 대상으로 나의 연구 결과를 검증하는 작업을 거치기도 했다. 그들은 이것이 지금까지 어른들에게서 받았던 것 중 가장 정확한 결론인 동시에, 공감하고자 노력한 연구 결과라고 인정했다. 나보다 먼저 이런 작업을 한 사람은 많다. 하지만 오늘날 포스트모던 시대의 십대를 더 깊이 이해하고자 사춘기 청소년의 세계에 직접 발을 들여놓은 훈련된 사회과학자는 단 한 명도 없었다.

나에게 이 프로젝트는 학술 활동이라기보다 새로운 세계에 대한 탐험에 더 가까웠다. 십대의 세계에 더 깊이 들어갈수록 내가 얼마나 많은 것을 배워야 하는지 절감했다. 나에게 이 것은 등산가이자 탐험가인 힐러리 경의 에베레스트, 해양 탐험가인 쿠스토의 바다, 미국 서부 탐사 원정대였던 루이스와 클라크의 모험과 같았다. 동양으로 가는 더 쉽고 빠른 항로를 개척하기 위해 서쪽으로 향했지만 낯선 땅으로, 때로는 그 이름조차 알 수 없는 지역으로 흘러 들어간 몇몇 유럽인처럼 나 역시 예기치 못한 모험을 했다. 지난 2년 동안 여러 과정을 거쳐오며 수많은 감정을 경험했다. 내가 사랑하게 된 청소년들의 열정과 오만한 패기와 고통을 외면할 수 없었다. 부디 이 책이 당신에게도 흥미와 배려와 공감의 모험이 되기를 바란다.

내가 이 프로젝트를 시작한 것은, 단순히 연구 문헌에 자료를 하나 더 추가하는 차원으로서 중기 사춘기(대략 14-20세까지의 연령대)라고 불리는 발달 단계에서 일어나는 일을 학문적으로 이해하기 위해서였다. 그런데 나는 학생들을 관찰하고 그들과 교류하며 수백 시간을 보내면서 훨씬 더 많은 것을 알게 되었다. 또한 청소년이 경험하고 있는 '유기'라는 악순환을 끊고, 청소년들이 성인인 우리가 간절히 바랐던 인생을 살아가도록 돕는 글을 쓰고 강연하려면 내가 먼저 변해야 한다는 사실을 깨달았다. 더 이상 전과 똑같이 살 수는 없었다. 내가 속한 사회의 청소년을 돌볼 길을 찾아야 했다. 나는 내가 사회 전체에서 가장 소중한 자원을 돌봐야 할 청지기라는 사실을 마음에 새겼다. 그 소중한 존재는 바로 청소년이다. 나는 여전히 40대 후반의 전형적인 직장인이자 남편이자 아버지이며, 갚아야 할 주택 대출금이 있고, 내 삶을 스스로 개척하고 싶은 숨은 욕구가 있다. 그런데 매주 세 명의 고등학교 남학생과 근사한 저녁 식사를 하면서 변화를 일으키고 싶은 나의 욕구를 실현할 방법을 찾았다.

부디 이 책이 당신에게 도전과 자극을 주기를 기대한다. 그래서 어른 공동체가 옹호해주기를 절실히 바라는 아이들을 위해 싸우는 투사가 되기를 바란다.

나의 고등학교 모험기

현대 청소년의 상태를 연구하는 프로젝트의 핵심 활동의 일환으로 고등학교에서 대리 수업을 막 시작했을 때였다. 몇몇 학생에게 나는 언제든지 너희의 이야기를 듣고 이해할 준비가 되어 있으며, 어른을 대상으로 오늘날 십대의 인생에 대한 내용을 담은 책을 쓸 것이라고 말했다. 그러자 목소리가 큰 2학년 학생이 나머지 학생들의 대변인을 자처하며 이렇게 말했다.

"어른들에게 우리 이야기를 해주세요. 진실을 알려주세요. 아무도 우리 이야기에 관심이 없고, 듣는 사람도 없어요. 선생님이나 코치님, 경찰, 부모님은 우리가 무슨 생각을 하는지 전혀 몰라요. 사람들에게 우리 생각을 알려주고 듣는 사람이 한 명이라도 있는지 확인해보세요. 아마 한 명도 없을 걸요?"

책에 기록된다는 생각에 대부분 큰 흥미를 보였지만, 고등학교 생활 실태를 조사하며 많은 학생에게서 감지한 전형적인 깊은 회의감이 바로 이 말에서 드러났다. 나는 6개월이 넘게 거의 매일 고등학생들을 만나 그들의 세계에 동참하고 그들을 관찰했다. 학생들에게 더 가까이 다가가 그들의 말에 귀 기울이고, 어른들에게 좀처럼 자리를 내주지 않는 그들만의 세계에 들어갈 수 있을 만큼 신뢰를 쌓고 싶었다. 아이들의 모순되고 복잡한 세계관을 확인하고, 그들 세계의 풍경을 지배하는 다층적 기대와 관계를 어떻게 헤쳐나가는지를 관찰하고 싶었다.

청소년, 가정, 문화에 대해 학문적 지식을 갖춘 교수이자, 사춘기 청소년과 직접 교류하는 실무자로서 나는 청소년에 관한 문헌(종교계뿐 아니라 일반 사회의 자료)이 빈약하다는 사실을 깨달았다. 그 자료들은 상충하는 내용이 많고, 급격하게 변하는 세계에서 어른들이 학생들과 진정성 있고 깊이 있게 소통하도록 도와줄 정보를 제공하기에는 대체로 너무 일반적이고 획일적인 내용을 담고 있다. 나는 학문에 기반을 둔 현대 사춘기 청소년의 세계를 연구할 프로젝트가 절대적으로 필요하다고 절감했다. 사춘기 청소년 세계의 주변부를 서성이며 패트리샤 허쉬의 『고립된 종족』(A Tribe Apart)과 같은 책을 읽었다. 그렇게 몇 년을 보낸 후 나는 그들의 세계에 초청받을 유일한 길이 그 세계로 직접 들어가 그들의 입장에서 신뢰 관계를 구축하는 것임을 깨달았다.

이 연구는 현대 미국 사회의 중기 사춘기 청소년의 생활 실태를 알아보기 위해 공인된 사회과학 연구 방법론을 적용했다. 목표는 허쉬와 같은 용감한 선구자들의 발자취를 따르는 것이다. 그녀는 학자와 교수, 심지어 사춘기 청소년을 돌보고 교류하는 현장 실무자까지 참여한 표준적인 조사 방법론을 적용하여 오늘날 청소년의 세계에 대해 보고했다.[1]

방법론

나는 로스앤젤레스 카운티 북부의 한 공립 고등학교에서 참여 관찰자로 연구 활동을 했다.[2] 내가 선택한 학교는 탁월한 학업 성적으로 우수 학교 인증 제도인 블루 리본을 받아 전국적으로 인정받는 크레센타 밸리 고등학교였다. 이 학교는 매우 다양한 인종의 학생이 재학 중이고(갓 정착한 이민자 학생을 포함하여), 역사적인 전통을 자랑하며, 다양한 스포츠, 음악, 연극 프로그램을 갖추고 있다. 또한 평균적으로 사회경제적 중산층이 주를 이루고 있지만, 경제적 격차가 매우 크다. 공동 교장들은 나의 비침투적 조사 방법에 동의해주었고, 심지어 학생들의 학습 경험을 개선하기 위해 연구에 직접 참여하며 배우는 데 관심을 보이기도 했다.

나는 중기 사춘기 청소년의 생활을 더 깊이 이해하기 위해 문화기술지적 연구 방법을 사용하기로 결정했다. 설문지 같은 객관화된 정량적 도구는 질문의 범위를 크게 제한하기 때문이고, 전화 설문 조사 같은 덜 개인적인 정성적 방법론은 소규모의 면접과 통제된 환경에 크게 의존하기 때문이다. 참여 관찰 조사 방법은 새롭고 신선한 통찰을 허용하고 장려해서, 변화하는 사회문화적 환경에서 선험적인 개념의 한계나 이론의 한계를 피하게 해준다. 정성적 조사 방법론의 한 가지 원칙은 "사회 조사란 통제하는 과정이라기보다 상호 교류하는 과정"이라는 명제를 확신하는 것이다.[3] 그러므로 더 깊이 관여하는 정성적 조사의 한 형태인 문화기술지적 연구 방법은 변화하는 환경에서 특정 연령 집단의 세계를 이해하기 위한 유용한 도구다. 이러한 유형의 조사에는 조사자 본인의 역사적, 사회경제적 편향 혹은 성별이나 민족에 대한 선입견 등과 같은 명백한 한계가 있다.[4] 하지만 사회과학자가 상대적으로 폐쇄된 체제에서 참여자로 환대받고, 관찰자로서 자신의 경험을 기록한다면 많은 통찰을 얻을 수 있다.[5]

나는 경험이나 훈련과 문헌 연구에 의지하지 않고 열린 마음으로 학생들의 세계를 알아가려고 노력했지만, 여전히 뿌리 깊은 선입견을 가지고 연구에 임했음을 인정해야 했다. 기존의 가치와 이론에서 완전히 자유롭기란 불가능했다. 방법론과 연구 결론에서 나에게 이러한 한계가 있음을 인정한다.

그러나 정성적 사회학적 방법론에 기존의 지식과 경험을 적용할 만큼 많은 정보를 가진 진문 조사자에게 유리한 측면이 있다. 나는 사춘기와 사춘기 발달에 대한 학술적인 문헌과 대중적 문헌의 다양하고 때로 모순적인 시각을 매우 잘 알고 있다. 이 연구를 시작할 당시에도 마찬가지였다. 또한 나는 중기 사춘기가 사춘기 과정의 한 단계로 평가된다는 것도 알고 있었다. 지난 10-15년 동안 학자들은 사춘기에 대해 역사적으로 공인되어온 2단계(초기, 후기)가 아닌 3단계(초기, 중기, 후기)를 인정했다. 이 사실을 몰랐다면, 결과를 왜곡하여 결론에 영향을 미칠 수 있는 방식으로 연구 대상인 고등학생의 특성을 잘못 판단했을지도 모른다. 사춘기 청소년 연구 분야에서 쌓은 경험 덕분에 이 집단을 연구할 준비가 되어 있었다.

차이점과 부차적인 문제를 다루지 않은 이유

책의 목차를 훑어보기만 해도 이 책이 학생들을 구분하고 분리하며 나누는 특정 문제에 지면을 할애하지 않는다는 것을 알 수 있다. 경제적, 민족적, 개인적 역사가 한 청소년의 시각과 인생 경험에 상당한 영향을 미칠 수 있다는 주장은 확실히 설득력이 있다. 나는 몇 달 동안 고민한 끝에 미국 고등학생 대다수가 직면해 있는 보다 명확하고 광범위한 문제에 집중하기로 결정했다. 계급 차별과 인종 차별 등으로 억압당하고 소외되어온 학생도 여기에 포함된다. 성(性) 문제, 바쁜 일상, 스포츠, 학교, 가족 등에 집중함으로써 독자들이 고등학교의 강당과 로커 룸과 교실을 직접 들여다볼 기회를 주고 싶었다. 인종 간, 빈부 간, 심지어 성별 간의 사회학적 차이는 의도적으로 제외했다. 이는 모든 중기 사춘기 청소년을 포함하는 전체 사춘기를 살펴보고, 더 심층적인 논의와 조사를 이어갈 기준점을 찾기 위함이었다. 이 책은 대부분 학생의 고등학교 생활을 정확하게 묘사하고 있다.

이런 의도적인 생략 외에도, 모든 계층의 많은 중기 사춘기 청소년이 직면한 더 복합적이고 심층적인 일부 문제에 대한 상세한 설명 역시 제외하기로 했다. 몇 가지 예를 들자면 마약 사용, 식이 장애, 신체적 학대와 다른 종류의 학대, 데이트 강간, 성 중독, 칼로 긋거나 베는 자해(점점 보편화되는 자해의 한 형태)는 간단히 언급하는 정도에서 그친다. 이런 문제들을 강조하지 않는다고 해서 내가 제안하는 더 넓은 전 세계적 문제와 비교해 이 문제들이 중요하지 않다는 말은 아니다. 또한 이런 문제를 겪는 학생들을 면밀히 들여다볼 필요가 없다고 주장하는 것도 아니다. 내가 이런 문제들을 논의에서 제외한 이유(어떤 경우에는 가볍게 언급하고 지나갔다)는 두 가지다. 첫째, 이런 상황과 행위는 이 책에 제시된 더 포괄적인 문제에 비추어 연구하고 논의할 때만 의미가 있다고 믿기 때문이다. 전반적인 중기 사춘기 청소년의 사회문화적인 전체 지형을 기본적으로 파악하지 않고 이른바 '부차적' 문제와 씨름하면 이런 문제에 대해 피상적이고 불완전한 가정과 결론에 이를 수 있다.

둘째, 이런 파괴적이고 고통스러운 행위와 문제에 초점을 맞추지 않은 것은 14-20세의 대부분 학생이 인생의 어느 시점에 이런 문제들과 최소한 조금이라도 씨름하거나 접하기 때문이다. 사춘기는 본질적으로 거대한 변화의 시기다. 고스족[6]으로 고등학교에 들어왔던 학생들이 펑크족[7]이 되고, 마약에 찌든 마약쟁이가 되었다가도 결국은 전국 리그 대표팀 축구 선수가 될 수도 있다. 이렇게 끊임없이 변화하는 정체성 형성과 실험에는 다양한 측면의 부수적 요소나 행동들이 포함되므로, 이런 행위들을 일일이 확인하고 범주화하는 일은 극히 까다롭고 어려우며 심지어 학문적으로 의심스러운 작업이 될 수 있다. 특정 연령대나 집단, 심지어 개별 학생의 실태나 상황을 이해한다고 생각하는 순간 그 연령대나 집단이나 학생은 다른 방향으로 가버린다.[8] 그러므로 나는 이런 부차적 요소와 행동과 문제의 논의는 다른 이들의 몫으로 남겨놓기로 했다.

하나의 결론과 하나의 시작

사춘기는 설명하기가 쉽지 않은 시기다. 사춘기를 정의 내리는 일은 훨씬 어렵다. 대다수 성인이 사춘기를 이해하기란 쉬운 일이 아니다. 우리는 현재 고등학생들이 과거와 비교해 별로 달라진 것이 없다고 주장하는 쉬운 길을 택하고 싶어 한다. 어떤 이들은 청소년이 존경과 헌신과 근면 성실이라는 성인의 가치에 부응하는 한 어른들이 아이들을 이해하든 말든 문제가 될 것이 없다고 말한다. 또 다른 사람들은 "이해할 수 없다면 그들과 한편이 되라"는 범주를 택하기도 한다.9 수년에 걸쳐 수많은 성인과 대화하고 그들을 연구한 끝에, 우리가 청소년에게 빛이 되고 싶어도 우리가 누구를 상대하고 있는지 전혀 모른다는 괴롭고 고통스러운 현실을 마주했다.

이 책은 중기 사춘기 청소년의 낯설고 얼핏 적대적으로 보이는 세계를 자세히 들여다보고자 하는 하나의 시도다. 청소년을 이해하여 그들을 더 효과적으로 돌볼 수 있기를 바란다. 이 책을 보고 혼란에 빠지고, 분노가 일며(문화뿐 아니라 자신에게), 좌절감이 생기고, 심지어 격렬한 반감을 느낄 수도 있다. 이 연구의 조사자이자 저자로서 나는 이 모든 반응을 환영한다. 너무나 많은 시간 동안 성인 사회는 청소년이 '반항적인' 태도로 일관하고, 사회의 규율과 기준과 가치를 무시하며 무관심하게 군다고 비판하며 그들에게 관심을 기울이지 않았다. 이들을 이해하는 여정을 시작하려는 독자에게 지난 50년 동안 어떤 사람과 상황이 청소년들의 반항적이고 무신경한 오만을 촉발했는지를 진지하게 고민해볼 것을 부탁한다. 그 근본적 원인을 마침내 밝혀낼 가능성이 있을까? 어른에게는 반항적 세대로 보이지만, 사실은 방향을 모른 채 나침반 없이 표류하며 바다를 떠다니는 아이가 보이는 필연적 반응은 아닐까? 이들이 그 불안정함을 표현하는 특별히 취약한 세대일 가능성은 없는가? 『Hurt 2.0: 십대들의 치열한 내면세계』에 오신 것을 환영한다.

감사의 글

여느 책들과 마찬가지로 이 책은 수많은 사람의 수고가 담긴 결과물이다. 많은 사람이 이 책에 기여했고, 나는 그들과 함께 일하는 특권을 누릴 수 있었다. 이 지면을 빌려 그들의 수고에 감사를 드리고 싶다. 첫째, 초판에 필요한 첫 연구 작업을 함께한 사람들에게 감사한다. 특별히 에이미 제이코버와 마크 메인즈에게 감사한다. 나는 또한 대부분 대학원생인 수많은 편집자에게 선물을 받았다. 그중에서도 에프리스, 짐, 마거릿은 긴 시간 수고를 아끼지 않고 일하며 초판 수정 작업에 귀중한 통찰을 주었다.

이 개정판을 위해 열두 명의 대학원생이 이 책에 제시된 사안들을 보완하고 수정하고 업데이트하며 오랜 시간 연구 결과를 정리하는 수고를 해주었다. 그들의 수고가 없었더라면 이 개정판을 세상에 선보일 수 없었을 것이다. 루크 브룩스, 폴 칭, 크리스 다트, 채드 드케이, 그렉 돌미지, 에릭 풀러, 앨리슨 킬고어, 리 멀린스, 키반 남, 버지 피커링, 안젤라 윌리엄스, 단 조머레이에게 감사한다. 이 개정판은 초판의 사안들을 그대로 수록하되 사춘기 청소년의 현재 상황을 업데이트했다. 이 책이 우리 아이들을 이해하는 데 훨씬 유익한 안내자 역할을 해줄 것이라고 믿는다. 이런 노력을 다음 단계로 끌어올려준 두 사람이 있다. 그 두 사람이 아니었다면 이 개정판을 낼 수 없었음을 꼭 알리고 싶다. 크리스티 버그룬드와 제시 오크스가 이 프로젝트에 쏟았던 헌신에 감사한다. 이 개정판이 현실로 이루어지도록 주도적으로 수고해준 것에 감사한 마음은 이루 말할 수 없다. 이 책이 유익하고 도움이 된다면 그 공은 대부분 이 친구들 덕분이다. 실수나 누락 혹은 논리적 비약이 있다면 그 탓은 오로지 나에게 있다.

크레센타 밸리 고등학교의 행정실, 교직원과 스태프에게 큰 도움을 받았다. 이 학교는 미국에서 최고의 학교 중 하나임을 잘 알고 있다. 그들과 함께 프로젝트를 진행할 수 있는 것은 내게 큰 행운이었다.

특별히 크레센타 밸리 고등학교와 그 외 다른 학교의 학생들에게 감사하고 싶다. 나는 그들과 함께 산책하거나 그들의 이야기를 듣는 특권을 누릴 수 있었다. 그들의 열린 마음과 가슴이 아플 정도의 솔직함 덕분에 이 책이 하나의 연구 프로젝트나 책 이상의 소중한 의미를 지니게 되었다. 그들은 내게 여러 모로 도전이 되었다. 이제 다시는 고등학교 학생들을 거대하고 획일적인 한 집단으로 뭉뚱그려 볼 수 없을 것이다. 이제 나는 고등학생 한 명 한 명이 소중하고 귀중하며 특별한 인격체로 보인다. 내면세계를 들여다보도록 허락해준 모두에게 고마움을 전한다. 내가 그 일을 제대로 해냈기를 바랄 뿐이다.

이 연구 결과를 책으로 정리하는 동안 때로는 짜증을 부리거나 진전이 없어 힘들어할 때 묵묵히 감내해준 가족(디, 챕, 롭, 케이티)에게도 고마움을 전한다. 언제나처럼 내 힘의 원천은 가족이었다. 감사하게도 나는 가족 덕분에 더 나은 사람이 될 수 있었고, 좋은 남편과 아버지와 아이들의 옹호자가 될 수 있었다.

마지막으로, 풀러 신학교의 학생들과 동료들에게 감사를 드린다. 그들은 우리가 섬기도록 부르심받은 이들을 돌본다는 것의 의미를 끊임없이 고민하며 안주하지 않도록 가르쳐주었다. 부디 이 프로젝트를 통해 세상이 우리 청소년을 진지하게 받아들이도록 각성하기를 바란다. 그 일이 우리와 함께 시작되기를 소망한다.

1부. 변화하는 사춘기 청소년의 세계

미소는 한없이 순수하고, 순간순간 터뜨리는 즐거움은 손에 잡힐 듯 생생하다. 사춘기 청소년의 풍경은 겉보기에는 대체로 밝고 아무 걱정도 없이 평화롭고 단순해 보인다. 이 사실은 누구도 의심할 여지가 없다. 이 시기에는 인생이 가능성으로 충만하며 그 어떤 장애물도 극복할 수 있는 것처럼 보인다. 점심시간을 알리는 종소리에 학생들이 웃으면서 뛰어가고, 치어리더 부 학생들은 함께 모여 수다를 떨며, 운동부 학생들은 세상에 아무 근심도 없는 사람처럼 느긋하게 교정을 걸어간다. 겉보기에는 고등학생의 세계는 그들의 부모나 조부모가 겪은 세계와 다를 것이 없어 보인다. 춤을 추고, 파티를 열며, 연극을 준비하고, 숙제를 한다. 대다수 고등학교에서 많은 학생이 대학 입학을 꿈꾸고 있고, 누가 보아도 이들에게는 창창하고 환한 미래만 기다리고 있는 것 같다.

그러나 이 여유롭고 평화로운 그림에는 또 다른 측면이 있다. 사춘기 청소년의 풍경에서는 내면의 두려움, 외로움, 불안이 이면에 감추어져 있다. 일반적으로 우정은 깊이가 얕으며, 성과와 이미지가 절대적으로 중요하다. 화려하고 아름답게 꾸민 고등학교 학창 시절의 이면에는 어둡고 고독한 구석이 있다. 그곳은 멋들어진 겉모습이라는 불빛이 닿지 않는다. 평범함을 강요받아 그럴듯하게 포장한 겉면 바로 아래에는 적대적인 세상에서 생존을 위해 싸워야 하는 스트레스와 긴장감이 감지된다.

사춘기 풍경의 본질에 대한 관점은 증거를 보는 개인의 관점과 각도에 따라 두 가지로 나뉜다. 성인은 현대 청소년이 적절하게 양육받고 있고, 매우 의욕적으로 생활하며, 학교생활을 잘하고 있다고 믿거나, 아니면 그들이 심각한 위기에 처해 있다고 믿는다. 이런 논의에 중간 지대는 거의 존재하지 않는다.

청소년의 상황에 대해 이렇게 의견이 갈리는 이유는 무엇인가? 어느 시각을 택하든지 이 질문에 답해달라는 요청은 거의 조롱에 가까운 비웃음을 받을 수 있다.[1] 아마 해결책은 두 시각 사이에서 타협점을 찾는 것이 아니라, 완전히 모순되어 보이는 자료를 조율하는 데 있을 것이다. 논쟁의 복잡성을 인정하고, 잘 정리된 경험적 연구의 증거를 확인하여 현재 청소년에게 문제가 있음을 직관적으로 간파한 나는 이런 관점들의 긴장 관계를 유지하는 방법을 찾는 길을 선택했다. 이렇게 모색하던 중에 상충하는 관점을 설명할 방법이 떠오르기 시작했다. 두 시각 모두 유효하고 진실하지만 층위를 달리한다는 것이었다. 예를 들어, 대부분 환경에서 청소년은 진심으로 행복하고 아무 걱정이 없어 보이며 건강해 보인다. 그러나 대다수 고등학생이 털어놓는 내밀한 속사정은 완전히 다르다. 사춘기 청소년의 풍경에 대한 시각을 몇 개월 동안 연구하고 고민한 끝에 나는 중기 사춘기라는 분야가 그 과정과 여정의 새로운 미개척지라는 결론을 내렸다. 인생의 여느 다른 단계들과 달리 중기 사춘기는 다중 자아의 세계다.[2] 중기 사춘기 청소년은 개인적 자기의식에 따라 행동하면서 자신의 삶을 구획화하지 못한다. 즉, 구분하지 못한다는 것이다. 그동안 사회는 청소년에 대해 개인적이고 개별적인 관심을 기울이지 않았다. 그러므로 중기 사춘기 청소년은 다중 자아로 살아가야 하는 상황에 놓이게 된다. 청소년은 생존하기 위해 자녀인 동시에 학생이자 운동선수 그리고 친구로 살아가는 법을 배워야 한다. 동시에 자신의 정체성을 결정하는 긴 과정을 계속 경험해나가야 한다. 다시 말해, 어른의 무관심 속에 중기 사춘기로 알려진 새로운 인생 단계가 등장했고, 이 새로운 인생 단계에는 낯설고 때로 매우 힘든 과제가 수반된다.

사춘기 청소년들은 인생의 특정 영역이나 특정 '자아'로 추상적 사고와 반성적인 행위를 수행할 능력이 있다. 하지만 중기 청소년은 관계, 역할, 기대, 활동 등 특정 자아에서 벗어나면, 새로운 자아에서 완전히 특별한 개념화 과정을 만든 뒤 그 상황에서 추상적 사고와 행동을 시도한다. 추상적이고 미묘한 사고 과정을 실행할 능력이 있는 사춘기 청소년의 경우 항상 그렇게 한다. 그러나 새로운 부분은 서로 다른 자아를 연결할 다리를 만들 능력이 없다는 것이다. 모순을 모순으로 보지 못하고 외관상 타협될 수 없는 신념, 태도, 가치를 쉽게 합리화하는 능력은 사춘기 발달의 새로운 단계를 암시한다. 또한 이것은 중기 사춘기의 본질을 나타내는 수많은 지표 중 대표적인 두 가지다.

어떤 면에서 나는 나의 학문적 훈련과 전문 지식의 범위를 벗어난 문제에 무모하게 뛰어들고 있는지 모른다. 하지만 문화의 변화가 사춘기 청소년의 인지적(따라서 도덕적, 영적) 발달에 영향을 미칠 가능성을 따지는 사람이 거의 없다는 사실을 잘 안다. 이 문제를 논의하고 토론하며 연구하는 것이 나의 몫은 아니다. 하지만 나는 사춘기의 본질 자체를 바꾼 어떤 일이 일어나고 있다고 확신한다.

1부는 이 책의 전제에 대한 근거를 제시하는 데 집중한다. 사춘기 청소년은 자신을 더 넓은 사회로 무사히 인도해줄 능력과 경험이 있는 어른과 너무나 오랫동안 단절된 채 지냈다. 사춘기 청소년은 유기되어왔다. 그래서 그들은 성인 공동체의 파괴적인 힘과 간계에서 자신을 보호하기 위해 자신들의 세계를 창조해왔다. 1부를 읽으며 표면 바로 아래 있는 세계를 보는 눈이 뜨이기를 바란다.

"이 아이들은 제가 그 나이대일 때와 크게 다르지 않아요. 요새 아이들이 옛날보다 더 제멋대로일 뿐이에요. 그리고 스포츠에서부터 용돈이나 인터넷까지 선택의 폭도 넓어졌어요. 요즘 아이들은 우리가 어렸을 때 만났던 좀 더 버릇없는 아이일 뿐이죠."
_고등학교 교사

1장. 사춘기의 변화하는 얼굴

옆쪽의 말은 고등학교에서 연구 과제를 할 때 만났던 베테랑 선생님이 해주었다. 때로 그는 나의 연구 과제가 어떻게 진행되고 있는지 물어보곤 했다. 그러던 어느 날 그는 이렇게 단정적으로 선언했다. 이 말의 내용과 그가 말하는 태도를 보고, 실제로 상황이 달라졌다는 사실을 그것도 엄청난 변화가 일어났다는 것을 설득하기 쉽지 않다는 것을 알았다.

그 이후로 수많은 대화를 나누고 여러 학문 분야의 사춘기 연구에 관한 문헌을 탐독한 나는 많은 성인이 사춘기에 대해 그와 비슷한 관점을 갖고 있음을 알게 되었다. 널리 통용되는 속설을 대략 요약하면 다음과 같다. "아이들(사춘기 청소년)은 언제나 그렇듯이 아이들이고, 항상 사회적 풍경의 일부였다. 겉보기에는 상황이 바뀐 것 같지만 십대는 언제나 우리 가운데 있었고 성인 사회를 극한까지 시험했다. 아이들은 기본적으로 수천 년 전과 별로 달라진 게 없다. 단지 스타일이 바뀌었을 뿐이다." 이런 인식은 청소년에 대한 기사나 이야기, 언론 보도, 책에서 자주 접할 수 있다. '아이'(kid)라는 용어 역시 많은 의미를 내포할 수 있다.¹ 이 용어는 유치원생부터 중고등학교 학생 그리고 20대 후반까지(한 신입 교사가 "저도 우리 반 아이들과 별로 다르지 않은 아이지요"라고 털어놓았던 것처럼) 모든 연령대를 가리킬 수 있다. 어른들은 어린 세대를 언급할 때 아동기의 심리사회적이고 관계적 영역을 막 벗어나 초기 사춘기라고 알려진 낯선 경험의 세계로 들어간 이들과, 부모에게 의존하여 살고 대학원을 다니면서 '인생을 어떻게 설계할지 고민하는' 이들을 구분하지 않는 편이다. 우리 문화에서는 오늘날 사춘기 청소년과 과거 십대의 차이가 무엇인지 묻지 않고 지나치기가 너무 쉽다. 대신 우리는 아이들이 아이일 뿐이고, 아이들은 항상 아이였다는 기존의 생각을 그대로 받아들인다. 그런데 이것이 정말 맞는 생각인가?

때로 어른들은 이런 판단의 신빙성을 높이려고 옛 현인의 말을 빌리려 한다. 예를 들어, 소크라테스는 당대의 청년들에 대한 시선을 다음과 같이 묘사했다는 오해를 받는다. "젊은 이들은 사치를 사랑하고, 매너가 좋지 않으며, 권위를 무시하고, 노인을 존경하지 않는다. 운동보다 수다를 좋아한다. 그들은 폭군처럼 굴며 가족을 섬기려 하지 않는다. 어른이 방에 들어가도 일어나지 않고, 부모에게 대들며, 손님 앞에서 내놓고 수다를 떨고, 식탁에서 음식을 게걸스럽게 먹으며, 선생을 무시한다."[2]

북아프리카 히포의 주교인 아우구스티누스(주후 4세기)는 기독교로 개종하기 전에 방탕한 생활을 하며 '사춘기'를 보낸 것으로 유명하다. 아우구스티누스는 『고백록』(Confessions)에서 자신의 십대 시절을 이렇게 설명한다. "나는 집에서 부모님과 함께 살면서 아무 일도 하지 않고 빈둥거리며 지냈다. 욕망의 덤불이 내 머리 바로 위까지 자랐다."[3]

그동안 청소년들이 시대를 막론하고 기본적으로 비슷하다는 주장에 신빙성을 더하기 위해 이 인용문이나 다른 비슷한 여러 문헌이 사용되었다. 고대의 청소년 역시 1940년대나 2000년대 초반의 청소년과 본질적으로 다를 바가 없음을 보여주고, 사춘기 청소년이 직면한 문제와 그들을 향한 사람들의 반응 역시 보편적이라는 것을 보여주기 위해서였다. 1950년대 후반부터 1960년대 초에 방영된 텔레비전 드라마 〈비버에게 맡겨둬〉에 등장하는 전형적인 반항 청소년 에디 하스켈은 과거의 십대가 오늘날과 전혀 다를 바 없음을 보여주는 한 예일 뿐이다. 여기에 1950년대의 제임스 딘(영화 〈이유없는 반항〉), 1970년대의 아서 폰저렐리(시트콤 〈행복했던 시절〉의 폰즈), 심지어 1980년대의 영화 〈조찬 클럽〉에서 보여준 반항도 더해보라. 성인의 의식 속에 청소년은 수십 년이 흐르고 심지어 수 세기가 흘러도 별로 다르지 않은 모습이라는 것을 쉽게 확인할 수 있다. 오늘날의 십대, 특히 소셜 네트워크 웹사이트에 소개할 프로필을 만들고 편집하는 데 많은 시간을 쓰는 청소년이 '온통 나, 나, 나'로 가득해 보이는 것은 이 때문이다. 물론 그런 활동들은 "자기애적 자기 도취를 암시하는 것"이라기보다 또래 집단과 맺는 관계의 연장선상에 더 가깝다.4

　나는 이 책에서 오늘날의 사춘기가 불과 30년 전의 사춘기와도 근본적으로 다르다고 주장한다. 사실 현재 우리가 알고 있는 사춘기는 1900년경에 처음 주목을 받았고, 서구 사회의 문화적 발명품이라는 생각은 지금도 여전히 보편적으로 지지를 받는다.5 여러 시대와 문화에 걸쳐 나타난 수많은 일화는 소위 사춘기의 특징을 묘사한다. 그러나 앞에서 소개한 것과 같이 자주 인용되는 사례들은 기록된 문명의 극히 이례적인 경우를 대표한다. 현대 미국 문화의 사춘기 경험이 고대 그리스 십대의 경험과 다를 바 없음을 주장하기 위해 이런 사례와 고대의 사례를 인용하는 것은 기껏해야 위험한 환원주의에 편승하는 것이다. 예를 들어, 앞에서 인용한 소크라테스의 주장은 원문에 충실하지도 않고,6 더구나 청소년과 관련된 내용이 아니라 사회 전체의 방종과 관련된 내용이었다. 보다 최근 몇십 년간의 반항적이고 무례한 청소년에 대한 대중 매체의 묘사는 '모범적인' 아이들을 〈비버에게 맡겨둬〉의 에디 하스켈이나 〈행복한 나날들〉의 폰즈처럼 청소년 문화의 주류가 아닌 주변부를 겉돌며 살아가는 아이들과 명확하게 구분했다. 그러나 십대를 바라보는 사회의 시각은 미묘하게 변화해왔고, 많은 성인이 십대 전체가 무례하고 까다로우며 건방지다고 여긴다. 이런 인식이 점점 확산되는 동안에도 애니 지금이나 그대로라는 기본적인 인식은 여전하다.

유사 이래로 모든 사회의 지배적 문화는 청소년을 가장 신성한 보물로 여겨왔다. 이런 이유로 인간의 인생 주기는 역사적으로 크게 아동기와 성인기 두 단계로 구성된다고 생각되었다. 아이들은 돌보아야 하는 소중한 자원으로 인식되었고, 가정과 공동체에서 그들을 돌보는 책임을 맡은 이들이 그들을 세상에서 의젓한 성인으로 자리 잡도록 안내해주었다. 한 아이가 성인 공동체에 상호 의존적 관계로 받아들여지기 위해 필요한 성 인식과 통과 의례와 훈련을 완수하면, 공동체의 어엿한 성인 구성원으로 완전히 동화된다. 1908년 아르놀드 방주네프가 "통과 의례"[7]라고 칭한 이 과정은 세 가지 단계로 이루어져 있다. 기존 지위에서의 분리기, 일반적으로 특정한 의식이 동반되는 과도기, 성인 공동체와의 통합기다. 청소년이 성인기로 통합되는 공식적 과정은 1세기가 넘게 특별히 미국에서 그 가치가 평가 절하되어왔다.[8]

20세기 초에 처음으로 공식적 명칭이 생기며 확인된[9] 아동기와 성인기 사이의 기간, 즉 신체 변화가 시작되는 성숙기부터 시작하여 성인으로서 완전한 책무를 감당하거나 경제적으로 독립하는 것[10]으로 마무리되는 기간은 대략 3년으로 보았다. 한 사회에서 사춘기의 시작을 알리는 가장 일반적인 측정 지표인 평균 초경 연령은 1900년 이전에는 14세였고, 한 개인은 16세라는 어린 나이에 사회에서 성인의 역할을 맡기 시작했다. 주로 20세기 중반에 등장한 공인된 많은 발달 이론은 사춘기가 힘든 과정이기는 하지만 상대적으로 안정되고 예측 가능하며 질서 있는 여정이라고 보았다.[11] 그러나 지난 20-30년 동안 인간 발달을 더 온전히 이해하고자 노력한 연구자와 이론가들은 발달에 대한 이런 안정적인 주제와 발달 단계의 많은 부분에 이의를 제기했다. 포스트모던 문화 역시 발달 이론의 핵심 주장에 중대한 타격을 입혔다. 특별히 문화적 가치의 변화, 가족 제도의 변화, 또래 관계, 성, 인종적 특성에 대한 새로운 연구, 도덕과 인격과 윤리에 대한 새로운 사고방식과 같은 요소가 사춘기의 성격을 설명하는 데 점점 중요한 변수로 떠올랐다. 일부 연구자들은 최근 몇십 년간 문화가 너무 급격하게 변화하여 아이들의 발달적, 사회적, 관계적 필요가 무시되었고, 아이들이 사춘기에 접어들 무렵 성인기를 향한 길을 오롯이 혼자 헤쳐나가야 하는 상황에 방치되어 있다고 생각한다.[12]

청소년기는 무엇인가?

많은 성인은 계속 변화하는 청소년기의 개념을 이해하는 것과 청소년기의 정확한 성격을 규정하는 일에 어려움을 느낀다. 나는 성인들과 함께 다양한 환경에서 사춘기를 규정하는 실험을 해왔다. 일부 예외는 있지만, 성인들에게 십대가 더 약아빠진 덩치 큰 아이들인지 아니면 미숙한 어린 성인인지를 물어보면 의견이 반반으로 나뉜다. 보통 더 나이가 많은 사춘기 청소년의 부모는 전자를, 더 어린 자녀들을 둔 부모들은 후자를 선택한다. 청소년기라는 용어의 내재적 모호성과 상대적 부정확성 때문에 십대(teenagers)나 십대 초반 청소년(pre-teen)과 같은 쉽게 측정되고 식별할 수 있는 용어나, 심지어 청년(youth)과 같이 너무 일반적인 용어를 사용하게 되므로13 사회는 많은 도움을 제공하지 못했다. 사춘기는 인생의 무정형적인 과도기로 치부되어왔다. 사람들은 대부분 이 연령대의 사람을 "일종의 성인이자 일종의 아이"라고 생각한다.14

청소년기를 바라보는 이런 모호한 시각은 성인이 양가감정을 갖고, 제도적으로 태만해지는 원인이 되었다. 우리가 다루는 사람이 누구인지에 대해 합의가 이루어지지 않았기에 이 연령대가 지닌 독특한 필요에 무관심해지기 쉽다. 청소년기 생활이 이전에 비해 그렇게 달라진 것이 없다고 그럴듯하게 표현하고 희망적으로 생각하지만, 대다수 성인은 오늘날의 사춘기 청소년의 세계가 변화하고 있다고 믿는다. 성인들과 수백 번이 넘는 공식적, 비공식적 대화를 나누면서 우리 사회의 청소년에게 실제로 어떤 일이 일어나고 있는지의 문제로 주제를 좁히면, 거의 모두가 지난 몇십 년간 여러 영역에서 심각한 변화가 급격하게 일어났음을 인정했다. 또한 이로 인해 사춘기 청소년이 새로운 도전과 문제와 딜레마에 직면하게 되었다는 데 의견을 같이 했다. 그러나 그 도전과 문제들이 무엇인지 그리고 그것이 사춘기 청소년에게 어떤 영향을 미쳤는지는 여전히 명확하지 않다. 무엇보다 많은 성인은 가장 기본적인 문제에 대해 확신이 없다.

사춘기 청소년은 덩치 큰 아이인가?(다소 명확한 가정을 동반하는 시각) 아니면 어린 성인인가?(또 다른 가정과 실제를 제시하는 시각) 아니면 두 시각이 뒤섞인 상태인가? 프레드릭 비크너의 표현을 빌려 말하자면 다음과 같다. "모호한 시선과 여드름. 몸이 다 보일 듯 아슬아슬하지만 마치 무장이라도 한 듯 새로운 유행의 옷차림을 하고 갈 곳이 없는 사람처럼 서성거린다. 모든 이가 직감적으로 알아차릴 비밀로 가득 찬 눈. 그늘진 눈썹. 딱히 아이도 아니면서 그렇다고 어른도 아닌 상태로 산다는 건 쉽지 않은 일이다. 동시에 두 세계에 산다는 건 소풍처럼 즐거운 일이 절대 아니다."[15]

우리는 청소년기가 중간 어딘가에 끼어 있는 확실하지 않은 세계라는 것을 암묵적으로 인정한다. 하지만 이런 시각은 전체 이야기를 다 설명해주지 못할 수 있다. 발달 이론가는 수십 년간 일반 대중이 이해하지도 수용하지도 못하는 것을 인정해왔다. 바로 청소년기는 아이와 성인이 혼합된 시기도 아니고, 아이나 어른이 연장된 단계도 아니라는 것이다. 청소년기는 그 자체의 가치로 이해하고 다루어야 할 인생의 독특한 단계다.

일반적으로 수용되는 사춘기의 정의는 발달 심리학자 존 샌트록이 요약해주었다. 그는 청소년기를 "아동기와 성인기 사이의 인생 단계"라고 부르고, "(이 과정은) 대략 10-13세에서 시작되어 18-22세에 끝난다. (그러나) 청소년기가 끝나는 시기가 언제인지 규정하기란 쉬운 일이 아니다. 청소년기는 생물학에서 시작되어 문화로 끝난다는 말이 있다."[16] 샌트록은 현상이 허용하는 한 최대한 엄격한 개념을 제시한다. 전체 사춘기 경험은 문화와 지역과 심지어 가정의 안정과 구성에 따라 끊임없이 변하고 크게 달라지기 때문이다. 사춘기의 표준적인 학문적 정의는 "두 가지 주요 요소, 즉 분리와 자기주장"으로 요약된다.[17] 다른 학자들은 특별해지고 싶어 하는 충동("분리")과 개인적 자율성("자기주장")의 욕구에 공동체, 소속감, 상호 의존을 발견하고자 하는 욕구를 덧붙인다.[18] 그러므로 청소년기는 고유한 정체성을 확립하거나 분리되기 위한 심리사회적이고 독자적인 탐색 과정이다.[19] 그 최종 목표는 타인과 맺은 관계에서 자신의 정체성에 대한 확실한 지식을 얻고, 자신이 어떤 사람이 되어야 하는지에 대해 책임지려는 자발성을 기르며, 공동체를 이루고 타인과 공존하고자 하는 결단을 실현하는 것이다.

청소년기의 성격을 이해할 또 다른 중요한 요소는 두뇌 발달과 관련이 있다. 최근의 한 라디오 보도는 이 요소의 중요한 측면에 주목했다. "십대는 전두엽과 뇌의 다른 부분을 연결하는 신경 세포의 활동이 활발하지 않다. 십대는 '백질'의 신경 섬유를 둘러싸고 있는 미엘린이라는 지방 성분의 막이 성인보다 부족하다."[20] 신경학자 프랜시스 젠슨(Frances Jensen)은 십대가 "종종 미친 듯이 자기중심적으로 보이는 이유"는 그들의 뇌가 특정 발달 단계에 있기 때문이라고 주장한다. "그들은 자신의 행동이 타인들에게 미치는 효과를 생각할 수 있는 단계에 아직 이르지 못했다. 그렇게 되기 위해서는 통찰력이 필요하다." 이어서 그 라디오 프로그램의 기자가 보도한 대로 "전두엽이 완전히 연결되어야 한다."[21] 특별히 십대의 뇌는 아직 중요한 발달 상태에 있기 때문에 '그들이 처한 환경의 모든 것에 민감하게 반응하도록 되어 있고', 이에 대한 반응으로 '새로운 연결망을 형성하도록 설계되어' 있다. 이는 십대를 바라보는 일반적인 시각을 다시 생각해볼 수 있는 중요한 정보다. 조셉 앨런과 클라우디아 워렐 앨런은 이렇게 지적한다. "환경이 개인의 행동에 영향을 미친다는 객관적인 증거가 압도적으로 존재하지만, 우리 인간은 행동이 개인의 타고난 성품으로 결정된다는 강력하고 끈질긴 편견을 가지고 있는 것 같다…이런 편견은 자신이 환경에 얼마나 영향을 많이 받는지 정확히 밝히는 데 필요한 사회적 지위나 언어적 기술이 부족한 집단에 적용될 때 가장 오래 지속되고 위험하다. 특히 사춘기 청소년과 같은 집단이 이에 해당한다."[22]

이런 관찰들을 살펴보면 몇 가지 중요한 의문이 생긴다. 첫째, 오늘날 아이들의 뇌가 형성되는 방식과 이전 세대 아이들의 뇌가 형성되는 방식에는 어떤 차이가 있을까? 변화하는 환경적 요인은 십대의 뇌에 어떤 영향을 미쳤는가? 40년 전에는 MRI가 없었기 때문에 이런 질문에 확실하게 대답할 수 없다. 그러나 2004년 보그단 드라간스키(Bogdan Draganski)와 그의 동료들이 인간의 뇌가 환경에 극적으로 영향을 받는 방식(저글링을 배우는 단순한 행동이 뇌의 구조를 신속하게 변화시킬 수 있을 정도로)을 연구한 것을 보면, 앨런 부부의 질문이 정확히 맥을 짚었음을 알 수 있다. "몇 주 간의 저글링 연습이 뇌에 변화를 줄 수 있다면, 수년에 걸친 수동성과 과잉보호는 어떤 영향을 미치겠는가?"[23]

청소년기의 시기와 지속 기간

　　청소년기를 이해하기 위해서는 그 범위를 제대로 규정하는 것이 중요하다. 다시 말해, 청소년기는 어디서 시작되고 끝나며, 무엇과 관련이 있느냐는 것이다. 개인이 성인기의 주류에 진입했음을 문화적으로 인정해줄 때 청소년기가 끝난다는 샌트록의 정의를 사용하면, 청소년기는 생물학적 성인기에서 사회적 성인기로 가는 과정이라고 할 수 있다. 이 과정은 "2차 개별화"라고 불린다.[24] 발달의 새로운 여정을 시작하는 초기 사춘기 청소년은 자신만의 독특성을 주장하며 내적 통제 소재를 향해 나아가려는 동시에 가족이라는 체제와 공동체의 구성원으로서 관계적으로 연결된 상태를 유지하고자 노력한다.[25] 개별화라는 용어에 대한 표준적인 정의는 없지만, 많은 경우 사춘기 과정의 핵심 사안이자 청소년기의 동기를 부여하는 전반적인 과제가 된다.

　　앞에서 지적한 것처럼 청소년기의 신체적 변화가 일어나는 시기를 영어로 흔히 puberty라고 표현한다. 그러나 사춘기의 생리적 변화가 시작되는 정확한 시기에 대해서는 논란이 있고, 여자아이보다는 남자아이의 경우 이 시기를 결정하기가 훨씬 어렵다. 여자아이의 경우 사춘기 연령이 1세기 전에 14.5세에서 오늘날에는 12세 초반으로 점차 낮아지고 있다는 점은 비교적 널리 알려진 사실이다. 미국 의사협회(AMA), 미국 질병통제예방센터, 다수의 사회과학자는 이를 증명할 수 있는 사실이라고 보

고한다.²⁶

정체성과 관련하여 한 개인이 개별화되었다고 문화적으로 인정받고, 그가 자신의 인생과 선택에 기꺼이 책임을 지며, 공동체와 성인의 세계에 상호 의존적 관계로 진입할 때 그 사람은 성인이라고 할 수 있다. 그렇다면 이것은 청소년기의 마지막 완성을 정의한 것이라 할 수 있다. 흥미롭게도 사회과학자나 발달 이론가 중 법적 연령을 청소년기의 끝을 가리키는 준거 기준으로 삼는 사람은 거의 없다. 이 과정은 심리사회적이기 때문에 청소년기의 끝을 규정할 때 결혼 적령기, 운전, 흡연, 투표, 음주와 같은 생활 연령 관련 요인은 고려 대상이 아니다.

청소년기 과정은 개인이 자신을 어떻게 인식하는지와 그에 따라 타인과 어떻게 관계를 맺는지에 관한 것이다. 오늘날 청소년기가 끝나는 시기를 규정하려는 거의 모든 사람이 20세 중반에서 후반에 끝난다고 말한다. 맥아더 연구 네트워크 재단(MacArthur Foundation Research Network)에서 실시한 성인기로의 이행에 관한 최근의 연구 결과에 따르면 "20세부터 34세까지의 연령대는 교육 과정을 끝내고 직장인으로서 첫발을 내디디며, 결혼하고 자녀를 낳고 재정적으로 독립하기까지 더 긴 시간이 걸리고 있다."²⁷ 앨런 부부는 "25세는 새로운 15세가 되고 있다"²⁸라고 주장한다. 그리고 로버트 엡스타인은 "인류 역사상 처음으로 청소년기를 훌쩍 넘은 시기까지 아동기를 인위적으로 연장했다…이 과정에서 우리는 십대의 잠재적 가능성을 놓쳐버렸다(그리고 묻어버렸다)"라고 개탄한다.²⁹ 이 문제에 대한 반응이 상당히 다를 수 있지만,[30] 청소년기 기간이 연장되었다는 현상 자체는 널리 인정되고 있다.

이런 모호함은 한 개인이 일상생활에서 성인인지 아니면 여전히 발달 중인 청소년인지와 관련해 결정을 내려야 할 때 계속 문제가 된다. 안타깝게도 정부 기관과 행정 기관은 때로 누군가가 분명히 중기 사춘기 청소년이고 그 시기의 청소년처럼 행동하지만, 성인과 같은 책임을 져야 하는 행동을 할 때 생기는 복잡한 문제들을 해결할 능력이 없고 관심조차 없는 것 같다. 이것은 변화하는 청소년 문제를 생각할 때 우리 모두 직면해야 하는 한 가지 사례에 불과하다. 이와 같은 사례는 수없이 많다. 나는 이 중 많은 문제를 경험했고, 이 책에 그 사례들을 기록했다. 이것은 성인이 청소년을 돌보는 문제와 관련하여 변화무쌍한 문화의 현실과 씨름해야 할 필요성을 보여준다.

지금은 어떤가?

"제가 고등학생이었을 때는요…."

이 연구를 진행하는 내내 나는 이 말로 시작하는 경험담을 듣고 있어야 했다. 나는 청소년을 향한 어른의 연민 아래 숨어 있는 비판적 시선과 낙담이 드러나게 부채질할 방법을 찾았지만, 오늘날 청소년과 자신들을 비판적이고 부정적으로 비교하게 하는 데는 별다른 노력이 필요 없었다. 예상한 대로 크게 자극하지 않아도 내가 보는 청소년의 현실에서 그들이 철석같이 믿고 있던 내용으로 자연스럽게 초점이 옮겨갔다. 다음의 소감을 읽으면 명백히 알 수 있다.

―"흥미로운 사실이군요. 하지만 요새 아이들은 더 편하게 사는 것 같아요. 버릇이 없어요. 그게 문제예요."
―"굳이 저의 답을 듣고 싶다면 요즘 아이들은 게을러요. 할 일도 너무 많고 결정해야 할 것도 정말 많은데 말이죠."
―"아이들은 더 이상 존경하는 모습을 보이지 않아요. 자기 외에는 아무에게도 관심이 없어 보여요."
―"요즘 십대가 제일 편하고 쉽게 사는 것 같아요. 우리 때보다 용돈도 풍족하고, 더 많은 자유를 누리며, 선택의 폭도 훨씬 넓죠. 그런데 우리보다 더 오만하고 무례해요."
―"십대는 항상 반항적이었어요. 하지만 제가 고등학생일 때 막 나가던 애들은 소수에 불과했어요. 대부분 기본적으로 착하고 평범했어요. 꼬박꼬박 숙제를 해오고, 부모님 말씀에 순종적이었고, 학업에 관심이 있었죠. 지금 이 시대 아이들의 가장 큰 문제는 대부분이 옛날의 문제아 같다는 거예요."

학계에서는 경험적으로 입증 가능한 통계가 사춘기 청소

년의 세계를 이해하는 데 도움이 되는지에 대해 의견이 분분하다. 그런데 성인은 대부분 그들의 고등학교 시절과 현재의 청소년이 다르다는 것을 직관적으로 인정한다. 나는 수많은 환경에서 나의 연구 결과물과 관찰 결과들을 제시했고, 참석자 중 압도적 증거를 살펴보면서 실제로 상황이 변했고 상당히 크게 변했다는 전제를 대놓고 거부하는 사람은 거의 없었다. 그러나 이런 인정과 더불어 이 변화의 심각성과 영향을 합리하거나 최소한 해명하려는 시도도 꾸준히 지속되었다. 거의 항상 다른 무언가나 누군가에게 그 책임을 돌렸다. 대중 매체, 부모, 교육 제도, 베트남 전쟁, 냉전 이후 사회, 종교적 확신의 결여, 가족적 가치의 상실, 다른 수많은 악마화한 세력이 그 대상이었다. 그러나 변화는 실제로 일어났고, 오늘날의 사춘기 청소년이 분명히 다른 종류의 종족이라는 사실은 의심할 여지가 없다.

사춘기 청소년의 세계에 무슨 일이 일어났는가?

불과 몇십 년 만에 사춘기는 2, 3년이라는 상대적으로 짧은 기간에서 별개의 두 단계, 즉 초기 사춘기와 후기 사춘기로 이루어진 5년의 과정으로 성격이 달라졌다. 이 책에서는 이런 변화의 이유를 다루지 않지만, 1960년대 후반에 거대한 사회적 격변이 발생하여 미국 사회는 모든 분야에서 사회적 풍경에 변화가 생겼다. 이런 변화를 표현하는 명칭은 다양하다. 이런 변화의 이유를 두고 상충하는 여러 이론이 제시되었지만, 이 연구의 취지에 맞게 나는 이 시기가 인생의 한 단계인 청소년기에 변화를 미친 문화의 분수령이었다고 생각한다.[31]

이 시기에 일어난 문화 전반에 걸친 사회적 변화는 청소년에게 직간접적으로 영향을 미쳤고, 이것은 사춘기 풍경을 이해하는 데 중요한 함의를 지닌다. 20세기의 계속된 변화는 사회 제도와 구조와 조직과 기구가 청소년을 양육하는 방식에 직접적인 영향을 미쳤고, 사춘기 청소년의 심리 상태와 내적 안정감과 관련된 발달 과정에 간접적인 영향을 주었다.

변화하는 문화의 외적 영향

20세기 초중반, 특히 1950년대와 1960년대에 사춘기 청소년들은 지배적 문화에서 새로운 지위를 인정받았다. 적어도 대중적 수사의 관점에서 때로 '십대 문화'라고 불리는 확인 가능한 '하위 문화'가 존재하게 되었다. 특별히 오늘날의 기준과 비교하면 사회는 여전히 질서 정연했지만, 십대는 성인문화가 일반적으로 수용하는 문화적 틈새시장으로서 그 존재 가치를 점점 더 인정받게 되었다. 물론 다음과 같은 경향의 몇 가지 요소는 전적으로 인정받지는 못했다. 제임스 딘(영화 〈이유없는 반항〉), 엘비스 프레슬리, 장발, 비틀즈는 많은 성인에게 동요를 일으켰다. 그러나 대부분의 경우 '십대'가 미국 생활과 문화의 생생하고 흥미진진한 측면으로 자리 잡으면서 이런 요소들은 상대적으로 크게 주목을 끌지 못했다.

격동의 1960년대에는 사회적 불안과 급격한 변화가 현저하게 증가했다. 1960년대에 들어서면서 전 세계적인 핵군비 경쟁으로 촉발된 냉전이 확대되었다. 불과 몇 년 사이에 세 명의 강력한 미국 지도자가 암살당하면서 미국 사회의 취약성이 드러났고, 사회 통합, 통제, 권력에 대한 의식도 완전히 무너졌다. 존 F. 케네디부터 시작하여 마틴 루터 킹 주니어 그리고 곧바로 유력한 차기 대통령 후보였던 로버트 케네디가 암살당했다. 베트남 전쟁은 주로 연령대별로 심각하게 극단적 반응을 불러일으켰다. 개인적, 제도적 인종 차별의 추악함과 그에 따른 시민권 투쟁은 모두에게 고통스러운 미국의 민족적 내러티브의 취약점을 노출했다. 이 시기는 모든 미국인에게 우울하고 두려운 시기였다. 거의 모든 제도와 사회 구조와 관계에 엄청난 혼란과 사회적, 문화적 불안정이 퍼져 있었다. 머리 길이와 음악을 둘러싼 논쟁은 훨씬 대대적인 사회적 변화의 증상에 불과했다. 2차 세계대전 이후 목가적인 미국의 이미지는 철저히 해체되고 있었지만, 이를 대체할 대안은 거의 전무했다.

이런 혼란 속에서 정치적 추문과 전 국가적 경기 침체까지 불어닥쳤고, 궁극적으로 국가는 그 모든 격변에서 안정을 찾고자 집단적으로 심호흡을 하려고 했다. 1970년대 중반에 이르러 사회 분열을 이해하는 것은 각 개인에게 달려 있다는 사회 철학, 즉 '서로 자기 방식대로 살게 두라'(Live and let live)는 모토를 내세우는 흐름에 안착했다. 우리는 사회의 규칙과 기준과 가치를 개인의 결정에 맡기는 길로 들어서게 되었다. 1980년대는 '자기중심주의 시대'(me decade)라는 표현으로 특징지어진다. 이때 실제로 중요한 유일한 것은 급진적 개인주의와 독립이라는 미국의 이상을 회복하는 것이었다. 1990년대는 최후의 적이라고 생각했던 소련 연방이 몰락했고, 그렇게 국가 전체를 하나로 묶어주던 민족적 메타내러티브의 마지막 남은 이유가 사라졌다. 경제가 강력하게 꽃피면서 많은 사람이 풍부한 일자리와 기회를 맛보았지만, 동시에 거짓 안정과 독립이라는 오만한 긴장 상태에 빠지기도 했다. 우리의 일상생활에서 미디어가 중요한 위치를 차지했고, 청소년 중심의 메시지가 여가, 편안함, 순간을 즐기는 삶을 집중적으로 부각시켰다.[32]

이 시기에 사춘기 청소년에게 영향을 미친 가장 큰 변화는 성인의 제도와 기관의 주요 관심사가 바뀐 것이다. 1960년대 후반까지 성인이 주도하는 기관과 조직은 사춘기 청소년의 개인적이고 집단적인 필요를 돌보는 데 일차적으로 집중했다. 청소년 스포츠, 활동, 교육, 심지어 종교 운동은 각 청소년을 돌보고 아껴야 할 선물로 바라보았다. 그러나 사회가 불안해지고 흔들리기 시작하면서 어른들은 안전과 쉼을 얻을 곳을 찾아내기에 급급했다. 더 이상 다른 이들을 돌보는 데 사용할 건강과 에너지가 없었다. 대신 정서적이고 관계적 생존을 위한 싸움을 벌였고, 이는 다시 사춘기 청소년의 발달적 욕구에 영향을 미쳤다.[33]

청소년이 주도하는 기관과 제도와 시스템에 대해서는 초점

> 나에게 십대 시절은 무엇이냐고요? 좋은 질문인 것 같아요. 십대 시절을 한마디로 표현하면 '힘들다'라는 말로 압축할 수 있어요. 누구도 저를 이해해주지 않고, 심지어 저조차도 저를 모르겠어요. 제가 누구인지, 왜 살고 있는지 스스로 확인하는 과정을 이제 막 시작했어요.
>
> _어느 고등학생

의 변화가 즉각적이지 않고 수십 년에 걸쳐 이루어졌다. 그러나 전체 사회가 청소년의 필요를 돌보는 데 열성적이었던 상대적으로 안정적이고 통합적인 성인 공동체에서 자신의 생존을 추구하는 독립적이고 파편화된 성인들의 무한 경쟁 체제로 치달으면서 사춘기 청소년들은 점점 더 깊은 제도적인 거부의 구렁텅이로 빠지게 되었다. 이렇듯 사춘기 청소년을 거부하는 것 혹은 유기하는 것은 청소년 문화의 특징인 파편화와 냉담한 거리두기의 근본 원인이다. 이런 경향에 대한 증거와 최종적 결과는 이 책의 기초가 된다.

변화하는 문화의 내적 영향

실제로 인간 발달에 관한 이론과 이를 연구하는 학자들은 모두 안정적인 가정 환경이 아동과 청소년의 발달상의 건강에 중요한 영향을 미친다는 점을 인정한다. 아동기 애착에 관한 메리 에인스워스와 존 볼비의 연구,[34] 아동기 분리-개별화에 대한 마가렛 말러의 연구에서부터[35] 피터 블로스의 '2차' 분리-개별화[36] 그리고 윌리엄 데이먼의 청소년 헌장[37]까지 많은 연구와 학술적 조사 및 그에 따른 개입 전략은 아동과 청소년의 심리사회적 필요를 이해하고 다루는 데 집중했다. 그러나 1960년대와 1970년대에 일어난 문화적 변화는 발달에 내재적이고 간접적으로 강력한 영향을 미쳐서 마치 사회적 지진이 일어난 것처럼 심각하고 근본적인 손상을 입혔고, 역사적으로 신뢰할 수 있는 발달 이론과 전제를 재검토해야 했다.

이 시기에 잘 알려지지 않았지만 가장 눈에 띄는 측면 중 하나는 가족 구조 자체에서 발생했다. 데이비드 엘킨드는 『변화하는 가족』(Ties That Stress, 이화여자대학교 출판문화원)에서 2차 세계대전 이후 시대의 미국 가정생활에서 남성은 안정적이고 매일 정해진 일과를 즐겼고, 아동과 청소년은 양육과 돌봄을 받았으며, 여성은 일방적인 책임과 기대와 역할이라는 짐을 져야 했다. 하지만 문화가 가정생활에 대한 기존의 엄격한 기준을 사실상 해체함에 따라, 남성과 여성이 가족 제도에서 맡은 역할과 책임을 재정의하려 시도하면서 새로운 가족 불균형이 발생했다. 이 불균형은 아동과 청소년에게 영향을 미쳤고, 부모가 자기 삶의 길을 찾는 동안 자녀가 스스로를 돌보고 지키도록 방치되는 결과를 낳았다.[38]

1960년대 후반부터 1970년대 이후로 두 가지 강력한 변화가 일어났다. 이는 사춘기 청소년이 가족이라는 현실을 인식하는 방식에 변화를 일으키고, 자신을 바라보는 시선에 영향을 미쳤다. 첫 번째 변화는 가족의 정의가 바뀐 것이다. 오랫동안 유지된 가족의 개념은 "출생, 결혼, 입양으로 관계를 맺어 한 가정에 거주하는 두 명 이상의 사람들"[39]이었다. 그런데 이것은 서로 사랑하는 사람들 사이의 유동적이고 유기적인 '헌신'이라는 현대적 개념으로 바뀌었다. 터프츠 대학교의 학부생을 대상으로 한 '가정과 친밀한 관계'라는 강의에서 이에 대한 일례를 확인할 수 있다. 이 강좌에서는 가족의 개념을 "한 개인이 자원과 가치를 공유하며 장기적으로 헌신하는 대상이 되는 사람들로 광범위하게 정의할" 수 있다고 가르친다.[40] 두 번째 변화는 가족이라는 제도 자체를 어떻게 바라보느냐와 관련이 있다. 1940년에는 기혼 인구의 이혼율이 2퍼센트에 불과했지만(264,000명),[41] 2002년에는 결혼 후 15년 내에 초혼 인구의 43퍼센트가 별거나 이혼으로 끝나는 사회로 바뀌었다.[42] 최근의 통계에 따르면, 1980년에는 0-17세 아이의 77퍼센트가 그리고 2008년에는 67퍼센트가 결혼한 두 부모와 살고 있음을 보여준다.[43]

나는 딸과 함께 올랜도의 댄스 경연대회에 참석하면서 이 새로운 통계를 직접 목격할 수 있었다. 팀에 있는 13명의 여자아이는 모두 이 연구를 진행한 고등학교의 재학생으로, 그중 절반 이상이 이혼 가정 출신이었다. 대회에 참관한 부모 중 40세의 한 어머니는 67세의 동거 중인 남자 친구를 데려왔고, 56세의 한 아버지는 32세의 여자 친구와 함께 그리고 그의 전처는 동거 중인 남자 친구와 함께 참석했다. '가족'이라는 단어의 의미를 완전히 새롭게 새긴 날이었다.

안정적이고 안전한 것을 붙들고 싶어 하는 사춘기 청소년에게 이혼, 성인의 성관계, 자녀가 독립하지 않은 상태에서 비혼 부모가 동거하는 경향에 대한 사회적 관습과 부모의 선택은 눈에 띄는 영향을 미쳤다. 연구 과정에서 나는 많은 아이에게 이 영향이 심각하게 파괴적이고, 그들이 경험하는 고통과 배신의 아픔이 매우 실제적이라는 것을 발견했다. 가족에 대한 새로운 정의는 극히 일시적인 이성 관계까지 인정하고 합법화하는 데 이용되었다. 이러한 변화는 사회 역사의 거대한 변화를 뜻한다. 사춘기 청소년은 가정과 안정적 관계나 내면적 안정과 관련하여 상충하는 메시지를 처리하는 방법을 고민하는 동시에 길어진 청소년기를 어떻게 헤쳐나가야 할지 고민하도록 내몰리고 있다. 이것은 대부분 청소년이 느끼는 고독과 외로움에 추가되는 일부 어려움일 뿐이다.

중기 사춘기의 등장

1904년 G. 스탠리 홀(G. Stanley Hall)이 쓴 두 권의 책 『청소년기』(Adolescence)을 시작으로 사춘기에 대한 집중적 관심과 연구가 진행되어온 지난 100년 동안, 거의 보편적으로 사춘기는 초기와 후기 두 단계로 이루어져 있다는 입장이 받아들여져왔다. 이 시기의 연구와 이론들은 일반적으로 사춘기를 하나의 단위로 다루었지만, 때로 한 단계만을 강조하거나 집중하는 경우도 있었다. 20세기에는 대부분 사춘기가 비교적 안정적으로 3-5년 동안 진행되었기 때문에 이런 접근 방식은 이 현상을 연구하기에 적절한 틀이었다. 그러나 초경의 평균 연령이 낮아지고 사춘기 청소년이 성인기에 진입하는 시기가 지연되면서(그 이유는 뒤에서 다룰 것이다) 청소년기가 연장되기 시작했다. 예를 들어, 1960년이나 1970년경까지만 해도 초경의 평균 나이는 13세였고, 대부분 고등학교를 졸업할 즈음 일종의 개별화 시험을 통과했다. 그러므로 사춘기를 5년 동안 이어지는 과정으로 보았다. 중학교 연령대의 학생은 학술적 문헌에서 초기 사춘기 청소년으로 기술되었고, 고등학교 학생은 후기 사춘기로 기술되었다.

1980년 초에 완전히 새로운 사춘기 과정의 단계가 등장하면서 변화가 나타나기 시작했다. 초기 사춘기는 여전히 중학교 연령대의 학생으로 규정되었지만, 몇몇 연구는 10살 정도의 아동을 사춘기 청소년으로 보고 사춘기에 포함시켰다.[44] 후기 사춘기에 대한 연구가 여전히 진행 중이었지만, 이 연구 중 상당수는 대학생이나 심지어 대학원생과 청년층까지 표적 대상으로 포함시켰다.[45] 새롭게 지목된 중기 사춘기라는 단계는 1990년대 들어 개별적인 단계로 등장했지만,[46] 이 단계들의 차이를 정확히 규정하기 위한 노력은 거의 이루어지지 않았다. 역사적인 발달 이론들이 이 중간 단계를 연구하는 데 필수적인 이론적 틀을 제공하지 않기 때문에, 사회과학에서 이 새로운 단계를 인정한 사실은 주목할 만한 가치가 있다. 미국 상담학회(American Counseling Association)에서 발행한 전자 간행물은 중기 사춘기를 다음과 같이 정의한다.

> 중기 사춘기는 일반적으로 중학교 3학년-고등학교 3학년, 연령으로는 15-18세의 청소년에 해당한다. 초기 사춘기의 많은 발달적 변화는 중기 사춘기까지 확대되고 재정의된다. 이 기간은 또한 고등학생에게 새로운 도전과 변화의 시기다…학생들은 고등학교에 다니는 동안 앞으로의 학업, 진로 그리고 그와 관련된 선택지들과 관련하여 중요한 결정을 내리는 순간에 점차 직면하게 된다. 이것은 많은 사춘기 청소년에게 흥미진진한 동시에 매우 힘들고 벅찬 일이다. 새로운 기회를 맛보고 자유의 황홀한 경험을 하고 나면 때로 고립감과 불안감이 뒤따라오기도 한다('잘못된 선택을 하면 어떡하지?'). 사춘기 청소년은 "늘 알고 지내던 익숙한 세계를 떠나 혼자 힘으로 서야 하는 도전에 직면한다"(Wallbridge&Osachuk, 1995). 자기 차를 운전하고 스스로 일정을 짜는 것과 같이 늘어난 특권은 책임도 커진 것을 의미한다. 자유와 책임은 고등학생과 그들의 보호자가 빚는 갈등의 주요 원인이 될 수 있는 발달이라는 동선의 양년과 같다.[47]

중기 사춘기 청소년과 시간을 보내는 사람에게 이런 정보는 새로울 것이 없겠지만, 학계에서 이런 종류의 독특한 특징이 본격적으로 논의 중이라는 사실은 청소년 연구 문헌의 새로운 전환점이라고 할 수 있다. 저자들은 중기 사춘기가 힘든 시기임을 인정한다. 앞에 언급된 "새로운 기회를 맛보고 자유의 황홀한 경험을 하고 나면 때로 고립감과 불안감이 뒤따라오기도 한다"는 것은 현대 사회의 중기 사춘기 청소년이 당면한 역설적 문제 중 하나일 뿐이다. 이 외에도 다른 수십 가지의 상충하는 요소가 현대 중기 사춘기 청소년에게 고유하게 존재한다. 나는 앞으로 이 중 최소한 몇 가지 문제를 살펴볼 것이다.

이것이 완전히 새로운 연구 영역인 이유는 크게 세 가지다. 첫째, 중기 사춘기에 누리는 새로운 자유는 대부분 원래 후기 사춘기가 되어서야 경험하는 것이었다. 예를 들어, 운전할 수 있는 자격과 함께 주어지는 자유는 부모의 권위라는 인지된 경계에서 벗어나서, 또래와 더 많은 시간을 보내며 발견과 모험, 심지어 위험이라는 새로운 통로를 발견할 기회로 작용한다. 그러나 이러한 자유는 청소년기 여정을 거의 마무리한 다음, 자유에 따르는 결과를 더 잘 다룰 수 있는 후기 사춘기에 허용되던 것이었다. 후기 사춘기와 달리 중기 사춘기에는 자기중심적 아동기의 습성이 여전히 남아 있다. 가령, 안전 운전을 위한 판단을 내릴 발달상의 기민함이 부족할 수 있다. 길어진 사춘기와 운전에 따른 책임의 결여 이면에 있는 발달상의 이유를 모르는 미국 주 정부는 운전 가능 연령을 상향 조정하거나, 운전 면허증을 발급한 직후 따르는 자유를 가혹할 청도로 축소했다.

둘째, 오늘날의 사춘기는 15년까지 연장되기 때문에 중기 사춘기 청소년은 대학교와 직장 생활을 안전하고 보람 있는 미래의 희망으로 보았던 이전의 고등학생 연령의 학생보다 더 어려운 시기를 보낸다. 예를 들어, 이 연구에서 학생들이 미래에 대해 보인 태도는 "내가 세상을 어떻게 변화시킬 것인가?"가 아니라 "그래서 나에게 어떤 이익이 있는가?"였다. 따라서 미래에 대한 호소는 일부 중기 청소년에게 동기를 부여하는 요인이 될 수 있지만, 거의 대다수 청소년에게는 어른들의 또 다른 주문이 되기 쉽고 반항심을 불러일으킬 수 있다.

셋째, 일반적으로 고등학생은 추상적으로 사고할 능력이 있다고 인식해왔다. 그러나 나는 이 연구를 진행하면서 중기 사춘기 학생의 추상적 사고 능력이 논의라는 즉각적인 상황에만 국한된다는 것을 확인했다. 그들은 추상적인 종합 능력으로 삶의 다면적 자아들을 통합하는 데 거의 전반적으로 무능력한 모습을 보였다. 다시 말해, 중기 사춘기와 후기 사춘기의 가장 중요한 차이를 꼽는다면, 후기 사춘기는 사회적, 관계적 구분을 넘어서는 다차원적 개념을 논리적으로 논의할 수 있고, 그 논의의 함의가 모든 수준의 관계에 영향을 미친다는 것이다. 반면 중기 사춘기는 다양한 주제와 사안에 대해 통찰력 있는 대화를 제대로 주고받을 수 있지만, 이 논의에서 내린 결론들을 관계나 사회적 현실에, 특별히 나른 사회적 맥락에 적용할 때 그 연관

> 어른들은 고등학교 생활에 대해 "이해해"라거나 "알아. 나도 그런 시절이 있었어"라고 말하지만, 그때와 지금은 상황이 달라요. 지금은 그 어느 때보다도 학창 시절을 보내기가 훨씬 힘들어요. 눈물을 흘릴 때 항상 곁에서 묵묵히 손을 잡아줄 진정한 친구가 한 명 있어요. 다른 친구들은 모두 그저 곁에만 있을 뿐이죠. 그 친구들은 내 말을 들어주고 함께 즐겁게 놀기도 하지만, 누군가는 나를 배신하기 때문에 모든 친구를 항상 믿을 수는 없어요. 내 친구들은 대부분 16살, 17살, 18살이고, 때로 약물 과용이나 알콜 중독으로 죽은 친구들의 장례식에 가기도 했어요. 작년에만 해도 우리 학교에서 마약과 술 때문에 죽은 학생이 세 명이나 있었어요. 2년 전에는 여학생 17명이 임신을 했어요.
>
> _어느 고등학생

성을 찾지 못한다. 예를 들어, 학생은 부모를 향한 사랑과 그것이 부모를 대하는 태도에 어떤 영향을 미치는지를 세세하게 말할 수 있다. 그러나 잠시 후 부모가 알면 큰 고통과 아픔을 안겨줄 일을 하기 위해 친구와 함께 부모를 속일 궁리를 한다. 그 학생에게 이것이 서로 모순된다고 지적하면 거의 항상 뜨악한 듯 쳐다보거나, 자기 합리화를 하거나, 자기방어와 논쟁 그리고 최후에는 그런 대화를 할 가능성을 차단하기 위해 아예 만남을 거부하는 식으로 반응했다.

나는 연구를 진행하며 이 세 가지 중기 사춘기의 특징을 엿볼 수 있었고, 이것이 이 연령대의 청소년을 이해하는 일에서 빙산의 일각임을 직감적으로 깨달았다. 그러므로 그들의 세계에서 무슨 일이 진행되고 있는지 알아보기 위해 그들과 대면하기로 결정했다. 이 책이 집중하는 것은 한 가지다. 청소년의 세계를 살아가는 이의 시선으로 청소년의 세계를 이해하고 설명하는 것이다.

왜 이 책을 읽어야 하는가?

내가 이 책을 쓴 이유는 어른들이 십대, 특히 중기 사춘기 청소년의 내면세계를 거의 알지 못한다고 믿기 때문이다. 몇 년 동안 중기 사춘기 청소년들과 생활하면서 그들의 인생 경험의 렌즈를 통해 바라본 결과, 나는 어른들이 사회에서 양육의 책임을 위임받은 아이들에 대해 배우는 현명한 학생이 되어야 함을 그 어느 때보다 절감한다.

이 책에서 다루는 기본적 사안들을 요약하면 다음과 같다.

— 대부분 성인은 오늘날의 사춘기 청소년의 상황이 다르다는 것을 직관적으로 믿지만, 이전과 거의 변함이 없다는 환상을 고수하는 수사적 표현과 태도에 여전히 집착한다.

— 학자들과 사회과학 연구자들은 차이가 무엇인지를

두고 의견이 갈리지만, 중기 사춘기 청소년의 드러나지 않은 삶을 들여다보는 연구는 거의 하지 않았다.

— 나는 학생들과 그들의 문화를 연구하면서 아동과 청소년을 돌보도록 만들어진 제도와 기관이 본래의 사명에서 이탈하도록 방치돼온 것을 알게 되었다. 다시 말해, 사회는 청소년들을 체계적으로 유기했다.

— 청소년에게는 그들을 돌봐줄 어른이 절실히 필요하다. 일부 청소년은 상처가 너무 깊어서 신뢰를 회복하기가 거의 불가능해 보인다. 그러나 존중과 공감으로 그들을 섬기는 사람들은 가장 완고한 청소년도 사실은 진심으로 관심을 보여줄 누군가를 찾아 절규하고 있음을 증언할 것이다.

이 책은 방법서가 아니다. 모든 어른이 어른으로서 내린 선택이 사회의 청소년에게 어떤 영향을 미칠지를 인지하고 더 나은 길을 가기 위해 씨름하도록 도와줄 경고용 알람에 가깝다. 이 책에서 우리는 유기된 청소년이 품은 감정에서 비롯된 사안들을 심층적으로 검토하고, 그 결과 발생한 문제들을 살펴볼 것이다. 마지막 장에서 몇 가지 해결 방법을 제안하겠지만, 다소 뻔한 내용일 수 있다. 어른으로서 우리는 소매를 걷어붙이고 청소년 한 명 한 명의 삶에 시간과 에너지를 투자해야 한다.

"청소년 집단은 방치된 결과 생겨났고, 사춘기 학생들이 시간을 보내는 곳이자 특정한 형태가 없는 집단이다."
_패트리샤 허쉬, 『고립된 종족』

"내 우울함의 일부는 어린 시절을 잃어버린 데서 비롯했다. 아무도 나를 돌봐주지도 보호해주지도 못한다는 것을 깨달은 날이 기억난다. 그날 나는 내가 언젠가 죽을 존재라는 것을 그리고 오롯이 나 혼자 삶을 살아내야 한다는 것을 깨달았다. 그 이후로 모든 것이 달라졌다."
_루신디 윌리엄스(Lucinda Williams)[1], 가수

2장.   유기, 현대 청소년의 결정적 문제

　　　　　　　　　　　이 연구는 진공 상태에서 진행되지는 않았다. 나는 1970년대 초반에 학교를 졸업한 이후로 직업적 특성 때문에 계속 청소년과 밀접한 관계를 유지해야 했다.[2] 또한 세 명의 고등학생의 부모로서 적극적으로 자녀들의 생활에 개입해야 했기 때문에 청소년의 다양한 측면을 직접 경험했다. 이런 배경 탓에 나는 청소년에 대해 상당히 전문적인 식견이 있다는 잘못된 믿음을 가지고 이 연구를 시작했다. 하지만 내 생각만큼 준비되어 있지 않았다는 것을 뒤늦게야 깨달았다. 당시 고등학교 2학년이었던 둘째 아들은 나의 안일함을 감지하고 의미심장한 경고를 했다. "아빠, 아빠는 아이들에 대해 많이 안다고 생각하시겠지만, 충격받을 준비를 하시는 게 좋을 거예요. 제 생각에는 아빠가 아이들을 제대로 아시는 건 아니에요. 어떤 어른도 절대 모를 거예요!"

나중에야 알았지만 좋게 보면 순진하고, 나쁘게 말해 학자이자 전문가로서 허세를 부린 탓에 실제로 중기 사춘기 청소년의 세계에서 마주할 일에 전혀 준비되어 있지 않았다. 그때까지 나는 수많은 학생을 만났고, 꽤 많은 아이와 친밀한 관계를 유지해왔다. 그러나 청소년의 세계가 지닌 복합적 특성과 미묘함을 이해하고자 그들에게 다가갔을 때, 나의 단순한 생각은 노골적으로 공격당한 정도까지는 아니었지만 즉각 반발에 부딪혔다. 나는 그들의 세계와 공동체를 굳건히 둘러싼 벽과 비밀의 장소에 뚫고 들어갈 수 있는 여러 깜짝 만남을 기대했었다. 하지만 내가 살아온 삶과 쌓아온 학문적 지식 때문에 그들의 세계를 불완전하게 이해하여 왜곡된 상을 갖고 다가갔음을 이제야 깨달았다. 많은 경우 그동안 알고 지냈던 학생들과 상당히 허물없는 관계를 유지하고 있었지만, 이 연구를 하면서 그 관계가 하나같이 나의 입장에서만 판단한 관계였음을 알게 되었다. 내가 알고 지내던 사람들은 사실상 내 머릿속에서 만들어진 가상의 존재일 뿐이었다. 실제로 그 관계들은 그들의 상황이나 서로의 상황이 아닌 오직 나의 사회적, 세계관적 상황에 기반을 둔 것이었다. 나는 각각의 청소년이 나와는 완전히 다른 사회적 상황에 놓여 있다는 사실을 인식하지 못했다. 인정하기 괴롭지만, 나는 그들 대부분을 진정으로 알지 못했다. 매일 사춘기 청소년과 일하는 사람들을 포함하여 거의 모든 성인도 마찬가지

일 것이라고 생각한다. 청소년의 세계는 다르다. 파편화되어 있고, 복잡하며, 다층적이다. 따라서 그들의 세계관과 용어와 가치 체계, 심지어 사춘기의 특별한 복잡함을 해독하고 항해하는 데 사용하는 틀도 바뀌었다.

현재 청소년기의 상태: 학술계의 논쟁

퓰리처상 수상 작가인 론 파워스[3]는 2002년 3월 「애틀란틱」(Atlantic)지에 기고한 기사로 상당한 파문을 불러일으켰다. 그는 이 기사에서 "아이들의 불편함, 아이들의 노골적인 위협이 인생의 주요 주제가 되었다"[4]라고 지적했다. 이 기사에 이어 텔레비전 프로그램인 〈60분 Ⅱ〉(60 Minute Ⅱ)와의 후속 인터뷰에서는 청소년의 특권을 박탈하는 문화가 점점 더 확산되는 상황과 그로 인해 청소년이 저지르는 폭력, 특별히 그의 고향 버몬트주에서 일어나는 청소년의 폭력을 집중적으로 조명했다. 그가 이런 노력을 기울인 것은 어른들이 경각심을 갖고 청소년의 상태를 살펴보도록 독려하기 위해서였다.

그러나 일부 사람은 파워스의 시각이 몇몇 사건 때문에 왜곡되어 있고, 그가 정확히 정반대의 사실, 즉 사춘기 청소년이 그 어느 때보다 더 건강하고 양호하다는 사실을 암시하는 압도적 증거를 무시한다고 주장했다. 예를 들어, 산타크루스의 캘리포니아 대학교 사회학자 마이크 메일스는 파워스를 비롯해 오늘날 청소년의 인생이 최악으로 치닫고 있다고 주장하는 이들을 반박하며 누구보다 강경한 목소리를 내는 학자다. 메일스는 파워스의 주장을 받아들이지 않을 뿐 아니라, 오늘날의 청소년이 "그 어느 때보다 잘해나가고 있다"[5]라고 말하며 파워스의 주장을 아예 인정하지 않으려고 한다. 메일스는 청소년에게 "문제가 있다"고 주장하는 사람들은 젊은 세대를 두려워하거나 혐오하는 "청소년 공포증"(ephebiphobia)에 시달리고 있고, 사춘기 청소년에게 문제가 있다는 시각을 확산시키는 대중 작가와 전문가는 "심각한 미디어 패닉"[6]을 조성하고 있다고 말한다. 오만할 정도로 태만하고 위험할 정도로 폭력적인 청소년을 묘사하는 보도가 증가하면서 우리 사회가 청소년을 유기하고 방치했다는 죄책감, 즉 메일스에 따르면 가짜 공포를 대량 양산했다는 것이다. 메일스는 폭력과 청소년을 다룬 파워스의 책에 열광하는 미디어를 집중 겨냥하여 파워스와 그에게 동조하는 모든 이의 주장이 근거 없는 것임을 밝히려고 했다. 그는 오늘날의 청소년은 그 어느 때보다 건강하고 행복하며 더 양질의 양육을 받고 있다고 주장했다. 실제로 다양한 경험적 자료를 사용한 그의 반박은 지면상으로 파워스와 그를 따르는 사람들의 주장이 틀렸음을 보여주었다.

우리 문화의 청소년이 곤경에 처해 있다고 믿는 사람들과 십대의 상태를 낙관적으로 보는 사람들 사이의 끊임없는 논쟁은 보통 안전하게 보호받는 울타리 안에서, 곧 학술 문헌이라는 전쟁터에서 이루어지고 있다. 이때 경험적 자료(정량적 연구의 구체적 수치)는 논쟁하는 두 당사자의 정당성을 입증하는 증거로 여겨진다. 예를 들어, 메일스의 연구는 객관적 자료를 인용하기 때문에 많은 학자가 그의 견해에 동조하기 쉽다. 그의 주장은 일부 연구자가 입증되지 않은 자극적인 '결과물'이나 '충격적인 트렌드'를 확산시키는 사람들을 향해 비난하는 것과 유사하다. 현대 사춘기 청소년의 어려움에 대한 소위 "대중의 인기를 끄는"[7] 견해에 좌절한 학술계의 많은 학자는 오늘날 청소년이 잘 자라고 있고 "회복탄력성이 높다"는 실질적인 증거가 있다고 믿는다.[8] 메일스는 미디어에 초청받아 공개 강의를 하는 몇 안 되는 사회과학자 중 하나다. 그는 중요한 연구에 직접 참여하는 동시에 일반인이 이해하기 쉽게 학술적 결과와 결론을 해석하는 능력과 열의를 지녔다. 대중 문학은 파워스가 주로 관심을 기울이는 폭력적이고 자극적인 사건이나,[9] 최근 "돈을 벌고 싶었다"며 매춘 혐의로 체포된 아홉 살 소녀의 사건과 같이 어둡고 음습한 이야기나 순수성을 잃은 이야기를 주로 다룬다.[10] 그러나 학술적 문헌이든 대중 문학이든 상황이 그 어느 때보다 안정적이라고 감히 말하지는 못한다. 특별히 발달 중인 사춘기 청소년에 관해서는 더욱 그렇다. 존경받는 심리학자 로버트 엡스타인은 우리가 청소년을 돕고자 세운 제도와 조직이 오히려 그들의 성장을 가로막고 지연시킴으로 큰 해악을 끼치고 있다고 주장한다. 이는 그가 '유아화'(infantilization)라고 부른 현상이다.[11]

가장 흥미로운 질문이 아직 거론되지 않았다. 바로 '대부분의 학술 연구가 의존하는 유형의 연구(즉, 역사적 이론, 정량적 연구, 설문 조사 연구)가 실제로 오늘날 청소년의 내면세계의 실체를 이해하기 위해 필요한 모든 것을 알려주는가?'라는 질문이다. 뚜렷한 모순이나 서로 다른 관점은 실제로 동일한 사춘기 경험을 다른 각도로 바라본 것을 뜻한다. 점점 더 복잡해지는 인생을 헤쳐나가려고 분투하는 청소년들은 놀라울 정도로 회복탄력성이 높지만, 그와 동시에 깊은 내면에 상처를 안고 살아간다. 이제 문화는 한때 그랬던 것처럼 더 이상 아동과 청소년의 필요에 민감하게 관심을 기울이지 않는다. 그러므로 청소년은 스스로 필요를 충족하는 방법을 찾기 위해 필사적으로 노력한다. 그러나 이런 방법을 알아내기란 거의 불가능에 가깝다. 데이비드 엘킨드는 다음과 같이 주장한다. "정체성 형성을 위해서는 청소년이 자신의 가치와 기준과 신념을 형성하고 검증하기 위해 도전하고 맞설 대상인 성인의 기준과 가치와 신념이라는 일종의 경계선이 필요하다…그러나 오늘날 성인들은 고수할 기준과 가치와 신념이 과거에 비해 명확하지 않고, 과거와 달리 이런 가치와 기준을 절대적으로 고수하지도 않는다. 그러므로 사춘기 청소년은 성인의 경계선이라는 혜택 없이 정체성을 확인하기 위해 힘들게 싸워야 한다."[12]

표면적으로 사춘기 세계는 비교적 안정되고 건강해 보인다. 그러나 긍정적인 경험적 자료가 보여주는 잔잔한 수면 바로 아래에는 힘들고, 고통스러우며, 고독하고, 심지어 청소년에게 유해한 혼돈의 세계가 펼쳐져 있다. 사춘기 청소년이 기본적으로 잘 지내고 있다고 주장하는 사람이라도 젊은이, 특별히 사춘기 청소년들에게 숨은 의도 없이 진심으로 손 내밀어주고, 배려하며, 필요할 때 도와줄 어른이 필요하다는 사실을 의심할 사람은 아무도 없을 것이다. 실제로 사춘기 청소년은 어른이 되기 위해 어른이 필요하다. 어른들이 청소년과 함께해주지 않고 그들 삶에 개입하지 않을 때, 그들은 스스로 생존하는 법을 찾아내야 한다. 패트리샤 허쉬가 지적하듯이 "아이들을 홀로 방치하고 그들 삶에 개입하지 않을수록 그들은 위험한 상황을 더 악화시키는 동일한 사춘기 논리에 더욱 집착하게 된다."[13]

이 연구를 통해 나는 성인과 청소년 사이에 예상보다 훨씬 더 심각한 관계적, 사회적 간격이 존재한다는 사실을 발견했다. 학술적, 대중적 문헌 자료와 사회경제적이고 민족적, 지리적 배경이 다른 중기 사춘기 청소년의 피드백을 통해 삼각 검증한[14] 이 연구 자료와 관찰 결과를 보면, 안일하게 학자적인 무신경으로 반응하거나 한가한 이론적인 반박을 늘어놓으며 여유를 부릴 시간이 없음을 깨달을 것이다. 상황이 혼란스럽게 흘러가고 있음을 암시하는 심각한 문제들이 우리 사회 곳곳에 쌓여 있다. 중기 사춘기 청소년이 자신만의 세계와 독자적인 체계를 만들어낼 수밖에 없게 한 방식은 아마도 가장 심각하지만 아직 연구되지 않은 우리 시대의 사회적 위기를 초래했을 것이다. 우리는 이런 말을 너무 많이 들어서 회의적으로 바라보거나 귀를 닫기 쉽다. 하지만 부디 이 연구 결과가 아무리 의심 많은 독자도 무시할 수 없을 정도로 설득력 있기를 바란다.

> 내 기분이 어떤지 알아줄 사람이, 내 이야기를 털어놓을 사람이
> 한 명도 없어요. 부모님은 늘 내 기분을 안다고 말하면서 언제든지
> 찾아와 말하라고 입버릇처럼 이야기하시지만, 시대가 변했어요.
> 제가 무슨 일을 겪고 있는지 부모님은 몰라요. 그래서 속으로 내
> 감정을 삭여야만 해요. 때로 속마음이 저절로 나올 때가 있어요.
> 아무나 붙잡고 이야기하게 돼요. 이러는 나 자신이 정말 싫어요.
> 나를 알고 이해해주는 사람과 대화하고 싶어요.
>
> _어느 고등학생

재촉받는 아이와 유기의 문화

터프츠 대학 교수 데이비드 엘킨드는 1981년에 『기다리는 부모가 큰 아이를 만든다』(The Hurried Child, 한즈미디어) 초판을 썼다. 이어서 1988년에 개정판을 냈고, 2001년에 재개정판을 출간했다. 그는 두 개정판에서 청소년의 상황이 달라졌다는 자신의 견해를 강조했다.[15] 1988년 개정판에서 그는 이전에 집필했던 여러 책에서 청소년과 어린이에 대한 우리의 변화된 태도가 그들의 인생을 편안하게 하기보다, 오히려 더 어렵게 만들고 있다는 사실을 더 심층적으로 서술하고자 했다고 썼다.[16]

2001년도 재개정판에서 그는 다음과 같이 말했다.

내가 개정판 서문에서 서술한 문제들이 지금은 더 악화되었다. 아동의 유능성, 즉 수십 년 동안 아이들을 억지로 떠밀고 재촉하는 이유로 작용했던 이 개념은 오늘날에도 생생하게 살아 있다. 부모는 자녀를 과도한 일정으로 몰아넣고, 아이의 연령에 맞지 않는 조직적인 스포츠와 그 외 다양한 활동에 참여시켜야 한다는 압박감에 시달린다. 불행하게도 공립학교의 과도한 시험은 10년 전보다 더 널리 실시되고 있다. 어떤 지역에서는 유치원생조차 표준화된 시험을 치른다. 어린이를 소비자로 만들려고 하는 미디어의 압력 역시 급격하게 증가했다.[17]

나는 이 연구를 진행하며 얻은 관찰 결과를 근거로, 우리 문화가 아이들을 '재촉하고 있다'는 엘킨드의 이론적 평가에 동의한다. 그러나 나는 '재촉받는'(hurried)보다는 '유기된'(abandoned)이라는 표현을 더 선호한다. 론 파워스와 다른 많은 다른 이가 지적하듯이, 사춘기 청소년은 부모나 교사나 다른 어른들이 공동체적으로 채워주지 못하는 갈망을 갖고 있다. 이유는 다양하고 많지만, 한 집단인 사춘기 청소년을 제도적으로 유기한다는 개념은 사춘기 청소년과 그들을 세심하게 관찰하는 사람들이 사용하는 가장 포괄적인 설명을 잘 포착하는 것 같다.

수많은 기사와 책이 사춘기 청소년이 제도적으로 유기되

는 현상을 주목했다. 예를 들어, 엘킨드는 『변화하는 가족』에서 이렇게 말한다. "오랜 기간 필요가 충족되지 못하는 모든 사람처럼, 포스트모던 시대의 어린이와 청소년은 자신이 부당한 대우를 받고 있다고 느낀다. 독립적이고 자율적이어야 한다는 부모와 사회의 기대에 부응하기 위해 자신의 안전과 보호에 대한 욕구를 억눌러야 한다는 압박을 받는다. 오늘날 많은 어머니가 그러하듯, 포스트모던 시대의 청소년은 (자신을 이용당하도록 둔 것에) 자신이나 주변 세계에 분노를 표출한다."[18]

X세대 작가이자 『고독한 세대』(A Generation Alone)의 공동 저자인 윌리엄 마헤디와 재닛 버나디는 그들이 속한 세대의 반항적 특성을 세세히 서술하고, "우리는 아무도 우리를 필요로 하지 않는다는 것을 안다"라는 말로 그들의 경험을 요약한다.[19] 그들은 사실상 전 사회가 청소년에 대한 집중적 관심과 양육과 돌봄의 영역에서 퇴보한 것을 묘사했다.

이런 체계적인 유기라는 개념은 허쉬의 놀라운 연구를 담은 책 『고립된 종족』의 핵심 주제가 되었다. 여기서 그녀는 "90년대의 청소년이 다른 어떤 세대보다 더 고립되고 방치되어 있다"라고 결론을 내렸다.[20] 나는 이번 연구를 통해 이러한 주장들을 인정하게 되었고, 청소년의 충격적인 현실을 직접 경험했다. "고립된 종족"이라는 말은 책 제목 이상의 의미를 지닌다. 이 표현은 현대의 중기 사춘기 청소년을 놀랍도록 정확하고 생생하게 묘사한다. 청소년은 성인 세계에 오만하게 등을 돌린 것이 아니었다. 오히려 유기의 감정을 맛보고, 하나로 뭉쳐 그들만의 세계를 만들어낼 수밖에 없었던 것이다. 주변 세계와 분리되어 있고, 비밀스럽지만 공공연하며, 온전히 다른 세계를 창조해야만 했다.

외부 제도에 의한 유기

앞에서 살펴보았듯이 청소년기를 사회적 구성체나 고유한 인생 단계로 정의하는 개념은 한 세기가 넘도록 인정을 받았다. 이에 앞서 아동기에서 성인기로의 이행은 하나의 과정이라기보다 하나의 사건으로서 많은 문화권에서 의미 있는 의식과 축하를 통해 기념하는 사건으로 보았다. 우리는 그 단계에 이름을 붙이는 단순한 행위로 청소년을 대하고 바라보는 방식이 변화한 것처럼 행동했다. 예를 들어, 청소년기를 공식적으로 인정하기 전에는 이 연령대 중 불과 10퍼센트만이 고등학교를 다녔다. 오늘날에는 90퍼센트 이상이 고등학교를 다닌다. 미국에서는 청소년기를 공식적으로 인정하고 20년이 지나지 않아 대다수가 공립 고등학교나 중학교를 공통적으로 경험하게 되었다.[21] 지난 몇 년 동안 청소년을 대상으로 한 전국 단위의 혁신적인 프로그램이 생겨나기 시작했다. 청소년 스포츠, 음악, 댄스, 드라마, 심지어 종교적인 청소년 프로그램이 십대에게 많은 경험의 기회를 제공했다. 이런 프로그램들은 원래 동일한 목표로 계획되고 조직되었다. 그 목표는 가장 유연하고 생산적인 이 저는 몇 시간이고 거울을 들여다보았지만 머릿속의 생각과 나를 빤히 바라보는 얼굴의 연결고리를 찾을 수 없었어요. 그 얼굴은 자기 배역에 불만이 많아서 맡은 역할을 경멸하는 눈빛이 그대로 드러나는 배우와 닮았어요. 하지만 곧 미소를 지어 보여요. 평균을 넘는 성적을 유지하고 사회성을 갖춘 특별한 인생을 살아가고 있어요. 저는 실제 삶이 빛나는 미소를 짓는 그 사람과 비슷하면 좋겠어요. 제 눈에 다른 사람들은 비현실적인 드라마 속 배우 같아 보여요. 그들과 대화할 때 그들이 보는 것은 배우일 뿐 나의 생각을 제대로 드러내는 모습이 아니라는 것을 저 스스로 기억해내야 해요. 저는 원래 맡은 역할을 외면하는 배신자예요. 하지만 이 비참함을 누군가에게 털어놓을 마음은 없어요. 마치 나병 환자 격리 수용소에 건강한 사람들을 끌어들이는 것처럼, 안정적인 의식이 내 생각에 깃들기를 바랄 정도로 저는 뻔뻔하지 않아요. 이해받기를 절실히 바라지만, 그런 악몽을 모르는 사람들과 이 악몽을 나누지 않고 혼자 괴로워하는 편이 나아요. 연기할 마음이 나지 않는 배우의 마음속에는 이런 고독함이 있어요.

_어느 고등학생

행 수단을 통해 사춘기에 접어든 청소년이 성인으로 성장하도록 제도와 구조와 활동을 제공하여 그들을 양육하는 것이었다.

    이런 새로운 시도가 20세기 중반 몇십 년간 어떤 영향을 미쳤는지 생각해보라. 가령, 과거에는 교사가 숙제를 요구하기도 했지만, 학생의 일정에 지나치게 큰 부담을 주는 경우는 거의 없었다. 오히려 그것은 학생이 수업 시간에 배운 내용을 흡수하도록 격려하는 하나의 방식이었다. 학생들은 사회적 상황에서 춤을 배우고 사회적 기술을 전수받았다. 또한 학교 안팎에서 음악과 드라마와 순수 예술을 경험할 기회를 얻었다. 이런 수단과 양육 기구와 조치는 여러 면에서 유익했지만 곧 미묘한 변화가 일어났다. 이런 조직들이 성인으로 하여금 사춘기 청소년의 구체적 필요를 외면하게 한 것이다.

과거에서 빨리 감기해서 오늘날의 상황을 살펴보자. 사춘기 청소년은 고등학교에 들어가기 전까지 거의 10년 이상 어른들이 주도하고 통제하며, 어른들의 관심사나 필요와 꿈과 관련된 프로그램과 제도와 시설에서 조련을 받는다. 청소년을 돌보고자 하는 어른의 지극한 노력이 얼마나 멀리까지 표류할 수 있는지 보여주는 증거를 함께 살펴보자.

— 8세, 9세 아들들을 둔 한 가족은 추수감사절 주말에 적어도 수백 혹은 수천 달러를 지불해서 주말여행을 떠난다. 이것은 아들이 피위 풋볼(peewee football, 유소년 풋볼) 전국 챔피언십에 출전하는 '일생 일대의 기회'를 놓치지 않게 해주기 위해서다. (피위 풋볼은 이런 교묘한 마케팅으로 많은 부모를 끌어들인다.)
— 춤을 좋아하는 여덟 살 아이는 한 시간 반 동안 타이즈를 입고 자유롭게 움직이는 시끌벅적한 모험을 즐

기던 댄스 수업에 더 이상 참여하지 못한다. 이제 댄스 수업 시간은 매주 훈련, 반복, 연습으로 구성된 6시간(혹은 그 이상)짜리 프로그램이 돼버렸다. 이른바 '댄스 경연 대회'라는 정점에 도달하기 위한 훈련으로 바뀌었다. 예전 같으면 '댄스 경연'이라는 말은 예술 분야에서 모순적인 표현이었다.

— 7세 아이들의 티볼(tee ball) 경기 도중 부모들끼리 몸싸움이 일어났는데, "티볼은 경쟁하는 운동"이기 때문에 "역시 분위기가 후끈하다"는 후문을 들었다.

— 배구 연습 후 5시 30분에 학교에서 돌아온 고등학교 2학년 학생은 숙제라고 불리는 4-6시간짜리 야간 고행을 시작한다. 이것은 주 중의 흔한 일상이다. 교과서를 읽으며 저녁 식사를 해야 하는 통에 어머니와 대화할 시간이 없다. 한밤중 지쳐서 잠이 들지만, 다음 날 새벽 5시 30분에 일어나 밴드 연습을 하고 7시에 미적분 선행 학습을 받는다.

흥미로운 것은 많은 어른이 청소년에 대한 헌신의 증거로 이런 활동이나 다른 여러 활동을 강조한다는 점이다. "나는 이 모든 활동에 아이를 일일이 다 차로 태워 다닌다. 축구 경기, 콘서트, 경연 대회에 아이들을 데려다주려고 내 인생과 일과 취미와 여유를 희생했다…." 이런 말은 그 자체로 유기의 또 다른 미묘한 표현일 뿐이니라.[22] 매들린 레빈이 시적한 내로 "사녀의 학업 성적에 지나치게 관여하고 다른 영역에서도 부적절하게 개입하는 부모는 자녀에게 성취에 대한 압박을 자주 가한다. 우리는 엉뚱한 일에 과도하게 개입하면서 정작 필요한 일에는 개입하지 않을 수 있다."[23] 레빈의 말처럼 이런 식의 잘못된 개입은 "놀라울 정도로 비생산적이고"[24] 사춘기 청소년은 숨이 막힐 정도로 외적 활동에 대해 빈틈 없는 관리를 받으므로 "의도치 않게 내면을 발달시킬 기회를 박탈당한다."[25]

우리는 아이를 차로 데려다주는 일이 자녀를 지원하는 것이고, 늘 바쁘게 사는 것이 사랑이며, 모든 기회를 제공하는 것이 이타적인 양육이라고 믿는 지경까지 이르렀다. 우리는 함께 하는 방법을 망각해버린 문화에서 살고 있다. 아무 틀에 얽매이지 않고 느긋하게 빈둥거릴 수 있는 능력을 상실했다. 가정에서 창조적인 활동을 하며 자녀들과 놀거나 '놀이'와 같이 부모의 감독이 필요 없는 활동을 즐기도록 자유롭게 해주지 않고, 우리는 외부적 조직과 틀에 짜인 계획에 따라 자녀의 시간을 채우고 그들의 인생을 통제한다. 문제는 단순히 틀에 짜인 활동이나 스포츠 활동이 아니다. 자녀가 오늘날의 사회 구조에서 성장하면서 경험하는 누적된 영향이 문제다. 스포츠, 음악, 춤, 드라마, 스카우트 활동, 심지어 신앙 관련 프로그램까지 모두 각 조직의 목표를 위해 청소년 개개인의 발달적 필요를 무시하는 잘못을 저지르고 있다. 여기에 더해 어린아이들에게 점점 더 많이 부가되는 숙제의 양을 생각해보라. 미국 아이들이 받는 제도적 압박은 엄청나다. 많은 사람이 실제로 그런 기관이나 조직이 제공하는 운동, 문화, 예술 활동 프로그램을 운영하는 탁아 시설을 이용한다. 아무리 의도가 좋아도 오늘날 우리가 자녀를 키우고 훈련하며 양육하는 방식은 미묘한 형태의 양육 포기와 같은 태도와 행동이다.

특정 사업의 요구에 제도가 반응하는 방식뿐 아니라, 책임을 맡은 사람들의 관심사에도 변화가 나타났다. 일반적으로 개인의 이익은 _____ (빈칸에 팀, 학교, 지역 공동체, 반, 기관 등을 넣으라)의 유익에 대한 헌신으로 대체되었다. 오늘날에는 아주 어린아이조차 자신이 이런 기관에 공헌할 수 있는 능력만큼 소중한 존재가 될 수 있다고 배운다. 자녀가 잠재력을 확인하고 특정 스포츠나 활동에 대한 식견을 개발하거나, 심지어 단순히 참여하는 것 자체를 즐길 수 있는 청소년 활동, 특별히 스포츠나 춤 같은 그룹 활동이나 그것을 즐길 수 있는 안전한 장소는 찾아보기 어렵다. 아마 (다른 5세 아동에 비해) '느린' 5세 아동은 또래보다 항상 '더 느릴' 것이다. 하지만 그렇다고 그 아이가 스포츠 경기를 즐기고, 격려받으며 끝까지 참여하는 기쁨을 누리지 못하게 해야 하는가? 이 사례는 어린 시절부터 특별한 아이(예쁘고 똑똑하며 운동을 잘하는)가 있고, 그렇지 않은 아이가 있다고 배우는 수많은 상황 중 하나일 뿐이다. 이 학생들이 중기 사춘기가 될 무렵이면 평생 받아온 거절의 상처를 드러낸다. 청소년 스포츠의 한 지도자가 내게 이렇게 말했다. "아이들은 이 교훈을 언젠가 배워야 합니다. 운동선수든지 아니든지 말이에요. 어릴 때 아는 것이 더 좋습니다." 나는 그에게 이렇게 반문했다. "누구에게 더 좋다는 거죠?"

사회가 제도와 조직을 구성할 때 청소년 개개인에게 집중하라고 격려하는 목소리는 이제 거의 듣기 어렵다.[26] 이런 불행한 사태에 대응하려는 일환으로 청소년 멘토링 프로그램이 생겼지만, 그 효과에 대해서는 연구된 바가 거의 없다.[27] 그러나 통계에 따르면, 멘토가 자신이 맡은 아이에게 일관되고 지속적인 관심을 기울이지 않는 경우 "자존감과 학업 능력 저하"와 "알콜 남용의 증가" 등 부정적인 결과를 낳는 것으로 나타났다.[28] 이 모든 것은 관계가 아무리 어렵고 복잡해 보여도 어른들이 아이 한 명 한 명에게 집중적으로 헌신해야 한다는 것을 강조한다.[29] 일반적으로 제도와 기관(심지어 개인들까지)은 자기 보호와 자기 홍보를 위해 엄청나게 가속 페달을 밟을 때가 있다. 이로 인해 아무리 좋은 선생이나 코치나 청소년 전문가라도 청소년 개개인과 삶을 나누는 일에 시간을 '허비'하기가 점점 더 어려워졌다. 이런 상황에서 아이들 하나하나가 각자의 필요에 맞게 양육받고 따라갈 수 있는 환경을 조성하는 일은 더욱 난망하다. 상대적으로 느리고 산만하며 불안정하거나 혹은 (기관의 규정에 따르면) 장애가 있는 아이가 부족하고 무능한 존재가 아닌 특별한 존재로 인정받을 기회는 거의 없다.

어느 날 대체 수업 준비를 하며 한 교사와 상의하고 있을 때였다. 그 교사는 다음과 같이 말하며 의도치 않게 이 점을 완벽하게 보여주었다. "오전 반에는 뛰어난 아이들이 서너 명 정도 있어요. 하지만 오후 반에는 평범한 애들로 가득해서 골치가 아플 정도예요." 나는 이 말이 아주 이상하게 들렸고, 심란하고 혼란스럽기까지 했다. 교사가 된 지 5, 6년밖에 안 된 그 교사는 이미 자신이 좋아하지 않거나 마음에 들지 않는 14, 15세 아이들에게 '평범한'이라는 낙인을 찍을 지경에 이르렀던 것이다. 분명히 이 중 많은 아이가 어려운 가정 환경에서 자랐고, 체육 분야에서 두각을 드러내지도 못했으며, 노래 실력도 없고, 글도 그림에도 재능이 없었을 것이다. 이들은 어릴 때부터 늘 그와 비슷한 평가를 받아왔을 텐데 그 교사는 이런 슬픈 사실을 한 번도 생각해본 적이 없었을 것이다(혹은 그런 일에 관심을 끊었을 것이다).

몇몇 어린이와 청소년은 특별한 재능이나 뛰어난 재치와 달변, 혹은 매력적 외모나 스타일이나 자질을 타고난 덕분에 일찍 정상에 오르기도 한다. 어떤 아이들은 반문화적 스타일이나 성격이라는 갑옷을 두르고 버림받은 상태와 싸우는 법을 배운다. 그들은 매우 어린 나이에 자신이 긍정적인 방식으로 관심을 받을 능력이 없음을 발견한다. 하지만 그들에게는 관심을 받고 싶은 내적 욕구가 있다. 두 극단에 속하는 아이들, 즉 모두에게 인정받는 아이와 그렇지 않은 아이는 교사와 교무 부서가 다 파악하고 있으므로 가장 많은 에너지와 관심의 대상이 된다. 내가 대화를 나누었던 교사들이 문제아뿐 아니라 스타로 인정받는 학생까지 잘 알고 있다는 사실을 바탕으로, 이 연구를 진행하면서 가장 처음으로 관찰한 극명한 한 가지 사실에 주목하게 되었다. 그것은 바로 세 번째 범주가 있다는 것이다. '중간'에 속한 학생들은 다양한 이유로 특별한 애정의 대상이 되거나 싸

> 저는 항상 엄청난 외로움에 시달렸어요. 나를 방어하고 싶은 날선 경계심을 내려놓아도 안전하다고 느끼는 곳을 갈망하는 이야기에 마음이 끌려요. 저는 어릴 때나 중학생 시절에 외향적이고 활기찬 편이어서 제가 얼마나 외로움을 느끼는 편인지 짐작조차 못 했던 것 같아요. 사람들과 어울리기를 좋아하는 다른 친구들처럼 저는 온갖 그룹의 친구들과 스스럼없이 어울렸어요. 하지만 늘 뭔가 빠진 것 같은 허전함을 느꼈어요. 이런 '공허함'이 마음 깊은 곳에서 불쑥 떠오를 때가 있어요. 이렇게 갑자기 튀어나오는 감정은 한두 시간이나, 길면 며칠 동안 사라지지 않을 때도 있어요. 어디서 그런 공허함이 생기는지 아무리 고민해봐도 모르겠어요. 친하게 지내는 친구들이 많고, 가족들도 제가 바라는 것 이상으로 잘해줘요. 다만 때로 어딘가에 소속되고 싶다는 욕구를 느껴요.
>
> _어느 고등학생

우고 반항하는 불량 학생으로 낙인찍히지 않아 누구에게도 관심을 받지 못한다. 모범생이나 반항아라는 두 범주에 속하는 학생보다 중간에 속하는 학생이 훨씬 많다. 매력적이고 뛰어난 학생과 반항적이고 반문화적인 학생은 전체 학생 중 20퍼센트에 불과하지만, 어른들의 관심의 80퍼센트를 차지한다.

 이런 관찰을 한 뒤 훨씬 놀라운 다른 사실을 확인하게 되었다. 이런 관심을 받은 학생들은 자신들이 성취하고 드러내거나 만든 무엇인가로 주목받았음을 직관적으로 알았다는 것이다. 나는 가장 예리한 학생들, 즉 '알짜 중의 알짜'를 찾아 대화를 시도했다. 그들이 겉으로 보이는 것처럼 실제로 그런 사람인지 알아보기 위해서였다. 그들이 관심을 받기 위해 연기하는 것은 아닌지 확인하고 싶었다. 상위권을 차지하는 학생들에게 가까이 다가갈수록 그들이 자신의 특별함(지성, 지능, 운동 능력, 순발력, 좋은 평판)을 망토처럼 입고 있다는 사실을 더 확실히 알게 되었다. 최고 상위권의 학생도 표면 아래에는 자신의 실체를 들키면 그토록 열심히 얻고자 노력한 모든 것을 잃을 수도 있다는 강력한 두려움을 품고 있었다. 한 3학년 남학생은 "제가 성적을 올리고 스포츠 만능이 되려고 하는 이유는 그것 말고는 가진 게 없어서예요"라고 털어놓았다. (이 학생은 교사들에게 극찬을 받고, 평균 성적 4.0을 유지하며, 주요 운동 경기에서 선발 선수로 활약하고, 학교에서 모두에게 칭찬받던 학생이었다.) 실제로 이렇게 재능이 출중하고 뛰어난 학생 중에는 또래보다 뛰어날 수 있는 다른 방법(때로는 유해한 방법)을 찾는 이들도 있다. 문화 트렌드를 연구하는 월트 뮬러는 한 학생이 보낸 이메일을 인용한다.

저는 중상류층 가정에서 자랐어요. 전 과목에서 A 등급을 받고, 반에서 회장도 맡고 있어요. 모든 면에서 기대 이상의 성취를 거두고 있어요. 그런데 왜 거식증에 시달리는지 이유를 모르겠어요. 아마 아프면 사람들이 제게 더 관심을 기울이고 좋아해줄 거라고 생각했기 때문인 것 같아요. 부모님이 저를 사랑하신다는 건 알아요. 하지만 두 분은 제가 똑똑하고 유능해서 더 이상 도움이나 관심이 필요하지 않을 거라고 생각하세요. 제가 완벽한 인생을 누리고 있지 않다는 걸, 외롭다는 걸 사람들이 알아주었으면 좋겠어요.[30]

인생의 이 단계에서 살아남기 위해 다양한 역할을 '연기할' 필요성을 면제받은 청소년은 아무도 없다.[31] 폴 윌리스가 지적하듯이 "청소년에게 사춘기를 경험한다는 것은 이런저런 식으로 소외된다는 것을 의미한다."[32] 미국에서 아이들은 애초에 어린이와 청소년을 돕고 양육하며 안내하고 보호할 목적으로 만들어진 거의 모든 시스템에서 어린 나이일 때부터 이런 소외를 경험한다. 가령 교실이나[33] 스포츠[34] 같은 시스템을 면밀히 살펴보면, 지난 40-50년 동안 거대한 변화가 일어났음을 알 수 있다. 원래 아동의 돌봄, 복지, 발달에 집중했던 기관과 조직과 제도가 개인의 양육과 발달에는 관심을 거두고, 제도의 유지(혹은 책임을 맡은 어른의 경쟁적 필요나 병리적 필요)에 더 관심을 기울이게 되었다. 오늘날의 사춘기 청소년은 실제로 계속 유기되어 왔다.

아직 이런 지적을 받아들이기 힘들 수도 있다. 이 장의 초안을 읽은 많은 평가자, 주로 대학원생인 동시에 성인으로서 전문가의 길을 걸어가는 사람들은 나의 전반적인 시각을 확인해 주었지만, 이런 주장이 보편적인지에 대해서는 완전히 확신하지 못했다. 특별히 어떤 사람은 '방대한 인용문과 시나리오'를 제시하여 양적 공격으로 독자를 설득해보라고 권했다. 나는 약간 다른 방식을 선택하기로 했다. 중기 사춘기 청소년은 체계적인 사회적 유기로 현재 그 상태에 있게 되었다는 것을 전제로 출발하는 것이다. 이 책에서 나는 이 전제가 다양한 삶의 영역에서 어떤 식으로 전개되는지에 대해 구체적인 사례들을 제시할 것이다. 이 시점에서 나는 독자가 유기라는 개념을 무비판적으로 받아들이기를 바라지 않는다. 다만 그 가능성에 마음을 열어두면 좋겠다.

내부 제도와 관계에 의한 유기

체계적 유기의 개념은 개별 청소년을 양육하고 돌보며 고유의 정체성을 형성하도록 돕기 위해 고안된 외부 시스템에만 국한되지 않는다. 또 다른 형태의 유기, 아마 더 교묘하게 진행된 훨씬 악한 형태의 유기는 사춘기 청소년의 심리와 그들 세계에 파괴적인 영향을 미쳤다. 청소년은 아동기에서 성인기로 가는 과정에서 가장 중요한 양육 공동체 역할을 하는 안전한 관계와 친숙한 환경을 상실하며 고통을 겪었다. 이에 대한 가장 명확한 사례는 가정에서 찾을 수 있다. 포스트 모던 시대의 가정은 종종 부모의 필요와 갈등과 관심사에 관심이 집중되어 자녀의 정서적, 발달적 필요가 대체로 충족되지 못하는 경우가 많다.[35] 이런 추세에 더해 대다수 청소년이 교류할 확대 가족의 부재, 결혼을 경시하는 풍조, 친구이자 멘토가 되어줄 어른과의 건강한 관계의 실종 등이 문제로 떠오른다. 오늘날의 청소년이 유례없는 규모의 내면적 위기에 직면한 이유가 무엇인지 확인하는 것은 어렵지 않다.

어른과 의미 있는 관계를 맺지 못하는 것은 발달 중인 청소년에게 너무나 치명적이다.[36] 중기 사춘기 청소년은 자신이 느끼는 고립감과 외로움을 제대로 이해할 만큼 인생 경험이 충분하지 않기 때문에, 연구하는 동안 자신의 경험을 '상실'이라고 구체적으로 표현하는 학생이 거의 없었다. 그러나 거의 모든 학생이 이런 경험에서 자유롭지 않았다. 전국의 중기 사춘기 청소년들과 토론하면서 이런 암울하고 괴로운 평가에 동의하지 않은 학생은 한 명도 없었다.[37] 나와 대화한 모든 학생은 이 사실을 인정할 정도로 안전하다는 확신이 들면, 그런 외로움이 자신을 가장 심각하게 괴롭힌다는 것을 인정했다. 메리 파이퍼는 현대 문화의 한가운데서 사춘기 여학생의 삶에 도사리는 공포를 보며 부모들이 자녀의 고통을 쉽게 놓치는 현실을 통렬하게 요약하며 경고의 나팔을 울린다. "바다에서 수영하는 것을 이야기하는 스티비 스미스의 시를 인용하여 표현하면, '그들은 손을 흔들고 있는 것이 아니라 물에 가라앉고 있다.' 그들은 도움이 가장 절실할 때 부모의 손을 잡을 수 없다."[38] 청소년은 자신과 함께 해주지 않는다고 생각하는 모든 어른에게 이런 감정을 느낀다.

유기가 불러온 결과

나는 이 연구를 하던 도중 캘리포니아주 글렌데일 시에 있는 단체의 면접관으로 초대받은 적이 있다. 문제를 일으킬 위험이 있는 십대를 돕는 청소년 아웃리치 코디네이터에 지원한 최종 후보자 세 명을 대상으로 면접을 진행하는 심사관 중 하나였다. 지원자들이 사춘기 청소년의 세계를 얼마나 잘 이해하는지 확인하기 위해 한 가지 질문을 했다. "위기에 처해 있는 아이 한 명을 선택해 그 상황을 설명해주시겠습니까?" 세 명 모두 매우 잘 준비된 사람들이었다. 두 사람은 석사 학위가 있었고, 세 번째 사람은 경험이 풍부했다. 나의 질문을 받았을 때 그 누구도 망설이거나 멈칫거리는 기미조차 보이지 않았다. 모두 매우 단호했고 똑같이 반응했다. "왜 한 명만 말해야 하나요? 사실상 모든 아이가 위기 상태에 있습니다. 미국에서 자란 아이들은 단 한 번의 큰 사건이나 비극만 경험해도 위기라고 불리는 상태로 곤두박질치고 말 겁니다."

버몬트주의 국선 변호인 사무실의 조사관인 크리스 프래피어(Chris Frappier)는 오늘날 유기의 문화에서 살아가는 청소년에게 일어나고 있는 일을 공개적으로 거론했다.

상실감과 박탈감을 느끼는 우리 아이들이 갱단에 들어갑니다. 왜 아니겠습니까?…제 말은 청소년과 전쟁을 벌이는 이 주의 지역 사회를 보라는 말입니다. 버겐스 시

> 는 아이들을 공원에서 쫓아내고, 우드스톡 시에서는 스케이트보드를 금지했습니다…최근 몇 년간 청소년을 완전히 소외시키는 모습을 계속해서 목격하고 있습니다. 청소년이 자초한 일이 아닙니다. 그들에게 손을 내밀고 다가갈 고민조차 하지 않는 어른들이 시작한 일입니다. 저는 이런 사실이 매우 두렵습니다.[39]

다양한 배경을 가진 청소년들과 직접 대면하여 일하는 사람 대다수가 이와 비슷한 결론에 도달한다.

그러나 실무자들만 그런 결론에 다다른 것은 아니다. 오늘날의 청소년이 이전 세대보다 더 어렵고 복잡하며 예측하기 어렵다는 점을 암시하는 증거, 즉 경험적이고 입증 가능한 정량적 자료도 존재한다. 문화적인 심리사회적 산물인 청소년기가 계속해서 길어지면서[40] 제도적 유기의 결과가 더욱 극명하게 드러난다. 예를 들어, 1천 명의 아동과 청소년을 대상으로 실시한 주요 연구에서 대다수는 부모와 함께 보낸 시간이 무언가에 떠밀리듯 힘들었던 때가 자주 있었다고 응답했다. 심지어 이런 식으로 느끼지 않았던 아이들에게서도 건강한 사춘기 발달에 필수적인 자녀와 부모 간의 소통이 깊이 있고 내실 있게 이루어졌다는 증거를 찾아볼 수 없었다.[41]

이런 상황은 사춘기 청소년이 갈등이 심한 가정의 일원일 때 더욱 악화된다. 부모가 자신의 문제와 어려움에 몰입할수록 자녀의 사회적인 필요와 발달상의 필요에 별로 관심을 갖지 않는다. 가정 환경에 갈등이 있을 때 부모는 자녀의 성숙에 대해 제한된(혹은 오도된) 인식에 더 의존하기 쉽다. 이것은 결국 부모들이 청소년 자녀에게 지지와 조언을 의존하게 되는 상황으로 이어져 청소년의 부담을 크게 증가시킨다. 청소년 자녀는 삶에서 가장 중요한 체계의 안정성을 잃을 수 있다는 공포와 두려움을 감당해야 하고, 그런 위기에서 발생하는 자신의 필요를 충족시키는 능력을 억누르는 방식으로 부모의 갈등에 개입하게 된다.[42] 연구에 따르면, 부모의 갈등 때문에 자녀가 부모의 필요를 충족해주고자 발달상의 필요를 희생할 수밖에 없게 되는 결과가 일관되게 나타났다. 당연한 말이지만, 자녀는 부모의 필요를 충족해주는 일에 서투를 수밖에 없다. 실제로 그들은 상황이 어려울 때 중재하는 역할을 떠맡아야 한다. 청소년은 심지어 부모의 갈등 속에서 한쪽의 편을 들도록 강요받거나, 힘들어하는 부모에게 조언해야 하는 상황으로 내몰린다.[43] 부모의 이러한 책임 회피는 자신의 필요를 너무 빨리 스스로 처리해야 하는 자녀에게 치명적인 결과를 안겨준다.

제임스 E. 코테와 안톤 L. 알라하르는 『보류된 세대』(Generation on Hold)에서 "과도하게 자기중심적인" 성인에 대해 말하며 이렇게 지적한다. "성인의 정체성이 모호해지면서 청소년이 정체성 형성에 필수적인 자기 발견 과정을 무사히 통과하도록 인도할 능력이 없다. 그 결과 그들은 자녀에게서 멀어진다는 느낌을 받고, 그들이 성인의 세계로 들어오는 것을 환영하지 않을 수 있다. 이런 양면성은 청소년의 위기를 더 악화할 수 있다."⁴⁴ 마찬가지로 칼라 반힐은 "좋은 부모가 십대 자녀를 어떻게 포기하는가?"라는 제목으로 「북 앤 컬처」(Books & Culture)에 기고한 글에서 부모와 자녀 사이의 자연스러운 밀고 당기기를 다루었다. 그녀는 감독자이자 권위자라는 당연하고도 필요한 역할을 유지하지 못하는 부모가 자녀의 자기 인식 문제와 관련하여 어떤 스트레스를 줄 수 있는지 상세히 설명한다. 자신의 영혼마저 다른 사람에게 팔아야 하는 상품으로 여기는 이 시대에, 십대들이 부모가 자신을 돌보기에는 너무 바쁘다고 느끼거나 양육자가 될 능력이 없다고 생각하는 것은 놀랍지 않다. 십대는 두려움을 직감적으로 감지할 수 있다. 자신이 주도권을 가졌음을 느끼는 즉시, 어른들이 자신에게 도전하기를 두려워한다고 생각하는 시작하는 즉시 경계를 넘나들 때까지 밀어붙이는 것은 자연스러운 인간 본성이다. 부모가 설정한 경계에 자녀가 불평할지 모르지만, 컬럼비아 대학교의 국립 중독 및 약물 남용 센터(National Center on Addiction and Substance Abuse)가 실시한 연구를 비롯한 여러 연구에 따르면 십대가 건강한 경계 설정이 주는 통제감과 안전감을 절실히 필요로 하고 원한다는 사실을 보여준다.⁴⁵

사춘기 청소년은 부모나 다른 어른과 충분한 시간을 보내지 못할 때 이를 알아차린다. 예전에 시애틀에서 열린 지역 주민을 위한 부모와 청소년 행사를 진행한 적이 있었다. 그때 학생들에게 어른들이 알아주길 바라는 목록을 써달라고 요청했다. 학생들이 작성한 내용 중 가장 가슴에 와닿았던 것은 중요

내가 두 살 때 아빠는 나와 엄마를 두고 떠났어요. 물론 아빠를 자주 만났지만, 그것이 오히려 상처를 주었어요. 4학년 이후에는 한 번도 아빠를 보지 못했죠. 더 이상 전화도, 편지도 하지 않았어요. 엄마는 5학년 여름에 재혼했어요. 나는 양아버지가 미웠어요. 6학년 때 저는 순결을 잃었어요. 그냥 아무 남자에게나 사랑을 받고 싶었어요. 내 인생이 미치도록 싫었지만, 섹스를 하면 관심과 사랑을 받는 느낌을 받았어요. 세 명의 남자와 잤어요. 그러다가 중학교 1학년 때 마약을 하고 술을 입에 대기 시작했죠. 파티를 다니며 늦게까지 즐겼어요. 엄마가 양아버지를 집에서 내쫓았을 때는 기분이 정말 좋았어요. 새 학기가 시작되었고, 저는 담배를 피우고 아무 데서나 술을 마셨어요. 무얼 해도 사랑이나 관심을 받는다는 느낌이 전혀 들지 않았어요. 제 내면은 이미 죽은 시체 같다는 생각이 들었어요. 그래서 저는 자해하기 시작했어요. 피를 흘리는 제 모습을 보았을 때 살아 있다는 느낌이 들었어요. 고통을 느끼는 것은 제가 경험할 수 있는 최고의 희열이었어요. 엄마가 그런 나를 발견했고, 상담사를 만나야 해서 자해를 멈추었어요. 그러자 몇 달 후에는 거식증이 생겼어요. 저는 완벽해야 했지만, 최악의 딸이었어요. 성적도 형편없고, 태도도 불량했어요. 아빠는 곁에 없었어요. 스스로가 무가치한 존재라는 생각이 들었어요. 내가 형편없는 딸이기 때문에 아빠와 살 수 없다는 생각이 들었죠. 내 인생은 아무 쓸모가 없다는 생각이 들어요. 그냥 이대로 죽었으면 좋겠다는 생각이 시도 때도 없이 튀어나와요. 내가

> 소중한 사람이고 사랑받고 보살핌을 받고 있다고 느끼고 싶어요.
> 어디에서 이런 느낌을 받을 수 있을까요?
>
> _어느 고등학생

한 어른들과 보내는 시간을 어떻게 인식하는지에 대한 것이었다. "중학생이 된 이후로 어른들과 함께한 시간이 전혀 없어요. 하루 걸러 15분 정도가 어른들과 가장 길게 보내는 시간인 것 같아요." 어른들은 청소년이 중요한 어른과 함께 보내는 시간, 특히 부모와 함께하는 시간이 청소년의 건강한 발달에 가장 중요한 환경이라는 것을 이해하지 못한다는 듯이 행동한다. 그러나 아무리 이상적인 가족이라도 함께 시간을 보내기가 쉬운 일은 아니다. 허쉬는 이렇게 말한다. "미하이 칙센트미하이(Mihaly Csikzentmihalyi)와 리드 라르손(Reed Larson)은 『청소년이 된다는 것』(Being Adolescent)에서 '시간이 시작된 이후로 어떤 사회를 막론하고 청소년은 주변의 어른들을 관찰하고 모방하며 소통하면서 어른이 되는 법을 배웠다'라고 썼다. 그러므로 (현대의) 십대가 어른들과 어울리며 소통하는 시간이 이토록 적은 것은 놀라운 일이다. 두 사람은 연구 과정에서 사춘기 청소년이 부모와 보내는 시간이 4.8퍼센트에 지나지 않으며, 부모가 아닌 다른 어른들과 보내는 시간은 2퍼센트에 불과함을 확인했다."[46]

부모와 어른이 청소년을 유기한 결과는 두 가지로 정리할 수 있다. 첫째, 청소년기라는 발달 과정을 통과하도록 도와줄 사람이 아무도 없기 때문에 사춘기 여정이 길어진다.47 조셉 앨런과 클라우디아 워렐 앨런은 "청소년기는 경계가 무한히 확장되어 많은 십대는 자신이 궁극적으로 무언가를 준비하고 있다는 현실 감각을 잃고, 심지어 무언가를 준비하고 있다는 인식조차 없는 상태다"라고 지적한다.48 이런 현상은 건강해 보이고 성공한 것처럼 보이지만 "직장을 구하는 법도, 돈을 관리하며, 요리하고, 혼자 살아가는 법도 모른 채 20대 중반의 어느 날 잠에서 깬" 청년에게도 해당된다.49 둘째, 사춘기 청소년은 "외로움이 유기의 지속적인 결과이기" 때문에 본질적으로 자신이 혼자라는 것을 안다.50

이럴 수가! 청소년들은 어른을 원한다

대부분의 성인이 생각하는 것과 달리, 중기 사춘기 청소년은 자신을 돌보는 어른들과 의미 있는 관계를 맺고 싶어 한다.51 일대일, 비공식적 모임, 대규모 모임 등 여러 배경에서 이와 관련된 질문을 했을 때, 학생들은 자신에게 이런 갈증이 있다고 응답했고 대부분 성인 친구의 필요성을 강하게 인정했다. 문제는 그들이 이런 필요와 어른에 대한 신뢰성 결여라는 인식을 통합하려고 할 때 생긴다. 일단의 교사들을 만났을 때, (은퇴를 앞둔) 한 교사는 이렇게 말했다. "아이들은 타협하고 양보하는 법을 배워야 해요! 아이들과 신뢰를 쌓으려고 애썼는데 결국에는 내 제안을 거부하는 걸로 끝나는 게 지긋지긋해요." 그 교사의 하소연은 아이와 성인의 관계라는 문제의 핵심을 건드리고 있다. 아이는 어른을 원하고 필요로 하지만, 오랫동안 알고 지냈던 몇몇 어른 때문에 어떤 어른도 신뢰하지 못한다(대부분의 중기 사춘기 청소년에게 부모 역시 예외가 아니다). 그러므로 중기 사춘기 청소년은 확신 없이는 어른과 타협조차 하지 않을 것이다. 굳이 더 실망할 일을 자초할 이유가 어디 있겠는가? 아이들과 소통하고 싶다고 말하면서 그들에게 타협하라고 요구하는 어른은 오히려 불신을 더 키울 뿐이고, 어른과의 골을 더 깊어지게 할 것이다. 중기 사춘기 청소년에게 이런 태도는 또 다른 유기의 확증이다.

사춘기 청소년들은 삶에서 거의 모든 시기에 진정한 관심과 보살핌이 부족했다고 인식해왔기 때문에 손을 내미는 어른을 쉽게 신뢰하기가 어렵다. 누군가는 오늘날 우리가 청소년을 대하는 방식이 모든 시대와 문화권에서의 방식과 똑같다고 주장할 수 있다.[52] 하지만 내가 관찰한 현실이나 청소년의 세계를 면밀하게 연구해온 사람들이 내놓은 결과는 완전히 다른 시각을 보여준다. 체계적인 유기는 중기 사춘기 청소년이 오롯이 혼자라고 믿게 된 환경을 조성했다. 그 결과 그들은 어른들에게 속내를 드러내지 않고 어른들의 세계에서 멀어져 지하로 숨는 것을 선택한다. 이렇게 특유의 질서를 갖춘 사회, 즉 규칙과 기대와 가치 체계, 심지어 사회적 규범까지 갖춘 그들만의 지하 세계가 탄생하게 된다. 이 세계는 청소년이 현재의 인생 단계에서 유일한 목표를 성취할 수 있는 환경을 유지하기 위해 존재한다. 그 목적은 바로 생존이다.

어른을 진실하고 헌신적이며 이타적인 옹호자로 신뢰할 수 없다면, 청소년이 선택할 수 있는 유일한 대안은 도망치는 것이다. 초기 사춘기 청소년의 경우, 아이들에게 필요한 돌봄과 보호와 지지를 제공할 최고의 희망은 여전히 가정이다. 그러나 후기 사춘기에는 추상적 사고가 발달하면서 세상의 복잡함을 인식하고, 성인과 성인 기관의 혼재된 동기와 진정성 없고 일관되지 못한 태도를 읽어낼 수 있는 능력이 발달한다. 중기 사춘기 청소년들은 무리를 이루어 유기에 대한 그들의 인식을 해결하고, 관계적 안정성, 보호, 사회로 이끌어주는 안내자, 소속감에 대한 욕구를 충족시킬 방책으로 그들만의 세상을 만든다. 허쉬가 말한 것처럼 "그들은 서로를 의지함으로 공동체에 대한 인간의 보편적인 갈망을 충족시키고, 의도치 않게 고립된 종족이라는 개념을 공고히 한다. 이들은 단순한 또래 집단이 아닌 그 자체로 가치, 윤리, 규율, 세계관, 통과의례, 희노애락, 세력을 갖춘 독자적인 사회가 된다. 스스로 교사와 조언자와 엔터테이너, 도전자, 양육자, 영감의 원천, 때로는 파괴자가 되는 것이다."[53]

그들 세계의 삶을 들여다볼 수 있을 정도로 가까이 다가가서 그들에게 충분히 신뢰를 얻게 되었을 때 내가 들은 것은 몇 사람만의 절규가 아니었다. 제대로 보살핌을 받고 싶고 진지하게 목소리를 들어달라는 갈망을 한목소리로 노래하는 압도적인 힘찬을 들었다. 사춘기 청소년들의 사회는 하나의 집단으로서 우리에게 접근을 허락하지 않는 난공불락의 성처럼 보일 수 있고, 심지어 실제로 무시할 수 없는 강력한 사회적 세력으로 여겨질 수 있다. 하지만 사춘기 청소년 세계의 팽배한 적대감 너머 방어와 보호라는 정교한 막 뒤에는 연약한 영혼이 숨어 있다. 심지어 가장 '굳건해' 보이는 학생도 부모를 비롯한 여러 어른의 생각보다 인생이 훨씬 더 암울하고 폭력적이며 힘들고 피곤하다고 고백했다.

결론과 생각해볼 점

"클라크 박사님, 어른들은 아무것도 몰라요."

평균 만점의 성적을 유지하면서 전교 배구 대표 선수로 활약하고, 미모도 뛰어나며, 학교에서 모두에게 사랑과 인정을 받는 고등학교 2학년 여학생이 한 말이다.

"하지만 너는 누구보다 학교생활을 잘 이어가고 있는 것 같은데."

"맞아요. 전 상당히 잘하는 편이죠. 그렇죠?"

그 아이가 하고 싶었던 말은 '생존을 위한 경기를 잘하고, 쇼를 계속 이어나가며, 수많은 장애물도 어떻게든 잘 헤쳐나가요'였다.

이 장에서 내린 결론이 우울하게 들리고 소수의 문제를 지나치게 일반화하는 것처럼 보일 수도 있다. 많은 중기 사춘기 청소년은 사춘기의 일반적인 환경을 극복할 수 있고, 어른들의 기대에 부응하면서도 그들만의 숨겨진 세계에 속하는 데 꼭 필요한 관계적 신의를 지키는 일도 게을리하지 않는 것 사이에서 줄타기하는 데 능숙할 수 있기 때문이다. 그렇다고 해도 많은 청소년은 고립과 절망의 심연에 떨어지기 일보 직전이다. 아주 당찬 한 고등학교 2학년 학생은 한 편의 시로 이 사실을 확인해주었다.

> 혼자 세상에 와서
> 외로이 세상 속으로 들어가지
> 인생에 친구는 한 명도 없다네

요약하자면, 원래 청소년을 돌봐야 할 위치에 있는 제도와 성인의 체계적 유기가 고립의 문화를 만들어냈다는 것이다.[54] 우리는 성인의 유기가 조장한 환경에 주의를 기울이고 눈으로 확인하며, 궁극적으로 그들을 이해하겠다는 결단을 하고 아이들이 도피한 세계에 발을 들여놓아야 한다. 심지어 모든 면에서 뛰어나 보이는 아이라도 고등학생이 되어 중기 사춘기에 접어들 무렵에는 대부분 다른 사람의 이익에 도움이 되는 능력으로 자신의 가치를 인정받는 사람이 되도록 끊임없이 강요받고, 자극받으며, 길들여져왔다는 사실을 알아차린다. 이런 경험을 하게 한 사람이 코치든 학교 교사든 음악 교사든 주일학교 상담가든 간에, 청소년은 자신이 만난 모든 성인이 자신에게서 무언가를 얻어내기 위해 교묘하게 조종했다고 직관적으로 믿는다. 이런 의식이 중기 사춘기에 뿌리를 내리면, 그들은 좌절감과 분노와 배신감에 휩싸이게 된다. 이런 감정은 중기 사춘기를 규정하는 경험이 되어 그들만의 지하 세계를 절실히 요구하게 된다.

알렉산더 울프는 스포츠 주간지 「스포츠 일러스트레이티드」(Sports Illustrated) 1면에 청소년 스포츠를 극히 비판하면서 기사의 결론에 다음의 내용을 은근히 끼워 넣었다. "고등학교가 어린 시절의 소중한 시기라고 믿는지, 아니면 화려한 쇼에 데뷔하기 위해 잠시 머무르는 일종의 학업적 환상의 경유지로 보는지에 대한 질문에 답하면 우리가 어떤 사람인지 알 수 있다."[55] 이렇게 통렬하고 통찰력 넘치는 문장이 그의 글에 너무나 은근하게 섞여 있어서 이 문장이 지닌 힘을 쉽게 놓칠 수 있다. 하지만 우리 아이들을 이해하고 싶다면 거울을 들여다보라는 울프의 도전은 반복하여 되새겨야 한다. 미국에서 고등학교 생활이 '어린 시절의 소중한 시기'라는 개념은 자취를 감춘 지 이미 오래되었다. 불행하게도 우리가 잃어버린 것이 무엇인지 살펴볼 시간을 갖거나 용기를 낼 성인은 거의 없다. 중기 사춘기 청소년은 자신이 유기되었음을 잘 안다. 그래서 자신 앞에 놓인 가장 어렵고도 도전적인 발달 시기를 살아낼 안전한 장소를 찾는 데 젊음의 에너지를 쏟는다.

고인이 된 축구 감독 에이브 레몬스(Abe Lemons)는 "졸업반 학생들을 가르치려 하지 말고 그냥 참아내야 한다"라고 말한 적이 있다.[56] 중기 사춘기 청소년의 시선에서 보면 너무나 많은 성인이 바로 이런 식으로 그들을 대한다. 그러나 예외는 있다. 나는 그동안 사회적 유기라는 흐름에 맞서는 성인들을 만났다. 더 많은 성인이, 특별히 이 유기의 흐름을 바꾸어놓을 위치에 있는 성인들이 우리 아이들에게 집단적 고통을 안긴 제도와 조직을 바꾸기 위해 온 힘을 다하기를 소망한다. 우리가 함께 노력하면 변화를 만들어낼 수 있다.

오늘날 사춘기 청소년은
대부분 성인들이
모르는 세계에 살고 있다.
_패트리샤 허쉬, 『고립된 종족』

3장. 그들만의 지하 세계

다른 사람들과 연구 내용을 이야기하다 보면 가장 많이 듣는 말 중 하나가 "내가 고등학교 다닐 때와 지금이 그렇게 많이 다르단 말인가요?"였다(보통 10년 전이나 35년 전에 학교를 다녔던 이들이다). 이 말은 사춘기 청소년뿐 아니라 우리 모두에게 영향을 미치는 변화하는 세계에 관해 무의식적 차원이지만 인지 가능한 수준의 논쟁이 벌어지고 있음을 방증한다. 여러 면에서 우리는 삶이 완전히 동일하지는 않더라도 예전과 크게 달라지지 않기를 바란다. 적어도 우리가 자랐던 세계에 관해서는 이런 마음이 있다. 그러나 이런 기대와는 정반대의 일들이 너무나 많이 일어난다. 그리고 그런 말을 하고 이어지는 대화는 항상 다음과 같은 방향으로 흘러간다. "1970년대처럼 요즘 십대들의 세계도 그때와 비슷하거나 적어도 많은 부분 비슷했으면 좋겠다고 생각합니다. 하지만 오늘날 청소년들이 자라고 있는 세상에서 매일 일어나는 일들을 정직하게 바라보면 겉으로는 비슷해 보여도 너무나 다른 세상이라는 것을 인정하게 됩니다."

사춘기를 연구하는 많은 학자는 고등학생 공동체의 문화와 삶을 심리사회적 차원에서 더 심층적이고 정확하게 들여다보려면 훨씬 더 많은 연구가 필요하다는 결론을 내렸다. 예를 들어, 제프리 래시브룩은 정량적 방법으로 이 집단을 이해하기가 어려운 점을 설명하면서 "자연스러운 상황에서 또래 사이의 상호 작용을 비디오로 촬영하면 언어적, 비언어적 단서를 모두 기록할 수 있으므로 이상적인 방법일 것이다"라고 제안했다.[1] 이런 제안과 이와 유사한 다른 제안들은 청소년들에 대해 우리가 아는 것이 기껏해야 얼마 되지 않으며, 그마저 종종 인위적 방법으로 발견한 것으로 개별적인 문제(가령, 흡연이나 성생활)에 국한될 가능성이 높다는 연구자들의 시각을 반영한다. 사춘기 청소년의 경험이라는 사회학적 현실을 파악하기 위한 차원에서 근거로 사용할 더 많은 자료를 절실히 원하는 사람들은 더 가까이에서 직접적으로 이들을 살필 필요성을 느낀다. 그러므로 나는 이 연구를 통해 연구 대상인 사춘기 청소년들이 여과 없이 자유롭게 자신의 삶을 살아갈 수 있도록 그 풍경의 일부가 되고자 했다(이 연구에 대한 더 자세한 설명은 '부록'을 참고하라).

사춘기 연구와 관련해 빈번히 제기되는 또 다른 주제는 사춘기 경험을 사소하게 보기나[2] 중기 사춘기 경험의 복합성을 고정 관념과 몇 가지 명칭으로 축소하여³ 이미 취약한 집단에 더 피해를 입힐 수 있다는 우려다. 이미 언급했듯이, 내가 관찰한 내용은 학술 문헌과 비공식적 토론 그룹에서 모두 검증되었다.

  나는 이 연구를 시작하고 처음 몇 주 안에 두 가지 결론에 도달했다. 첫째, 대다수 성인은 거의 모든 중기 사춘기 청소년이 살고 있는 세계가 얼마나 복잡하고 다른지 제대로 이해하지 못한다. 둘째, 대부분의 성인은 청소년의 세계를 두려워하고, 많은 경우 기본적으로 그 세계에서 자신들이 본 내용을 혐오스러워한다. 첫 번째 결론은 패트리샤 허쉬가 『고립된 종족』에서 지적한 내용이다. 그녀는 "오늘날 사춘기 청소년은 대부분 성인들이 모르는 세계에 살고 있다"⁴라고 지적했다. 두 번째 결론은 나의 관찰 내용에 국한되지 않으며 다른 문헌들에서도 확인된다. 1999년 공공정책 연구 기관인 퍼블릭 어젠다(Public Agenda)에서 성인을 대상으로 미국의 십대들에 대한 생각을 묻는 설문 조사를 실시했을 때 그들이 떠올린 단어는 '무례하다'와 '거칠다'였다.⁵ 두 결론 모두 유기와 성인들의 태도가 청소년에게 어떤 영향을 미치는지를 알아내야 할 필요성을 확인해준다.

아래 지하 세계

  나는 나의 데이터와 결론을 체계화할 수 있는 종합적인 틀을 발견할 것이라고 믿고 연구를 시작한 것이 아니

> 사람들은 제가 '완벽한' 생활을 하고 있다고 생각해요. 단정한 복장을 하고, '멋있는 사람들'과 어울리며, 부유한 집에 살고 있어요. 그러나 우스운 것은, 아빠의 기대가 달성 불가능하기 때문에 제가 밤마다 울며 잠든다는 것을 아무도 모른다는 거예요. 저는 학교 공부에 뒤처지지 않으려고 버둥거려요. 그리고 이혼 가정에서 살고 있어요. 사람들은 진짜 제 모습을 몰라요. 저는 가면을 쓰고 살아야 해요. 맥주와 술의 유혹과 싸우느라 힘들어요. 하지만 사람들은 아무것도 몰라요.
>
> _어느 고등학생

었다. 하지만 그런 일이 일어났다. 중기 사춘기 청소년들이 고도의 조직화된 별도의 사회 시스템, 즉 내가 '아래 세상'(world beneath)[6]이라고 명명한 세계를 만들어 제도적 유기에 대처해왔다는 사실을 발견한 것이다. '아래 세계'는 청소년 문화나 세대 격차라는 개념보다 더 포괄적인 개념이다. 이 세계는 수십 년에 걸쳐 진화해왔지만, 지난 몇 년 동안 어느 정도 무해하고 때로는 순수하게 분리되는 성격에서 벗어나 방어적인 독특한 사회 시스템으로 바뀌게 되었다. 과거의 중기 청소년들은 '나무 위의 집'(treehouses, 비밀스럽지만 대체로 눈에 보이는 분리의 표현)을 형성했던 반면, 오늘날 사춘기 풍경 아래의 세계는 지하 사회와 훨씬 비슷하다. 그것은 정교하며 도처에 스며들어 있는, 눈에 띄지 않을 목직으로 지어진 세계다. 문화적으로 억압당하는 하위 집단의 사회 시스템과 다르지 않다. 그 구성원들은 자신이 다수의 세계에서 살아야 한다는 것을 알지만, 또한 소수의 '아웃사이더'가 환영받는[7] 그들만을 위해 마련된 완전히 다른 세계를 가지고 있다. 이 세계에는 독자적인 관계 방식과 도덕 규범, 방어 전략이 있으며, 이는 중기 청소년들에게 잘 알려져 있고, 또한 공동체의 비밀로 철저히 지켜지고 있다.

청소년과 어른의 세계가 분리된 것은 20세기에 들어서고 바로 첫 몇 십년부터 시작되었을 것이다. 제2차 세계 대전 때와 1950년대에는 청년 세대만의 뚜렷한 취향이 있었다. 이렇게 새롭게 발전하는 하위문화의 지표로 로큰롤과 십대 영화, 청소년만의 복장과 스타일이 소개되었다. 앞에서 설명한 대로 1960년대는 미국 생활의 많은 영역에서 변화가 일어난 10년이었다. 제2차 세계 대전 이후의 단순하고 평온한 삶은 정치인들의 암살, 민권 운동, 베트남 전쟁, 새롭게 부각된 마약 문화로 산산조각이 났다. 1970년대 말과 1980년대 초에 이르러서는 성인 세계와 청소년 공동체가 '우리와 그들'의 관계로 완전히 나뉘게 되었다.

20세기 초와 중반에 청소년들은 성인의 세계라는 풍경 속에서 그들만의 방식을 구축했다. 1960년대에는 모두가 알 수 있을 정도로 목소리가 큰 소수의 청소년만이 성인 세계의 규칙과 규범이 자신들에게 적용되지 않는 것처럼 살려고 시도했다. 그러나 세월이 흐르고 청소년들에 대한 유기가 더 확대되면서 그들은 완전히 자기들만의 세계로 숨어들었고 그들만의 지하 세계를 만들었다.[8] 이 현상에 기여한 요인은 다양하고 복잡하지만, 성인 세계와 청소년 세계가 분리된 근본적인 이유는 사회가 청소년을 성인기까지 양육할 책무를 저버렸기 때문이다. 이런 분리에 대한 책임을 오로지 전통 사회의 전형적인 적들인 할리우드, 텔레비전, 과학 기술, 산업 혁명, 음악, 심지어 부모들에게만 돌릴 수는 없다. 오랫동안 성인들은 사회에 반항하는 청소년들을 비난하고 방치함으로써 그들을 외면했다. 보호와 안전을 이유로 별도의 문화를 형성하는 것은 새로운 현상이 아니다. 인류 역사를 통틀어 억압받는 집단은 권력자들의 횡포에 맞서 종종 사적인 하위문화를 만들어왔다. 새로운 것은, 우리의 청소년들이 태만한 성인 문화에 의해 계속 소외되어왔다는 것이다.

아래 세계와 관련된 세 가지 주요 문제가 있다. 첫째, 청소년들은 자신만의 세계를 만드는 것 외에는 선택의 여지가 없다고 직관적으로 믿는다. 다시 말해, 생존하려면 함께 뭉쳐서 지하로 들어가 안전한 장소를 만들어야 한다는 것이다. 둘째, 중기 사춘기 청소년들은 정서적, 관계적 결핍을 느끼기 때문에 자신들의 삶에서 가장 중요한 것은 자신을 환영해주는 관계 중심적인 가정을 만드는 것이라고 생각한다. 셋째, 중기 사춘기 청소년들은 도전적이고 때로 고통스러운 사춘기라는 여정을 항해할 때 타인과 연결되고자 하는 갈망을 충족시키는 방식으로 함께 뭉칠 수 있는 놀라운 능력이 있다.

끈질기고 피하기 힘든 목소리의 명령에 따라 야구장을 지어야만 한다고 생각한 영화 〈꿈의 구장〉(Field of Dreams)의 농부처럼, 모든 사춘기 청소년은 절실히 원하는 자신만의 세상과 사회적 환경을 만들라는 똑같이 강력한 내면의 목소리를 듣는다.[9] 한 개인이 자신이 누구이며 어디에 적합한지 이해하기 위해 중요한 관계적, 사회적 자원을 제공받아야 한다는 사회적 자본의 개념은 이제 사춘기 발달의 핵심 요소로 인식되고 있다.[10] 중기 사춘기 청소년들은 자신들의 환경을 의식할수록 주변 세상에 대한 의식도 높아진다. 이 발달 단계에 들어서면서 그들은 앞에서 논의한 유기의 상태를 자각하기 시작한다. 이런 자각을 설명할 수 있는 십대는 많지 않지만, 자신들의 경험을 살펴볼 기회가 생기면 그들은 유기의 핵심적인 인상을 중심에 놓는다. 청소년들이 자신들을 이끌어줄 어른들의 사회적 자본이 거의 없다고 인식하는 유기의 문화에 비추어볼 때 그들이 지하의 세계를 만들어야 할 필요성을 느끼는 것은 당연하다. 로버트 퍼트넘이 『나 홀로 볼링』(Bowling Alone, 페이퍼로드)에서 지적하듯이 "긍정적인 규범, 커뮤니티 연합, 비공식적인 성인의 우정과 친족 관계의 부재는 아이들이 그들 자신만의 장치에 의존하도록 몰아간다. 청소년이 근시안적이거나 자기 파괴적인 충동으로 행동하기가 너무나 쉬운 이유는 이런 배경 때문이다. 또한 갱단이나 속칭 동네 '크루'(neighborhood 'crew')의 형태로 자신들만의 사회적 자본을 만들 위험성이 높은 것도 이런 배경에서다."[11]

이 시기를 겪어본 부모라면 중기 사춘기 청소년들이 또래 관계에 대해 만족할 줄 모르는 욕구가 있음을 알고 있다. 추상적 사고가 시작되는 시기(대략 15세의 나이)에 청소년은 성인이 되어가는 과정이 또래 관계 속에서 자신을 찾아야 한다는 것임을

> 잠에서 깨었지만 여전히 몸이 피곤해서 다시 잠을 청한다.
>
> 잠을 청해도 여전히 정신이 또렷하다.
>
> 정신없이 흥분해서 보낸 시간들은
>
> 십대가 겪는 혼란스러운 나날들의 단면을 보여준다.
>
> 학교에서 수많은 결정을 내려야 한다.
>
> 다른 친구들이 나를 멋진 친구라 생각할지 궁금하다.
>
> 끊임없이 스트레스에 짓눌리고
>
> 끝나지 않는 숙제와 좋은 성적을 내야 할 많은 시험이 내 앞을 가로막고 있다.
>
> 사랑에 빠져 순수하고 더없는 기쁨을 느끼지만
>
> 심장이 찢어지는 고통을 맛볼 뿐이고 누군가를 그리워하는
>
> 또 다른 감옥에 갇힌다.
>
> 부모님이 계속 이런 식으로 대한다면
>
> 또 다른 하루를 버텨낼 힘이 없다는 걸 난 알고 있다.
>
> _어느 고등학생

직관적으로 인식한다. 이 시기의 새로운 점은 중기 사춘기 청소년들이 자신들이 인생의 대부분을 권위를 가진 사람들에게 이용당했다고 믿기 때문에(그리고 아직 발달 단계상 좋은 교사나 코치나 주일학교 교사를 나쁜 교사와 구별할 수 없기 때문에) 생존을 위해

깊고 친밀하며 강력한 또래 관계를 구축할 필요를 더 강렬하게 느낀다는 것이다. 이런 강렬한 갈망 때문에 사회적 자본의 저수지를 구축하고자 하는 욕구는 그 원인에 상관없이 거부하기 어렵다. 그러므로 또래 관계의 개발과 유지에는 매우 강렬한 감정이 동반된다.[12]

현대 문화, 특히 성(性)과 미디어의 측면에서 청소년으로 사는 어려움을 다룬 기사를 쓴 존 채핀은 앤 라이스(Anne Rice)의 소설 『벨린다』(Belinda)의 일부 내용을 인용한다. 앤은 이 소설에서 벨린다라는 인물을 이용해 신체적으로는 성인이지만, 정신적으로는 성인의 역할을 수행할 준비가 아직 되어 있지 않는 상태를 묘사한다.

> 나는 9살 때 초경을 했다…13살 무렵에는 C컵의 브래지어를 착용했다. 15살에 처음으로 잠자리를 같이한 남자아이는 매일 오후 3시에 면도를 했다. 우리는 함께 아기를 만들 수도 있었다…하지만 우리도 아직 아이일 뿐이다…합법적으로 담배를 피울 수도 없고, 술을 마시거나 직장 생활을 할 수도 없으며, 결혼을 할 수도 없다. 몸은 어른이 된 지 한참 지났지만, 내내 이 모양이다. 할 수 있는 것은 21살이 될 때까지 노는 것뿐이다…우리는 모두 범죄자다…미국에서 청소년으로 살아가려면 나쁜 사람이 될 수밖에 없다…모두 다 버림받은 사람이다. 모두가 사기꾼이다.[13]

내가 연구를 진행하는 내내 들었던 푸념과 한탄의 전형적인 내용이 이런 식이었다. 왜 소외감과 외로움과 불안을 느끼는지 성찰할 발달상의 능력을 지닌 청소년은 별로 없다. 하지만 벨린다처럼 그들은 그 결과를 고스란히 느낀다. 윌리엄 머헤디와 재닛 버나디의 말처럼 "계속해서 유기당하고 방치된 청소년들은 당연히 누구도 신뢰하지 않고, 경계심이 강하며, 주저하고, 결단을 미룬다."[14] 사회적 결속에 대한 욕구가 매우 강하기 때문에 친구들과 얼마나 멋진 우정을 경험하고 낭만적 사랑(이 단계에서는 동일한 발달상의 필요와 연결됨)을 나눌지에 대한 관심 말고는 다른 것은 거의 생각할 수 없다.[15]

유기당한 결과를 직감적으로 느끼면서도 안정감과 소속감을 얻을 수 있는 곳에 대한 이 강력한 욕구 속에서 그들은 문헌에서 '회복탄력성'이라고 표현하는 놀라운 탄력성을 보여준다.[16] 적어도 겉으로 보기에 자신들은 아무 문제가 없이 잘 지내고 있고, 스스로를 잘 돌볼 수 있으며, 누구의 도움도 필요 없다고 느끼는 낙관주의가 그들의 특징이다. 한 교사가 이렇게 고백했다. "왜 나는 계속해서 머리로 벽을 깨는 것처럼 되지도 않을 일을 하고 있는지 모르겠다. 어쩌면 내가 자신들을 모르거나 이해하지 못한다고, 내가 없어도 괜찮다고 말하는 아이들의 말이 맞을지도 모르겠다. 때로는 내가 왜 속을 끓이는지 더 이상 모를 때도 있다." 많은 성인이 이와 비슷한 좌절감을 느낀다. 다양한 요구와 계획들이 청소년을 압박하기 때문에 그들 중 대다수가 냉담하고 차가운 태도를 보인다. 그들은 종종 어른들이 필요하지 않은 것처럼 행동한다. 하지만 이것은 그들의 진심이 아니다. 그들 마음 깊은 곳에서는 자신들을 돌봐줄 어른들이 필요하다고 외치고 있다. 사춘기 청소년들이 성장 과정의 중간 단계에 접어들 즈음이면, 신뢰가 거의 바닥나서 자신들이 관심을 가져주는 어른들을 얼마나 간절히 원하는지 어른들이 엿볼 수조차 없게 한다.

이 연구를 시작하기 1-2년 전, 나는 세계적으로 유명한 발달 심리학자의 강연에 초대받은 적이 있다. 그가 강조한 내용 중 하나는 '아이들의 회복탄력성'이라는 개념이었다. 그는 이 개념을 건강한 사춘기 발달의 한 요소로 보았다. 이 학자가 이혼 가정의 상황에서 이 탄력성이 어떤 식으로 발휘되는가에 대한 질문을 받았을 때 "이혼은 일회적 사건이고 아이들은 일반적으로 회복탄련성이 있기 때문에 대부분의 경우 부모의 이혼이라는 충격을 극복해낸다"라고 간단히 답했다. 활용할 수 있는 증거를 피상적으로 해석하면 그의 말은 이론적으로 틀린 부분이 없다. 청소년은 극도로 어려운 상황에서도 생존해내며, 심지어 너끈히 성공할 수 있는 놀라운 역량이 있음을, 다양한 자료들이 확인해주기 때문이다.[17] 당시 강연자는 이혼을 '에피소드'라고, 다시 말해 일회적 사건이라고 불렀다. 그가 보기에 청소년은 이런 상황에서 보통 관계적으로 무너지지 않고, 일상을 유지할 수 있으며, 실제로 대부분 그러하다.

그러나 이혼이나 다른 유기의 표현들은 대부분의 청소년이 일반적인 수준에서 그 고통을 극복해내는 법을 배운다는 의미에서만 일회적이다. 상처는 여전히 마음 깊은 곳에 치유되지 않은 채 남아 있을 수 있다. 청소년에게 회복탄력성이 있다는 것은 분명히 사실이지만, 트라우마를 남기는 사건들은 유기의 경험을 끊임없이 상기시키기 때문에 오랜 시간이 흘러도 심각한 심리적 고통의 원인으로 작용할 수 있다. 트라우마에 대한 회복탄력성을 갖는다는 것은 팔을 잃고 '살아내는 것'과 비슷하다. 가족 관계의 해체로 인한 후유증은 한 개인이 일생 동안 끊임없이 고통당하는 원인이 된다. 이와 마찬가지로 시간이 흐르면 퇴색하는 일회적 사건으로 유기당하는 경험을 할 수도 있고, 또한 청소년들이 다시 회복하는 법을 배울 수도 있지만, 이렇게 유기의 경험이 누적되면 그 결과는 여전히 그들을 무겁게 짓누를 것이다.[18]

복잡한 사회 현실

관찰할 수 있는 성인의 풍경 아래로 터널을 뚫고 들어가 지하 세계를 만들 때 중기 사춘기 청소년의 주된 관심사는 관계적으로 안전한 장소를 확보하는 것이다. 어린 시절부터 성인이 될 때까지 청소년을 양육하는 근거가 되는 일관되고 통합적인 규칙과 규범, 의식과 의례가 잠식되도록 사회적 차원에서 용인했을 때 중기 사춘기 청소년들은 그들만의 세계를 만들어낼 수밖에 없었나(혹은 만들어야 한다고 믿었다).[19] 모든 인간의 내면에는 타인과 소통하며 사회적 집단에서 자신의 장소성(sense of place)을 찾고자 하는 강력한 욕구가 있다. 더 큰 사회, 혹은 일부 사람들의 말을 빌리면 메타 내러티브에 대한 이런 추구가 편안함을 느끼는 타인들과 공존하고자 하는 욕구와 결합할 때 청소년들은 성인이 없는 그들만의 세상을 만들고자 하는 강렬한 충동을 갖는다. 그들만의 아래 세상은 한 가지 주요한 특징, 즉 안전함의 욕구와 관련이 있다.

나는 연구 과정에서 복잡하고 정교하게 조직화된 사회적 위계와 배경 속에서 그들만의 장소성을 찾아내고자 하는 중기 사춘기 청소년들에게 경탄했다. 신입생들은 자신들이 어디에, 어떻게 소속할지를 결정하는 과정에서 그들에게 가장 중요한 우정을 가꾸는 과정과는 별도로(4장에서 논의할 것이다), 그들보다 앞서 간 이들이 짜놓은 그물망에 자연스럽게 유인당하고 에워싸였다. 따라서 이들이 학교라는 중기 사춘기 청소년의 사회적 환경으로 내던져지면서 이 세계로 진입하는 것은 당연한 수순이다. 학교라는 환경은 여러 면에서 세련되고 엄격하게 통제된다. 졸업생들이 끊임없이 배출되어 나가고 새로운 신입생들이 들어와 흡수되는 식으로 동화되는 과정이 이루어지기 때문이다.

내가 발견한 가장 놀라운 사실 중 하나는 중기 사춘기의 다양한 사회적 환경에서 생존하기 위해 필요한 능숙함의 수준이었다. 채핀이 지적하듯이 "사춘기 발달 모델들은 그들이 수용하는 과제의 수와 그 과제에 부여되는 명칭이 모두 다르다. 그러나 사춘기의 핵심 관심사는 긍정적인 신체상을 발달시키는 것

저는 그림 속에 살고 있다는 생각이 들어요. 이 모든 거짓 감정과 비정상 문양으로 칠해진 이상한 색깔들이 나의 '이미지'를 이루며 나의 진짜 모습인 듯한 착각이 들어요. 이 그림 속 나는 진짜 내가 아니라서 너무 답답해요. 모든 비밀을 털어놓고 가장 믿고 의지하는 절친도, 모든 걸 아끼지 않고 주는 남자 친구도 진짜 제 모습을 몰라요. 이런 고통스러운 붓의 필치와 전혀 어울리지 않는 색깔들과 거짓 감정들을 다 벗겨내고 싶어요. 저를 가리고 있는 모든 가짜를 깨끗이 씻어내고 싶어요. 하지만 거절당할지도 모른다는 두려움이 훨씬 더 커서 변화되고 싶은 간절함을 항상 눌러버려요.

저는 매일 제 자신이 아닌 다른 사람들을 위해 살고 있어요. 그냥 나인 상태로 편안하게 살 수가 없어요. 치어리더가 되어야 하고, 우등생이 되어야 하며, 풋볼 선수의 근사한 여자 친구가 되어야 하죠. 그냥 내 모습으로 살 수가 없어요. 술, 파티, 풋볼 경기, 심지어 학교 복도를 걸어가는 것조차 끝이 없는 드라마처럼 느껴져요. 그렇다고 오해는 마세요. 나는 친구들이 좋고 내 남자 친구를 사랑해요. 때로 고등학교 생활도 너무 즐거워요⋯하지만 때로 그냥 나로 살고 싶어요!

_어느 고등학생

을 비롯해 경제적, 정서적으로 독립하기 시작하는 것과 성 역할을 보다 완전히 규정하고, 이성과의 관계를 발전시키며, 미래의 직업과 가정에서의 역할을 준비하고, 시민적 역량을 개발하는 것이 포함된다는 데 대부분 동의한다."[20] 그러나 이 목록은 현대 문화에서 청소년에게 부여된 다양한 과업의 일부조차 제대로 다루지 못한 것이다. 예를 들면, 만족스럽고 성취감을 느낄 수 있는 또래 관계를 유지하면서 동시에 교사와 부모와 다른 성인들의 다양한 기대에 대처하는 법을 결정해야 할 필요성이 포함되어 있지 않다. 가정에 충실하면서 동시에 가족처럼 친밀한 또래들과의 관계 형성에 노력을 기울이는 식으로 균형을 잡아야 한다. 또한 부모, 코치, 교사 또는 다른 청소년 관련 담당자들을 기쁘게 해주는 법을 배우면서 동시에 내면의 버림받은 느낌을 다루는 방법도 배워야 한다. 이는 모든 중기 사춘기 청소년이 살아내야 하는 다양한 삶의 맥락 중 일부에 불과하다. 이런 각 상황은 저마다 고유한 도전 과제를 안고 있어 중간 사춘기 청소년의 세계가 매우 불안정하고 때로는 적대적인 세계가 되는 원인으로 작용한다. 그들만의 아래 세계는 고등학교 세계에서 벌어지는 공격적인 익명성에서 살아남는 데 필요한 휴식처를 제공한다.

이런 생각을 하다가 나는 또 다른 놀라운 내용을 관찰하게 되었다. 다시 말해, 오늘날의 중기 사춘기 청소년들은 그들을 규정하는 다양한 자아들에 따라 살도록 강요당하고 있다는 것이다. 수전 하터와 그녀의 동료들이 보고하듯이 사춘기 청소년들은 "사회적 상황의 요구에 따라 달라지는 다양한 자아"를 발달시킨다. 여기에는 학생의 역할에 필요한 자아, 운동선수와 일터에서 필요한 자아뿐 아니라 부모와 친한 친구, 이성 친구, 또래와 있을 때의 자아가 포함된다. 그러므로 사춘기의 필수적 발달 과제는 다양한 역할과 관계 속에서 여러 자아를 구축하는 것이다."[21] 다중 자아에 대한 이런 필요성이나 이전 어느 세대보다 훨씬 더 복잡한 발달상의 요구는 단일한(혹은 지배적) 자아로 다양한 역할을 수행한다는 시각으로 인생을 바라보는 성인들에게 청소년들은 거의 정신분열증에 걸린 것처럼 보일 수 있다. 중기 사춘기 청소년들은 시시각각 자아가 달라지기 때문에 각 상황과 환경을 처리하려면 통합적인 추상적 사고를 할 수 있는 고도의 역량이 필요하다. 그러므로 이 연구 과정에서 나는 중기 사춘기의 결정적인 발달상의 특징은 각 층위에 따라 추상적이고 복합적인 사고와 논리 과정을 활용하는 능력이라는 것을 확신하게 되었다. 그러나 흥미롭게도, 중기 사춘기 청소년들은 그러한 사고를 그들이 살고 있는 다양한 층위들과 아직 통합할 수 없다.[22]

나는 예리하고 똑똑한 학생들에게서 수많은 모순을 관찰한 끝에 이런 결론에 도달했다. 예를 들어, 2학년 여학생(자칭 적극적인 교회 출석자)이 자신은 누구보다 부모님을 사랑하며 절대 부모님에게 상처를 주는 일은 하지 않을 것이라고 자신 있게 내게 말했다. 그러나 그 말을 하고 거의 바로 직후, 지난 주말에 만났던 남학생과 성관계를 한 사실을 이야기하며 친구와 욕설이 섞인 대화를 나누었다. 나는 이 대화를 가까이 앉아 있다가 듣게 되었지만, 그 아이는 나의 존재를 모르는 것 같았다. 몇 분

후 고개를 돌려 나를 보게 되었을 때 의도치 않게 그 대화를 엿듣게 되었노라고 실토했다. 나는 그 학생에게 "부모님이 네 말을 들으셨다면 어떻게 생각하셨을 것 같니?"라고 물어보았다.

그 학생은 미소를 지으며 "부모님은 모르는 사실 때문에 상처를 받지는 않으실 거예요"라고 대답했다.

"부모님이 혹시라도 물어보신다면 거짓말을 할 거니?"

"당연하죠. 사실 정확히 말해 거짓말은 아니죠. 하지만 엄청 화를 내실 거라는 건 알기 때문에 절대 진실을 들키지 않게 할 거예요."

이 매력적이고 쾌활하며 천진난만할 정도로 무모한 여학생은 자신의 행동과 태도가 서로 모순된다는 것을 깨닫지 못했다. 이 학생은 여러 자아로 살아가고 있으며, 적어도 이 경우에는 자신의 말과 행동을 통합할 수 있는 개념적 연결 고리를 보지 못했다.

사춘기 청소년들이 다양한 층위에서 활동한다는 것을 인정하는 성인들은 그들이 성장하면서 더 통합적인 정체성을 확립하기 위한 그들만의 방식이 있다고 생각하는 경향이 있다. 이러한 성인들은 또한 청소년들이 일상을 살아갈 때 환경에 따라 달라지는 다중 자아로 행동한다고 암묵적으로 믿는다. 그러나 내가 관찰한 내용은 상당히 다른 이야기를 들려준다. 중기 사춘기의 핵심 기지(home base)는 아래 세계다. 그러므로 성인들이 체계화하고 통제하는 삶의 층위(심지어 학년 생활 기록부나 학생 자치회같이 학생 주도로 운영하는 일처럼 어른이 통제하는 제도의 영향권 아래 있는)에 진입하는 것은 그들에게 잠재적으로 적대적인 영역에 일시적으로 외출하는 것이므로 기본적으로 안전하지 않다. 청소년은 가능한 한 빨리 청소년들의 세계로 복귀할 것이다. 그곳은 자신들이 진정으로 소속되어 있다고 느끼는 곳이다.

오늘날의 중기 사춘기 청소년들은 자신들이 살고 있는 세계를 지배하는 사람들의 기대에 부응해야 한다는 것을 알게 되었다. 따라서 그들은 어른들이 보는 자아가 실제로 전부라고 믿게 만드는 데 능숙하다. 청소년들을 관찰하는 연구를 진행하면서 나는 그들의 이런 태도 때문에 크게 낙심할 때가 적지 않았다. 내가 돌보고 가르치고 상담하고, 심지어 친구가 되었다고 믿은 아이가 보여준 모습은 또래 친구들이 보는 진실하고 여과되지 않은 자아가 아니었기 때문이다. 오늘날 사춘기 청소년 자녀를 둔 부모 중 "엄마 아빠는 저를 몰라요. 저를 아는 유일한 사람들은 제 친구들이에요"라는 말을 들어보지 못한 사람이 있을까? 중기 사춘기 청소년들에게 여러 자아로 살아가는 것은 가식이며 적응의 결과이고, 지하 세계는 현실이다.

나는 중기 사춘기 청소년들이 다중의 자아로 살아간다는 것을 확인했지만, 또한 그들의 일관되고 노골적인 자기중심성에 주목하게 되었다. 물론 이런 중심성은 납득이 된다. 사춘기가 자신의 정체성을 확인하고 궁극적으로 자신의 인생을 책임지고자 하는 과정이라면(개인화) 그 과정 자체에서는 청소년들이 자기중심적일 수밖에 없다. 그들은 삶의 대부분을 자신들의 의견을 고려하지 않은 어른들의 계획과 권위 아래 순응하며 살아왔다고 생각하기 때문에 어른들의 통제에서 벗어나 자신들만의 세계를 만들고자 하는 욕구를 느낀다. 허쉬의 지적대로 "어른들의 관심은 청소년들에게 무엇이 최선인지가 아니라 그들을 통제하고 관리하는 것이다. 이것이 바로 아이들을 외면하게 만드는 태도다."23 이렇게 어른들의 노력을 외면하는 가운데 그들은 어른들의 세계 바로 아래에 지하 세계를 만든다. 그들은 어른들의 세계가 자신들의 개인적 여정을 위협하거나 적어도 방해가 된다고 인식한다. 어른들과 거리를 두는 것이 행복과 안전과 안정을 위한 유일한 선택이라고 생각한다. 그러므로 내면에서 인지한 유기 상태에 비추어볼 때 중기 사춘기 청소년들은 끊임없는 반응성 상태로 살아간다고 할 수 있다.

연구가 진행되면서 한 가지 의문이 들었던 것은 이 지하 세계가 유럽계 미국인 중상류층으로 대변되는 지배적 문화에 한정되는가라는 것이었다. 유기에 대한 반응에서 인종적 차이를 구분하려고 노력했지만, 새로 이민 온 한국인 학생들을 제외하고는 차이점을 발견하지 못했다. 지배적 문화에 어느 정도 동화되어 있는 라틴계, 아프리카계 미국인, 아르메니아계, 아시아계 학생들도 유럽계 미국인 학생들과 비슷한 방식으로 유기의 문제를 경험하고 반응한다는 것을 확인했다. 지배적 문화의 청소년들과 마찬가지로 소수 민족 출신 청소년들도 부모의 규칙과 규범을 거부하는 경향이 있지만, 민족과의 동일시는 거부하지 않는 것으로 나타났다.24 그들만의 지하 세계에서는 모든 학생이 안전한 곳을 찾고 있다. 심지어 그 세상이 여전히 민족적,

사회경제적 하위 집단의 성격을 벗어나지 못하더라도 개의치 않는다.

지금까지 보았듯이, 많은 연구자는 정반대를 가리키는 압도적 증거에도 불구하고 "오늘날 청소년기의 모습은 대체로 매우 긍정적이다. 대부분 청소년은 실제로 성공적으로 학업 생활을 이어가고 있고, 자신들의 가족과 공동체에 애착을 느끼며, 약물 복용이나 폭력에 연루되는 것과 같은 심각한 문제를 경험하지 않고 무사히 십대 시절을 졸업한다"라고 믿는다.[25] 물론 나의 연구는 여러 수준에서 이것이 실제로 사실임을 확인해주었다. 대부분 청소년은 기본적으로 건강하고 튼튼한 젊은이들로, 성인 사회가 거의 견디기 어려울 정도로 만들어버린 자신들의 인생을 이해하려고 노력하고 있다. 톡톡 튀는 창의성, 회복탄력성, 내면의 힘, 결단력이 인간 본성의 핵심에 있기 때문에 현재 청소년기의 상태에는 여러 가지로 놀라운 부분이 있다.

그러나 나는 "오늘 청소년기의 모습이 대체로 매우 긍정적"이라고 단언할 수 없다. 그보다는 나는 한 번에 여러 접시를 돌리는 능숙한 솜씨를 보여주며 때로 그 묘기가 참 쉬워 보이는 착시를 일으킬 정도로 솜씨 좋은 보드빌 쇼의 배우 이미지에 더 가깝다고 생각한다. 그러나 공연자와 관객 모두 접시 돌리기가 하나의 작은 행사이자 결정일 뿐 전체 쇼를 산산조각 내는 경험이 아님을 알고 있다. 아래 세상에서는 많은 좋은 일이 진행되고 있지만, 접시는 놀라운 속도로 계속 돌아가고, 막대기 끝에서 접시가 계속 돌기 위해 필요한 에너지는 중기 사춘기 청소년들의 마음과 정신에 큰 타격을 주고 있다. 매들린 레빈이 지적했듯이 "이 아이들 중 상당수는 최고 수준으로 공연해야 한다는 기대를 받을 뿐 아니라 또한 그것이 별로 어렵지 않은 것처럼 보여야 한다는 압박을 받는다. 이 청소년들은 자아감을 위해 '공적인' 성공에 크게 의지하기 때문에 인생의 진정한 목적에 대해서는 관심이 없는 이들이 많다. 그 결과 양심과 관용과 교감이 있어야 할 곳은 채워지지 않고 텅 빈 상태로 남아 있다."[26]

겉껍질과 내면의 실체

지하 세계의 가장 선명한 표식은 성인들이 그들의 세계에 침투하려고 시도할 때 대부분 청소년이 마치 반항아의 명예 훈장처럼 착용하고 있는 냉담함이다. 성인들은 종종 이 냉담한 분위기를 실제로 완고하고 무관심한 분위기로 오해하여 서로 간에 거리가 더욱 멀어진다. 이런 냉담함이 일반적인 방어 본능에서 비롯된 것이든, 아니면 적대적으로 인식되는 세계에서 권력과 집단적 정체성을 확보하고자 하는 노력의 차원이든 성인들은 이런 겉껍질을 저항하는 청소년 문화를 나타내는 것으로 인식한다.[27] 솔직히 성인들은 대부분의 청소년을 두려워하기 때문에 그 완고함의 층이 얼마나 두꺼운지 확인하기를 꺼린다. 청소년들은 이를 자신들에 대한 관심과 배려가 부족한 것으로 오해하는 경우가 많기 때문에 이러한 악순환이 계속된다.

그러나 나는 중기 사춘기 청소년들에게서 고의적으로 의도한 반항의 문화를 확인하지는 못했다. 내가 접한 것은 자신들이 유기되었고, 따라서 자신들만의 세계가 필요하다고 인식한 특정 연령 집단의 몸부림이었다. 내가 경험한 겉으로의 냉담함과 무관심은 불편할 정도로 가까이 접근하려고 하는 어른들의 의도를 떠보는 일종의 시험으로 보였다. 중기 사춘기 청소년들은 일반적으로 자신들의 진짜 모습을 보여줄 정도로 어른들을 신뢰하지 않는다. 이렇게 연약한 청소년들은 냉담한 척하는 것이 아니다. 오히려 더 크게 실망하지 않으려고 강인함을 방패처럼 쓰고 있는 것이다. 그러나 이것은 소모적이고 끝이 나지 않는 게임이다. 중기 사춘기 청소년조차 많은 어른이 진심으로 자신들을 걱정하며 신뢰해도 되는 사람들이라고 생각한다. 하지만 대부분의 경우 위험이 너무 크다. 그런데도 그들은 이렇게 억지로 위악을 부리는 데 너무나 지쳐 있다.

이 장의 초고를 읽은 대학원생 중 한 명이 이 부분에서 이렇게 질문했다. "이 마지막 몇 문장은 단순히 추측인가요? 문장이 시적인데 근거가 있나요?" 마지막 몇 문장은 아래 세계라는 개념에 대해 생각하고 언급하면서 받은 강한 인상을 표현한 것이다. 이와 관련해 몇 가지 예를 소개한다. 분명히 일회적이기는 하지만, 사춘기 청소년의 세계로 들어가면서 직접 듣고 보았던 것들을 대표적으로 보여준다. 한 아이가 쓴 이 시는 학생들이 지어서 내게 준 거의 100편에 가까운 진지한 시 중 한 편일 뿐이다.

어둠 속으로 발을 들여놓는다

아무도 볼 수 없는 어둠 속으로 발걸음을 들여놓는다

나 말고는 아무도 보이지 않는 어둠 속으로

고통과 아픔이 있는 어둠 속으로

아무도 너의 이름을 모르는 어둠 속으로

짙은 검은색만 있는 어둠 속으로

사랑이 이해되지 않는 어둠 속으로

실제 사람들은 돌아올 수 없는 어둠 속으로

누구도 그 흔적을 남기지 않는 어둠 속으로

지옥이 바로 눈앞인 어둠 속으로

나의 하루를 밝혀줄지도 모르는

어둠 속으로 발걸음을 옮긴다

존 M.

아래 세상이 존재하는 이유는 청소년들이 어떤 어른도 진심으로 그들에게 관심을 갖지 않는다고 믿기 때문이다. 메리 파이퍼는 『내 딸이 여자가 될 때』(Reviving Ophelia, 문학동네)에서 여성 청소년들의 괴로운 현실에 대해 구체적으로 쓰면서 이렇게 주장한다. "소녀들은 30년 전보다 지금 더 많은 어려움을 겪고 있다…새로운 일이 일어나고 있는 것이다. 사춘기는 언제나 어렵고 힘든 시기였지만, 지난 10년간의 문화적 변화로 지금은 더 힘들어졌다. '한 아이를 키우려면 온 마을이 필요하다'는

> 제가 어떤 사람인지 알고 싶어서 제 내면세계를 더듬어보려고 하면 끝도 없는 텅빈 심연을 파고드는 나를 볼 때가 한두 번이 아니에요. 제 인생이 하찮은 것 같다고 말하려는 게 아니에요. 오히려 저는 인생이 경쟁이고, 마치 제가 아닌 다른 누군가가 되라고 강요하는 경쟁이라고 느껴요. 고등학교에서는 모두가 불안을 가면 뒤에 숨기고 필사적으로 쿨한 척해요. 그래서 진정한 친구를 찾는 일은 길고 험난한 여정이 되죠.
>
> _어느 고등학생

아프리카 속담이 있다. 이제 대부분 소녀에게는 더 이상 마을이 없다."[28] 물론 이것은 소년들에게도 적용되며, 성찰하고 추상적으로 사고하는 능력이 발달하는 중기 사춘기 청소년들의 경우 가장 심각하다. 성인 사회가 모든 형태의 유기를 신속하고 단호하게 중단시키지 않음으로 청소년들의 이런 상태에 일조했다는 실망스러운 진실이 드러나는 것이다. 우리는 소수의 교사가 아이들을 무시하고, 당국은 어처구니없다는 듯 비판하며, 코치들은 실망을 안겨주고, 부모들은 방치하며 학대하도록 방관했다. 청소년들은 자신들을 이해하지 못하는 세상에서 생존을 위해 유일하게 만족스러운 대안으로 아래 세계를 만드는 것으로 반응한다. 허쉬가 이 점을 정확히 표현한다. "사춘기 청소년들은 외로움 때문에 소외된 종족이 된다."[29]

오늘날의 사춘기 청소년들은 형용할 수 없을 정도로 외롭다. 그들은 다른 선택의 여지가 없다고 생각하기 때문에 아래 세계에서 친구들에게 집착한다. 물론 일부 좋은 교사, 친절하고 사려 깊은 코치, 늘 함께해주는 부모 등 사춘기 경험에는 분명한 예외가 있다. 그러나 거부할 수 없는 결론이 있다. 사춘기가 길어지고, 중기 사춘기에 나타나는 뚜렷한 단일 특징이 사라지며, 그 구성원들이 더욱 분리되면서 그들은 진심으로 자신들에게 관심을 갖는 사람이 있는지 의문을 갖기 시작했다는 것이다. 친구들은 관심을 갖지만, 또래 집단의 규범을 지킬 수 있는 한에서만 관심을 갖는다. 많은 성인이 그들에게 관심을 갖지만, 주일학교 교사, 리틀리그 코치, 피아노 선생님이 오래전에 했던 말이나 행동을 극복하도록 하기 위해서는 많은 노력이 필요하다. 그래서 지금은 집단적으로 꿋꿋하게 그들만의 세계를 유지하며 지하 세계를 최대한 이용한다.

결론과 생각해볼 점

이 장 앞부분에서 말했듯이, 나는 수많은 십대와 그들의 내밀한 세계를 엿보는 특권을 누렸다. 그 세계에서 고무적이고 긍정적인 경험을 하는 경우도 보았다. 진정한 친절과 의리를 보았다. 높은 이상과 솔직한 사연들을 들었다. 놀라운 잠재력을 보았다. 변화를 만들고자 하는 진지한 열망, 반짝이는 선한 마음, 창의성, 빛을 보았다.

　그러나 나는 또한 눈에 확연히 보이는 어둠도 목격했다. 사악하고 야비한 대화도 들었다. 충격적일 정도로 새로운 차원들의 저속하고 상스러운 것들을 보았다. 불쾌한 반항심으로 포장한 엄청난 고통, 도무지 만족할 줄 모르는 이기심, 말로 다 할 수 없는 잔인함의 이면에 있는 거대한 고통을 보았다. 모든 좋은 점에도 불구하고 아래 세상은 어두운 구석과 눈에 잘 보이지 않는 틈새로 가득하다. 어른인 우리는 이러한 것들로 가득한 세상에서 또 하나의 실망스러운 존재가 되지 않기 위해 그들이 쌓아올린 보호막을 뚫고 다가가기가 쉽지 않다. 하지만 나는 우리가 이 신비롭고 분리된 세계의 국경선을 찾아갈 수 있다고 확신하지만, 그것은 우리가 그들에게서 기꺼이 배우고자 할 경우에만 해당한다.

　표면 아래 세상의 복잡성을 고려하면 성인과 성인 시스템은 중기 사춘기 청소년의 발달상의 필요와 양육에 관심을 기울이는 것 외에는 선택의 여지가 없다. 그렇게 하는 데 가장 실망스럽고 심지어 거슬리는 장애물은 우리 청소년들이 잘하고 있다는 신화다. 불행하게도, 많은 책과 기사에서 이것을 조장하고 있다.[30] 그렇다면 첫 번째 단계는 어른들, 특히 사춘기 청소년들과 상호작용하는 기관과 시스템에서 권한을 행사하는 사람들이 방임과 무감각함을 회개하는 것이다. 우리는 청소년을 누군가의 골칫거리가 아니라 우리의 아이들로, 학교나 부모, 정부나 미디어의 문제아가 아니라 우리 아이들로 보아야 한다. 우리는 수십 년 동안 청소년들을 유기했다는 사실을 인정하고 우리의 무관심을 바로잡는 데는 긴 시간이 필요하다는 것을 인정해야 한다. 윌리엄 머헤디와 재닛 버나디는 이렇게 주장한다. "청소년을 소외시키고 표류하도록 방치하는 사회는 존속할 수 없다. 그 사회는 이미 붕괴된 상태이기 때문이다."[31]

청소년 개개인과 가까운 사람들이 할 수 있는 가장 중요한 일은 첫째, 그들의 세계를 이해하고 둘째, 인생의 어려운 발달 단계를 헤쳐나가는 과정에서 부정적인 선택을 하지 않도록 경계를 설정해주는 것이다. 역시 메리 파이퍼가 이 점을 잘 지적한다. "십대들이 일시적으로 자제력을 잃고 흥분할 때 회복하도록 도와줄 어른이 필요하다."[32] 이러한 도움은 성인이나 더 나아가 성인 공동체가 현재 청소년들의 삶이 어떤 것인지 진정으로 이해하려고 노력한 다음, 지원과 양육, 진정한 돌봄으로 그들을 사랑스럽게 감싸줄 때 가장 효과적이다.[33] 오늘날의 사춘기 청소년들이 그들만의 독립된 독특한 사적 세계, 즉 아래 세계를 만들 수밖에 없다고 느꼈던 심정을 인정할 때 성인으로서 우리는 우리의 청소년들을 유기하면서 잃어버린 것을 재건할 수 있다. 현재의 청소년들의 상태를 변화시키려면, 우리는 아래 세계의 구체적인 의미와 결과를 이해해야 한다.

2부.　　지하 세계의 풍경

　　아동과 청소년이 오늘날처럼 많은 돌봄을 받고, 심지어 응석받이처럼 마음대로 할 수 있었던 적이 없었다는 지적은 부정하기 어렵다. 학술 문헌과 대중 매체에서 가끔 보도되는 낙관론은 여러 면에서 정확하다. 많은 중기 사춘기 청소년은 가정생활을 즐기고, 또래 관계에서 안정감과 위안을 찾으며, 인생을 정복해야 할 거대한 도전으로 여긴다. 이런 관점과 태도를 보면 오늘날의 청소년은 과거 수십 년 전의 청소년과 매우 흡사하며, 실제로 부모 세대와도 매우 비슷해 보일 수 있다. 이러한 사례에 비추어볼 때 전문가들은 요즘의 아이들이 그 어느 때보다 더 잘하고 있다고 말한다.

　　하지만 사춘기 청소년들은 또한 그들을 응석받이처

럼 대하는 성인들에 의해 손상되기도 했다. 앞에서 살펴보았듯이, 이런 유기로 인해 그들은 우리의 외향적이고 성과 중심적인 문화가 요구하는 기대와 심지어 억압적인 기대에 적응하는 와중에도 관찰 가능한 성인 세계의 표면 아래로 잠수하게 되었다.

    1부에서는 지난 35년간 사춘기 청소년의 세계에서 일어난 변화에 대한 이론과 해석, 배경을 소개했다. 2부에서는 그로 인한 구체적인 결과를 소개할 것이다. 첫 세 장에서는 추상적인 내용(가령, 변화하는 청소년, 유기, 그들만의 지하 세계)을 집중적으로 다루었다면, 이제 이 모든 것이 중기 사춘기 청소년의 삶에 어떤 역할을 하는지 구체적으로 살펴볼 것이다. 윤리, 성, 바쁜 일상과 스트레스, 가족, 술, 게임, 인터넷 사용과 같은 문제에 대해 중기 사춘기 청소년들이 어떤 결정을 내리는지는 모두 지하 세계의 삶이 영향을 미친다. 우리 모두를 위해 오늘날 중기 사춘기 청소년의 삶이 어떤지 확인해보라.

부모님도 나를 잘 모르고 선생님도 나를 잘 몰라요. 심지어 코치님도 나를 모르죠. 나를 진짜 아는 유일한 사람은 내 친구들뿐이에요.
_어느 고등학생

4장.   또래

풋볼팀인 카일과 나는 그의 삶과 부모님, 그의 친구들에 대해 한창 이야기를 나누던 중이었다. 카일은 내가 아는 청소년 중 가장 운이 좋은 아이였다. 그의 부모님은 서로를 신뢰하고 사랑하며 가정을 안정적으로 꾸리고 있었다. 카일은 충분한 보살핌을 받았고, 부모님은 그를 지지하며 적극적으로 지원해주었다.

대화하는 시간이 많아질수록(이때가 일대일로 대화를 나눈 지 대여섯 번째였다) 나는 카일의 고민과 어려움을 더 깊이 들여다볼 수 있었다. "남자 중의 남자"이자 "나보다 내가 하는 축구에 더 관심이 많아" 보이는 아버지에 대해 이야기할 때 그가 그 관계에서 부조화를 느끼고 있는 것이 분명했다. 카일은 아버지를 사랑했고 좋아했지만, 내면 어딘가에 아버지가 자신을 사랑하기는 하지만 때때로 자신보다 그의 성취에 더 관심이 있다는 것을 느꼈다. 카일에게 눈에 띄는 상처는 보이지 않았지만, 그는 아버지를 비교적 멀지만 궁극적으로 아들의 성공을 바라는 강력한 힘으로 보았다. 어머니에 대해 카일은 어머니가 훌륭한 사람이며, '당연히' 어머니를 사랑한다고 말했다. 그런 다음 카일은 이렇게 말했다. "부모님은 저를 잘 몰라요…저를 진짜로 아는 사람은 제 친구들뿐이에요." 연구에 따르면 카일만이 이런 감정을 느끼는 것이 아니다. 사춘기 청소년은 누구보다도 또래 친구들에게 더 솔직하게 자신을 드러내고 싶어 한다. 수전 하터와 그녀의 동료들은 청소년이 관계적인 지지를 인지하는 것이 진정한 자아 행동의 높은 자기 존중감에 영향을 미치며, 사춘기 청소년의 경우 "가까운 친구들과의 관계에서 거짓된 자아 행동이 가장 적게 보고된다"[1]라고 말한다.

    2장에서 나는 거의 모든 성인의 제도, 조직, 구조, 기관이 사춘기 청소년들을 체계적으로 유기해왔다고 주장했다. 초기 사춘기 아이들은 이것을 인식할 인지 능력이 없으며, 성인기보다는 아동기에 더 가깝기 때문에 아동기에 안정감을 주었던 관계나 기관과 더 친밀한 관계를 맺는다. 초기 사춘기 청소년은 2차 분리-개별화[2]라고 하는 새로운 심리사회적 단계에 진입한다는 여러 징후를 보이지만(1차 분리-개별화는 영아에서 유아로 이동하는 발달상의 변화를 말한다), 자신을 괴롭히는 가해 체계나 개인의 근원을 파악할 수 있는 인지 능력이 없기 때문에 고통을 완화하기 위해 부모와 가족 제도에 의지한다.

중기 사춘기에는 이런 태도에 변화가 일어난다. 사춘기 초기에서 중기로 넘어가는 시기에는 추상적 사고를 적용하는 능력이 구체화되기 시작한다. 대략 14세에서 15세가 되면 청소년은 그동안 자신이 어떻게 대우받아왔는지 되돌아보기 시작하고, 한때 자신을 위해 존재했던 사람들에게서 명시적으로든 암묵적으로든 오히려 유기당했다는 사실을 서서히 깨닫게 된다. 청소년들에게 과거에 실망했던 일들이 무엇인지 털어놓고, 그 감정들을 수면 위로 끌어올리고, 그들에게 영향을 미친 과거와 현재의 제도와 조직을 살펴보도록 권면하자 그들은 실망과 빈정거림과 노골적인 원한과 적대감에 이르기까지 다양한 감정을 표현했다.

또래 군집 진단인 클러스터가 필요한 이유: 청소년에게는 안전한 공간이 필요하다

사회의 모든 영역에서 변화가 일어났고, 그중 고등학교의 사회학적 풍경에서 가장 많은 변화가 일어났다. 1950년대에는 동질적인 청소년들로 이루어진 대규모 집단이 인기 있는 학생들의 핵심 그룹과 더 가까운 관계를 맺기 위해 경쟁했다.[3] 오늘날 고등학교에서는 더 소규모로 친구 그룹이 형성되며, 이들은 가족이 서로 의지하듯이 유사한 충성심을 가지고 사회적으로 상호의존하면서 하나의 단위로서 복잡한 네트워크를 헤

> 안전한 장소가 필요하다는 당신의 말은 맞았어요. 그리고 저는 이
> 모습 그대로 알려지기를 진심으로 원해요. 하지만 다른 사람들에
> 대해서도 알고 싶고, 그들이 아무 고민이나 말할 수 있을 정도로
> 나를 믿어주면 좋겠어요. 친구들에게 무슨 일이 있어도 내가
> 그들을 위해 곁에 있을 수 있다는 것은 내게 매우 중요한 일이에요.
>
> _어느 고등학생

쳐나간다. 내가 이 연구를 시작하기 거의 20년 전에 도널드 포스테르스키는 '클러스터'(cluster)라는 새로운 사회 질서의 등장을 인식했다.

> 우정 클러스터는 단순한 관계의 모임 그 이상이다. 클러스터는 오늘날 청소년들의 삶의 핵심이자 본질이며, 소속감을 확인하는 장소다. 공식적인 멤버십은 없다. 내부에 속하든지 아니든지 둘 중 하나다. 소속된다는 것은 많은 것을 공유한다는 뜻이다. 관심사, 경험, 속내, 괴로운 문제 그리고 성공을 공유하는 것이다. 소속된다는 것은 같은 음악을 듣고, 서로의 스웨터를 입으며, 함께 있는 것 자체를 즐긴다는 뜻이다.[4]

오늘날 클러스터는 상호간에 존중되고 통제되는 일련의 기대와 신의, 가치를 갖춘 일종의 가족이다. 때로 클러스터의 깃

발은 비슷한 관심사이지만, 이 집단에 권력을 부여하는 것은 거의 부족에 가까운 공통의 유대감과 서로를 하나로 묶어주는 사회적 내러티브(이 집단에 의미와 응집력을 제공하고, 누가 속하고 누가 속하지 않는지를 정의하는 장대한 이야기)다. 이런 결속은 거의 모든 중기 사춘기 청소년이 고등학교 시절 내내 의지하게 될 사회 집단의 특징이다.

중기 사춘기 때는 특정 사건, 사람 또는 기관에 대한 실망감을 좋은 것과 나쁜 것으로 구분하여 균형을 맞출 수 없기 때문에 안전한 장소에 대한 강렬한 욕구가 생긴다. 중기 사춘기 청소년들은 자신과 이질적인 것으로 인식되는 세력에게서 자신을 보호하기 위해 비슷한 생각을 가진 그룹에 모인다. 이것이 오늘날 사춘기 사회경제에서 클러스터가 패거리(clique)를 대체한 주된 이유다. 사춘기 청소년들은 이 외에는 대안이 없다고 믿는다.

클러스터: 중기 사춘기의 사회적 자기방어 기제

중기 사춘기 생활에서 가장 선명하게 관찰할 수 있는 측면 중 하나는 사회적 세계의 구조와 또래 관계에 대한 실제적 기대다. 그들은 우정도 남녀 관계도 사회적 위계로 자신들의 관계를 정리한다. 학생들은 또한 이런 사회화 구조에 따라 매일의 일과를 계획한다. 수업을 위해 이동할 때 어느 복도로 갈지, 어디서 친구를 만날지, 홈커밍 댄스 파티에 누구와 갈지

등 일상적인 경험의 범위가 클러스터링(군집 관계 형성)이라고 하는 현상의 직접적인 영향을 받는다.[5]

1990년대 초, 나는 사춘기 청소년들과 직접 만나면서 일하다가 연구 영역으로 업무가 바뀌면서 포스테르스키와 다른 여러 학자가 전개한 개념들이 설득력 있게 들렸다. 하지만 이런 변화되는 사회 제도를 제대로 이해하도록 도와줄 종합적인 틀이 없었다. 그다음 10년 동안 나는 세계 각지에서 또래 관계에 대한 연구를 참고해 사춘기 또래 관계라는 세계에서 일어나고 있는 복잡한 변화를 파악할 수 있었다. 청소년들의 우정이 형성되고 작동하는 방식에 무언가 새로운 변화가 일어나고 있음을 확신하게 되었다. 미디어에서 묘사하는 우정이나 유행은 1970년대와 1980년대 초에 내가 경험한 것과 일치하는 것 같았다. 하지만 대부분의 성인이나 미디어(책, 영화, 텔레비전)가 청소년의 삶과 관계의 근본적인 변화를 정확하게 묘사하고 있지 않다는 것이 분명해졌다.

사춘기의 또래 관계를 다룬 문헌이 점점 더 많아지고 있지만, 대부분 마약이나 음주, 위험 행동, 성(性)과 같은 단일 문제에 초점을 맞추고 있다.[6] 이런 문제들은 청소년기의 삶에서 꼭 다루어야 하는 문제이므로 이 책도 이 문제를 포함하고 있다.[7] 안타깝게도, 오직 중기 사춘기 청소년으로만 한정할 경우 또래 관계의 독특한 특징이 무엇인지 알려진 바가 거의 없다. 하지만 이 시기는 청소년의 삶에서 매우 중요한 역할을 하는 때다.

또래 클러스터 이론

또래 클러스터 이론으로 알려진 개념은 드물기는 하지만 사춘기 학술 문헌에서 여러 해 동안 논의의 대상이 되었다.[8] 그러나 사춘기 또래 관계를 연구하는 것은 여전히 어려운 일이다. 분명한 이유는 연구자들이 사회학적으로 규정되고 심리사회적으로 구성된 관계 집단 혹은 클러스터의 내부로 접근하기가 어렵기 때문이다. 그러므로 연구 문헌들은 서로 상충하는 내용과 결론으로 가득하다. 예를 들어, 청소년기의 삶과 발달에 대한 가장 권위 있는 현대의 저서 중 하나인『사춘기와 성인 모색기에 대한 고찰』(Readings on Adolescence and Emerging Adulthood)[9]에서 저자들은 보다 최근의 탄탄한 연구 결과에도 불구하고 사춘기 또래 집단(발달 단계가 완성된 군집 집단의 선행 단계)의 더욱 구체화되는 특성을 설명한 문화기술지 및 참여 관찰 연구 결과에 이의를 제기한다.[10] 그들은 최근의 논문 대신 고전적으로 인정받는 이론 및 경험적 연구에 호소한다. 문제는 최근 연구 결과를 완화하기 위해(어떤 면에서는 심지어 신뢰성을 해치기 위해) 그들이 이용한 연구와 보고서가 1970년대와 1980년대에 작성된 것이라는 점이다.[11] 따라서 청소년기 발달에 대한 가장 최신의 학술 교과서에서도 또래 관계 문제는 최소 20년 이상 된 이론에 얽매여 있다.

정확히 말해, 청소년기의 환경이 아주 빠른 속도로 변하고 있기 때문에 청소년기의 또래 관계에 관한 연구와 이론이 의미 있는 방식으로 보조를 맞추기가 매우 어렵다. 하지만 서로 다른 연구와 상충하는 자료를 통합할 대안은 있다. 일반적으로 사회과학은 실험 결과, 결론, 가설을 도출하기 전에 정확한 그림을 얻기 위해 관찰과 개방형 연구로 인간 활동에 대한 조사를 시작한다. 표적 집단과 연구 영역의 범위와 기본 요소를 설정한 후 첫 번째 전제와 그에 따른 결론과 가설을 모두 테스트하기 위한 도구와 방법론이 설계된다. 이것은 일반적으로 근거 이론의 발전 과정이라고 불리며, 가장 기본적이고 편견 없는 형태의 연구 방법론이라 할 수 있다.[12]

그러나 사춘기 청소년에 관한 정보를 해석하는 현재의 과정은 특별히 한 인구 집단으로 그들을 이해하고자 시도할 경우, 일반적으로 이 방법을 따르지 않았다. 사춘기 청소년을 연구하는 사람들은 발달 이론으로 시작해서 좁은 범위의 경험적 연구를 시행한 다음 일반화된 결론을 도출하는 식으로 이 과정을 반대로 진행하는 경향이 있었다. 이런 역순의 학문적 연구는 사춘기 청소년에 대해 유익하지도 정확하지도 않은 이론적 틀로 이어질 수 있는 가정을 낳았다. 이론, 개념적 구성, 자료는 새롭고 편향되지 않은 정성적 근거에 기반한 연구에 비추어 재평가되어야 한다.

나는 내가 접한 조사 결과를 근거로 군집(clustering)의 요소를 직접 확인했고, 군집이 중기 사춘기의 사회적 현실에 미치는 영향과 힘을 설명하고 파악하기 위해 이 연구를 준비하게 되었다. 고등학교에서 학생들과 함께 생활하면서 발견한 것은 고

> 지금까지 살아오는 동안 저는 가족 때문에 불안정함을 느꼈어요. 이혼과 싸움을 반복하는 가족이 의지할 수 없는 존재라고 생각하면 너무나 괴로워요. 이 빈자리를 나의 친구들이 채워주죠. 물론 많은 친구를 만나고 또 헤어지지만, 운이 좋게도 저는 소수의 친구와 놀라운 관계를 맺고 누릴 수 있었어요. 그 친구들은 제가 나쁜 일에 휘말리지 않게 하기 위해서라면 제 감정을 다치게 하는 것도 감수해요. 놀림당할지 모른다는 두려움 없이 있는 그대로 나를 드러낼 수 있는 친구들, 나 역시 마찬가지로 그렇게 해줄 것을 알기 때문에 아무 말 없이 앉아 몇 시간이고 내 고통에 귀 기울여주며 나를 사랑해주는 친구들이죠. 그렇다고 오해하지는 마세요. 저는 제 가족을 사랑해요. 하지만 친구들은 가족보다 더 진짜 가족이에요.
>
> _어느 고등학생

집이 예상보다 훨씬 더 강력하고 널리 퍼져 있다는 것이다. 나는 클러스터가 오늘날의 사회 질서로 자리 잡았음을 알게 되었고, 1970년대 초 내가 고등학교에서 경험했던 사회 체계와 구조가 완전히 해체된 것도 직접 목도했다.

사춘기 청소년이 자신의 세계를 어떻게 경험하고 규정하며 질서를 세우는지 이해하고자 한다면 클러스터의 네 가지 측면을 특히 중요하게 살펴보아야 한다. 즉, 클러스터가 등장한 이유, 클러스터의 차별화되는 특징, 클러스터를 선택하고 식별하는 방법, 다른 클러스터의 구성원들과 관계를 맺을 때의 규약이 그것이다.

클러스터가 등장한 이유

일반적으로 또래 관계는 청소년기의 정상적인 일부로 인식되어왔다. 전통적인 발달 이론에서는 가족에 대한 애착과 친밀감에서 또래에 대한 소속감과 헌신으로 관심이 이동하는 것이 청소년기의 정상적인 과정이라고 인정한다.[13] 청소년기에 또래 관계가 사회적 능력 발달에 중요하기 때문에 그 필요성을 반대하는 사람은 거의 없다.[14] 다른 관련된 발달 이론에서는 부모로부터의 분화[15]나 공동으로 협상된 도덕 및 가치 구조의 발달과 같은 또래 관계의 중요한 차원을 포함한다.[16] 현대 이론가들과 연구자들은 청소년기 발달의 변화를 설명하고 체계화하려고 시도하면서 관계가 핵심은 아니더라도 중요한 문제임을 인정한다. 예를 들어, 대니얼 랩슬리와 제이슨 에저튼은 "개별화를 향한 압박은 청소년들이 부모에 대한 의존에서 벗어날 것을 요구한다"라고 지적했다. 그러나 중요한 것은 "이것이 친밀한 가족 관계를 희생해서는 안 된다"는 것이다. 오히려 개별화의 목표는 관계적 독립성, 다시 말해 연속적이고 상호 인정하는 관계라는 맥락에서 독립성과 자치권(self-governance)을 확인하는 것이어야 한다."[17] 제프리 래시브룩은 청소년기에 형성되는 사회적 유대는 두 가지 이유로 중요하다고 보고한다. 먼저, 청소년기의 사회적 유대 관계들은 소속감의 욕구를 다루며, 사회를 통합하는 접착제 역할을 하는 결속의 단위를 제공한다.[18] 오늘날 클러스터가 등장하는 훨씬 더 중요한 원동력은 안전한 곳을 찾고자 하는 욕구다.

청소년기의 또래 관계가 건강한 청소년 발달에 전혀 긍정적이지 않다고 믿는 사람들이 있었다. 일찍이 1979년에 유리 브론펜브레너는 청소년기에 또래 관계에 치중하는 것은 부정적인 측면이 있다고 주장했다.[19] 안정적이고 친밀하며 만족스러운 또래 관계는 청소년이 다양하고 중요한 발달 과제를 이행하는 데 도움이 되지만, 청소년이 또래에 집착할수록 가족과 멀어지는 경향이 있다고 주장했다. 30년이 지난 지금은 더욱더 그러하다. 그것은 문화 전반에서 청소년을 유기하도록 부추기는 세력들이 점점 더 득세하고 있기 때문이다.[20] 많은 사람은 부모가 자녀를 점진적으로 외면하기 때문에 또래들과 친밀한 관계를 맺음으로 집에서 박탈당한 것을 보상받는 방법 말고는 그들에게 아무 선택권이 없는 지경까지 내몰리게 되었다는 것을 목격하고 있다. 이것이 바로 데이비드 엘킨드의 『변화하는 가족』[21]과 『기다리는 부모가 큰 아이를 만든다』의 주제다.[22] 또한 마자 데코빅과 윔 미우스의 또래 관계에 관한 중요한 연구의 결론이기도 하다. 그들은 "사춘기 청소년이 정서적 지지와 교제의 필요를 또래에게 의존하는 이유는 필연적으로 그들에게 끌려서가 아니라 무관심하고 부주의한 부모 때문에 어쩔 수 없이 그 방향으로 밀려

나기 때문이다"라고 지적한다.²³ 실제로 매들린 레빈은 '선의를 가진 부모'조차도 "자녀를 압박하고, 외적인 성공의 척도를 강조하며, 지나치게 비판적이고, 정서적으로 필요할 때 함께 있어주지 않거나 마음대로 끼어드는 식"으로 이 현상에 일조한다고 주장했다.²⁴ 앞에서 살펴보았듯이, 부모뿐만 아니라 사회도 클러스터 형성의 촉매 역할을 했다.²⁵

중기 사춘기 청소년은 무시당하거나 이용당하거나 외면당할 위험이 없고 안전한 관계가 가능한 장소를 찾는 것이 유일한 선택이라고 믿는다. 그러므로 또래 사이의 군집은 단순히 성인기를 준비하는 목표를 이루기 위한 발달상의 수단이 아니다. 훨씬 더 근원적인 것이다. 중기 사춘기의 소속감, 지원, 안전감에 대한 욕구는 강력한 또래 관계를 맺을 수 있는 비옥한 토양이다. 서로를 지지하는 의미 있는 사회적 유대를 찾고자 하는 욕구가 있기 때문에 사춘기 청소년들에게 동기를 부여하는 가장 일차적인 요인은 직접적인 사회 구조다. 데니스 자비넨과 존 니콜스가 확인했듯이, "또래 관계의 만족도는 사회적 교류 자체가 목적인 공동체의 목표 및 신념과 관련이 있다. 이는 사회적 교류를 목적을 위한 수단이나 성공의 이유로 보는 것과는 다르다."²⁶ 간단히 말해, 클러스터가 발달하는 이유는 중기 사춘기 청소년들이 안정감을 주고 지지를 보내주는 공동체를 찾는 것 외에 선택의 여지가 없음을 알기 때문이라는 것이다. 또한 유기의 문화에서는 또래 집단이 그들의 유일한 선택지인 것처럼 보이기 때문이다.²⁷

클러스터의 내용

사춘기 청소년들이 쓰는 용어는 아니지만, 클러스터는 자신을 정의된 관계 단위로 식별하는 청소년 집단을 말한다. 청소년들은 그런 집단을 '친구들'이라고 부른다. 친구라는 단어는 수세기 동안 일시적인 지인부터 친밀한 영혼의 동반자에 이르는 모든 관계를 가리켜 사용되었다. 오늘날의 청소년 세계에서 친구라는 단어는 1970년대 후반의 의미와는 너무나 다른 관계를 가리킨다.

클러스터의 차별화된 특징을 정리한 아래 목록은 내가 지역 고등학교 교정에서 청소년들의 관계를 관찰한 결과를 토대로 한 것이다.

- **규모**: 클러스터에는 적게는 4-5명, 많게는 8명이나 10명이 포함된다(드물기는 하지만 그 이상도 있다).
- **성별**: 클러스터는 거의 항상 성별에 따라 구성된다. 종종 남자 클러스터가 여자 클러스터와 연대하며(뒤의 '클러스터의 실제 사례'를 참고하라) 많은 시간을 함께 보낸다.
- **시기**: 일반적으로 중기 사춘기로 접어드는 중요한 징후는 특정한 클러스터에 소속되는 것이다. 대부분의 경우, 이는 1학년 2학기에 일어나며, 2학년이 끝날 무렵 확고해지는 경우가 많다. 클러스터에 대한 애착

이 대학이나 군대라는 심리사회적 확장 경험으로 바뀌기 시작하면 보통 후기 사춘기로 접어들게 된다. 새로운 관계와 동맹을 탐색하고자 하는 적극성이 특징이다. 같은 도시 안에서 직장을 다니거나 같은 지역의 대학교로 진학하여 여전히 같은 클러스터와 정기적으로 관계를 유지하는 경우, 그 클러스터의 영향으로 몇 년간 중기 사춘기 상태에서 벗어나지 못할 수도 있다.

— **충성도와 헌신**: 클러스터는 일단 형성되면 서로에 대해 신의를 지키고, 친밀하며, 꾸준하게 서로 교감을 나누기로 강력한 무언의 약속을 한다는 점에서 가족과 유사하다. 리카르도 D. 스탠튼 살라자르와 스테파니 우르소 스피나는 2005년도 연구에서 다음과 같은 사실을 발견했다. "상호 신뢰의 원칙은 사춘기 청소년들의 우정에서 핵심 역할을 한다. 특히 친구들이 비밀을 떠벌리고 다니지 않을 것이고, 약속을 어기지 않을 것이며, 또래 네트워크의 다른 중요한 관계들을 방해하지 않을 것이라는 기대가 있는 것이다."[28] 클러스터에서는 안정과 소속감에 대한 내적인 필요에서 스스로 연대하기로 선택한 사람들에 대한 의리를 지키는 것이 최고의 가치로 인정받는다.[29]

— **규칙과 규범**: 한 클러스터가 형성되는 과정에서는 미묘하지만 감지하기 어려운 협상 과정이 구성원 사이

> 중학교 3학년 때 저는 친구를 많이 사귀고 그들의 인정을 받는 것이 가장 중요하다고 생각했어요. 심지어 친구들의 요구를 무조건 받아들여 머리를 핑크색으로 염색하고 펑크족처럼 입고 다녔어요. 록 음악, 흡연, 여러 가지 놀이를 즐기는 파티에도 참석했죠.
> 얼마 후 저는 이것이 내 모습이 아님을 깨달았어요. 그런 위험한 친구들에게서 벗어나 다른 아이들과 어울리기로 한 것은 고등학교 2학년이 되어서였어요. 이제 친구들은 예전처럼 많지는 않지만, 최소한 나와 닮은 구석이 더 많아요.
>
> _어느 고등학생

에서 진행된다. 구성원을 하나로 묶어주는 클러스터에 필요한 규칙과 규범, 심지어 내러티브까지 모두 합의된 후 클러스터가 궁극적으로 완성된다. 이런 규칙과 규범들이 서로간의 협상을 거쳐 확정되고 나면(역시 뚜렷한 대화나 고민을 거의 거치지 않는다) 구성원들은 각각 자신의 개인적 신념과 충성과 규범을 전체 집단의 의지에 종속시키는 경향을 보인다. 중기 사춘기 청소년들이 "사회의 전통적인 건전성 문제에 대한 통제와 관련된 신념"에 여전히 부모의 영향을 받는다고 믿을 수 있지만, 크리스토퍼 대디스는 "개인적이고 다면적인 문제들에 대한 경계를 설정하는 일에 가까운 친구들이 가장 중요한 역할을 한다"는 것을 보여주었다.[30] 개인적 신념을 집단의 의사에 종속시키는 이러한 모습은 사춘기 청소년의 약물 및 알코올 남용과 공격적 또는 비공격적 행동에 미치는 또래의 영향력에 관한 수많은 연구에서도 입증되었다.[31]

클러스터의 형성 과정

십대들이 특별히 클러스터를 형성하는 시기인 중기 사춘기에 이런 식으로 친구들을 선택하는 이유가 무엇인지를 다룬 정량적 연구는 그렇게 많지 않다. 그들이 어떤 과정으로 친구를 선택하는지 조사한 연구는 훨씬 더 적다. 지금까지 확인된 증거로 본다면 현대 사춘기 청소년들은 자신들과 비슷한 친구들을 선택한다고 볼 수 있다.[32] 캐스린 얼버그와 그녀의 동료들이 지적한 대로 "사춘기 청소년들은 이전의 친구들처럼 그들과 비슷한 친구들을 새로 사귄다. 그리고…그 비슷한 점은 종종 우정보다 더 중요하다."[33] 이 기본적인 주장은 고등학교 교정에서 관찰했던 내용을 확인하는 데 도움이 된다. 중기 사춘기에 진입한 청소년들은 현재 진행 중인 심리사회적 여정을 헤쳐 나가기 위한 핵심 기지를 갖기 위해 친구가 필요하다는 사실을 깨닫기 시작한다. 이때 우정의 클러스터를 결정할 가장 중요한 요소로 저항이 가장 적은 방법을 찾는다. 대부분의 학생은 단순한 지인이나 활동 중심의 우정을 넘어선 친구들을 찾는 외중에도 원래 친했던 이들과 여전히 친밀한 관계를 유지한다.

모든 사람은 세 가지 영향력으로 형성되는 인생의 사춘기 단계로 진입한다. 유전적 구조(어떤 사람들은 '본성'이라고 부르고, 다른 사람들은 '창조된 자아'라고 부름), 가족과 부모의 영향(흔히 '환경'으로 부름), 이 둘을 통합하는 방법에 대한 내적 결단이 그것이다.[34] 아이들은 사춘기의 개인화 여정을 시작하는 과정에 접어들 때 상당히 잘 발달된 자아 의식 혹은 때로 자아 개념이라고 불리는 의식을 갖추고 인생의 이 단계에 이른다.[35] 이 시기에는(11세 또는 12세) 가족 환경, 사회적 환경, 모든 경험에서 얻은 수백만 개의 메시지가 아이의 내면에 자신이 누구인지, 특히 사회적 존재로서 자신을 어떻게 보는지에 대한 내면화된 그림을 만들어놓은 상태. 존 볼비와 메리 에인스워스의 이론에 따르면[36] 청소년의 자아 개념[37]은 어머니(혹은 주 양육자)와의 애착 정도에 따라 형성된다고 한다. 그러나 이것은 자아 개념의 발달에 영향을 미치는 여러 요인 중 하나에 불과하다는 증거가 있다. 물론 영유아기와 아동기의 애착 형성은 매우 중요하다. 그러나 어머니와 아버지 사이의 관계의 안정감(더 이상 결혼 관계를 유지하지 않더라도 여전히 다정하고 정서적으로 안전하다고 인식되는 경우)을 포함한 가족 환경의 안정성과 자녀의 성장 경험도 자아 개념 발달에 중요한 요소다. 일단 형성된 자아 개념은 자연스러운 클러스터 발달 과정이 진행될 토양을 만든다. B. 브래드포드 브라운과 그의 동료들은 청소년의 자아 개념과 또래 군집 집단, 즉 클러스터와의 관계를 결정하는 데 가족의 영향력이 중요하다는 사실을 확인해준다. "대중에게 노출되는 사춘기 청소년들의 많은 행동에 부모의 영향이 크다는 사실을 암시하는 증거는 부모가 청소년이 또래 집단에 소속되는 데 중요하지만 간접적인 역할을 한다는 개념 모델을 선호하는 것 같다…특정한 양육 행동들은 특정한 사춘기 특징들과 유의미한 관련이 있다. 또한 이런 특징을 통해 그 청소년이 어떤 또래 집단과 연관될지 예측할 수 있다."[38]

일부 연구자는 부모가 클러스터 형성에 중요한 역할을 한다고 주장한다. 그들은 부모의 양육 행동이 부모에게서 자녀로 전수되며, 이 행동들로 또래 집단을 예측할 수 있다고 가정한다.[39] 이런 시각은 부모가 사춘기 자녀의 또래 관계에 영향을 미치는 방식에 대한 한 가지 설명이기는 하지만, 부모에게서 자녀에게로 전수되는 것은 특정한 행동으로 결정되기보다는 심리사회적으로 내면화된 자아 개념의 영향이 더 결정적이라는 또 다른 설명이 존재한다. 클러스터 형성을 관찰한 결과, 학생들의 공통 관심사는 행동이나 심지어 활동보다는 편안함과 안정감에 더 큰 영향을 받는 것 같았다. 학생들이 중학교 3학년이 되면 우정과 또래 모임이 시험대에 오르면서 거의 의식화된 구애 과정이 시작된다. 일단 관계가 굳어지기 시작하고 클러스터가 형성되기 시작하면 그 클러스터의 기초를 이룬 유인 요소들을 더 쉽게 관찰할 수 있다.

학생들은 자신들의 그룹 선택에 부모가 개입을 했는지의 유무를 표현하지 않았고, 친구들을 선택하는 방식을 부모가 빈

대한다는 것을 많은 학생이 암시했지만, 그룹 구성원들의 공통된 선호가 존재했다. 이 선호에서 그들이 서로 호감을 느낀 이유를 이해할 수 있었다. 그룹의 표식이 된 이 자아감은 그룹 자체에서 형성된 것은 아니었지만, 개인들이 하나가 되도록 유인하는 역할을 했다. 마자 데코비치와 빔 메우스는 유사한 관찰 내용을 보여주며 이렇게 주장한다. "부모와 자녀 관계의 질은 사춘기 청소년의 자아 개념에 영향을 미치고, 이것은 다시 사춘기 청소년이 또래 세계로 흡수되는 데 영향을 미친다."[40] 자아 개념은 아직 형성 중인 사춘기 청소년의 세계관에 영향을 미친다. 이런 개인적 세계관과 그 세계관의 중심이 되는 자아 개념은 클러스터의 기본 기준이다.

클러스터의 형성과 실제 활동 중인 클러스터들을 관찰하면서 나는 이런 가정이 유효함을 확인했다. 앞서 언급했듯이, 사춘기 청소년이 독립적인 고유한 개인이 되어가는 과정에서 성찰적인 인격성을 자각하게 될 때 초기 사춘기에서 중기 사춘기로 이동하게 된다. 중기 사춘기에서 우정은 생존에 필수적인 것으로 인식된다. 그러므로 갓 입학한 신입생이 또래들과 관계를 맺는 방식과 2, 3학년 학생들이 또래들과 관계를 맺는 방식은 눈에 띄는 차이가 있다. 1학년의 첫 몇 달은 중기 사춘기의 새로운 현실들을 인지하는 시간이다.

아래는 고등학교 1학년 첫 몇 달 동안 신입생들이 했던 말 중 일부다.

― "중학교 때 친구들은 이제 달라졌어요. 모두가 다 변하는 것 같아요."
― "전 작년하고는 완전히 달라졌어요. 친구들도 저한테 그다지 관심이 없는 것 같아요."
― "작년처럼 친구들과 가깝다는 생각이 들지 않아요. 변치 말기로 약속했는데 지금은 조금씩 멀어지고 있어요."

이러한 의견은 중학교에서 고등학교로의 전환이 청소년기의 한 단계에서 다른 단계로 넘어가는 과도기적 변화라는 시각을 반영한다.[41] 현재와 20여 년 전과의 차이는 사춘기 기간이 확대되어 사춘기가 두 단계가 아니라 세 단계로 나뉜다는 점이다. 그러므로 초기 사춘기와 중기 사춘기의 차이가 있다. 이것은 사춘기 청소년들(그리고 그들의 부모들)에게 극적이며, 때로는 트라우마적 경험으로 남는다.

사춘기의 이러한 단계 간 변화는 클러스터 형성의 강력한 기회로 작용하며, 클러스터가 형성되는 배경을 제공한다. 청소년들이 고등학교에 입학하고 이 시점부터 그들의 삶이 달라질 것이라는 사실을 깨닫기 시작할 때 그들은 친구들을 새로운 방식으로 바라보게 된다. 현대 문화에서 사춘기의 심리사회적 지표는 자신이 가족과 분리되어야 하며, 고유한 개인이 되어가는 특별한 여정을 지속하기 위해 가정에서 자신이 맡았던 역할에서 분리되기 시작해야 한다는 것을 인식하는 것이다. 사춘기는 자아를 발견하고 자아를 용납하는 15년간의 심리사회적 여정이며, 중기 사춘기 청소년은 "사춘기라는 외줄 타기"[42]가 길고 때로는 위험한 경험임을 인식한다. 청소년들이 15년간의 외줄타기 중 현재 어느 지점에 있든지 상관없이 그들은 한편으로는 가족을 의지하고 소통하며, 또 한편으로는 자신들을 따뜻이 맞아주고 수용하는 또래 공동체에 의지하고 소통하는 관계를 유지한다. 중기 사춘기 청소년들은 이 무인지대에 대한 정서적, 관계적 해결책을 친밀한 또래 관계들의 보호에서 찾는다. 이 시기에 친구는 진정으로 헌신적이고 언제라도 함께해주리라 믿을 수 있는 유일한 지원 시스템으로 그 중요성이 더욱 커진다.

내가 관찰한 바에 따르면, 자아 개념에 따라 학생들이 선택한 클러스터는 다른 학생들과 비교했을 때 자신을 어떻게 바라보는지를 영구적으로 규정하는 표현이 되었다. 예를 들어, 한 학생이 더 높은 수준의 자아 개념을 지닌 학생과 깊고 의미 있는 상호 지원의 우정을 가꾸고자 한다면, 그 학생은 그 친구에게 끊임없이 열등감을 느끼게 되어 애초에 또래 집단을 이루고자 하는 이유를 부정하게 될 것이다. 그러나 자아 개념이 낮은 사람과 또래 집단을 이루고자 한다면 그 학생은 상대방에 의해 사회적, 정서적으로 끌어내려지는 것처럼 느낄 것이다. 이 모든 과정이 별다른 숙고나 논의 없이 이루어지지만, 그렇다고 해서 의도하지 않은 과정이라는 의미는 아니다. 나는 청소년들이 또래 집단의 잠재적 기능으로서 안전한 사회적 장소를 집중적이고 적극적으로 찾는 모습을 반복해서 관찰했다. 클러스터 형성의 이런 시도들은 관계적 탐색과 협상으로 이루어지는 매우 복합적인 과정이다.

이 연구를 시작할 때만 해도 나는 클러스터의 필요성이나 영향력에 대해 전혀 아는 바가 없었다. 중기 사춘기 청소년은 특히 클러스터 형성 과정의 초기일 경우 규칙, 규범, 기대에 대해 이 클러스터의 영향을 크게 받는다. 이때는 이전에 고수하던 신념과 전제를 다시 생각하는 시기다. 대다수 사춘기 청소년의 주요 관심사는 새로 결성된 집단과 공통점을 찾는 것이다. 이전에 고수하던 신념들을 여전히 그대로 유지하지만, 집단을 만족시키는 것이 더 중요하다.

이 모든 일은 사춘기 청소년이 스스로 크게 의식하지 않은 상태에서 일어난다. 이전에 나는 많은 경우, 특히 더 높은 사회적 위치를 차지한 집단의 일원이 된 아이들은 그 집단의 일원이 되기 위해 감수했던 희생을 예민하게 의식할 것이라고 생각했다.[43] 그러나 내가 관찰한 바에 따르면, 누가 자신을 가장 환영하는지와 스트레스를 받지 않고 애쓰지 않아도 안전하다는 느낌을 주느냐가 클러스터를 선택하는 우선적인 기준이 되었다. 물론 이런 핵심 기준이 언어화되는 경우는 거의 없다. 일단 들어갈 클러스터가 결정되면 여러 클러스터에 중복해 소속되거나 여러 집단으로 이동해 다닐 수도 있지만, 이런 현상은 예외적인 것으로 보인다.

클러스터의 실제 사례

클러스터는 사춘기 청소년 사회를 구성하는 요소다. 운영상의 사회적 규칙과 규범을 만들기 때문에 여러 클러스터는 각자의 두터운 장벽을 세운다. 따라서 각 클러스터는 자체적으로 용인되는 행동을 갖춘 독립적인 하나의 사회로 기능하며, 이런 용인되는 행동들은 해당 클러스터의 미리 정해진 가치를 지속적으로 강화한다.[44] 그러나 일부 클러스터의 구성원들은 다른 클러스터의 구성원들과 유사한 자아 개념을 가지고 있으며, 그럴 경우 클러스터 공동체 혹은 '사촌 클러스터'라고 부를 수 있는 우정의 유대 관계를 구축하게 된다.[45] 동시에 클러스터에 속한 개인들은 다른 사회적 견해를 가진 클러스터 안의 개인들에게 적대적인 시각을 갖게 될 수 있다. 나는 학생들이 수업 전에 어디서 어울리는지, 점심시간에 누구와 함께 앉았는지, 어느 복도를 걸어다니는지, 수업 시간에 누구와 대화하는지, 심지어 어떤 행사에 참석했는지 등을 통해 사촌 클러스터 간에 명확한 규칙과 경계가 있는 것을 보았다. 대체로 클러스터들은 매우 미묘하지만 경계가 선명한 '비무장 지대'를 설정하고, 모든 당사자가 서로 간섭하지 않겠다는 암묵적 약속을 유지한다. 미국 전역의 고등학교에는 눈에 보이지 않는 계층화라는 도도한 흐름이 있으며, 심지어 여러 클러스터와 사촌 클러스터 간에는 폭력(감정적 폭력일지라도)의 위협이 상존하고 있다.[46]

일부 학생은 구체적이고 질서가 있는 환경(스포츠팀에 참여

> 저는 사람들과 잘 어울리는 것처럼 보이지만, 사실 별로 인기가 없어요. 그래도 최대한 맞추어보려고 노력하고 있고, 저는 꽤 잘하는 사람이라고 생각해요. 제가 뭘 못해서 어울리지 못하는지 모르겠어요. 지금이 제 인생에서 하나의 단계에 지나지 않을지 모르지만, 이 자리가 제가 있어야 할 자리라는 생각은 한 번도 들지 않았어요. 이런 생각이 들 때 너무나 절망스럽지만 내색하지는 않아요. 저는 만나는 친구들에게 항상 행복하게 지내는 것처럼 보이려고 노력해요.
>
> _어느 고등학생

한 경우 등)에서 '친구 되기'를 통해 여러 클러스터로 학생들을 분리하는 사회적 장벽을 극복할 수 있다. 사실, 이 책의 초판이 나온 이후 나는 처음 연구할 때 관찰하지 못했거나 주목하지 못했던 현상을 점차 확인하게 되었다. 바로 '그림자 클러스터'다. 이후의 표적 집단들을 관찰하고 청소년들과 많은 시간을 보낸 사람들과 대화하면서 나는 이 장에서 설명한 클러스터와 다른 2차 또래 집단들의 고유한 특성과 특징을 구분하는 작업을 시도했다. 나는 대다수 청소년이 가족 이외의 주요 사회적 실체로서 그들의 1차 클러스터에 의지하며, 이 집단은 청소년의 삶에서 가장 강력한 대체 시스템으로 작용한다고 주장해왔다. 그러나 중기 사춘기 청소년들이 의지할 클러스터가 없는 상황에 서 상호 보완될 수 있는 집단이 필요한 경우, 그림자 클러스터가 일시적인 우정 집단의 역할을 할 수 있다. 따라서 그런 상황에서 그 모임은 1차 클러스터와 동일한 비중과 영향력을 발휘할 수 있는 환경이 조성될 수 있다. 이런 그림자 클러스터는 팀이나 청소년 그룹, 학생회와 같이 안정된 제도 안에 있을 때 다소 영구적인 성격을 지닌다. 그러나 중요한 점은 그림자 클러스터가 관련된 환경이나 상황에서 분리될 때 1차 클러스터의 관심사, 가치관 또는 신념을 능가하는 경우는 거의 없다는 것이다.

결론과 생각해볼 점

이 연구를 진행하기 전까지 나는 고등학교의 사회 구조가 상대적으로 동질적인 사회적 관계의 네트워크에서 클러스터의 계층화로 미묘한 변화를 겪고 있음을 인지하고 있었다. 이런 현상이 학생 공동체에 얼마나 지대한 영향을 미치는지는 일찍부터 알고 있었다. 실제로 거의 모든 고등학교에서 '학생 공동체'라는 것은 이제 거의 존재하지 않는다.

놀라운 점은 중기 사춘기 청소년들을 지원하기 위해 존재하는 시스템이 일반적으로 다소 안정적이고 단합이 잘 되는 청소년 공동체에 서비스를 제공하는 데 고정되어 있다는 것이다. 학교는 학생 공동체의 존재를 전제하며, 그렇게 교실에서 형성된 정체성이 지속된다고 가정한다(신입생이나 2학년생처럼). 스포츠 코치들은 팀으로 활동하고자 하는 학생들의 자발성과 능력을 신뢰한다. 심지어 교회조차 다양한 학교와 클러스터에서 온 청소년들을 '교제'라는 이름으로 한데 모으려고 노력한다. 이런 가정들과 수없이 많은 다른 프로그램상의 가정들은 의도가 고상하고, 경우에 따라서 책임을 맡은 성인들이 보기에 실제로 효과적으로 보일 수 있어도 청소년 문화와 관계가 변화되고 있다는 현실을 진지하게 받아들이지 않는다. 그 결과, 청소년들은 또다시 개인의 안전감을 희생하면서 성인의 관심사라는 제단에 제물로 드려지고 있다. 다시 말해, 오늘날의 청소년들은 자신들의 십대 시절처럼 아이들이 서로 소통하고 있다고 생각하는 성인들에 의해 거짓 관계를 맺도록 억지로 강요당하고 있는 것이다. 청소년들은 자신에게 주어진 역할을 의무로 받아들이고 수행하겠지만, 많은 경우 겉으로 보이는 그들의 모습은 내면에서 갈망하는 장소와 집에 대한 감각과는 극명한 대조를 이룬다.

    클러스터가 반드시 나쁜 것만은 아니다. 단지 대부분의 성인이 경험한 것과 다를 뿐이다. 청소년을 대상으로 일하는 사람들은 그들이 사회적 관계를 구성하는 방식을 이해하고 이런 이해를 바탕으로 현장에 임할 때 그들을 돌보는 일에 큰 진전을 이룰 수 있다. 또래 집단은 강력하고 매우 중요하다. 이들을 양육하고 영향력을 미칠 수 있는 위치의 성인들은 이런 집단이 부모 세대의 친한 친구들과는 개념이 다르다는 것을 기억해야 한다. 이들은 함께하는 기간은 길지 않지만, 그럼에도 불구하고 많은 사춘기 청소년에게 진짜 가족이나 다름없다. 그러므로 그들이 소중하게 여기는 것을 존중하고, 해당 클러스터의 나머지 아이들을 도울 방법을 찾는 것이 좋다. 나는 한 성인이 클러스터의 한 아이와 깊은 교감을 나누면 곧바로 그 클러스터의 다른 모든 아이와 소통하게 된다는 것을 확인했다.

마지막으로, 사춘기 청소년들이 자주 사용하는 의리와 충성이라는 수사는 더 깊은 내면의 불쾌감을 포장한 것에 지나지 않는다. 그들은 친밀하면서도 배타적인 사회적 관계 속에서 활동하는 동안에도 여전히 외롭고 고독하다. 클러스터는 스스로 떠벌리는 것처럼 청소년들의 안식처는 아니다(그러나 이것을 인정하는 청소년은 거의 없다). 이 부조리에 우리가 정색하고 비판해야 하는가? 그렇지 않다. 일방적으로 강요하거나 지적하는 태도를 버리고 단순히 그들을 인정하고 묵묵히 기다려준다면, 개개인의 삶에 더 놀라운 변화를 만들어낼 수 있다. 클러스터 현상이 나타날 수밖에 없었던 이유는 안전한 곳에 대한 갈망 때문이다. 몇몇 어른이 힘을 합쳐 다른 지원 체제, 특별히 아이들의 친구들을 폄하하거나 실망시키지 않고 청소년과 함께하며 안전망을 제공할 수 있을 것이다.

학교는 학생들의 마음에 정직, 성실, 협력, 존중의 특성을 길러주는 대신 오히려 기만, 적대감, 불안을 조장하고 있을지 모른다.
_드니스 클라크 포프(Denise Clark Pope), 「학교 다니기」(Doing School)

5장.   학교

　　　　　　　　　나는 내가 듣고 있는 말을 믿을 수가 없었다. 내 안의 연구자는 지금 듣는 말을 한 마디라도 놓칠세라 기억하려고 필사적으로 노력하고 있었지만, 내 안의 청소년 옹호자(그리고 부모)는 곧 전쟁이라도 치를 태세였다! 내 앞에는 10년 넘게 교실에서 학생들과 생활했던 교사가 서 있었다. 그녀는 내가 대체 교사로 가르치게 될 각 반의 학생에 대해 설명해주고 있었다. 몇 명 학생에 대한 그녀의 경박하고 냉정한 묘사는 너무나 무례하고 오만해서 나는 그녀의 말에 맞장구치는 척하느라 무척이나 난감하고 힘들었다. 그녀가 설명하는 학생 중 몇 명은 나도 알고 있었고, 그녀가 그들의 행동과 학업 태도에 짜증이 나고 심지어 실망하는 이유가 무엇인지 어떤 면에서는 이해가 가지 않는 것도 아니었다. 하지만 어떤 가치 있는 일도 할 수 없는 구제 불능 무능력자라는 비난은 듣고 있기가 끔찍했다.

이런 정서는 2008년 프랑스 영화 〈클래스〉(The Class)에서도 잘 드러난다. 이 영화는 파리 도심에 있는 한 고등학교의 교사 프랑수아 마랭의 시선으로 교사와 학생들의 1년을 그려냈다. 한 장면에서 마랭의 한 동료 교사는 다른 교사들에게 분노의 말을 쏟아낸다. "이 바보 같은 애들이 지겨워요. 모두 다 지겨워. 더 이상 참을 수 없어요. 아무것도 아닌 것들이, 아무것도 모르면서 말이에요. 그 아이들을 가르치려고 할 때는 그나마 사람다워 보여요…걔들을 도와주지 않을 거예요. 너무 저속하고, 무성의하고, 항상 문제를 일으킬 궁리만 하고 있어요. 마음대로 해라. 애들아. 쓰레기 같은 너희 동네에서 그냥 살아. 평생 그렇게 살아. 그렇게 살아도 할 말이 없을 거야!"[1]

나는 30년 동안 청소년을 대상으로 일해왔고, 그중 대부분은 공립학교 안팎에서 일했다. 무정하고 공정하지 않은 교사들에 대한 수많은 이야기를 들었다. 학생들(혹은 학부모)이 교사들에 대해 부정적일 때 중립적 입장을 취하려고 노력했고, 적절한 경우 그들이 교사의 관점을 이해하도록 도와주려고 노력하려고 했다. 하지만 이번 연구를 진행하면서 나는 청소년들이 수십 년 동안 전하려고 했던 말이 무엇인지 비로소 깨닫게 되었다. 물론, 소수의 훌륭한 교사들이 있고, 일부 더 훌륭한 교사도 있지만, 많은 교사는 소명을 가지고 교육계에 몸담게 된 이유를 포기한 지 오래되어 보였다. 어떤 직업이든 마찬가지겠지만, 공립학교 교사들도 여러 종류의 사람이 있다. 일부는 탁월하고, 어떤 이들은 선량하며, 어떤 이들은 그렇게 선량하지 않고, 다시 교육을 받거나 해임해야 마땅한 교사들도 있다.

내가 학생들과 생활한 학교는 어떤 기준으로 보더라도 아주 훌륭한 공립 고등학교였다. 교장 선생님은 내가 연구할 수 있도록 기꺼이 지원해주었고, 또한 학생들을 위해 더 건강한 학교로 만드는 데 함께 노력하자고 요청했다. 학교의 리더십은 유익하고 개방적이며 정직했다.

학생들과 직접 접촉하는 교직원들, 구체적으로 상담사, 교사, 코치들에게 다가갈수록 일부에게는 진심으로 나를 환대하는 마음이 느껴졌다. 하지만 다른 이들은 다소 방어적으로 나를 대했다. 자신들의 안마당에서 내가 이방인이며 늘 주시의 대상이라는 선명한 메시지를 그들에게서 감지했다. 특히 중간 규모나 대규모 공립 고등학교의 경우, 대부분의 상담사들과 교사들은 직무의 과중함에 짓눌려 있었고, 끊임없는 비판에 지쳐 있다는 인상을 받았다(일반적으로 부모가 그 주범이지만 그들 때문만은 아니었다). 아무것도 관심이 없어 보이는 수많은 학생에게 낙담한 나머지 매일의 일과와 업무를 수행할 때 거의 누구도 뚫을 수 없는 '거품 보호막'을 만들어 스스로를 보호하는 것처럼 반응했다. 공립 고등학교 교사라는 자리는 힘든 소명이다. 게다가 유연성, 개방성, 끊임없는 재교육, 학생, 학부모, 행정부처의 비판은 물론 청소년들의 열의 부족과 무례함까지 감당할 수 있는 기질과 심리적 건강이 요구되는 높은 수준의 소명이기도 하다.

앞에서 분명히 지적했듯이, 이 연구는 공립 고등학교 기관에 종사하는 성인들을 방어하거나 변호하기 위한 것이 아니다. 만약 그렇다면, 나는 공립학교에서 청소년들을 기꺼이 섬기려는 이들의 수고를 누구보다 먼저 칭찬하고 옹호할 것이다. 그러나 이 연구의 원래 취지상 '그들의 입장'을 두둔하는 것은 내가 고려한 사항이 아니었다. 내가 가장 관심을 가진 분야는 중기 사춘기 청소년들의 세계에서 일어나고 있는 일이었기 때문이다.[2]

미국의 공립 고등학교

미국 대중문화에서 공립학교는 불멸의 아이콘이 되었다. 프롬(prom, 졸업 댄스 파티―역주), 홈커밍 데이, 풋볼 선수들과 경기, 구내 식당, 질주하는 차들, 쪽지 시험, 치어리더, 학교 연극, 오타쿠, 괴짜, 공붓벌레, 레터맨 재킷(학교 이름의 약자 알파벳을 수놓은 점퍼―역주), 춤, 파티, 졸업 앨범 등은 모든 성인에게 봇물 터지듯 추억을 불러일으킨다. 고등학교는 많은 노래, 소설, 텔레비전 프로그램, 영화의 주요 배경이 되어왔다. 보통, 고등학교 시절은 한 개인의 인생에서 가장 찬란하고 가슴 설레는 시기로 묘사된다. 성인들과 미디어가 고등학교에서 즐기는 스릴이라는 문화적 신화를 지키려고 노력해왔지만, 오늘날 많은 학생에게 이 시절은 하나의 연속된 모험에 지나지 않는다. 내가 연구한 한 학생은, 고등학교기 개인의 인생에서 가장 좋은 시기라는 한 교사의 말을 듣자마자 "멋지네요. 이게 인생의 황금기라면 저는 차라리 지금 자살하는 편이 낫겠어요!"라고 말했다.

현재 35세가 넘었고 자신이 다녔던 고등학교가 오늘날 학생들이 다니는 고등학교와 비슷하다고 착각하는 이들이 있다면 학교를 방문해서 복도를 걸어보고 학생들이 점심시간이나 쉬는 시간에 나누는 이야기를 들어보라고 권하고 싶다. 변화하는 사춘기 문화를 접촉하고 가까이서 지켜본 적이 없다면, 자신이 살았던 세상과 경험했던 일들이 먼 추억에 불과하다는 사실에 충격을 받을 것이다.

이 장의 목적은 오늘날의 학교가 과거의 학교와 비교해 얼마나 다른지 그리고 그 변화가 개인으로서나 한 집단으로서 중기 사춘기 청소년들에게 어떤 영향을 미쳤는지 논의하는 것이다. 이 장은 교사와 학생의 두 가지 관점에서 학교 환경을 살펴볼 것이다. 나는 학교를 운영하는 성인들에게 직접적인 관심이 있는 것이 아니라, 사회적 유기의 개념이 고등학교 환경에서 생활하는 중기 사춘기 청소년들에게 어떤 형향을 미쳤는지에 관심이 있다. 학교의 영향이 아동과 청소년의 건강한 발달에 중요한 역할을 한다는 것이 밝혀졌다.[3] 따라서 학생의 태도와 행동과 함께 교사의 태도와 행동[4]에 대해서도 논의할 것이다.

교사의 관점

교사라고 여느 다른 사람과 다를 수는 없다. 논의를 하다 보면 많은 교사의 심기를 건드리지 않고서는 한 집단으로서 그들에 대해 말하기가 거의 불가능하다. 나는 교사의 태도와 행동에 대한 이 논의의 범위를 대부분의 중기 사춘기 청소년에게 직접적인 영향을 미치는 세 가지 기본 문제에 한정할 것이다. (1) 대부분 교사는 배움 자체만으로 학생들에게 동기를 부여할 수 있다고 믿는다. (2) 너무나 많은 교사가 학생들의 발달상의 건강과 성장을 해칠 정도로 그들을 쉽게 판단하고 분류한다. (3) 교사들은 과중한 업무로 부담감과 스트레스를 받으며, 그 결과가 아이들을 가르칠 때에도 영향을 미친다.

첫째, 교실에 들어서자마자 바로 나는 학생들과 교사들 사이의 겉으로 드러나지 않는 갈등이 있음을 확인했다. 교사들은 배움이 즐거운 경험이며(혹은 경험이어야 하며),[5] 배움의 궁극적 목표(그래서 가르침의 궁극적 목표)는 배움의 기쁨이라는 시각을 굳건히 고수하는 것 같았다. 그러나 중기 사춘기 청소년들의 발달 중인 세계관 속에서 즐거운 경험이란 즉각적이고 직접적으로 식별할 수 있는 혜택을 주는 경험이다. 연구에 따르면 자신의 과목에 열정적인 교사가 더 효과적인 교사다.[6] 마찬가지로 순수하게 학생들을 좋아하는 교사는 학생들이 더 발전하도록 격려할 가능성이 더 높다.[7] 마이클 나쿨라와 마이클 사도스키는 저서 『학교 현장의 사춘기 청소년』(Adolescents at School)에서 학과

목과 학생 모두에 대한 열정을 가진 교사가 학생들의 학업 성취를 가장 효과적으로 도울 수 있다는 것을 보여준다. 그들은 이렇게 쓰고 있다. "대다수 청소년에게 학교는 기술을 배우는 동시에 관계가 발달하는 경험이 날마다 일어날 수 있는 유일한 상황이다…좋은 교사는 자신의 학과목을 잘 가르친다. 훌륭한 교사는 학생들이 능동적으로 학습 과제를 해낼 수 있도록 졸업을 하고 나서도 계속 배우고 싶은 열망을 그들 안에 심어준다."[8]

학생이 특정 학습 영역에서 직접적인 이점을 인지할 수 있다면, 그는 그 교과목에 더 적극적으로 참여하고 심지어 신나게 공부할 가능성이 더 높다. 나는 화학, 대수학, 영문학과 같은 전통적인 학과목에서 흥미를 느낄 수 있는 분야를 찾아낸 소수의 솔직한 학생들을 만났다. 또한 금방 소개한 학생들보다 훨씬 더 많은 학생 그룹을 보았다. 그들은 스포츠, 드라마, 음악, 학생회, 법의학 등 이미 좋아하던 분야를 교과 과정으로 공부할 수 있었다. 그렇지만 압도적 다수는, 심지어 교사들이 똑똑하다고 평가했던 학생들조차 고등학교에서 경험하는 학문적 요소에 대해서는 '즐거운' 부분을 전혀 찾지 못했다. "학교 다니는 건 좋아요. 단, 공부를 안 해도 된다면 말이죠"라는 게 그들의 공통된 답변이었다. 가혹하게 들릴지 모르지만, 이런 식의 태도는 중기 청소년 전체에서 흔히 볼 수 있다.

배움이 즐거워야 한다는 교사들의 암묵적인 태도는 교사와 가르치려는 학생 사이를 거의 즉각적으로 갈라놓기에 충분하다. 나는 학생들이 교사 전체가 이런 편견 때문에 그들에게 실망하고 비판적으로 대한다고 믿고 있음을 한눈에 알 수 있었다. 학생들은 교사들이 자신들을 인정해주고 부정적으로 보지 않기를 바랐다. 그러면서도 교사들의 기대에 대해서는 모른 척했다. 그러나 내가 대화했던 교사들 중 이것을 간파할 수 있었던(혹은 간파하려고 한) 교사는 거의 없었다. 중기 사춘기 청소년들은 비상할 정도로 직관력이 뛰어나서 진정성이 없거나 그들을 판단하거나 비난성의 비판을 하는 교사들을 즉각적으로 감지할 수 있다. 많은 학생에게 갈등이 시작되는 지점이 바로 여기이며, 슬프게도 수업이 시작되는 날부터 이 갈등은 시작된다.

두 번째로 관찰한 것은 많은 교사가 학생들을 자신들이 정해놓은 틀에 가두어서 성장하고 발전할 수 있는 학생들의 능력을 방해한다는 것이었다. 미국 공립학교에는 분명 유능하고 사려 깊으며 헌신적인 교사들이 많지만, 나는 중기 사춘기 학생들을 제멋대로 재단하고 분류하며 낙인찍고 비난하는 교사들을 너무나 많이 만났다. 사회학자 엘리엇 커리는 중산층 청소년들에 대한 연구에서도 이 사실을 발견했다. "결론은 학교가 모든 학생의 역량과 지적 능력을 키우는 데 전념하는 적극적인 양육 기관의 역할을 하기보다 그들을 구분하고 분류하는 역할에 더 치중했다는 점이다. 다시 말해서, 좋은 학생과 나쁜 학생을 분류하고, 인생 패배자와 전도 유망한 이들을 분리하며, '문제 없는' 이들에게서 골칫덩어리를 걸러내는 기구로서 역할을 했다는 것이다."[9] 일부 학교는 중기 사춘기 청소년들을 돌보는 데 있어서 도움이 되기보다 오히려 유해할 수 있다.

일례로 내가 처음 연구를 진행했던 고등학교에서 열렸던 한 스포츠 대표팀의 연례 만찬 행사가 여기에 해당한다.[10] 매년 그 행사에서 코치는 학생들과 부모들을 초대해 그들 앞에서 선수들이 한 해 동안 활동한 것을 격려하는 편지를 나눠준다. 그 코치는 학교에서 유명한 인사로서 무뚝뚝하고 거칠기로 유명했다. 그는 모든 선수가 팀에 열정적으로 참여한 것에 감사하고 인정하며 격려하는 내용을 글로 전하는 대신, 선수들이 호명될 때마다 즉석에서 말하는 방식을 선택했다. 재능이 있거나 이 코치에게 호감을 얻은 선수는 팀에 공헌한 데 대해 극찬을 받았다. 그러나 경기 성적이 신통치 않았거나 이런저런 이유로 그의 눈에 들지 않은 선수들은 앞에서 아무 말도 듣지 못하거나, 심지어 경기력, 출전 시간, 실력 부족에 대한 비하 발언을 듣기도 했다. 해마다 이 고통스러운 의식은 계속되고 있다. 다른 코치들과 학부모들에게 이런 상황에 대해 우려하는 질문을 했을 때 대부분의 반응은 "아, 코치들은 원래 그래요. 상처를 주려고 그러는 게 아니에요. 그냥 말투가 그런 거예요"라는 식이었다. 바로 지난해에는 "코치님은 정말 대단해요. 누구의 사정도 봐주지 않아요. 이 아이들은 진실을 받아들이는 법을 배워야 해요"라고 두둔하는 말까지 들었다. 이 의식은 칭찬받는 청소년들에게는 매우 고무적인 기회일 수 있지만, 나머지 아이들의 삶에는 영구적인 고통을 줄 수 있다.

대체로 많은 교사는 그들이 세운 목적에 기여하지 않는다고 생각되는 아이들보다 '착한 아이', '재능 있는 아이' 혹은 '똑똑한 아이'를 알아가고 그들에게 투자하는 일에 훨씬 더 적극적이다. 이런 교사들 때문에 중기 사춘기 청소년들은 그 경기를 할 것인지 여부가 자신들에게 달렸다고 빠르게 인식한다. 일반적으로 인정받는 아이들은 교사의 관심과 애정을 얻는 편을 택한 아이들이다(그 선택이 의식적일 수도 있고 아닐 수도 있다). 그들은 교사에게 자신이 관심받을 가치가 있다는 확신을 심어준다면 중기 사춘기 경험이 더 만족스럽고 생산적일 것이라고 결정한 셈이다. 너무나 많은 아이에게 교사와의 관계는 게임에 지나지 않게 되었다. 이 발달 단계에서 학생들은 학교의 기대와 행동 규범 안에서 활동할 때 '학교 자아'를 따라 생활한다. 여기에는 그들이 반영하는 페르소나와 교사들과 시작한 관계가 포함된다.[11]

많은 교사에게 '훌륭한' 청소년의 리트머스 시험지는 학생이 교사를 얼마나 존경하는가다. 교사들이 대다수 학생을 포기하는 이유와 관련해 확인된 가장 흔한 이유 중 하나는 많은 학생이 그들을 존경하지 않는다는 것이다. 거의 모든 교사가 말하듯이 학생들이 선생님을 존경한다는 것은 더는 자동적으로 기대할 수 있는 것이 아니다. 교사들이 노력해서 어렵게 얻는 혜택이다. 많은 교사가 학생들에게 거부감을 느낀다고 해도 놀랍지 않다.

그러나 교사가 느끼는 존경의 실종이라는 문제는 교실의 학생에게만 국한되지 않는다. 대부분의 교사는 교육청, 지역 그리고 심지어 주정부조차 그들을 제대로 인정해주지 않고, 심지어 자신들을 이용한다고 느낀다.12 공공정책 연구 기관인 퍼블릭 어젠다가 철저한 조사에 기반하여 발표한 보고서에서 교사들은 "자신들의 의견이 정책 입안자들에게 대부분 무시당하고 있으며, 70퍼센트는 해당 학군의 의사 결정 과정에서 소외되었다고 느낀다"라고 말했다.13 예산 문제와 함께 이것이 교사들에게 일관되게 들었던 불만의 주요 원인이었다. 내가 관찰한 바에 따르면, 이런 소외는 교사들을 낙담하게 하는 가장 중요한 원인 중 하나였다. 이런 낙담은 때로 교실에까지 영향을 미치며, 교사들이 최선을 다해 가르치겠다고 결심한 학생 개인의 정신에까지 영향을 주는 부정적 태도로 나타난다.

셋째, 상당수의 교사가 현재 미국 공립학교 제도에서 가르치는 일 자체에 압박감을 느끼고 있다. 또한 직원 사기 진작의 핵심 요소인 외부의 지원과 인정에 있어서는14 스스로 문제를 해결해야 한다고 생각하고 있다. 연구자들은 오늘날 교사의 역할이 특정 시기의 관찰 가능하거나 측정 가능한 학생의 행동이나 학업 성취도가 아니라 사춘기 청소년의 발달 궤적에 더 중점을 두어야 한다고 제안해왔다.15 많은 교사는 이런 기대를 인식한다. 하지만 표준화된 시험, 점수 중심의 평가 체계, 행동상의 문제 발생 등 수많은 요인이 복합적으로 작용하여 교사들은 능력에 부치도록 혹사당하며, 무슨 일이든 다 처리할 수 있는 만능이 되도록 요구받는다고 느낀다. 이런 상황에 덧붙여, 교사는 청소년을 진정으로 이해하고 돌보는 최후의 집단이며, 따라서 교사가 청소년 양육의 가장 중요한 책임을 져야 한다는 현재의 교육 사고방식까지 더해지면,[16] 교사들이 낙담하는 것은 당연한 일이다.

    교사들은 학부모들이 더 적극적으로 개입하기 원하지만, 학부모들은 고등학교에 점점 더 개입하지 않는 것이 지금의 현실이다.[17] 이 연구를 진행하는 동안 나는 교사 대부분이 공개적으로든 개인적으로든 자녀의 고등학교 교육에 부모의 참여가 부족하다고 불평한다는 것을 확인했다. 그들은 연구자 로버트 크로스노와 글렌 H. 엘더가 지적한 것을 정확히 이해한다. "부모의 정서적 지지와 청소년의 학업 성과 사이의 연관성은 확실하다. 따뜻하고 지지하는 관계는 학업 성취도와 교육에 대한 긍정적인 태도를 길러주는 반면, 소원하거나 갈등하는 관계는 학교에서 적절한 역할을 감당하지 못하게 방해하는 거대한 스트레스 요인일 수 있다."[18] 그러나 나는 또한 교사들과 협력하는 데 관심을 보인 부모들이 위협적으로 여겨지는 여러 사건과 대화를 목격했다.

    부모와 교사의 관계는 전체 고등학교 구조에서 더 복잡하고 때로 스트레스가 많은 관계 중 하나다. 교사들은 부모가 학생과 학교 모두에 개입할 때 아이들이 훨씬 더 성공할 수 있다고 믿는다. 그러나 동시에 교사들은 보통 부모가 교사에게 전문가적 기량을 발휘하기를 바라기보다, 자녀를 방어하고 그들의 행동과 학업 성적을 합리화하는 데 관심이 더 많은 것처럼 느낀다. 많은 교사에게 학부모와 협력한다는 것은 교사가 주축이 된 덤에 학부모를 초대하여 자녀를 교육하는 것을 의미한다. 나의

> 표준학습 시험(SOL, Standard of Learning)은 학교생활에서 가장 힘든 부분이에요. 1년 내내 올 A를 받을 수 있다고 해도 이 시험에서 낙제하면 다시 수업을 들어야 하죠. 때로 이 시험 때문에 엄청난 스트레스를 받아요.
>
> _어느 고등학생

경험으로, 교사들은 종종 부모들과의 만남을 불안하게 생각한다. 부모들은 이런 불안과 두려움을 교사가 자신들의 의견에 관심이 없다는 메시지로 받아들일 수 있다. 설령 교사가 부모들과 소통하기를 열정적으로 원한다고 해도 잘못된 메시지를 전달할 수 있다. 이런 역학 관계에 더해 학부모는 자신이 자녀를 통제하기에 턱없이 부족하다는 두려움을 갖게 된다. 그리고 학교는 이러한 인식을 더욱 굳건하게 하는 장본인이다. 이런 문제로 인해 부모와 교사는 소통하기도 전에 이미 서로에 대해 불신하게 될 수 있다.[19]

지난 몇 년간 교사들이나 행정담당자들과 수많은 대화를 나누면서, 나는 교사만이 청소년을 이해하고 양육하기 위한 교육, 훈련 및 헌신의 자세를 갖춘 유일한 사회 기관이라고 암암리에 훈련받는 것이 문제일 수 있음을 확인했다. 불행하게도 이런 태도는 부모와 가족에게도 적용된다. 실제로 교육자들은 자녀 교육에 부모의 참여와 투자가 필요하다는 점을 강력하게 주장한다. 그러나 동시에 그들은 부모의 헌신이 부족하다고 꾸준

하게(그리고 직접적으로) 비판한다. 여기서 헌신은 교육자의 좁은 시각과 초점에 대한 헌신을 말한다.[20]

내가 시행한 연구는 대부분의 부모가 자녀의 교육에 관심이 있음을 한결같이 보여주었다. 하지만 많은 부모의 경우, 특별히 중기 사춘기 자녀를 둔 부모의 경우, 현대 사회에서 걱정해야 하는 목록에 이 문제가 가장 우선순위는 아니었다. 부모는 자녀의 성적 행동, 인터넷과 미디어, 클러스터와 또래의 영향, 마약 사용과 남용의 끊임없는 유혹을 걱정해야 한다. 한 고등학교 교사는 하루에 채 한 시간도 학생들을 보지 않으며, 대부분의 경우 학생들에 대한 교사의 인식은 그 짧은 시간 동안 그들이 보여준 외형적 역할, 행동, 학업 성과에 기반한다. 교사는 학생들의 가정 상황, 그들의 친구 관계와 마음의 고민, 혹은 포스트모던 사회가 만들어낸 다중 자아로 살아가는 그들을 다른 성인들이 어떻게 인식하는지에 대해 거의 아는 바가 없다. 교사는 찰나적 판단을 하는 경우가 너무나 많으며, 학생과 학부모는 학기가 끝날 때까지 그런 판단을 받으며 살아야 한다.[21]

학생의 관점

이 연구 과정에서 가장 쉬웠던 부분은 학생들에게 학교생활에 대한 소감을 이야기하도록 하는 것이었다. 흥미로운 점은 거의 모든 집단에서 일관된 메시지가 나왔다는 것이다.

물론 이 연구의 다른 모든 요소와 마찬가지로 일반적인 경향과 일치하지 않는 학생들도 있었다. 예를 들어, 학교와 학업 성적에 대한 학생들의 태도는 제각각이었다. 어떤 학생들은 진지하게 학업에 접근했고(이들은 미래를 준비하는 데 필요한 성적을 얻고자 열심히 공부했다), 어떤 학생들은 퇴학당하지 않을 정도로 최소한의 성적을 유지하고자 노력했다면, 성적에 전혀 관심을 갖지 않는 학생들도 있었다. 그러나 일관된 메시지를 보내는 네 가지 광범위한 영역이 있었다. 교사들에 대한 태도와 그들이 받아야 하는 존경심, 학업 성취의 동기, 만연한 부정행위와 도덕성에 대한 생각, 교실의 경쟁적 환경으로 생긴 높은 수준의 불안감이 그것이다.

교사에 대한 존경심에 대해 학생들은 존경은 당연한 것이 아니라 노력해서 얻어야 하는 것이라고 생각한다. 중기 사춘기 청소년들과 교사를 존경해야 하는 문제를 두고 대화해보면, 학생들 사이에는 오직 교사라는 이유만으로 존경받으려고 해서는 안 된다는 시각이 팽배해 있었다. (이런 시각은 교사에게만 한정된 것이 아니라 모든 성인에게 적용되었다.) 25가지 전국 설문조사를 종합한 한 보고서는 "조사에 참여한 미국인 중 단 9퍼센트만이 그들이 만나는 (고등학교) 학생들이 어른을 존중하는 태도를 보인다고 대답한 사실"을 지적하며 이 시각을 확인해준다.[22] 특별히 개인적으로 흥미로웠던 점은 대부분 학생이 교사는 존경받을 자격조차 없다고 생각하며, 대신 교사가 먼저 학생을 존중함으로 그들의 존경을 받아야 한다고 믿는다는 것이었다. 영화

〈클래스〉의 여러 장면은 이 점을 뼈아프게 보여준다. 예를 들어, 교사인 프랑수아 마랭은 반 아이들의 생각과 인생에 대한 고민을 진심으로 이해하고 함께 나누려고 애를 쓴다. 하지만 그가 맞닥뜨린 학생들의 반응은 "우리 입을 열게 하려고 그러시는 거 다 알아요"라는 식이었다. 학생들은 그가 주장하는 것만큼 그들에게 관심이 있다고 믿지 않았다. 나중에 한 학생은 마랭에게 짧은 편지를 보내서 "저에 대해 진심이라는 걸 알아요. 하지만 그 이유를 모르겠네요"라고 말하며 자신을 존중해달라고 호소한다. 이 학생들에게 신뢰와 존중이 분명히 중요한 관심사였지만, 그들은 쌍방의 존중과 신뢰를 원했다. 즉, 서로가 신뢰하고 존중해야 한다는 것이었다.[23]

사람들이 서로 간의 합의를 깨지 않는 이상 존중과 배려를 받아야 한다는 생각(심지어 그럴 때라도 많은 사람은 항상 먼저 상대방을 존중하는 것이 옳다고 여전히 믿는다)은 이전에는 우리 문화의 누구도 건드릴 수 없는 가치였다. 하지만 오늘날 그 원칙은 최소한 고등학교 교실에서는 적용되지 않는다. 중기 사춘기 청소년들은 교사를 스승으로 존중하지 않을 뿐만 아니라, 존경받을 만한 행동을 하지 않는다고 생각하면 존중하지 않기로 결심한 것처럼 교실에 들어간다. 루벤 가르자는 백인과 라틴계 고등학교 학생들을 대상으로 한 연구에서 바로 이 사실을 발견했다. "문화적으로 다양한 학생들이 배우려면 교사와 서로 존중하는 관계가 필요하다. 그들은 교사를 좋아해야 할 뿐만 아니라 교사가 그들을 배려한다는 확신이 있어야 한다."[24] 마찬가지로, 앨리슨 쿡-새더는 "학생들은 학교생활에 적극적으로 참여하고 싶은 생각이 들려면 학교에 가서 긍정적인 교실 환경을 경험해야 하며, 교사가 자신을 알고 배우기를 원한다는 확신을 주어야 한다고 한결같이 주장한다."25

이 연구에서 내가 발견한 두 번째 흥미로운 시각은 학생들이 학업을 대하는 태도, 특별히 학업 성취에 대한 동기와 관련이 있었다. 연구자들은 학업이 우수한 학생들에게 가해지는 압박의 어두운 부분을 보기 시작했다. 「위클리 스탠다드」(Weekly Standard)지의 수석 편집자인 데이비드 브룩스는 이렇게 지적한다.

> 그러나 능력주의 시스템에는 어두운 면이 있다. 오늘날 미국인의 삶에서 가장 파괴적인 힘 중 하나는 GPA(학점평균)의 횡포다. SAT(수학능력평가시험)가 학생의 능력을 평가하는 불공정한 수단인지를 두고 모두가 논쟁을 벌이지만, GPA는 그 해악이 훨씬 더 심각하다. 명문 학교에 들어가려면 학생들은 모든 과목에서 A를 받거나 그와 비슷한 수준의 점수를 얻어야 한다. 다시 말해서, 학생들은 한 특정 과목에 열정을 쏟고 그 열정이 이끄는 대로 호기심을 쫓아가도 제대로 보상받지 못한다. 자신의 정신적 에너지를 신중하게 안배하고 모든 학과목에서 우수함을 증명해야 보상받는다. 조셉 엡스타인이 언급한 대로 교사들이 그들에게 어떤 것을 던지든지 분야를 가리지 않고 받아들여 따뜻한 작은 입술로 다시 돌

려주는 능력으로 인해 보상받는 것이다. 학생들은 특정한 한 분야가 아니라 모든 분야에 대해 골고루 온건한 열정을 가져야 보상받는다. 어떤 특정 학습 영역에 대한 열정 때문이 아니라 착한 학생이 되는 방법을 숙달한 데 대한 보상을 받는다. 아무 갈등 없이 담당 교사의 기대를 따르고, 절대 자기 주관을 쫓거나 반대되는 길을 따르지 않는 능력으로 보상을 받는 것이다.[26]

물론 발달 단계상 중기 사춘기 청소년은 교육이 자신뿐 아니라 사회 전체에도 귀중한 선물이라는 것을 인정할 준비가 되어 있지 않다. 나는 학업 성취와 관련해서 '성공하기' 위한 개인적 욕구와 계획 외에 다른 목표를 말할 수 있는 학생을 거의 본 적이 없다. 목적을 이루는 수단이 아니라 배움이라는 경험 자체에서 기쁨을 얻는 고등학교 학창 시절은 이제 옛말이 되어버렸다. 그러나 학술 문헌은 여전히 배움이라는 경험의 기쁨을 교육적 동기로 강조하고 있다.[27]

성취도가 높은 학생이나 그렇지 않은 학생이나 동기 부여 요인은 동일했다. 즉, 청소년기의 복잡하고 다양한 요구를 헤쳐 나가기 위해 필요한 만큼의 자기 보호와 자기 이익을 위해 무엇이든 할 수 있다는 것이다. 이미 언급했듯이, 중기 사춘기 청소년들은 삶의 대부분을 다중 자아로 살아가며, 자아의 한 층위에서 다른 층위로 이동할 때 생존을 위해 필요한 가면을 쓴다. 훌륭한 성적을 얻으면 스스로를 더 긍정적으로 바라보는 데 도움이 된다고 믿는 학생들은 성적을 올리기 위해 해야 할 일을 한다. 다른 곳에 주요 전략이 있는 학생들에게는 성적은 그다지 중요하지 않다. 한 연구자의 말처럼 고등학교 시스템은 중기 사춘기 청소년들에게 "자신의 행동을 위조하도록 강요한다"[28]는 것은 거의 보편적인 현상으로 보인다.

중기 사춘기 청소년들이 학교에 관심이 없다는 인식의 한 가지 예외는 대학에 대한 학생들의 대화와 관련이 있었다. 학업에 순수한 관심이 있는('영재'라고도 불리는) 학생들은 대학을 목표로 이야기했지만, 학업에 그다지 관심이 없는 학생들은 대학을 목표로 이야기하지 않았다. 대학 진학에 대한 문제(혹은 전문대학에 진학할지, 아니면 아예 진학하지 않을지)는 상충하는 동기와 가치관이 뒤섞여 있는 것처럼 보였다. 정확히 자신이 무엇을 원하며 그 이유가 무엇인지 아는 학생은 거의 없었다. 사실 대부분 학생은 특별히 2학년 1학기까지는 점수를 유지했고, 상대적으로 교사들과 안정적인 관계를 유지했다. 이렇게 관계를 유지한 이유는 고등학교를 무사히 졸업할 최선의 방법에 대한 자신들의 이해와 맞아떨어졌기 때문이지 구체적인 장래 희망을 이루기 위해서나 대학에 진학하기 위해서는 아니었다.

셋째, 부정행위가 고등학교에 만연해 있어서 많은 학생이 당연한 것처럼 생각할 정도였다. 중기 사춘기 청소년들에게 부정행위는 복합적인 문제로, 10장에서 더 자세히 다룰 것이다.[29] 부모와 학교의 엇갈린 메시지, 학문적 부정직과 부정행위의 명확하고 보편적인 규정의 부재, 사회 전반에 팽배한 상대주의는 부정행위의 개념조차 모호해진 분위기를 조성했다. 많은 사춘기 청소년은 부모와 교사의 기대에 부응하기 위해 필요하다고 믿는 것은 무엇이든 할 자세가 되어 있으며, 부정행위는 이 기대를 이루기 위한 최선의 방법이 된다.[30]

부정행위에 대한 연구에 따르면 학생들은 그 문제를 자신을 제외한 모든 사람의 탓으로 돌리는 데 익숙해졌음을 알 수 있다.[31] 다시 말해서, 중기 사춘기 청소년들은 부정행위를 그다지 도덕적 문제로 인식하지 않는다는 말이다. 그러나 혹시 도덕적인 문제가 되더라도 자신은 유죄라고 거의 보지 않는다. 오히려 다른 선택권이 없는 불행한 희생자라고 인식한다. 오늘날 두 가지 엄격한 윤리적 약속이 고등학교와 대학교라는 두 장에서 서로 충돌하고 있다. 학문적 성실성이라는 전통적 윤리와 부정행위는 용인될 수 있으며, 심지어 성과가 필요한 학생에게 상대적으로 도덕적인 선택이라는 현재의 사춘기 청소년들의 시각이 그것이다. 부정행위를 하는 사람이 소수가 아니라는 사실을 깨닫는다면 이것은 더 심각한 문제가 된다. 어떤 식으로든 모두가 부정행위를 하고 있는 것이다(어쨌든 통계적으로는 그렇다).[32]

학생들이 부정행위를 하는 가장 흔한 이유는 교사들의 불공정함 때문이었다. 그들은 교사가 더 공정하다면 부정행위를 할 필요가 없다는 식으로 주장한다.[33] 부정행위에 관해 학생들과 수십 번의 대화를 나누던 중, 한 여학생이 자신의 시험지를 상습적으로 커닝하는 남학생에 대해 이야기했다. 이 경우는 실제로 부정행위가 도둑질이며 따라서 도덕적 문제라는 것을 인식하는 학생과 가장 가까이 만난 때였다. 그 남학생은 "공부에 전혀 관심이 없으며" 그러므로 그 여학생을 이용하고 있었다. 나는 답변을 이끌어내려고 가능한 한 강하게 밀어붙였지만, 그 학생은 부정행위가 개인적으로 '도둑질'은 맞지만 윤리적 문제라고 비판할 정도로 강경한 입장을 취하지는 않았다. 그 남학생이 부정행위를 한 것은 문제가 아니었다. 그 여학생이 도덕적인 측면에서 화를 낸 것은 그가 다른 사람이 아닌 자신의 시험지를 커닝했기 때문이었다.

사춘기 청소년의 삶의 다른 영역들에서 보이는 전반적인 방치와 더불어, 유기는 그들의 세계에서 가장 혼란스러운 흐름 중 하나에 기여함으로 청소년의 학교생활에 영향을 미친다. 즉, 스스로를 보호하고 방어하거나 자신을 포기하지 않기 위해 속임수를 수용하는 것이다.[34] 현대의 중기와 후기 사춘기 청소년들에게 진실은 자신의 환경을 통제하기 위해 자기만의 현실을 규정하는 전략적 노력에 불과하게 되었다.[35] 데니스 클라크 포프가 지적한 대로 "성공적인 학생은 또래보다 앞서고 권력을 가진 사람들을 기쁘게 하기 위해 다양한 전략을 고안하는 법을 배웠다. 반면 성공하지 못한 학생들은 다양한 이유로 생존 게임을 하는 데 능숙하지 않았다."[36] 이 '게임'은 다른 사람들의 기대에 능숙하게 순응하는 학생에서부터 그 기대에 부합하여 살 수 없을 때 생존하는 방법을 고민해야 하는 학생에 이르기까지 다양한 유형의 학생들을 양산했다. 중기 사춘기 청소년들은 성인들의 도움을 받지 않고 대처하는 법을, 실제로 생존하는 법을

> 저는 자부심이 지나쳐 오만하다는 표현이 어울리는 학교에
> 다녀요. 루이지애나주에서 1등이라고 인정받는 학교죠. 하지만
> 루이지애나의 공립교육 제도에 대해 조금이라도 안다면
> 이것은 별 의미 없는 숫자예요. 교사들은 우리가 뉴올리언스나
> 루이지애나에서 가장 똑똑한, 1퍼센트 중에서도 가장 똑똑한
> 1퍼센트라고 귀가 따갑도록 잔소리를 해요. 하지만 제 머릿속에
> 남는 게 없어요. 우리가 천재라고 말하려고 할 때 나는 거의 귀를
> 막고 듣지 않아요. 우리가 거짓말을 하지 않고, 부정행위도 없고,
> 훔치지도 않고, 마약도 하지 않는 학생이라고 자신하는 것으로
> 보아 교장 선생님은 우리를 잘 모르는 게 분명해요. 교장 선생님은
> 틀렸어요. 많은 학생이 대부분의 시험을 통과하는 유일한 방법은
> 커닝이에요. 시험이 너무 어려워요. 공부해서 통과할 수 있는
> 학생들은 선생님 머리 위에서 놀 수 있을 것이라고 자신해요.
> 그래서 부정행위를 하고 전혀 공부하지 않는 법을 궁리하느라
> 시간과 노력을 탕진해요.
>
> _어느 고등학생

배운다. 그들은 성인들이 듣고 보고 싶어 하는 것을 말하고 보여주는 데 익숙해지고, 성인들의 기대 속에서 살아남는 데 도움이 될 역할을 연기하는 법을 배웠다.

마지막으로, 성적과 학업 성취도에 대해 관심을 갖는 학생들은 시간이 흐를수록 학업에 대한 불안과 스트레스 수준이 높

아지는 경험을 하고 있다. 이런 압박감의 원인은 부모, 교사, 대학, 사회 전반에 걸쳐 한동안 논의되어왔지만, 이 연구의 범위를 벗어나는 문제다. 그러나 내가 관찰한 바에 따르면 이유가 무엇이든, 다른 이들과 경쟁하고 가능한 한 학교에서 탁월한 성적을 내려고 결심한 학생들의 심리적 불안이 문제였다. 어떤 학생들에게 이것은 1세대나 1.5세대[37], 심지어 2세대의 민족중심의 문화적 정서가 문제였다.[38] 예외적으로 '공부를 잘하는' 학생들은 중학생 때 벌써 '재미로' SAT 시험을 보는 식으로 공부에 집중한다. 그런가 하면 자신이(혹은 부모가) 원하는 학교에 들어갈 목적으로 평균 A 혹은 A⁻를 유지하려고 노력하는 학생들도 있다.

이런 학생들의 스트레스 수준을 악화시키는 두 가지 요소는 방대한 숙제의 양과 고등학교 재학 중 가능한 많은 활동에 참여하라는 대학교의 요구다. 내가 이 연구를 시행한 학교는 각 학생에게 각 수업당 숙제로 매일 45분에서 1시간을 사용할 것을 요구했다. 학생들은 다섯 과목의 수업을 들어야 했는데, 이 말은 평일 저녁에 숙제하는 데 3시간 이상을 사용해야 한다는 말이다.

이런 학과목 공부에 더해 운동(하루에 2시간 이상)과 과외 활동 및 클럽 활동(학교를 기반으로 하는 청소년 봉사 활동 클럽, 신앙 중심의 학생 활동, 교회 청소년 모임)에 참여해야 한다는 요구 사항이 추가된다. 이 모든 것으로도 모자라 종종 자원봉사 시간을 채워야 한다.[39] 그런 다음 일반적으로 '착한 학생'으로서 사람들의 기대를 충족시켜야 하고, 숙제를 하며, 선생님과 부모님을 기쁘게 하려고 애를 쓰는 학생은 아침 7시가 되기 전에 하루를 시작해서 연습을 하거나 모임을 가진 후 오후 5시나 6시경 집으로 돌아와 한 시간 정도 숙제를 한다. 저녁 식사를 급하게 먹고 일정에 따라 활동을 하러 가서 9시 30분이나 10시에 집으로 돌아와 새벽 1시경에 숙제를 마친다. 내가 관찰한 학생들, 특별히 학업에 적극적으로 참여하는 학생들은 종종 지쳐서 녹초가 되어 있을 때가 많았다. 이런 일정과 기대와 압박이 사춘기 청소년의 발달과 건강에 어떤 영향을 미치는지 체계적으로 배려하는 모습은 거의 보이지 않았다.

결론과 생각해볼 점

데니스 클라크 포프가 지적하듯이 "학교 세계는 학생들이 스스로 익명의 무력한 존재라고 느낄 때가 너무나 많은 곳으로 묘사되어왔다."[40] 이 연구의 중점적인 관찰 내용도 마찬가지였다. 대부분 학생은 그 요구에 순응하기 위해 이른 나이에 교육 제도의 기대대로 '연기하는' 법을 배웠다. 어떤 연구자들은 '사회적 자본' 이론에 근거하여 이런 모습을 긍정적으로 해석하며, 사춘기 청소년들이 성공적인 단계 이행을 위해 타인들에게 의존함으로써 성장 과정의 복합적인 과정을 헤쳐나가는 방법으로 묘사한다. 스탠포드 청소년 센터(Stanford Center on Adolescence) 연구원인 셜리 브라이스 히스와 밀브레이 맥로린은 청소년은 다양한 상황에서 적절하게 처신하는 법을 배워서 성공적인 성인이 되기 위해 궁극적으로 필요한 지지를 얻어내야 한다고 주장함으로 이런 인식의 한 예시를 보여준다.[41]

그러나 이것은 성공적인 학생이든 제도적 기준으로 성공하지 못한 것으로 보이는 학생이든 모두 사춘기 청소년에게는 어려운 문제다. 성공적인 학생들은 그렇지 않은 또래들보다 더 뛰어나게 이 게임을 할 수 있는 이들이다. 그들은 돌봐주는 멘토들을 통해 실제적인 돌봄을 받고 성인 세계에 성공적으로 통합되는 것이 아니다. 사실 그들은 시스템과 싸워 이기는 법을 배우고 있다! 학업이 뒤처지는 사춘기 청소년들은 종종 실패의 두려움 때문이든 아니면 시스템 자체에 대한 불신 때문이든 시스템과 싸워 이길 또 다른 전략을 고안해낸다. 그들은 '평균' 또는 '낙제'의 범주에 포함된다.

교사들 대부분은 정치적인 목적의 엄격하고 까다로운 시스템 아래에서 맡은 소임을 훌륭하게 해내고 있다. 미국 공립학교는 교사들에게 많은 기대와 요구를 부과하고 있으며, 우리 사회가 그들에게 요구하는 것이 그다지 공정하게 보이지는 않는다. 그들은 박봉에 시달리며 자원이 부족하다. 추가로 연수를 받고 여러 자원을 활용할 수 있지만, 학급 규모, 객관화된 시험 점수의 엄격함, 까다로운 문화적 환경으로 인해 과중한 업무에 시달리고 있다. 감사 인사를 받는 경우는 거의 없으며, 학부모들과 행정 담당자들은 현미경을 들이대듯이 끊임없이 그들을 감시한다. 많은 교사가 좌절감에 시달리고 있다고 해도 놀라운 일이 아니다.

그럼에도 이 책은 미국 사회에서 중기 사춘기 청소년들의 상태에 관심을 가진 성인들이 새로운 시선으로 이들을 바라보도록 돕는 데 목적이 있다. 또한 문화적 태만과 제도적 유기로 사회가 저지른 일에 상처받은 사람들을 옹호하는 데 목적이 있다. 그러므로 나는 교사들을 옹호하기 위해서가 아니라 사춘기 청소년들을 옹호하고자 이 책을 쓰고 있다. 청소년들을 교육하는 데 헌신해온 이들을 비판하거나 불공평하게 다룰 마음은 전혀 없다. 그러나 나는 고등학교 현장에서 현재 일어나고 있는 일이 여러 면에서 아이들에게 상처를 주고 있다고 믿는다. 캘리포니아주에서 가장 우수하다고 손꼽히는 학교에서 교사들과 행정 관리자들의 태도와 처신과 정책 때문에 마음이 상해서 힘들거나 때로 싸우고 싶을 정도로 분노를 느끼지 않고 지나간 때는 한 주도 없었다. 이런 이유로 나는 두 가지 결론을 제시한다.

첫째, 우리는 인간 가능성에 대한 극히 제한적인 시각으로 '재능'에 대해 이해하고 정의를 내렸기 때문에 전체 사춘기 청소년 집단에 상처를 주었다. 한 가지 확실한 문제는 발달 시기가 사람마다 다르다는 것이다. 발달은 인지 기억과 회상에 직접적인 영향을 미친다(발달 중인 사춘기 청소년을 교육하는 데 가장 효과적이지 않은 방법 중 하나로 입증되었음에도 여전히 미국 교육계에서 핵심 방법론으로 사용됨).[42] 초기와 중기 사춘기에서 살아남기 위해 한 과목에 50분 동안 집중하고, 늦지 않게 다음 수업으로 달려가야 한다. 그리고 완전히 다른 과목에 집중할 수 있는 능력이 필요하며, 각 학급의 복잡한 관계 역학을 헤쳐나가야 한다. 여기에 교사의 다양한 스타일과 기대치가 더해져 발달이 조금이라도 뒤처지는 학생은 엄격하고 강도 높게 통제되는 미국 고등학교의 교육 환경에서 심각하게 불리한 입장에 놓이게 된다.[43] 모든 아이는 일정한 수준에서 배움의 능력을 타고나며, 특정한 수준에 미달하는 아이들이라도 우리 시스템이 인정하는 것보다 훨씬 더 똑똑한 아이들이 많다.[44] 배움과 지능 둘 다 지극히 복합적인 과정이며, 다양한 유형의 지능이 존재한다는 강력한 증거가 있다.[45] 우리는 청소년이 우리 사회의 가장 소중하고 깨어지기 쉬운 자원임을 인정해야 한다. 각 학생은 고유한 잠재력이 있으며[46], 그들에게는 의도적이고 적극적이며 양육적인 분위기의 학교 환경이 필요하고 또 당연히 그런 환경을 누릴 가치가 있다.

둘째, 동일한 방식과 동일한 카테고리로 모든 학생을 다룰 수 있다는 오해에 우리가 희생양이 되었다는 발달 전문 소아과 의사이자 『아이의 뇌를 읽으면 아이의 미래가 열린다』(*A Mind at a Time*, 소소)[47]의 저자인 멜 레빈의 주장에 나는 동의한다. 우리는 또한 각 청소년이 전환기와 성장기에 있기 때문에 교육을 비롯해 삶의 모든 측면에 개별적인 관심이 필요하다는 사실을 망각해버렸다. 이것은 각기 30명의 학생을 대상으로 다섯 번 수업을 하는 교사에게 무리한 요구일 수 있다. 하지만 우리는 학생들을 하나의 '학급'으로 생각하거나 '보통', '재능 있는' 그리고 '눈에 거슬리는'과 같은 표식으로 구분하며 지금의 상태를 방관하고 있을 여유가 없다. 각 청소년은 모두 타고난 재능이라는 맥락에서 거대한 잠재력을 갖고 있으므로 개별적 성장과 발달을 추구하는 제도와 개인적 돌봄과 관심을 받을 가치가 있다. 나는 이 연구를 진행한 학교에서 '2002-2003년도 올해의 교사'로 선정된 스코트에게 훌륭한 교사가 되기 위해서 무엇이 필요한지 물었다. 그는 이렇게 대답했다. "좋은 배우자, 부모, 감독, 리더가 되기 위해 필요한 것과 같습니다. 특별한 비법이 있는 게 아닙니다. 비밀도 아닙니다. 그저 눈앞에 있는 각 학생이 중요하고 소중하다는 것을 그들 스스로 알 정도로 충분히 배려하고 돌봐주면 됩니다. 훌륭한 교사가 된다는 것은 멋진 학생들과 함께할 수 있는 특권을 허락받았다는 뜻입니다. 이 상을 받아야 할 사람은 오히려 아이들입니다."

최근 전국 단위로 실시한 미국인 도덕성 조사의 응답자 중 25퍼센트가 100억을 주면 온 가족을 버릴 수 있다고 대답했다. 하지만 돈을 받지 않고도 이렇게 할 사람이 적지 않아 보인다.
_스테파니 쿤츠(Stephanie Coontz), 『결코 존재한 적 없는 우리의 과거』(The Way We Never Were)

우리를 '헬리콥터' 아빠와 '축구' 엄마라고 이름 붙인 헤드라인 기사가 많지만, 여러 면에서 부모는 거의 보이지 않게 제거당한 것 같다. 21세기 부모 겸 매니저는 자녀의 빡빡한 일정을 방해하는 장애물을 치우느라 정신없이 바쁜 나머지 자녀의 내면세계의 풍경에 마치 자석처럼 들러붙어 있다.
_른 태플(Ron Taffle), 『속박받지 않는 어린 시절』(Childhood Unbound)

6장.　　　가족

　　　　　연구가 3주 차에 접어들 무렵, 내가 엿보고 있는 세계가 상상했던 것보다 훨씬 더 복합적이고 위태롭다는 사실을 서서히 깨달아가고 있었다. 이와 관련하여 제레미라는 2학년 학생과 대화하던 중 들은 이야기가 가장 충격적인 기억으로 남아 있다. 제레미가 가족에 대해 진지하게 들려준 이야기는 개인적으로 받아들이기 쉽지 않았다.

　"맞아요. 어떤 어른한테도 말한 적이 없는 이야기를 하나 해드릴게요. 사실, 누구에게도 털어놓은 적이 없는 비밀이에요. 3년 전에 부모님이 이혼을 하셨는데 두 분은 이 사실을 비밀에 부치기로 결정하셨어요. 아무에게도 이야기하지 말라며 저와 누나에게만 알려주셨죠. 할머니, 할아버지께도 말하지 말라고 하셨어요. 만약 이 사실이 알려지면 곤란한 일이 생길 거라고 하셨어요. 그래서 우리는 3년 동안 모두 시치미를 떼고 살았어요. 친구나 선생님께도 말하지 않았고, 동생도 이 사실을 몰라요. 부모님은 서로를 미워하고 늘 싸우시지만, 다른 사람들 앞에서는 행복한 부부인 척 지내세요. 정말 엿 같아요!"

이 예민한 학생이 그동안 비밀을 감추기 위해 감내했을 고통을 생각하면서 들끓어 오르는 분노와 충격을 내색하지 않으려고 최대한 자제력을 발휘하고 있을 때였다. 나의 왼쪽에 앉아 있던 말수 적은 한 여학생이 손톱을 물어뜯으며 안절부절못하는 모습을 보였다.

"저도 그래요." 그 여학생은 기어 들어가는 목소리로 이렇게 말했다.

"뭐라고?"

"이렇게 된 이상 뭐가 대수겠어요. 저의 부모님도 작년 1년 동안 제게 똑같은 일을 하셨어요. 부모님이 싫어요! 저는 엄마와 아빠가 다 미워요!"

그때 마침 수업 종이 울렸고 아이들은 자리를 떠났다.

이 대화는 무척 가슴 아픈 일이었고, 결정적인 교훈을 얻은 기회이기도 했다. 이 연구의 성과를 내기 위해서는 그동안 눈여겨보지 않은 부분을 세밀히 확인하고 가능한 한 여러 각도에서 살펴보아야 한다는 것을 깨달았다. 솔직히 그때까지 나는 그 부모들이 자녀에게 저지른 일이 가능하다는 생각을 한 번도 해본 적이 없었다. 불행하게도 그런 이기적인 행동은 부모가 자녀의 필요보다 자신의 필요를 더 중요하게 생각하는 흐름의 일면을 보여준다. 이러한 흐름은 점점 노골적으로 되어가고 있다.

그때까지 나는 가정생활의 어두운 부분을 짐작하게 해주는 수많은 암시와 지표를 무시한 채, 매일 많은 청소년이 보이는 복합적인 냉담함을 엉뚱하게 오해했을지 모른다. 미국 사회에는 분명히 서로 지지하고 격려하는 부모와 가정이 많이 있다. 일반적으로 그 가정의 자녀들은 건강하고 강인한 청소년기를 보내며, 이 책에서 제시한 문제들을 비교적 안정적으로 헤쳐나가는 방법을 찾을 것이다. 그러나 그날 나는 오늘날 가정의 붕괴 상태가 내 예상보다 훨씬 더 만연해 있고 정도가 심각하다는 우울하고도 충격적인 현실을 맞닥뜨렸다.

가족의 개념 정의와 의미

가족이라는 개념은 지난 20여 년 동안 급격하고도 논쟁적인 방향으로 많은 변화를 겪어왔다. 요즘 인기 있는 텔레비전 드라마를 보면 전통적이지 않은 방식으로 다양하게 '가족'을 묘사하는 장면을 쉽게 볼 수 있다. 예를 들어, 〈모던 패밀리〉(Modern Family)라는 시트콤은 세 직계 가족의 이야기를 그린다(아버지와 그의 두 성인 자녀로 이루어진 확대 가족). 아버지는 재혼하여 손자뻘 정도의 어린 아들을 두고 있고, 결혼한 첫째 딸은 전통적인 가정을 꾸리고 살아간다. 동성애자인 둘째 아들과 그의 연인은 입양한 딸을 키우고 있다. 시간이 흐르면서 가족이라는 개념(그 정의와 구성원과 존재 이유)은 서서히 개인의 의견에 자리를 내어주면서 사회학적이고 문화적인 차이를 만들어냈다.

나는 박사 학위 연구 과정 중에 가족의 정의와 기준을 두고 벌어지는 논쟁을 처음 접했다. 존경받는 한 교수는 자신이 가장 열정을 기울이는 학문적 목표 중 하나가 학술 문헌에서 가족의 개념을 바꾸는 것이라고 말했다. 그녀는 레즈비언과 게이 커플이 자녀를 양육할 권리를 가져야 하고, 전통적인 가족 개념(한 명의 남성과 한 명의 여성과 자녀로 구성되는 가정)은 해체되어야 할 억압적이고 구시대적인 사회 개념이라는 이데올로기적 입장을 고수했다. 평소 그는 박사 과정생들에게 학문적 성실성의 가장 중요한 요건을 입버릇처럼 강조했다. "연구가 인생에 대한 결론까지 이르게 하라. 개인 생활이나 개인적인 시각이 연구 결론을 오염하지 않도록 최선을 다하라." 나는 이 교수를 여러 면에서 좋아하고 존경했지만, 정작 본인이 그의 주장을 위반했다고 생각한다. 가족의 정의와 의미와 영향을 두고 성인들이 벌여온 학술적이고 대중적인 논쟁은 청소년에게 부정적인 영향을 미쳤다. 가족에 대한 태도와 개념 때문에 벌어진 일은 아마도 중기 사춘기 청소년이 지금껏 견뎌온 가장 중요한 형태의 문화적 유기일 것이다.

부모가 아동과 청소년 자녀의 발달에 미치는 영향과 관련하여, 자녀에게 가장 중요한 안전 장소가 어머니와 아버지 두 사람의 시시를 받는 환경임을 보여주는 자료가 압도적으로 많다.[1] 특히 중기 사춘기 자녀가 사춘기 과정을 거치면서 궁극적으로 건강하게 성장할 수 있는 환경은 관계적으로 헌신된 부모가 있는 가정, 안정을 제공하는 곳이자 갈등과 어려운 상황에서도 자신이 무조건적으로 수용되고 받아들여진다는 것을 신뢰할 수 있는 집이다.

내가 관찰한 결과를 통해 이 생각을 확고히 할 수 있었다. 사춘기 발달의 거의 모든 범주(예를 들어, 자아 개념, 성행위, 약물 남용, 친구나 권위적 인물에 대한 신뢰)에서 가장 심각한 문제 행동을 보이는 중기 사춘기 학생들은 거의 보편적으로 안전하지 않거나 지지를 얻지 못하는 가정환경에서 자랐다.[2] 예를 들어, 성적으로 '문란하다'는 평가를 받는 중기 사춘기 청소년은 아버지가 없는 가정이거나, 누구나 알 정도로 아버지와의 소통이 단절된 가정에 있는 경우가 많았다. (이 사실은 남학생과 여학생에게 모두 해당되지만, 여학생의 행동과 태도에서 더 쉽게 확인할 수 있었다.) 중기 사춘기 생활의 이런 측면에 관해 아이들과 많은 대화를 나누며 관찰한 결과, 나는 몸을 이용해 성적인 유희를 즐기며 위안과 교감을 얻으려 했던 아이들이 사실은 자신이 사랑받을 가치가 있음을 스스로와 세상에 증명하고자 필사적으로 노력하고 있다는 점을 확인했다. 대부분의 사춘기 청소년에게 생각해보도록 유도했을 때, 그들은 애정에 목말라하는 아이들이 가정에서 사랑을 받지 못하고 있다는 결론에 도달했다. 심지어 중기 사춘기 청소년이 가정생활과 부모와의 관계가 자신에게 어떤 영향을 미칠 수 있는지 스스로 확인하기도 했다. 그 영향은 성적인 일

> 제 어머니는 기독교인이고 아버지는 기독교인이 아니었어요.
> 지금까지 어머니께 믿음 안에서 살아야 한다는 교육을 받으면서도
> 아버지께는 그 사실을 숨겨야 해서 줄타기를 하듯이 살았어요.
> 하지만 중학교 3년을 지나면서 이렇게 분열된 정체성이 제 안에
> 어떤 문제를 일으켰는지 깨달았어요. 저는 우울증과 싸우면서 저
> 자신이 무가치한 존재라는 생각에 자주 시달렸어요. 내가 누군지도
> 모르는데 어떻게 사회적 정체성을 확립할 수 있겠어요.
>
> _어느 고등학생

탈이나 약물 남용이나 파티와 같은 외형적 행위에 국한되지 않았다. 그들의 태도와 확신과도 관련이 있었고, 삶의 다른 모든 측면에도 영향을 미쳤다. 가족은 사춘기 청소년의 발달과 심리사회적 생활에 가장 강력한 영향을 미친다.

그러나 미국 심리 학회(American Psychological Association)가 발표한 최근의 보고서에 따르면, 더 이상 가족에 대한 표준적인 정의는 존재하지 않는다. 가족은 개인이 원하는 대로 그 의미가 정해진다. "오늘날 가족은 여러 형태를 띨 수 있다. 가령, 싱글 부모 가정, 공동 양육권 가정, 입양 가정, 혼합 가정, 위탁 가정, 전통적인 두 명의 부모 가정 등이 있다."[3] 그러나 수많은 문화권에서 부모의 핵심적 역할은 자녀를 양육하는 책임을 통해 유지되었다.[4] 1장에서 언급했듯이 가족이라는 개념은 미국 사회에서 수세기 동안 동일한 의미로 통용되었다. "출생이나

결혼 혹은 입양을 통해 2명 이상의 사람이 관계를 형성하고 같은 집에 거주하는 것"[5]을 가족이라 한 것이다. 이제 이 개념은 가족에 관한 많은 개념 중 하나가 되었고 "엄마와 아빠로 구성된 전통적인 부모"라는 부가적 명칭이 생겼을 뿐 아니라, 앞에서 명시한 현대 가정의 많은 형태에 대한 미국 심리 학회의 목록에서 제일 끝에 언급된다.[6]

더 이상 표준적인 가족의 개념은 존재하지 않는다. 성인이 어떤 상황에 처했든 그 상황을 정당화하고 의미를 부여하며 그 상황의 구조를 인정해주는 단어가 되었다. 중기 사춘기 청소년들과 직접 대면하며 그들을 관찰하던 시절, 나는 가정이 가족을 정의하는 방식에 이의를 제기하거나 반대하는 목소리를 한 번도 접한 적이 없었다. 대중적 수사는 누구의 개념이든 보편적이고 무조건적으로 인정해주었다.

학생들이 사용하던 가족이라는 단어의 여러 의미 중 일부를 소개한다.

— 게리는 엄마와 어린 여동생과 엄마의 가장 최근의 남자 친구와 그의 세 자녀와 함께 그의 집에서 살았다(그들이 자신들의 어머니의 집에 가지 않을 때). 게리의 가족은 엄마와 여동생과 엄마의 남자 친구였다(그의 자녀들은 가족이 아니었다).

— 킴이 아빠라고 부르는 남자는 실제로 엄마의 옛 남자 친구다. 킴은 한 번도 친 아빠를 만난 적이 없다. 지

금 함께 살고 있는 법적인 계부를 '아빠'가 아니라 그의 성으로 부른다. 킴은 자신에게 가족이 없다고 말했다.

— 카라는 엄마와 언니(언니의 남자 친구가 가끔 함께 살기도 한다) 그리고 가장 친한 친구의 할아버지와 함께 산다. 가족이라는 단어는 엄마의 가족, 즉 카라의 외할아버지와 이모와 삼촌을 가리킬 때만 사용된다.

— 두 번의 이혼 경력이 있는 가정의 막내인 그렉은 엄마가 10년 넘게 사귄 남자 친구 옆집에 산다. 엄마는 이 남자를 억지로 아빠라고 부르게 한다. 그렉은 한 번도 본 적이 없는 아빠를 만나지 못하게 하는 엄마를 원망한다. 그의 엄마는 두 가구, 즉 그렉의 직계 가족(그의 엄마와 그 자신)과 옆집의 가족을 그들의 '가족'이라고 부른다. 하지만 보통 '가족 모임'을 하기 위해 모이는 명절에만 이렇게 부른다.

— 샘은 두 엄마와 살고 있으며 아빠가 있었던 적은 없다. 그의 두 엄마가 가족이다.

이런 예시들은 미국 사회의 수많은 사춘기 청소년에게 가족이라는 개념이 얼마나 다양하고 복잡한지 보여주는 일부 사례일 뿐이다. 나는 전통적인 부모 밑에서 자란 청소년이 이런 상황들을 전혀 이상적이지 않다고, 혹은 적어도 정상이 아니라고 생각할 것이라고 단정했다. 그러나 그들은 진히 그렇게 생각하지 않았다. 발달 중인 청소년에게 가족이라는 개념은 유동적이다.

건강한 발달에 필수적인 관계적 안정과 정서적 안정의 가장 중요한 요인은 가족이다. 따라서 가족이라는 개념의 변화는 주목할 만한 가치가 있다. 가족이라는 제도는 어른들의 변덕에 따라 바뀌고 변할 수 있다. 이런 변화가 아동과 청소년의 발달 과정과 건강에 어떤 결과를 낳을지 관심을 갖는 이들은 거의 없다. 불행히도 쉽게 바뀌는 가족이라는 명칭과 가족의 유동적 개념을 옹호하는 사람들은 이런 결과들을 고려하지 않는다. 그러나 이 연구를 통해, 자녀를 보호하고 양육할 목적을 지닌 핵심적이고 안정적인 기관인 가족의 개념이 해체되는 것이 중기 사춘기 청소년의 정서와 관계와 세계관과 전체 인생에 상당한(파괴적인 정도는 아니더라도) 결과를 초래한다는 사실을 확인할 수 있었다.

특별히 도전적인 데다 급속히 성장 중인 한 가지 새로운 형태의 가족은 동거 중인 커플과 관련이 있다. 수전 L. 브라운은 "동거하는 이성 커플의 증가는 가족의 비공식화와 타인들과의 정서적 유대 관계(법적 관계가 아닌)가 점점 강조되는 현실에 대한 예시"라고 주장하며, "동거는 결혼도 미혼도 아닌 독특한 가족 형태의 하나다. 이 현상을 무시한다면 더 이상 미국의 가정을 이해할 수 없다"라고 주장한다.[7] 이어서 그녀는 이런 상황에 있는 자녀들은 "행복 지수가 더 낮다"라고 지적하며 "동거라는 개인적 속성이 성인에게는 유익하지만 아이들에게는 해로울 수 있다…양육과 지원을 결정해줄 법원의 개입 없이 가정이 해체될 수 있기 때문이다"라고 경고한다.[8] 다른 연구들 역시 "어떤 형태든 가족 구조의 변화는 사춘기 청소년에게 어려움을 야기한다"[9]는 사실을 강조한다. 그러므로 부모는 이런 가족 형태의 이기적 성격을 심각하게 고민하고, 자녀들에게 미치고 있을 부정적 영향을 세밀하게 살펴보아야 한다. 더 나아가 사춘기 청소년 가정에서 일어나고 있는 일은 그 청소년과 접촉하는 모든 이에게 영향을 미친다. 그러므로 가족 개념의 변화는 단순히 일부 불행한 청소년에게만 영향을 미치는 것이 아니다. 전 사회에 영향을 미친다.

사춘기 청소년에게 영향을 미치는 가족과 부모의 행위

중기 사춘기 청소년에게 가정생활이 미치는 영향을 확인하는 문제는 그들 인생의 다른 영역을 이해하는 일보다 더 어려운 과제였다. 학생들은 대부분 가족에 대해 세세하게 이야기하거나, 가족에 대해 가진 감정을 말하고 싶어 하지 않았다. 그러므로 이 장에서 제시하는 결론들은 관찰 내용과 더불어 무작위적인 소감을 기초로 두었다.

가장 먼저 눈에 띄는 관찰 내용은 부모들이 파편화된 상태로 보인다는 것이다. 부모가 안정적으로 살아가야 도움이 필요한 자녀를 지원하고 삶을 함께 나눌 수 있다.[10] 나는 건강하고 적극적인 부모를 많이 만났다. 하지만 자녀에게 무관심하고, 스트레스로 지쳐 있으며, 여유가 없는 부모가 훨씬 많았다. 십대가 보인 가장 흔한 반응은 부모가 있어도 인생에는 별 차이가 없다는 체념의 감정이었다. 부모가 자녀의 인생에 적극적인 관심을 보이는 가정의 아이들은 부모에게 상당히 만족하는가 하면 자신을 통제하려 하는 부모에게 좌절감을 느끼는 등 다양한 반응을 보였다. 부모가 본인의 개인적 인생에 과도하게 몰두하고 있어서 유의미한 도움을 받지 못한다고 생각하는 아이들은, 혼자서도 잘 해내고 있다는 운명론적인 생각과 체념하는 반응을 보였다.

그러나 대부분 체념은 낙심부터 깊은 상처와 배신감에 이르는 모든 아픈 마음을 가리는 얇은 위장막에 불과했다. 많은 경우, 태만이나 무관심 혹은 무기력과 같은 부모의 태도는 오래 전에 시작되었고, 많은 사춘기 청소년은 초등학교 고학년 때부터 이미 스스로 헤쳐왔다고 생각했다. 나는 무관심이나 바쁜 생활이나 부모 역할에 대한 잘못된 이해 때문에 자녀를 감당할 준비가 되지 않은 세계로 밀어넣은 부모, 무관심하고 자기만 아는 부모의 이야기를 얼마나 많이 들었는지 모른다. 범죄학자 엘리엇 커리는 중산층 출신 청소년에 대한 심층 연구를 통해 이와 같은 실태를 확인했다.

자녀의 비행이나 범죄에 대해 부모로서 책임을 방기하

는 사례, 자녀가 스스로 자기 삶의 안녕에 일차적 책임을 져야 하며 인생의 길을 헤쳐나갈 책임이 있다는 전제, 골치 아픈 일이 생길 때 곧바로 자녀와 유대를 끊을 준비가 되어 있는 부모 등은 중산층 가정의 가출 청소년들과 대화하면서 수없이 등장했다. 이런 내용은 미국에 널리 퍼져 있는 가족과 자녀 문제에 대한 근본적인 시각을 보여준다.[11]

많은 중기 사춘기 청소년은 부모와 가족이라는 권위로 인해 사실상 표류하는 상태가 되었고, 마치 혼자 힘으로 세상을 헤쳐나가야 하는 것처럼 행동하고 있다. 이 사실은 모든 중기 사춘기 청소년의 행동과 세계관에 영향을 미친다. 자녀에게 적극적으로 개입하고 안정적인 환경을 마련해주는 일에 열성적인 부모를 둔 아이들도 또래에게(그리고 미디어를 통해) 부모 역할을 하는 방법이 다양하다고 배우기 때문에 영향을 받는다. 많은 사춘기 청소년, 심지어 부모에게 많은 관심을 받고 적절히 양육받고 자란 아이도 부모에게 방치되어 스스로 삶을 꾸려나가야 하는 학생의 특징인 자유와 규율 없는 삶을 자기 입맛에 맞게 이용할 수 있다. 이 점은 주목할 가치가 있다. 가정 환경이 모든 형태의 청소년 비행의 직접적인 원인으로 작용한다는 사실이 계속해서 증명되었기 때문이다.[12]

두 번째 관찰 내용은 중기 사춘기에 부모와 자녀 사이에 생기는 갈등의 강도와 양에 관한 것이다. 대다수 학생에게 부모 고등학생으로 살아간다는 게 어떤지에 대한 제 말이 모순적으로 들릴지도 모르겠어요. 하지만 고등학교 생활이 혼란스럽지도 모순되지도 않다는 말은 어떻게 생각하세요? 무엇보다 십대 애들도 "알 건 다 안다"라고 말하는 부모님의 말에 동의해요. 제가 더 많이 아는 것 같은데, 제가 뭘 하려고 하면 못하게 말리는 엄마가 우스울 때가 있어요. 지금 십대 애들은 부모님이 하는 말이 안중에 없고, 하고 싶은 대로 하려고 할 거예요. 부모님들은 우리가 어려서 스스로 중요한 결정을 내릴 수 없기 때문에 보호받아야 한다고 생각하죠. 하지만 저는 스스로 결정도 내려보아야 하고, 제대로 배우고 성장하기 위해서는 직접 경험해보고 배워야 한다고 굳게 확신해요. 직접 경험해보지 않았더라면 흡연, 음주, 연애, 그 외 다른 관계들에 대해 지금처럼 절대 생각하지 않았을 걸요? 지금 저는 제가 많이 안다는 것을 어떻게 확신하는지 그 이유를 말한 셈이에요. 하지만 제가 모르는 것도 정말 많아요. 최근에 저는 제가 얼마나 소중한 사람인지 깨달았어요. 저는 배워야 할 게 너무나 많고, 안정적이고 싶어 하는 갈망도 크고, 집이 행복하고 안전한 곳이 되기를 절박하게 원해요. 맞아요. 이런 갈망은 누군가 저를 아이처럼 대할 때 제가 느끼는 좌절감과는 반대되죠. 이상한 말로 들릴 수 있겠네요. 저도 항상 이해가 되는 것은 아니에요.

_어느 고등학생

와 빚는 갈등은 일상적인 고민거리였다. 부모와의 갈등은 보통 두 범주 중 하나에 해당했다. 매일 끊임없이 벌이는 사소한 언쟁(옷차림, 숙제, 컴퓨터 사용, 방의 청결 상태, 기본적 의사소통의 부재와 같은 일상의 문제에 따른 자연발생적인 갈등)[13]과 좀 더 보편적이거나 중요한 문제로 벌이는 논쟁(운전 습관, 약물 남용, 학업 성적, 데이트, 친구 관계 등 자녀의 미래에 영향을 미치는 문제에 대한 부모의 염려에 따른 갈등)[14]이 그것이다. 학자들은 이런 일상적이고도 전형적인 갈등이 부정적인지 긍정적인지를 두고 의견이 나뉜다. 제프리 아넷은 이렇게 지적한다. "어떤 학자들은 사춘기 청소년과 부모의 갈등은 실제로 청소년의 발달에 도움이 된다고 주장해왔다. 우호적인 관계 속에서 이런 갈등은 개인화와 자율성의 발달을 촉진하기 때문이다. 이 주장이 옳을 수도 있다. 하지만 결과적으로 갈등이 유익하다고 해도 그것이 지나치면 청소년과 부모 모두에게 사춘기는 더 힘든 시기가 될 수 있다."[15]

많은 경우, 나는 부모와 자녀의 관계가 의사소통의 패턴을 만들고 일상생활에 대한 반응을 형성했다는 인상을 받았다. 사춘기 청소년의 시각에서 볼 때 갈등은 거의 항상 신뢰에 관한 문제였다. 그러므로 부모와 자녀 사이에 생기는 대부분의 갈등은 특정한 문제 때문이라기보다 관계의 역학에 관한 것으로 보인다. 연구를 진행하며 특별히 중기 사춘기 때 부모와 자녀의 갈등이 깊어지는 것을 발견했다. 이런 갈등은 종종 특정 문제 때문이라기보다 부모가 성장 중인 사춘기 청소년을 대하는 태도에 원인이 있다.[16] 매일 내적 갈등에 시달리는 중기 사춘기 청

> 부모님은 제가 일곱 살 때 이혼했어요. 저는 이틀에 한 번씩 집을 바꾸어가며 두 집에서 살고 있어요. 제가 필요한 걸 챙겨오지 않은 바람에 다른 부모님 집으로 바로 돌아가야 할 때 부모님은 제게 화를 내세요. 제가 두 집에서 살기를 원하는지 두 분 다 물어봐주지 않아서 너무 화가 나요. 교과서가 어느 집에 있는지 찾느라 허둥거리는 나를 보고도 아무도 괜찮은지 물어봐주지 않아요. 내 인생을 둘로 나누어 살기를 원하는지 물어본 사람이 없었어요.
>
> _어느 고등학생

소년에게 이런 잠재적 갈등은 겉으로 드러난 문제의 성격이나 해결 여부와 상관없이 실망스러운 결과를 초래할 수 있다.

그러므로 사춘기 청소년의 삶에서 가장 중요한 것은 부모가 갈등을 어떻게 다루는가 하는 것이다. 중기 사춘기 청소년은 대부분 가정에서 경험한 일상적인 갈등을 곧바로 극복한다.[17] 특별히 부모와 친밀하다고 생각하는 경우에는 더욱 그렇다. 그러나 부모는 자녀만큼 회복탄력성이 좋지 않다. 많은 부모가 사소한 갈등에도 화를 주체하지 못하고 자녀와의 관계에 거리를 둘 수 있다. 시간이 흐르면서 중기 사춘기 청소년은 부모가 자신을 멀리한다는 느낌을 감지한다. 이는 자녀가 다시 부모를 멀리하는 원인이 된다. 설상가상으로 개인 핸드폰을 사용하는 것도 문제를 악화시킨다. 특별히 문자 메시지 사용량이 증가하여 십대 사이에서 "부모가 접근할 수 없는 '은밀한 네트워크'를 형성하게" 되었고, 이는 예상대로 "가족 내에 이미 존재하는 갈등이 더욱 깊어지는 원인으로 작용할 수 있다."[18] 핸드폰이나 인터넷과 같은 과학 기술 때문에 아이들은 부모와의 접촉을 차단하는 일이 그 어느 때보다 쉬워졌다.

    부모는 사춘기 자녀와 생긴 갈등에 감정적으로 매몰되거나 부적절한 반응을 보이지 않을 책임이 있다.[19] 사춘기 청소년은 부모가 성인답게 행동하고, 갈등이나 속상한 마음 때문에 감정 조절에 실패하지 않으며, 그들을 이끌어주고 인도해주어야 한다고 생각한다. 내가 만난 학생 중 부모를 설명할 때 "스스로를 통제하지 못한다", "항상 화가 나 있다", "완전히 기분이 엉망"이라는 식으로 묘사한 경우가 매우 많았다. 아이들은 갈등을 피하기 위해 부모를 외면하고, 관계를 단절하는 식으로 반응했다. 압박을 받는 상황에서 부모와 관계가 소원해지기를 원하는 중기 사춘기 청소년은 거의 없었다. 그러나 대부분 가족과 감정적으로 얽히지 않도록 스스로 부모님을 멀리하는 것 말고는 선택의 여지가 없다고 느낀다. 그들에게 이런 갈등 상황은 성인에게 유기당했다는 더 깊은 확증이다.[20]

중기 사춘기 청소년
그리고 가족과 함께 보내는 시간

나는 연구 과정에서 학생들에게 다음의 질문을 단도직입적으로 던졌다. "부모님과 사이가 더 가까워지기를 원하니?" 대다수 학생에게 이 질문은 대답하기 쉬운 것이 아니었기에 얼버무리기 일쑤였다. 대부분 화가 난 듯이 "맞아요. 더 가까워졌으면 해요. 하지만…"이라는 식으로 대답했다. 이어지는 다양한 설명은 누구나 예상할 수 있는 내용이었다. "부모님이 항상 저를 비난해요"라거나 "부모님은 경청하는 법이나 친구가 되는 법을 몰라요"라고 답했다. 나는 그들의 관계가 회복 불가능할 정도로 망가졌다고 생각하지 않는 한 긍정적으로 대답한다는 사실을 발견했다.

이는 적어도 함께 보내는 시간의 측면에서 부모와 자녀 관계에 대해 시행한 연구의 중요성을 뒷받침해준다. 미국 심리 학회가 실시한 '건강한 사춘기 청소년 프로젝트'(Healthy Adolescents Project)에 따르면, 사춘기 청소년은 어른, 특히 부모와 더 많은 시간을 함께 보내야 할 필요성을 알고 있다. "미국 경제 자문 위원회가 최신 연구를 토대로 작성한 보고서에 따르면, 2000년 5월에 백악관에서 열린 '책임감 있고 현명한 청소년 양육'에 관한 회의에서 십대들이 '부모와 함께 충분한 시간을 보내지 못하는 것이 가장 심각한 문제 중 하나'로 꼽았다고 보고되었다."[21] 내가 받은 인상은 이것이 사실임을 확인해준다.

결론과 생각해볼 점

최근의 연구들은 중기 사춘기에 가족과 부모보다 또래가 사춘기 청소년에게 더 많은 영향을 미친다는 것을 증명했다.[22] 내 연구에서도 이 사실을 확인했다. 또한 나는 사춘기 과정에 있는 십대에게 가정에서 안전하고 만족스러운 관계를 맺고 싶은 갈망이 있다는 사실도 관찰했다. 실제로 사춘기 청소년은 자신의 생활 모습과 결정에 대해 가족이 인정해주기를 진심으로 원했다.

부모는 중기 사춘기 자녀를 인도하고 사랑할 때 두 가지 핵심 전략에 집중해야 한다. 첫째, 십대와 십대의 세계를 이해해야 한다. 둘째, 성장하는 데 필요한 공간을 제공하는 동시에 안전하고 확고한 경계를 설정해주어야 한다.

가장 건강하고도 생산적인 전략은, 중기 사춘기라는 인생 단계가 자녀에게 얼마나 복잡하고 모순 투성이이며 다면적인지를 부모가 이해할 수 있을 만큼 자녀의 인생에 깊이 개입하는 것이다. 아들이나 딸이 급격히 변화하는 심리사회적 경험과 사건을 통과하는 과정에 있다는 것을 사랑으로 이해하려고 노력하는 부모는 이 시기의 자녀에게 든든한 닻이 되어줄 것이다. 부모는 이제 사춘기가 15년 이상 연장되고 있음을 알아야 한다. 부모의 역할이 마라톤 경기와 같다는 사실을 인식하고, 당면한 문제에 관해 자녀를 신뢰할 수 있는지를 고민하기보다는 자녀와 부모가 신뢰하는 관계를 구축하는 것이 훨씬 중요하다는 것을 알아야 한다.

또한 특별히 중기 사춘기의 십대는 원하는 미래의 모습으로 성장해가며 내적 통제소(정체성과 자율성이라고 불려온)를 형성하는 것이 무슨 의미인지를 배울 공간과 유연성이 필요하다. 메리 이스트햄은 이렇게 쓴다. "부모의 역할은 자라나는 청소년이 부모에게서 독립적이면서도 가장 중요한 가치와 연관되어 있는 고유의 정체성을 추구하도록 지지하는 것이다. 부모는 자녀의 꿈과 목표가 무엇인지 귀기울여 듣고 조언하며 늘 응원해주는 동시에, 인생의 중요한 결정을 스스로 내릴 수 있는 여지를 주어야 한다."[23] 그렇다고 자녀가 항상 자신을 지지해주리라 믿는 하나뿐인 공동체에서 분리될 필요도 없고, 분리되기를 원한다는 의미도 아니다. 앞서 언급했듯 또래 집단은 중요하고, 심지어 이 집단이 가장 중요한 지원 관계라고 인식되기도 한다. 동시에 대부분 중기 사춘기 청소년은 또래 관계가 성과와 순응을 지속적으로 요구하기 때문에 이상적인 관계로 보기가 어렵다는 점을 인정한다. 아무리 부모에게서 독립적이고 또래 집단에 의존하는 중기 사춘기 청소년이라 해도 행동이나 문제나 갈등이나 외형에 상관없이 가정은 안전한 곳임을 알아야만 한다(그리고 어떤 면에서는 그 사실을 알고 싶어 한다).

이 말은 부모가 중기 사춘기 청소년에게 안전하고 따뜻한 환경을 제공하는 동시에, 권위와 통제라는 안정적 영향력을 유지해야 함을 뜻한다. 부모는 자녀를 이해하려고 노력해야 하지만, 자녀가 변화하고 성장하며 타인과 관계를 맺고 그에 따른

이기심의 이해

나는 정말 구제 불능이다

나밖에 모른다

절대 누구도 행복하게 해줄 수 없다

적어도 그들이 귀가 아프게 하는 말이다

이해가 되지 않는다

내가 늘 틀리다니 이해할 수가 없다

뭐든 제대로 하는 게 없다니

적어도 그들이 귀가 아프게 하는 말이다

감사할 줄도 모르고 까다롭게 군다

만족할 줄 모르고 늘 요구만 한다

누구에게도 좋은 사람이 아니다

적어도 그들이 내게 계속 하는 말이다

너무나 자기중심적이라고 한다

그러나 난 내가 가진 걸 다 주었다

필요 이상으로 당신들을 사랑한다

난 늘 당신들을 행복하게 해주려 노력한다.

마음에 들기 위해 최선을 다한다

하지만 난 당신들에게 구제 불능 자식이며,

실수로 태어난 슬픈 존재다

언젠가 당신들이 이 고통을 이해할 날이 올지 모르겠다

> 아직 태아로 있을 때 내 심장에 가해진 고통 말이다
>
> 내가 행복했으면 좋겠다고 말하지 마시길
>
> 그렇게 서럽게, 그렇게 시도 때도 없이 날 울게 만드는 건
>
> 바로 당신들이다
>
> _어느 고등학생

중요한 선택을 내릴 수 있도록 유연하고 합리적인 경계선을 설정해주어야 한다. 그리고 이 모든 과정에서 명확하고 목적이 있으며 사려 깊은 부모의 리더십이 발휘되어야 한다.

경계선을 설정하며 청소년을 이해하기 위해서는 많은 에너지와 자원을 쏟아야 한다. 자녀 양육은 많은 면에서 과거 그 어느 때보다 더 어렵다. 본질적 '원리' 혹은 절대적 원칙은 언제나 있기 마련이다. 그리고 자녀 양육, 특별히 중기 사춘기 청소년 자녀를 양육하는 일은 끈질기게 대화하고 끊임없이 기대치를 수정하는 것의 연속이다. 부모가 자녀에게 필요한 것이 무엇인지 확인하고, 그 필요에 부응하려고 시간을 투자할 때 자녀는 더 건강하고 강인하며 독립적인 성인으로 자라갈 수 있다. 그 시기에 정성 들여 가꾼 평생의 우정이라는 열매를 앞으로 수십 년 동안 누릴 수 있을 것이다.

통계 수치를 보면 고등학교 체육이 이보다 더 건강한 때는 없었노라고 말해준다(스포츠처럼 숫자를 신뢰하도록 우리를 조련하는 것은 없다). 그 어느 때보다 더 많은 학생, 약 400만 명의 남학생과 약 300만 명의 여학생이 본격적인 인생 현장으로 뛰어들기 전에 50여 개의 운동 중 하나 이상에 실전으로 참여한 경험이 있다…우승에 목숨을 거는 감독들과 대학 스포츠에서 흔히 볼 수 있는 예비 전문가 과정의 우선순위가 고3, 고2, 고1, 그 이하까지 영향을 미치고 있다. 감독들은 연중 빠짐없이 훈련에 매진했다는 증거를 요구하기 때문에 아이들은 경기 자체보다 훈련에 점점 더 많은 시간을 할애한다. 한때 하계 활동을 엄격히 제한하는 규칙을 시행했던 많은 고교 체육 연맹은 백기 투항을 하거나, 그런 규칙을 전면 무효화하고 있다.

_알렉산더 울프(Alexander Wolff)이 "특별 보고서"(Special Report) 준

7장. 스포츠

크레이그는 유명 수구 선수이고, 캐리는 고교 치어리더 대표단에서 댄서로 활약 중이다. 그랜트는 2군 풋볼 선수다. 크레이그는 주로 수구 선수들과 시간을 보낸다(그의 또래 친구 중에는 수구 선수가 아닌 아이는 두 명뿐이다). 캐리의 친구들은 그녀의 댄스 실력을 무시하는 경향이 있다. 그랜트는 풋볼 선수들과 일체감을 느끼는 것으로 안정감을 확인한다(그의 친구 중 절반은 2학년이 지나고 운동을 그만두었다). 이 학생들은 각각 감독과 부모가 어떤 식으로 스포츠에 대한 순수한 즐거움을 몰아내고 그 자리를 경기 결과에 대한 불안으로 대체하는지를 보여주었다. 그들의 사연은 다 다르지만, 중기 사춘기 청소년이 경기(play, 즉 놀이)를 하면서 힘들게 씨름해야 하는 어려움의 원인은 같다. 이 아이들은 그들을 돌볼 책임이 있는 어른들이 저지른 체계적 유기의 사상자인 것이다. 스포츠(댄스를 포함해)는 더 이상 재미와 운동과 경험과 놀이의 영역이 아니다. 우승과 승리와 상대방을 무릎 꿇려야 하는 살벌한 싸움이 되었다. 스포츠는 더 이상 아이들의 놀이가 아니라, 서로 먹고 먹히는 살벌한 어른들의 세계처럼 되었다.

토요일 오후의 충격적인 경험

어느 토요일 오후, 나는 가까운 친구의 아들이 참가한 어린이 풋볼 경기를 관람했다. 선수들은 7세부터 9세까지였고, 머리에 쓴 헬멧의 무게 때문인 듯 대부분 달릴 때 머리를 잘 가누지 못했다. 아이들은 손목 밴드, 목 보호대, 손가락을 감은 테이프에 이르기까지 마치 미니어처 풋볼 선수 같았다. 그러나 대부분 아이는 엉뚱한 곳으로 뛰어가거나, 자리에 서서 소리를 지르거나, 뿌루퉁한 표정을 하고 있었고, 말 그대로 어린아이처럼 신나게 뛰어다녔다. 경기장 사이드라인은 부모들로 가득했다. 아이들의 사진을 찍고 있거나 초조하게 손톱을 물어뜯는 부모도 보였다. 그리고 대부분은 소리를 지르고 있었다. 경기가 끝나갈 무렵 '우리' 팀이 상대 팀에게서 공을 빼앗는다면 득점할 수 있는 기회가 찾아왔다. 그때 내 옆에 있던 남자는 손에 카메라를 들고 흥분해서 아들에게 소리를 지르느라 거의 모

> 체육 감독님들이 주는 압박은 정말 심해요. 최대한 근육을 키우고 최고가 되어야 한다는 압박감에 아이들은 스테로이드제나 다른 대체품을 사용하게 되고, 부상당하면서까지 팀을 위해 희생해야 해요. 감독님들은 제가 괜찮은지는 관심이 없어 보여요. 우승컵과 우승으로 얻는 인정만 중요하게 생각하죠. 그 완벽한 사례가 우리 학교예요. 학교 역사상 어떤 팀도 연속으로 세 번까지 지역 우승컵을 딴 적은 없었거든요. 우리는 이미 경기 두 번을 이겼고, 감독님들은 저희가 탈수증에 시달리고 뼈가 부러지는 부상을 입을 정도로 길고 혹독한 훈련을 시키고 있어요.
>
> _어느 고등학생

자를 떨어뜨릴 지경이었다. "공을 못 빼앗으면 걸어서 집에 갈 줄 알아!"

비교적 예민한 편이지만, 노련한 풋볼 맘이자 문화적 소양을 갖춘 나의 아내와 나는 방금 들은 말이 믿기지 않아서 서로를 쳐다보았다. 분명히 우리 역시 경기 중인 자녀들을 열정적으로 응원한 경험이 있었고, 부모로서 누구에게도 뒤지지 않는 열정을 쏟았다. 그러나 이 남자를 보고 우리는 충격을 받았다. 그가 내뱉는 말은 너무나 심각했고 너무나 현실적인 위협이어서 그 소년이 경기에서 지면 무슨 대우를 받을지 실제로 두려웠다.

아니나 다를까 아무도 공을 빼앗지 못했고 우리가 응원하던 팀이 졌다. 그 아이는 아버지가 가까이 다가가자 울음을 터뜨렸다. 마음이 내키지 않는 게 눈에 보일 정도로 빈정거리듯 그 남자는 아들에게 이렇게 말했다. "네가 절대 이기지 못할 거라고 생각했어. 어서 가기나 해!"

고등학교 체육의 장단점

앞의 일화에서 우리는 모든 고등학교 학생이 선수 생활 중에 이런저런 식으로 경험하는 스포츠의 실태를 엿볼 수 있다. 경쟁에서 져서는 안 되고, 뛰어나야 하며, 실력도 좋아야 하고, 끝까지 경기를 포기해서는 안 된다는 압력이 거세다. 고등학교에 진학할 즈음에는 성공까지는 아니지만, 현역 선수로 활약할 미래가 거의 결정되어 있는 상태다. 물론 주목받지 못했던 학생이 감독의 눈에 띄어 다른 선수보다 자주 경기에 출전할 기회를 얻을 수도 있다. 그러나 대부분의 고교 스포츠에서는 시즌이 시작하기 전에 주전 선수가 결정된다. 주전으로 뛸 수 있는 안전한 자리를 확보한 선수들은 '조크'(jock, 운동을 잘하고 인기 있는 남학생—역주)라고 불리고, 대부분 선수라는 명칭을 자랑스럽게 여긴다.[1]

물론 고등학교 스포츠는 긍정적인 면이 적지 않으며 이 사실은 오랫동안 입증되어왔다. 미국 심리 학회에서 최근 발표한 '건강한 청소년 프로젝트' 보고서는 고등학교 스포츠의 장점들을 소개한다. "건강에 직집적으로 유익을 주는 스포츠 활동은 사춘기 청소년이 신체적 에너지를 긍정적으로 배출할 수 있는 영역으로서 사회적 인정을 받고 있다…이런 활동들은 사춘기 청소년에게 운동을 하고, 친구를 사귀며, 유능함과 자신감을 얻고, 팀워크를 배우며, 모험을 하고, 인격 함양과 수양을 할 기회를 제공한다."[2]

사춘기 청소년의 스포츠 활동은 더 높은 수준의 자존감이나 자기 존중감과 연관성이 있음이 일관되게 입증되어왔고, 또래나 성인들과 교류할 가능성, 긍정적인 장단기적 교육 성과와도 관련되어 있다.[3] 특별히 남학생의 경우는 더욱 그렇다.[4]

그러나 이런 관점을 운동선수나 그 외 학생들과 대화해보고 훈련 및 경기 때 관찰한 내용을 비교해본 나는, 운동할 수 있고 친구를 사귈 수 있다는 등의 이유로 스포츠 활동을 하는 학생은 거의 없다는 것을 발견했다. 분명히 이런 측면이 일종의 부수적 혜택이기는 하지만, 대부분 운동선수들이 고등학교에 진학할 즈음이면 실력 향상의 기대와 수위 높은 압박으로 스포츠 활동에만 매달리게 된다.[5] 많은 선수가 보기에 사려 깊고 훌륭한 감독이라 해도 냉정하고 강압적일 수 있고, 예의상 각 선수에게 최선이 되는 방향으로 노력하겠다고 말하지만 결국 팀에 최선인 일에 더 집중한다.

이 보고서는 또한 많은 사춘기 청소년이 스포츠에 참여하지 않는 이유를 소개한다. 비용, 이동 수단의 부족, 시간 부족 등이다. 여기에 포함되지는 않았지만 개인적으로 가장 중요한 것으로 꼽은 이유는 '평범한' 학생이 참여할 스포츠 종목이나 장소가 부족하다는 것이다. 스포츠에 참여할 기회는 더 많아졌다고 하지만, 평범한 학생들은 중학생 이전부터 선수가 될 자질을 갖추지 않았다는 말을 많이 들었을 것이다. 그들 중 선수로 활동하는 아이들은 거의 없으리라 생각한다. 이런 태도는 정체성이 형성되는 중인 초기 사춘기 청소년의 내면에 극복하기 쉽지 않은 결정적인 고정관념을 만들어낸다. 뒤늦게 재능을 보이는 고등학교 1학년 학생에게 농구에 도전해보라고 설득하는 것은 큰 위험을 자초하라는 요구와 진배없다. 특히 어릴 때나 초기 사춘기에 놀림받은 적이 있다면 더욱 그렇다. 특별히 상처 입기 쉬운 중기 사춘기 청소년에게 또 한 번의 거부는 감당하기 어려운 위험일 수 있다.

고교 스포츠의 긍정적인 면에 대한 실제 연구는 부정적인 면과 긍정적인 면이 혼재되어 있는 결론을 내놓았다. 물론 어떤 면에서 스포츠 활동은 좋은 일이다. 그러나 현대 사회의 스포츠 열광 현상은 몇 가지 부정적인 측면이 있다. 메릴 멜닉, 캐슬린 밀러, 도널드 사보는 이렇게 보고한다.

> 고교 체육 프로그램에 참여하는 것이 사춘기의 건강 관련 행동에 긍정적인 영향을 미친다고 보는 것이 전통적인 통념이다. 감독과 스포츠 분야 행정가, 대중 매체, 일반 여론은 십대가 학교 대항 경기에 참여하는 것이 흡연, 술, 마약, 위험한 식습관, 신체 활동 부족, 그 외 다른 유해한 행동을 밀리하도록 하는 동시에 긴강한 습관을

형성하는 데 도움이 된다고 주장한다…반면 일부 스포츠 비평가는 스포츠 활동과 관련된 부정적인 건강 관련 행동에 초점을 맞춘다. 예를 들면, 폭음, 마약 사용, 경기장 안팎의 공격적 행동, '여자 선수의 3대 증상'인 섭식 장애와 무월경과 골다공증 그리고 무책임하게 자동차, 오토바이나 자전거를 타는 등 의도치 않은 부상과 죽음을 야기할 행동과 안전하지 않은 성관계가 여기에 해당한다.[6]

나의 경험으로 스포츠 활동을 바라보는 성인의 관점은 자녀에게 운동의 재능이 있는지 아니면 '느린지'에 따라 달라졌다. 스포츠 선수로 활약하지 않는 아이의 부모는 자녀에 대한 쓰라린 실망을 변명하고 합리화해야 했으며 스포츠를 부정적으로 보는 경우가 많았다.

이 연구를 하는 내내 나는 '우수한' 학생과 그렇지 않은 학생의 측면에서 두 가지 생각이 들었다. 첫째, 스타플레이어보다 무명의 학생이 훨씬 많다. 둘째, 후보 선수가 고등학교에 들어갈 무렵에는 주사위가 이미 던져진 상태이고, 고등학교 기간 내내 선수로서 그들이 맡을 역할은 이미 정해져 있다.

데이비드 엘킨드는 『기다리는 부모가 큰 아이를 만든다』에서 "리틀리그, 스포츠의 놀이성을 파괴한 최악의 원흉"[7]을 과감히 고발하며 스포츠 기자인 존 언더우드의 말을 인용한다. 1981년에 「스포츠 일러스트레이티드」에 실린 기사를 읽다 보면 지금의 상황이 훨씬 더 불길해 보인다.

스포츠의 필수 요소는 즐거움이다. 이런 즐거움이 사라지면 더 이상 스포츠가 아니다. 일명 전문가를 양성하는 최악의 장본인은 모든 스포츠 중에서도 리틀리그라고 볼 수 있다. 일부 관찰자는 그 자체로 많은 가치가 있다고 믿지만, 리그들은 그들 나름의 윤리를 고집한다. 철학자 로버트 와이스(Robert Weiss)는 "리틀리그를 폐지하라"고 말한다. 사회학자 데이비드 리스먼(David Riesman)은 "리틀리그를 금지하라"고 주장한다.

스포츠 심리학자 브루스 오길비(Bruce Ogelvie)는 리틀리그 감독들의 역겨운 오만함을 개탄한다. 그들 중에는 자격 없는 사람이 너무나 많다는 것이다. 심리학자 토머스 타틀리오(Thomas Tatlio)는 심지어 몇몇 감독에게 "스포츠는 전쟁이라고 생각하라"는 말까지 들었다. 그들은 다른 아이들이 경기를 뛰는 동안 8살짜리 아이들을 강제로 벤치에 앉혀두고 우승 만능주의 스포츠의 엘리트의식만 주입하고 있다. 경기에 참여하는 시늉만 내는 것(이를테면, 야구 경기에서는 1회만 출전시키고, 농구 경기에서는 4쿼터에서 2분 정도만 뛰는 식) 역시 아이들의 사기를 떨어뜨릴 수 있다.

반드시 이겨야 한다고 아이들을 압박하거나, "뛰어난 조 그린처럼만"(리더십, 치열한 경쟁심, 탁월한 경기력으로 유명했던 풋볼 선수—역주) 되라는 말로 부담을 주는 것도 적절하지 않다. 아이들을 프로처럼 고가의 복장으로 무장시키는 것도 우스꽝스럽다. 그렇게 함으로 우리는 실력을 겨루는 경쟁 스포츠들이 성장 과정에 기여할 수 있는 많은 기회를 빼앗아버린다.[8]

하지만 가장 충격적인 것은 리틀 야구단을 창립한 칼 스토츠(Carl Stotz)의 일화다. 작가이자 저널리스트인 마크 하이먼이 설명하듯이, 그는 자신이 20여 년 전에 설립한 단체에서 1956년에 퇴출당했다.[9] 스토츠는 처음에 리틀리그가 받는 전국적 관심을 기쁘게 받아들였고, 그 유명세를 이용해 십대가 더 많은 리그에 참여하도록 열정을 쏟았다. 이를 계기로 큰 인기를 얻었는데도 그는 멈출 줄 몰랐다. 단체가 점점 확장되었고, 결국 그가 감당하기 어려운 수준까지 사업이 성장했다. 그러나 그는 개혁을 위한 활동을 너무 늦게 시작했다. 리틀리그는 거대한 사업이 되어버렸고 오늘날도 여전하다. 처음에는 동네 아이들이 임시로 만든 경기장에서 전통적인 오락을 즐기는 차원에서 시작된 단체가 이제는 스폰서에게 후원을 받고, 광고 수익을 올리며, ESPN에서 고화질로 중계되는 전 세계적인 월드 시리즈를 갖춘 세계적인 브랜드이자 상업적 기업으로 성장했다. 우리는 멋진 캐치나 적시타에 열광하지만 실수하거나 스트라이크 아웃을 당한 이들이 12살짜리 아이라는 사실을 잊어버렸고, 그 아이들이 자신이 속한 마을이나 주, 심지어 국가의 이름을 작은 가슴에 달고 뛰고 있다는 사실을 망각했다.

과도하게 경쟁에 몰입하는 분위기 속에서 아이들이 길러야 하는 자질은 뒷전이 되고, 그 자리에 클럽 스포츠와 개인 교습이라는 수익성 높은 틈새 산업이 자리를 잡았다. 과거에는 기술을 연마하고자 노력하는 고등학교 선수들이 개인적으로 연습하거나 함께 현장에서 팀을 짜서 경기했다. 하지만 이제 그런 장면은 보기 어렵다. 오늘날 미국 50개 주의 학생들에게는 거의 1년 내내 스포츠 클럽에서 활동할 기회가 주어진다. 축구, 라크로스, 소프트볼, 배구, 수영 등 개인의 실력과 가족의 재정적 지원이 뒷받침된다면 언제든 참여할 수 있다. 「로스앤젤레스 타임스」(Los Angeles Times)지의 에릭 손드하이머가 보도하듯이 지난 20년 동안 클럽 스포츠 산업은 천문학적 성장을 이루었다. "개인 코치는 엘리트 선수들을 훈련하는 데 수백만 원을 받고, 그 선수들의 부모는 클럽에 참가하기 위해 1년에 무려 9백만 원 이상을 지불한다."[10] 몇몇 클럽은 미국뿐 아니라 해외의 프로팀과 공식 파트너십을 맺어 7세밖에 안 된 아이들이 지구 반대편에서 수십억 원의 연봉을 받는 선수들과 똑같은 기업 로고가 새겨진 유니폼을 입고 경쟁을 벌인다.[11] 많은 클럽이 우승하여 후원을 받고 브랜드 인지도를 유지하려고 애쓰기 때문에, 가장 재능 있는 학생 선수는 클럽을 위해 싸울지 아니면 모교를 위해 싸울지 선택해야 한다.[12]

1년 내내 경기를 뛰는 어린 선수들의 몸에 미치는 악영향이 언급되지 않고 지나갈 때가 적지 않다. 마크 하이먼이 지적하듯이 "청소년 스포츠 의학의 선구자인 라일 미켈리(Lyle Micheli)는 매주 목요일마다 보스턴 어린이 병원에서 자신의 진료소를 찾는 70명의 어린 환자 중 75퍼센트가 과도하게 신체를 사용하여 부상당한 희생자라고 진단한다…1990년대 초에는 그 수치가 대략 20퍼센트였다…아이들의 신체에 과도하게 부상을 입히는 주범은 성인이다…자신의 속도에 맞추어 자신만의 방법으로 운동을 즐기는 아이들은 부상을 입을 때까지 스포츠 경기에 몰두하지 않는다."[13]

고등학교를 졸업한 후에도 경기를 뛸 수 있는 운이 좋은 학생 선수들이 일부 있다. 이들 중 많은 학생이 대학교에 진학할 즈음이면 유능한 선수로 성장하기는 하지만, 동시에 시합을 너무 많이 뛴 나머지 "정형외과의 시한폭탄" 환자가 된다.[14] 동시에 이런 건강 상태는 대학생 수준 혹은 심지어 고등학생 수준으로 경기하는 기회를 누린 대가일 수도 있다. 아무 훈련도 받지 않거나 1년 내내 주 15-20시간 이상 훈련하거나 경기에 뛰지 않은 학생은 이렇게 연습하는 이들과 절대 경쟁할 수 없다. 클럽 시스템 속에서 학생과 성인이 모두 사회적 소속감을 경험하고 정체성을 형성하는 등의 부가적 혜택을 누리는 것을 고려하면,[15] 이 시스템이 곧 사라져버리지 않을 것은 자명하다.

작은 실험

나는 연구 중간에 세 부류의 집단을 대상으로 한 가지 실험을 했다. 실험의 목적은 사춘기 이전 아이들과 고등학교 상급생이 훌륭한 운동 선수로 인정받는 이들과 그렇지 않은 이들에 대해 가진 인식을 파악하는 것이었다. 세 집단은 사춘기 이전 선수, 고등학교 상급생 선수, 선수로 활동하지 않는 고등학교 상급생이었다.[16] 내가 던진 질문은 구체적인 대답을 이끌어 내기 위한 것이 아니라, 유소년과 고등학교 스포츠의 높은 성적과 경쟁력에 대한 인상을 말하고 그런 측면들이 여러 아동과 청소년에게 어떤 영향을 미치는지 이야기하기 위함이었다.

첫 번째 그룹은 야구를 하는 세 명의 청소년기 이전의 소년과 클럽 축구팀에 속한 세 명의 어린 소녀였다. 그들의 나이는 8세부터 10세까지였다. 이들은 대부분 친부모 밑에서 비교적 유복하게 자랐고, 가정에서 정서적으로 많은 지원을 받았다. 그들은 모두 자신이 '잘한다'거나 '상당히 잘한다'고 생각했다.

그들은 각자의 스포츠 분야에서 최고의 기량을 보여주었고, 특별 토너먼트에 출전하거나 다른 아이들보다 출전 시간이 더 많은 것이 잘못되었다고 생각하지 않았다. 또한 '그다지 실력이 없는 선수'와 달리 감독이나 부모와 팀 선수들에게 특별한 대우를 받는 것도 당연하다고 생각했다. 실력에 따른 차등 대우가 당연하다고 생각할 뿐 아니라, 그것이 성적이 저조한 선수 때문에 소중한 경기 시간을 빼앗기는 것보나 '더 공병하다'고 생각했다. 이 아이들은 모두 실력이 좋은 선수가 경기에 나가야 하고, 실력이 뒤처지는 아이들은 뛰어난 선수들이 지칠 때까지 기다려야 한다고 믿었다. 나는 몇 살에 이런 방식을 적용해야 하는지 물었고, 그들은 "운동을 시작하는 순간부터 바로"라고 한목소리로 대답했다. 한 아이는 이렇게 말했다. "그 아이들보다 우리가 더 잘하는데 왜 우리가 힘들어야 해요?"

그다음으로 항상 선발로 출전하는 세 명의 남자 야구 선수와 세 명의 여자 축구 선수인 고등학교 상급생 여섯 명과 대화를 나누었다. 그들은 경기에 참가할 시간을 충분히 주지 않거나 졸업반 때 경기에 뛰지 못하게 하면 아이들이 상처를 받을 수 있음을 인정하지만, 그 아이들이 느낄 상처를 이해하지 않으려는 것 같았다. 그들은 모두 더 뛰어난 선수들이 돋보이게 하는 과정이 정당하다고 말했다. 심지어 8세밖에 안 된 아이도 마찬가지였다. 운동 재능과 능력을 타고나지 않은 아이들을 걱정하기는 하지만, 더 이상 선수로 활동하지 않는 학생에게 거의 연민을 느끼지 않았다.

첫 번째 그룹이 자부심으로 가득했고 둘째 그룹이 자신을 방어하는 데 치중했다면, 세 번째 그룹은 상처와 분노로 가득했다. 이런저런 이유로 상당히 어린 나이에 운동선수로 활약할 실력이 없다는 말을 들었던 학생들을 보면서 나는 서글픔과 동시에 약간의 분노를 느꼈다. 3학년 때 다른 선수들을 방해한다는 이유로 축구 코치에게서 축구를 그만두라는 폭언을 듣고 모든 운동을 그만둔 소년부터 5학년 때 축구 팀에서 방출당한 뒤 친한 친구와 멀어진 소녀(어제 있었던 일처럼 생생한 고통이 느껴졌다)에 이르기까지 사연이 다양했다. 이 학생들은 대부분 만능 운동선수들을 싫어했고, 운동과 관련된 모든 것을 싫어했다.

나는 우리 문화가 어쩌다가 이런 지경이 되었는지 깊은 고민에 빠진 채 대화를 마무리했다. 경쟁적이고 성과 중심의 우리 사회에서 한 아이가 4, 5학년이나 10세에서 11세가 될 즈음이면 벌써 실패자로 낙인이 찍힌다. 다양한 이유로 이런 메시지 자체가 사춘기 청소년에게 영구적인 상처를 남기지는 않는다. 자질이 없다는 이야기를 들은 아이들은 그 판단이 틀렸다는 것을 감독이나 친구나 부모에게 보여주는 데 몰두한다. 그러나 우리는 스포츠에 대한 격렬한 관심이 특별히 스포츠 활동에서 배제된 청소년, 발달이 늦은 청소년, 감독이나 부모나 팀원의 이기고자 하는 열망에 방해된다는 이유만으로 개인의 가치를 부정당한 청소년에게 어떤 영향을 미쳤는지 알기 위해서는 갈 길이 너무나 멀다.

모든 성인은 청소년 스포츠가 인격 형성에 기여한다는 생각이 상식으로 통하던 환경에서 성장했다. 약자를 희생해서 최고가 성공하고, 기회를 달라는 애원의 호소에도 유능한 아이들을 우선하며, 자녀의 '경기'를 통해 대리 만족을 느끼는 부모의 압력 등 내가 관찰한 바에 비추어보면, 운동으로 인격이 성장하는 경우는 거의 없다. 오히려 완전히 정반대의 현실을 목격했다. 진정한 인격은 땀 흘려 노력한 결과를 보상받고, 친구나 동료를 위해 기꺼이 희생할 때 그리고 이기려는 욕망이 아니라 운동 사

> 발목을 다쳐서 재건 수술을 해야 할 때까지 항상 경기에 나갔어요. 그때까지 저는 고등학교 농구 대표팀, 배구 대표팀, 소프트볼 대표팀에서 선수로 뛰다가 발목 부상을 입었어요. 부상을 입은 후에는 배구 선수로서 명맥만 간신히 유지하는 수준이었죠. 배구 운동화만 신을 수 있었거든요. 그렇게 한때 제 분신이라 생각했던 모든 게 사라져버렸어요. 저는 마약을 하고 학교를 빠지기 시작했어요.
>
> _고등학교 자퇴생의 말

체에 대한 사랑이라는 가치를 내면화할 때 형성된다. 스포츠는 청소년의 마음에 유기의 상처를 남기는 가장 확실한 영역일 것이다. 우리는 청소년 스포츠가 인격 형성에 도움이 된다는 뻔한 표현을 여전히 사용한다. 하지만 실제로 어른이 아이들에게 가르쳐온 것은 오만함과 자기중심성, 성과 중심의 윤리 외에 아무것도 없다. 이런 것들은 공동체와 관련된 건강한 발달에 해로운 영향을 미칠 뿐이다.

운동선수의 위상 변화

이 연구를 진행하던 중에 또 다른 사실을 발견했다. 운동선수가 더 이상 계층 사다리의 최상층을 차지하지 않는다는 것이다. 다양한 계층이 상호작용하는 사회적 영향력의 그물망 덕분에 역사적으로 규정되고 명확하게 관찰할 수 있는 사회적 사다리가 해체되고 있다. 이 연구를 시행한 학교에서 운동이 계속해서 큰 비중을 차지하고 있고, 수백 명의 사람이 운동 경기를 관람하며, 스포츠가 멋지다는 인식도 여전하다. 그러나 이 학교에서조차 만능 운동선수의 인기는 시들고 있었다. 그들은 더 이상 밴드를 비롯한 다른 그룹보다 학생들에게 더 인기 있는 대상은 아니다. 학생들은 더 이상 스포츠 선수들이 인기를 독차지하는 뻔한 풍경을 용납하지 않는다. 상처를 주었던 어린 시절의 운동 환경에 복수라도 하고 싶은 무의식적 반응일지 모르겠지만, 운동을 하지 않는 일반 학생은 만능 운동선수를 업신여기기도 한다.

나는 고교 시절 학교에서 편안하게 느꼈던 친구들에게 마음이 끌렸고, 심지어 그들을 옹호하는 입장에서 이 연구에 임하게 되었다. 나의 경우, 운동선수들과 잘 어울리던 편이었다. 이장을 읽다 보면 내가 성공한 운동선수에게 강경한 입장을 취하는 것처럼 보일 수도 있다. 나에게 태생적 선입견이 있지만, 특정한 청소년이나 그룹에 대해 호불호를 보이지 않기로 결심했다. 또한 스포츠라는 경쟁 세계에서 거부당한 사람들 그리고 타고난 재능이나 노력으로 혹은 둘 다로 선수로서 놀라운 기량을 선보인 이들에게 편견 없이 고루 관심을 둔다. 전자의 학생들이 겪은 고통과 낙심은 명확하다. 그리고 그들의 시선으로 인생을 바라보는 사람이라면 쉽게 그들의 아픔을 알 수 있을 것이다.

후자에 해당하는 이들의 싸움은 훨씬 더 깊고 복합적이다. 스타 선수조차도 마지막 패스나 킥, 득점으로만 기량을 평가받는 문화에서 자랐기 때문에 동일하게 고독과 불안이라는 고통에 시달리고 있다고 확신한다. 모든 아이는 놀이와 즐기는 운동이 실종된 문화에서 유기당하고 고통받고 있다.

나는 이 장을 시작할 때 팀에서 활약할 정도로 실력을 발휘하는 데서 정체성을 확인하고 자부심을 느끼는 세 학생을 소개했다. 수구 선수인 크레이그는 재능을 타고났다. 또한 흔히 비인기 종목으로 분류되는 스포츠의 리더이기 때문에(특별히 풋볼, 농구, 야구와 비교하면), 다른 사람들에게 수구 선수를 '학교에서 최고의 선수'로 알려야 한다고 느낀다. 자신을 증명하려는 욕구는 그의 정체성과 관계의 주요 요소가 되었다. 더 이상 운동 삼아 재미로 수구를 할 수가 없다. 자신이 수구 선수로서 중요한 인물이라는 것을 사람들에게 알려야 한다.

캐리는 항상 춤추기를 좋아했다. 어릴 때 부모님을 위해 새로운 동작을 선보이고, 크리스마스 때 멋진 옷을 입고 발표회를 하며, 친구들과 깔깔거리며 방 안을 자유롭게 돌아다니던 기억은 발끝으로 서는 법을 배우는 고통이 충분히 가치 있다고 생각하게 해주었다. 4학년이 되었을 때 춤은 더 이상 자유롭게 자신을 표현하는 즐거운 모험이 아니었다. 매주 다음 경연을 준비하기 위해 녹초가 될 때까지 신체의 극한을 경험하는 시간으로 바뀌었다. 15살이 되자 초조해하는 감독의 압력, 이른 아침의 연습, 체중과의 끝없는 (잘못되고 불필요한) 싸움, 팀을 망치고 상처를 주면 안 된다는 매일의 압력이 더 이상 견딜 수 없는 지경에 이르렀다. 그녀는 대표팀에서 1년을 지낸 후 탈퇴했다. 댄서가 되려다가 춤을 향한 열정을 잃어버린 것이다.

그랜트는 대표팀에서 충분히 기량을 발휘하지 못했다. 그래서 감독은 그에게 "이 수준에서 경기에 나가기는 부족하다"라고 말했다. 그는 10살 때 풋볼을 시작했고, 심지어 2년 차에는 시즌 대부분을 선발 선수로 출전했다. 하지만 대표팀에 합류하자 감독은 그가 겨우 합격했다는 사실을 밝혔다. 팀에 소속은 되지만 경기에 출전할 기대는 버려야 했다. 그랜트는 스스로 풋볼 선수라고 생각했고 또래 친구와 팀의 다른 선수들도 그를 동등하게 대했지만, 감독은 절대 생각을 바꾸지 않았다. 그랜트가 연례 만찬 행사에서 상을 받았는데도 감독은 그가 공헌한 바가 없다고 딱 잘라 말했다. 다른 아이들에게 그랜트와 감독에 대해 물어보자 예상대로의 반응을 보였다. "감독님은 나쁜 사람이에요. 그랜트는 최소한 몇 경기는 선발로 출전해야 했어요. 팀의 리더잖아요." 그랜트의 구세주는 친구들이었다. 친구들은 그를 이해하고, 진심으로 걱정해주었으며, 신의를 지켰다. 감독은 팀을 이끌어야 한다는 압박이 지나친 나머지 그 과정에서 누구에게 상처를 입히는 것은 개의치 않았다.[17]

결론과 생각해볼 점

사회적으로 깊게 자리 잡은 경쟁 본능과 싸우고 스포츠 자체를 즐기는 풍토를 다시 조성하려면 어떻게 해야 할까? 아이들이 다시 스포츠의 즐거움을 느낄 수 있도록 어른들의 욕심을 버리려면 어떻게 해야 할까? 고등학교에서 스포츠가 놀이가 되려면 시스템과 구조를 어떻게 개선해야 할까?

나는 이 연구를 하면서 유소년과 고등학생의 경쟁 활동이 얼마나 은밀하게 해악을 미치고 자기중심적인 행위로 변질되었는지를 점점 더 확신하게 되었다. 이런 활동들은 더 이상 학생을 위한 활동이 아니다. 책임자 자리에 있는 성인을 위한 활동이 되어버렸다. 경쟁에서 이기는 것을 신성하게 여기고 '적'과 싸워 이기는 것을 전부로 여기는 풍토는 인간에게 내재된 유희의 욕망을 꺼뜨려버렸고, 심지어 품위와 명예를 위해 싸우는 것조차 사라졌다.[18]

물론, 모든 주장이 그렇듯 이 역시 예외는 있다. 연구하는 동안 학교에서 많은 감독과 코치를 알게 되었다. 그들은 한 개인으로서 누구보다 훌륭한 사람들이었다. 그러나 그들이 활동하는 시스템과 그 시스템의 풍토는 경쟁에서 이기는 데 집중되어 있다(오직 한 시즌의 성적으로 결정되는). 그리고 이런 환경은 청소년들에게 악영향을 미치고 있다. 과도하게 경쟁적인 시스템에서 민감하고 사려 깊은 감독은 그 스포츠나 시즌이 학생들에게 발달적인 손상을 최대한 적게 입도록 배려할 수도 있다. 하지만 우승과 성과 중심의 흐름은 실제로 하나의 거대한 세력을 이루고 있다.

아이들을 유기한 결과에 따라오는 모든 측면과 마찬가지로, 사춘기 청소년이 스포츠와 다른 경쟁적 활동의 부정적 측면으로 입은 피해를 극복하도록 도울 강력한 방법이 있다. 바로 경쟁에서 이기는 것이 그렇게 중요하지 않다는 것을 스스로 깨닫도록 돕는 것이다. 우리는 수십 년 동안 이런 식의 메시지를 입으로만 전해왔다("애들아, 최선을 다하는 게 중요해. 이기는 건 중요하지 않아. 최선을 다하는 게 중요한 거야.") 그러나 우리의 말과 행동은 일치하지 않았다. 앞에서 언급한 풋볼 팀의 아버지는 아들이 점수를 더 딸 기회를 놓친 후 수백 명의 부모와 학생 앞에서 아들에게 고함쳤다. 그는 '최선을 다하라'는 메시지가 실점한 선수들을 독려하기 위한 코치들의 입에 발린 공허한 말에 불과함을 몸소 보여주었다. 그 아버지는 창피한 줄 알아야 한다. 그리고 스포츠의 이름으로 파괴적인 시스템을 계속 유지하는 우리도 부끄러워해야 한다.

재미로 운동을 하던 시절이 있었다. 그러나 내가 대화를 나누었던 학생 중 압도적 다수에게 재미로 하는 운동은 자취를 감춘 지 오래였다. 우리 사회가 이보다 더 청소년을 철저하게 유기한 인생 영역은 없다. "경기 시작!"이라는 외침을 듣는 순간, 단순히 재미 삼아 경기를 할 때도 그들은 무조건 이기는 것이 더 낫다는 것을 알고 있다.

"사춘기 성의 연구가 중요한 것은 두말할 필요가 없다. 그러나 구체적인 상황을 배제하고 성을 연구하는 이가 너무나 많다는 사실이 놀라우면서도 슬프다. 전부는 아니겠지만 로맨틱한 관계일 경우가 적지 않기 때문이다. 사춘기 청소년의 로맨스는 대다수 십대에게 너무나 중요한 주제인데도 학자들이 이 연구를 게을리했다는 점이 아이러니하다."

_테리 D. 피셔(Terri D. Fisher), "현미경으로 들여다본 십대 로맨스"(Teen Romance under the Microscope)

8장. 성

우리는 성적으로 포화 상태인 문화에 살고 있다. 청소년은 성적으로 구시대적이고 금욕적이라는 비난을 꾸준히 받는 동시에 성에 집착한다고 비난받는 사회에서 자란다. 유럽과 남미의 많은 사람은 미국인이 성적으로 억압되어 있고 오만할 정도로 순진하다고 본다. 아시아의 대부분 지역과 중동과 아프리카의 사람들은 미국인을 수천 년간 내려온 문화적, 종교적, 가족적 전통을 파괴하는 데 열중하는 타락한 인간이라고 본다. 일반적으로 서양인이 텔레비전 드라마와 영화에서 성과 성적 쾌락을 묘사하는 방식은 인생을 미성숙하고 자기애적인 성적 일탈로 축소하는 것처럼 보인다. 사춘기 청소년은 이런 문화적 현실의 산물이고, 경계도 원칙도 없이 성에 집착하는 사회의 직접적인 표적이 된다. 따라서 나는 성에 대한 태도와 경험의 측면에서 청소년의 세계에 어떤 일이 벌어지고 있는지 확인하고 싶었다.

수십 년 동안 사회과학자들은 사춘기 청소년이 성을 대하는 태도와 그에 관련한 행동을 조사해왔다. 이 연구는 십대 임신과 성병 발병률을 낮추려는 노력에 매우 중요하다. 그러나 이런 조사는 거의 항상 직접 측정할 수 있고 수치로 환산할 수 있는 대상에 집중한다. 이런 수치들은 학술적 연구 배경에서뿐만 아니라, 「타임」지나 TV 프로그램 〈60분〉(60 minutes)에서도 보도된다. 그러나 성관계 경험이 있다고 말하는 15세의 이민자 여학생의 비율과 같은 수치는 청소년기의 성과 관련된 복합적인 문제를 파악하고 싶은 사람에게 극히 일부의 정보만 제공할 뿐이다. 이 연구를 시작했을 때, 내 컴퓨터에는 청소년의 성행위 및 태도와 관련된 정량적 자료를 담은 논문과 기사가 100개 이상 있었다. 나는 이 수치 이면의 실제적 경험, 곧 연구 자료의 결론이 담지 못하는 현실을 이해할 수 있는지 알아보고 싶었다. 사춘기의 성에 관한 수치를 신뢰하지 못하는 것은 아니지만,[1] 이런 연구 분야에서 사용되는 조사 방식의 한계를 알기 때문이다. 성, 특별히 중기 사춘기 고등학생의 성처럼 은밀한 영역을 다룰 때 내면의 생각이나 실제 행위에 관한 결정적인 자료를 수집하기란 거의 불가능하다. 몰래카메라나 교묘한 속임수를 동원하지 않고 청소년의 성이라는 영역을 이해하는 가장 좋은 방법은 그들을 주의 깊게 지켜보고, 청소년들이 그들 세계의 성의 현실을 이야기할 때 그들의 말을 주의 깊게 듣는 것이다.

연구를 진행한 결과, 나는 사춘기 세계가 성적인 것들보다는 외로움으로 가득 차 있다는 사실을 알게 되었다. 물론 그 이후로 훨씬 노골적인 성적 환경으로 바뀌는 등의 미묘하지만 관찰 가능한 변화를 목격했다. 처음에 나는 성적 이미지와 메타포와 암시 그리고 무엇이든 가능하다는 윤리에 대한 성인의 인식이 중기 청소년 사이에서도 그대로 나타날 것이라고 예상했다. 다시 말해, 고등학교 학생들이 성적 욕망과 무책임한 관계의 거친 불장난에 쉽게 그리고 끊임없이 휩쓸릴 것이라고 생각했다. 하지만 중기 사춘기 청소년이 대부분 성 문제를 신비로운 영역으로 여기지 않고, 그저 일상의 흔한 문제로 본다는 것을 알고 적잖이 놀랐다. 그들은 성에 대해 큰 기대를 갖도록 길들여졌고, 성에 대한 과도한 노출과 쓸데없는 성적 농담과 놀이의 공허함에 지친 나머지 방만한 태도를 보이거나 심지어 염증을 내고 있었다. 한 학생은 "섹스는 게임이나 장난감 같은 거예요. 그 이상의 의미는 없어요"라고 말했다. 내가 깨닫게 된 것처럼, 실제로 섹스는 그 이상의 의미를 지닌다. 그들은 성을 유기로 인한 고통과 외로움을 달래는 수단으로 여겼다.

하나의 단어와 사건

청소년 세계에서 관찰할 수 있는 성에 대한 태도와

행동의 극단적인 변화는 하나의 단어와 사건으로 요약된다. 그 단어와 사건 모두 혼란스럽게 여겨지고, 몇몇 사람에게는 감당하기 어려울 정도로 심각하게 보일 것이다. 그러나 이 연구를 통해 분명하게 확인한 사실이 있다. 청소년들은 이번 장에서 소개하는 사례를 보고 충격을 받거나 불쾌해하지도 않고, 심지어 그것을 도덕적, 사회적인 일탈 행동으로 보지도 않는다는 점이다. 중기 사춘기 청소년이 살아가는 어둡고 낯선 세계를 들여다보는 창문으로 두 가지 이야기를 소개해보려 한다.

고등학교에서 연구를 진행할 때, 한 학기가 거의 끝나갈 무렵 남학생 무리가 나누는 대화를 우연히 듣게 되었다. 대화 중 한 학생의 입에서 그때까지 한 번도 들어보지 못한 단어가 불쑥 튀어나왔다. 한 여학생을 평가하는 와중에 사용된 단어였다. 그 학생들을 비교적 잘 알고 있었던 나는 한 학생이 말한 '밀프'(MILF)라는 단어가 무슨 뜻이냐고 물어보았다. 아이들은 웃음을 터뜨리더니 이렇게 말했다. "클라크 박사님, 그건 직접 알아보셔야겠어요." 그때는 2002년이었다. 이 표현은 2000년대 중후반이 되어서야 흔해져서 이런 대화가 필요 없게 되었다. 하지만 그 당시 나는 그 뜻을 알고 뒤통수를 한 대 맞은 듯한 충격을 받았다.

'밀프'(Mother I'd Like to F***)가 무슨 줄임말인지 알아내는 데는 채 하루도 걸리지 않았다. 나는 또 다른 사실도 알게 되었다. 2002년에도 이 단어가 잠시 많은 사람의 입에 오르내린 적이 있었다는 것이나. 1999년도 영화〈아메리칸 파이〉(American Pie)에 이 표현이 쓰이면서 널리 알려졌고, 수년 동안 미국 전역에서 흔하게 사용되었으며, 심지어 전 세계적으로 이 영화가 상영되는 나라에서도 이 표현이 알려졌다. 처음에 이 표현을 들었을 때 나는 이 말이 얼마나 많이 사용되는지 몰래 확인하려고 했다. 특별히 '로스앤젤레스나 다른 대도시'에 한정된다고 어른들이 강조한 지역을 집중해서 확인했다. 그리고 신뢰 관계가 형성된 사춘기 남학생과 남자 대학생에게 이것을 확인해보았다. 사이가 아무리 가깝다고 해도 내가 "'밀프'가 무슨 뜻인지 아니?"라고 물으면, 대부분 대답하지 못하고 순간 침묵이 감돌았다. 또 몇몇은 얼버무리거나 대놓고 거짓말을 했지만, 내가 그 뜻을 안다고 말하면 "어떻게 아셨어요?"라는 반응이 거의 대부분이었다. "경악스럽죠?"가 아니라 "우리끼리만 알고 있는 걸 아시네요"라고 말했다. 지금은 그 표현 그대로는 아니더라도 그 개념이 너무나 일반화되어서 2000년대 중반에 닥터페퍼 음료 광고에서 이 개념이 사용되었다. 파운틴스 오브 웨인(Fountains of Wayne)이라는 밴드의 히트곡인 〈스테이시의 엄마〉(Stacy's Mom)를 광고 음악으로 삽입한 것이다.[2] 물론 이 표현을 처음 들은 사람도 있을 것이다. 하지만 이제 우리는 친구의 엄마와 성관계하는 것을 농담으로 주고받는 모습이 일상의 언어 풍경이 된 사회에 살고 있다. 이제는 그런 개념에 대해서도, '밀프'라는 용어에 대해서도 아무도 놀라지 않는다.

두 번째 이야기는 한 밤샘 파티에서 여섯 명의 중학교 1학년 여학생에게 일어난 사건이다. 저녁 때쯤 동갑내기 남학생 하나가 그 집에 들렀다. 그 아이는 파티를 주최한 어머니와 잠시 대화를 나눈 후 허락을 받고 여학생들이 있는 침실로 올라갔다. 당연히 이 행위가 적절한지에 대해서는 논의나 대화가 거의 혹은 전혀 이루어지지 않았다. 부모가 집에 있었고 그들은 그 남학생과 잘 아는 사이였으므로, 잠시 여자아이들을 만나는 것을 망설이지 않고 허락했다.

파티에 온 여섯 명의 여학생 중 다섯 명이 자녀 교육에 열성인 중상류층의 친부모 가정에서 자랐다. 또 다른 한 여학생은 그녀를 적극적으로 지지해주는 계부와 어머니와 살고 있었다. 여학생들 중 네 명은 가족 모두가 교회 활동에 적극적으로 참여했다(모두 자신을 크리스천으로 소개했다). 그들은 부모와 많은 대화를 나누는 편이었고, 그들 중 누구도 엄격한 경계선을 그을 정도로 심각한 문제 행동을 한 적이 없다는 평을 들었다. 이 여학생들은 모두 또래 사이에서 인기가 있었다. 모두 과외 활동에 적극적으로 참여했고, 학업 성적도 우수했으며, 교사나 다른 어른들에게 인정과 사랑을 받고 있었다. 말하자면 그들은 모두 전형적인 '착하고 똑똑한 여학생'이었다. 하지만 그것이 사회적으로 어리숙하다는 뜻은 아니었다. 그들을 아는 사람들은 하나같이 그 아이들을 '영리하다'고 평가했다. 간단히 말해, 미국의 고등학교에서 이 아이들처럼 모범적인 청소년을 찾아보기가 어려웠다는 말이다.

그 집에 찾아갔던 남학생은 아들을 적극적으로 지지해주는 홀어머니 밑에서 두 여동생과 살고 있었다. 그 아이는 연애 경험이 없었고, 여학생들과 친구 이상의 관계는 아니었다. 근처에 살기도 했고 심심했던 차에 친구들을 보러 온 것이었다. 불순한 의도는 전혀 없었다.

남학생이 딸의 방으로 올라가고 30여 분이 지나자 어머니는 아이들에게 필요한 것은 없는지 확인해보기로 했다. 그녀는 방 안쪽에서 킬킬거리는 소리가 들리자 약간 불안한 마음이 생겼지만 주저 없이 침실 문을 열고 들어갔다. 지금도 그녀는 자신의 눈 앞에 펼쳐졌던 끔찍한 장면을 설명하는 것을 어려워한다. 남학생이 바지를 내리고 서 있었고, 그 앞에 여섯 명의 여학생이 무릎을 꿇고 줄지어 앉아 있었다. 각기 돌아가며 그와 구강성교를 하던 중 이제 마지막 순서임이 분명했다. 어머니는 가쁘게 숨을 몰아쉬며 남학생을 바로 쫓아냈다. 상상도 할 수 없었던 상황을 모른 척하고, 마치 아무 일도 없었던 것처럼 태연하려고 애를 썼다.

소년은 자신이 내쫓기는 사실에 당황하며 겁에 질린 채 바지를 끌어 올리고 서둘러 나갔다. 여학생들은 처음에 충격을 받았지만, 이내 어떤 벌을 받을지를 생각하자 걱정과 불안이 밀려왔다. 그 일과 관련해 유일하게 도덕적인 측면은 노크도 없이 딸의 방에 들어갈 권리가 엄마에게 없었다는 점이었다.

나는 사춘기 청소년의 성에 관해 비공식적으로 대화를 나눌 때나, 적절하다고 생각되면 표적 집단에서 대화의 포문을 열 때 이 사례를 들려주었다.[3] 남녀에 관계없이 사람들의 반응은 다양했다. 다소 놀라는가 하면, 적절한 행동은 아니었지만 그렇게 놀라운 일은 아니라며 체념하듯 인정하는 등 여러 반응을 목격했다. 지금 생각해보면, 나는 비도덕적인 일에 분노하거나, 적어도 믿기 어렵다며 충격받는 반응을 기대했던 것 같다. 특별히 십대 여학생들에게 이런 반응을 기대했다. 하지만 그런 반응을 보인 아이는 한 명도 없었다. 몇몇 여자아이들은 이 여학생들이 어떻게 그렇게 어리석을 수 있는지 이해가 가지 않는다는 반응을 보였다. 다른 사춘기 남학생들도 비슷한 말을 했다. 그러나 대부분의 경우 남학생과 여학생 모두 이것이 흔한 경험이고, 사춘기 청소년이 충동대로 행동하다 보면 일어날 수 있는 일이라고 생각했다.

"이게 잘못된 일이 아니야?" 이것이 나의 단골 질문이었다.

"어디가 잘못된 건지 정확히 모르겠어요. 하지만 영리하게 행동하지 않았던 것은 사실이죠." 내가 들었던 대답을 요약하자면 이러했다.

"왜 영리하지 않았다는 거지?"

"이 친구들은 실험 중이었어요." 고등학교 3학년 여학생은 이렇게 대답했다. "그 애들은 자기가 무슨 일을 하고 있는지 몰랐을 거예요. 그냥 재미있게 놀려고 그랬겠죠. 어쩌면 영화에서 그 장면을 보고 재미있을 거라고 생각했을지도 몰라요. 하지만 문을 잠그지 않은 건 정말 바보 같은 짓이에요. 세상에! 걸려도 싸요."

다양한 상황에서 질문을 해보았지만, 고등학교 세계[4]에서 그 행동 자체에 분노를 표현하는 학생을 만나기란 쉽지 않았다.

한 남학생을 상대로 구강성교를 시도한 여섯 명의 여학생이 벌인 사건은 '도덕적이지 않을지 몰라도, 박사님이 생각하는 것보다 흔히 일어나는 일'이라는 게 중론이었다. 적어도 연구를 진행하고 있던 고등학교의 학생들에 대해서는 그 평가에 의문이 든다. 하지만 학생들에게 이 사건이 어느 정도 용인되는 일이고, 그들이 이것을 정상적인 성적 행위의 범주에 속한다고 믿는다는 사실에 놀라지 않을 수가 없었다. 만약 16살 아이들이 이런 짓을 했다면 더 충격적이겠는지 질문했을 때는 이런 답을 들었다. "완전히 취해서 무슨 짓을 하는지 몰랐거나, 그냥 그 애들이 바보같이 행동해서 벌어졌던 일일 뿐이에요." "남자 아이들도 그런 짓을 했을까?" "당연하죠! 남자애들은 다 해요. 모두 다요!"

한번은 이를 두고 서로 대화하던 중 이렇게 말한 사람이 있다. "세 명이서 성관계를 해도 나는 전혀 놀라지 않을 거예요." 남녀가 함께 있던 자리였지만 이 말을 듣고 놀라는 척하는 사람도 없었다. 역시 나는 이런 분위기가 믿기지 않았다. 케이블 방송사의 쇼와 스페셜 프로그램은 말할 것도 없고, 공중파 방송에서도 〈프렌즈〉(Friends)와 〈사인필드〉(Seinfeld)부터 〈두 남자와 2분의 1〉(Two and a Half Men)에 이르기까지 수십 년에 걸쳐 사회적 규범의 경계를 무너뜨려왔다. 또한 '메나쥬 아 트로와'(ménage à trois, 세 사람이 성관계를 갖는 것으로 지금은 일반적으로 '스리섬'이라고 불린다)처럼 이전에는 금기시되던 성적 행위가 아무렇지 않게 언급되는 등 우리의 문화적 대화가 노골적으로 변화해왔던 점을 생각하면, 사춘기 청소년이 한 번에 여러 명의 파트너와 성관계를 한다는 개념을 주류라고 여긴다고 해도 별로 놀랍지 않다. 이 책의 초판을 출간한 이후로 우리는 성적 규범이나 경계가 완전히 사라진 사회로 진입했음을 보여주는 수십 가지 자료와 통계를 확인했다. 오늘날 우리가 놀랄 일은 소설에서나 볼 수 있다. 손목에서 팔찌를 떼어 가는 남자에게 어떤 성적 행위를 할지 표시하는 형형색색의 '섹스 팔찌'(sex bracelet)[5]를 차고 있는 중학생의 유투브 동영상이나, 8-9살의 아이들이 비욘세의 히트곡 〈싱글 레이디스〉(Single Ladies)에 맞추어 선정적인 춤을 추고, '자칭 롤모델'이라는 마일리 사이러스(Miley Cyrus)가 "44살의 영화 제작자에게 랩 댄스를 추고, 틴 초이스 어워드(Teen Choice Awards)에서 아이스크림 카트를 타고 폴 댄스를 추는"[6] 장면을 볼 때 잠시 놀라지만 그것도 잠깐뿐이다.

오늘날 주류 사회에서 성에 관한 규범은 더 이상 존재하지 않으며, 특별히 사춘기 청소년들의 세계에서는 더욱 그렇다는 것은 분명하다. 11살짜리 아이들이 아주 쉽게 성적인 유희에 참여할 수 있다는 사실은 우리가 빅토리아 시대의 성적 도덕 관념의 기준에서 너무나 멀리 떠나왔음을 보여준다. 평범한 아이가 10살이나 11살이 되면 텔레비전이나 영화를 통해 성관계뿐 아니라 구강성교, 다수의 성관계 파트너, 자위, 항문성교, 그 외 인간이 발명할 수 있는 모든 형식의 성적 표현과 실험적 활동을 듣거나 보았을 것이다.[7] '순진한' 청소년이 이런 행위로부터 보호받던 것은 이제 수십 년 전의 일이 되었다.

이런 행위들(혹은 적어도 이런 표현들)은 날을 가리지 않고 오후 시간대의 텔레비전 프로그램에 아무렇지 않게 등장한다. 아동과 초기 사춘기 청소년은 관계상의 심리사회적 역동이 성적 행동과 어떤 영향을 주고받는지 모른 채 매일 이렇게 성적인 표현과 암시에 무차별적으로 노출되고 있다. 나는 이 연구를 하던 도중 이런 흐름의 결과를 직접 확인했다. 성적인 농담과 성적인 언어는 일상처럼 흔하게 되었고 심지어 삶에 침투해 있었다. 교정에서 노골적으로 성적인 표현을 하는 것을 보고 충격받지 않고 넘어간 주간이 한 주도 없었다. 단 일주일 동안 목격한 대표적 사건을 소개해보겠다.

— 여러 명의 여학생이 한 남학생의 엉덩이를 보고 품평을 하고 있었다. 여학생들의 관심에 흡족한 그는 품평관을 위해 야한 자세를 취했다.

— 한 여학생이 두 명의 남학생과 계획한 노골적인 성적 모험을 빼곡하게 적어둔 노트를 떨어뜨렸다.

— 서로 껴안고 키스하는 한 커플을 보았는데, 남학생의 손이 여학생의 팬티 속으로 들어가 있었다. 배꼽이 보이는 청바지 위로 팬티 끈이 드러나 있었다.

— 20년 전 가장 높은 수위의 등급을 받은 영화를 제외한 모든 영화에서 삭제되었을 법한 내용을 여러 학생이 모여 이야기하는 것을 우연히 들었다.

이어서 사춘기의 풍경 속에서 함께 생활하며 관찰한 성적 행위와 성적 태도를 요약한 내용을 소개할 것이다. 또한 사춘기 청소년의 일상에 영향을 미치는 몇 가지 성적인 영향력과 성과 성생활의 영역에서 그들이 맞닥뜨릴 미래를 간단히 살펴볼 것이다.

성적 행위와 태도

최근 학계에서 사춘기 청소년의 성적 행위를 다룬 몇몇 논문이 발표되었다.[8] 그런데 사춘기 청소년의 성적 행위와 태도를 가능한 종합적으로 확인하는 작업을 지속하기 위해서는 먼저 십대가 성을 어떻게 정의하는지 파악해야 한다. 안드레아 솔라즈가 지적하듯이 "십대는 성관계를 다른 시각으로 바라볼 수 있다. 따라서 전문가는 사춘기 청소년과 성 문제를 논의할 때 어떤 행위를 말하는지 정확히 확인하고 따져야 한다. 예를 들어, 양측이 모두 질에 성기를 삽입하는 행위를 성관계한 것으로 본다 하더라도 구강성교, 상호 자위, 심지어 키스와 같은 행위가 성관계를 한 것이라고 볼 수 있는지에 대해서는 인식의 차이가 있을 수 있다."[9]

이런 인식 차이를 나의 연구에서도 확인했지만, 거의 모든 청소년은 질에 성기를 삽입하는 것만이 성관계라고 믿는다는 강렬한 인상[10]을 받았다. 구강성교를 비롯해 다른 행위는 일반적으로 성관계를 한 것이라고 인정하지 않았다. 이런 관찰은 초판 출간 이후로 지금까지 거의 변화가 없었다. 그러나 성은 사춘기 청소년뿐 아니라 아동에게까지 훨씬 흔한 일상이 되었다. 성생활은 단순히 성관계 자체뿐 아니라, 성적 매력을 돋보이기 위해 우리 몸을 사용하거나 대화하고 행동하는 모든 일을 아우른다. 부유한 학교와 가난한 학교, 대형 쇼핑몰, 공원, 심지어 캠핑장이나 교회에서까지 성적 경계는 지속적으로 더 느슨해져 왔다. 이제 일상 대화와 행동에 공공연히 성이 오르내린다. 대부분의 성인은 이런 추세를 다소 우려하는 눈으로 바라보고 있다. 이렇게 우려해온 지는 수년이 지났지만, 이제 우리는 성을 위해 살아가며 대놓고 성이 전부인 것처럼 말하는 환경에서 살아가고 있다. 케이블 쇼와 영화는 물론이고, 잡지나 신문의 스포츠 섹션['섹스 포 라이프'(Sex for life) 광고]에서부터 옥외 광고판[드라마 〈쿠거 타운〉(Cougar Town) 광고]과 상업 영역에 이르기까지[예를 들어, 칼스 주니어 패스트 푸드(Carl's Jr. fast-food chain) 체인 광고] 연령을 불문하고 만족할 줄 모르는 성적 욕망으로 질주하는 것 같다. 심지어 어린아이들조차 이런 메시지의 홍수를 피할 수 없다. 페기 오렌스타인(Peggy Orenstein)은 「뉴욕타임스」지의 기고문인 "섹시 플레이"(Playing at Sexy)에서 이렇게 질문을 던진다. "새롭게 출시된 바비 인형의 가슴이 너무 노출되어 있지 않은가? 이번에 출시된 인형은 풍만한 가슴의 바비라는 별명이 있다." 이런 무차별 공격의 역효과를 다루는 사람들도 있다. 『욕망의 딜레마』(Dilemmas of Desire: Teenage Girls Talk about Sexuality)의 저자 데보라 톨먼과의 인터뷰에서 오렌스타인은 성이 "최신 공연, 즉 소녀에게는 경험하는 것이라기보다 연기하는 무언가가 되었다"라고 말한다. "내가 대화를 나누어본 십대가 될 즈음의 여학생들은 몸이 어떻게 느끼느냐에 대한 질문, 즉 성이나 욕망에 대한 질문에 자신의 몸이 외관상 어떻게 생겼는지를 이야기하는 것으로 답한다. 보통 다음과 같이 대답하는 것이다. '내가 근사해 보인다는 느낌이 들어요.' 근사해 보이는 외모는 느낌이 아니다."[11] 캘리포니아 대학교 심리학자인 스티븐 힌쇼(Stephen Hinshaw)는 "이미지, 음악, 놀이 등을 통해 어린 소녀를 성적 대상화하는 것은 건강한 성을 증진하기보다 훼손한다"라고 말한다.[12]

십대 성의 최신 경향

몇 가지 지표는, 오늘날의 청소년들 사이에서 과거 몇 년 전이나 심지어 수십 년 전보다 성관계가 덜 보편화되어 있다는 사실을 보여준다.[13] 내 연구의 범위가 제한적이었기 때문에 이것이 사실인지 실제로 확인할 수는 없었다. 그 지표 중 하나는 '로 대 웨이드'(Roe v. Wade) 대법원 판결로 낙태가 합법화된 이후 2000년의 미국 낙태율이 최저치를 기록했다는 보고서에서 찾을 수 있다.[14] 많은 부분에서 이것은 좋은 소식임이 분명하다. 하지만 낙태율은 중기 사춘기 청소년의 성행위를 확인할 수 있는 적절한 지표는 아니다.

또 다른 공통된 지표는 출산율이다. 현재의 통계가 보여주듯이 연구는 때로 출산율에 대해 다른 그림을 보여준다. 특별히 십대의 성 활동 비율을 추산하는 용도로 사용될 때는 더욱 그렇다.15 이와 관련된 통계를 액면 그대로 받아들이기 어려운 이유는 대부분의 보고서가 기혼 여성과 미혼 여성의 출산의 차이를 고려하지 않기 때문이다. 예를 들어, 여성 1천 명당 15-19세 여성의 출산율은 1970년에 68.3명인 데 비해 2001년에는 45.9명이었다. 그러므로 얼핏 보면 30년 전과 비교해 2001년의 십대 여성이 성적으로 더 활발하지 않은 것처럼 보일 것이다. 그러나 종종 간과되는 한 가지 통계는 출산 여성의 결혼 여부다. 15-19세의 여성 1천 명당 미혼 출산은 1970년에 22명인데 비해 2001년에는 40명이다. 그러므로 2001년에는 30년 전과 비교하면 미혼 출산이 거의 2배에 달한다. 그러나 미국 질병통제예방센터 소속 국립보건통계센터의 보고에 따르면, 2006년에는 15년 만에 처음으로 미국의 십대 출산율이 증가했다.16 심지어 출산율과 비교해 종교성조차 십대의 성적 활동을 예측하는 정확한 지표는 아니다. 조셉과 질리안 스트레이혼이 지적하듯이 "주 단위로 보면 십대 출산율은 종교성과 매우 높은 상관관계가 있다. 종교성이 높은 주가 더 높은 십대 출산율을 보여준다…그러므로 낙태율을 고려하고 소득을 통제한 후에도 종교성과 십대 임신의 상관관계는 여전히 높고 유의미했다…종교가 있는 십대는 종교가 없는 십대만큼 많이 피임을 하지 않는다."17

보고된 성 전파성 질병의 사례로 성 활동의 실태를 평가하는 작업 역시 어렵다. 클라미디아균이 중기 사춘기 청소년 사이에서 크게 증가하고 있는 반면, 임질 발병율은 20-24세 사이에서는 증가하고 있지만 중기 사춘기 청소년 사이에서는 감소하고 있다.[18] 공개적 영역에서 거의 논의가 이루어지지 않고 있지만, 최신 연구는 훨씬 혼란스러운 흐름을 보여준다. 2008년 미국 질병통제예방센터는 "미국에서 여성 청소년 4명 중 1명(26퍼센트)이 적어도 가장 흔한 성 매개 감염(STIs)의 하나에 걸려 있다"라고 보고했다.[19] 이 통계가 좋지 않은 소식이기는 하지만 충분한 자료는 아니다. 이 자료는 전체 인구가 아닌 검사를 받은 사람들에 대해서만 조사한 것이기 때문이다. 남성은 성 전파성 질병 검사를 받는 경우가 거의 없기 때문에 현재는 정확히 확인할 수 없다. 하지만 남성의 비율을 확인한다면, 보다 종합적인 상황을 파악할 수 있을 것이다. 하지만 그 결과가 더 긍정적이리라는 증거는 거의 없다. 게다가 (이 통계 자체만으로도 충격적이기는 하지만) 20대에 이르면 많은 성인이 확실한 연인 관계가 아니어도 친밀한 성행위를 하지만, 검사를 받는 사람이 거의 없기 때문에 그 수치는 기하급수적으로 증가할 것이다.

우리는 저절로 사라지지 않을 문제가 사회 전반에 퍼져 있음을 심층적으로 증명하는 확실한 연구 결과를 확인할 수 있다. 그래서 나는 현대 사춘기 청소년의 생활이 건강하고 긍정적이라고 단호하게 주장하는 학자, 블로거, 작가, 전문가들을 보면 너무나 당황스럽다. 오늘날 성장기 청소년의 어둡고 파괴적이며 고통스러운 측면에 관심을 두는 이들이 현실을 과장하여 괜히 소란스럽게 한다고 여기거나, 그들을 공상가로 치부하며 비판하는 사람은 자신의 입장을 고수하기 위해 그런 자료를 거의 고려하지 않는다. 우리는 오직 이런 통계, 즉 병원에 가서 검사를 받고 보고한 십대 소녀의 성병 비율만으로도 십대에게 일어나고 있는 정확한 상황을 제대로 알아내야 한다. 미국에서 십대 소녀의 대략 절반이 성관계를 한 적이 있다는 결과가 발표되었고, 4분의 1 이상이 '적어도' 한 가지 성병에 걸려 있다는 통계를 보면 우리는 무시할 수 없는 중대한 위기에 직면해 있다. 이 질병통제예방센터 연구 결과가 발표되었을 때, 우리 사회가 청소년에게 치명적인 피해를 입히는 것을 방관하고 있다고 경종을 울리는 사람이 있는지 확인하고자 뉴스를 샅샅이 찾아보았다. 하지만 유일하게 격정적인 반응을 보인 곳은 「유에스에이 투데이」(USA Today) 일간지의 전면 광고뿐이었다. "미국의 십대가 건강의 위기에 빠져 있습니다. 우리가 다 함께 행동하지 않으면 아무 변화도 일어나지 않을 것입니다. 함께 해결에 나섭시다. trojancondoms.com을 방문하세요."[20]

사춘기 청소년이 성관계를 한 실제 수치가 어떻든지 간에, 성행위가 크게 증가한 사실과 일시적으로 데이트하는 관계에서도 성관계가 당연한 것으로 인식되는 상황은 거의 논쟁의 여지가 없는 듯하다. 중기 사춘기 청소년에게 존재하는 유일한 윤리적 경계는 실제 성교와 관련이 있다. 구강성교는 지난 20년 동안 보편적인 것이 되었고,[21] 이것은 성병이 증가한 분명한 원인으로

> 저는 지금 막 중학교 생활을 마쳤어요. 나는 15살이고 내 남자
> 친구는 18살이에요. 우리는 각각 14살과 17살이던 해 10월에
> 데이트를 시작했어요. 그런데 성탄절이 조금 지나서 관계가
> 걷잡을 수 없이 흘러가기 시작했어요. 우리는 도덕적으로 맞는지
> 따위는 신경 쓰지 않았죠. 성관계를 하지는 않았지만(서로 그러자고
> 약속했어요) 할 건 다 한 셈이에요. 우리는 부모님과 친구들과
> 궁금해서 묻는 사람들에게 계속 거짓말을 해왔어요.
>
> _어느 고등학생

보인다. 가장 최근의 연구에 따르면, 구강성교를 한다고 보고된 십대의 실제 수치는 성관계를 한 수치와 크게 차이가 나지 않는다.[22] 하지만 나는 설문 조사와 인터뷰로 보고된 것보다는 그 수치가 훨씬 높을 것이라고 생각한다. 그럼에도 모든 관심이 '금욕 대 보호' 논쟁에 쏠려 있는 가운데 우리 청소년이 자신의 인생을 영원히 바꿀 수 있는 행동을 하고 있고, 이에 관심을 갖는 기관이나 제도는 거의 없다는 한 가지 현실이 부각되고 있다. 예외적으로 관심을 갖는 한 곳이 있다. 바로 트로잔(Trojan) 콘돔 회사다.

무제한적인 성적 표현과 관련된 실제적 위험이 있다. 학계에서는 거의 다루지 않는 청소년기 성의 완전히 다른 측면이다. 그것은 과잉 성애화된 세계에서 나타나는 정서적, 관계적 결과나. 이 연구를 하는 동안 나는 낯선 이와 하룻밤 삼자리를 같

이한 뒤 상처받은 마음을 숨기고 사람들과 거리를 두는 경우부터 뜨거운 데이트와 성적인 모험을 시도하며 몇 개월 동안 사귀다가 폭력적인 결별을 맞이하는 등, 성적인 활동과 관련하여 엉망으로 끝난 분노에 차 있는 에피소드를 들었다. 배신, 오해, 후회, 자기혐오로 가득한 이야기가 수없이 들려왔다. 수많은 중기 사춘기 청소년이 친밀하지만 책임감 없는 성관계의 결과로 겪는 고통에 대해 노골적인 무관심이나 심지어 냉담함을 보이는 모습을 목격했다. 대다수 청소년이 방어적인 농담과 무례한 행동 이면에 자리 잡은 깊은 슬픔의 무거운 짐으로 힘겨워하고 있는 것을 확인했다. 많은 학생이 무언의 사랑의 약속에 대한 상실과 성관계 후 찾아오는 가슴앓이, 공허함, 외로움을 경험했다. 사회과학 연구에서도 비혼인 관계의 성행위와 친밀한 관계가 무시할 수 없는 부정적 결과를 낳을 수 있음을 인정하기 시작했다.[23] 오늘날의 문화에서 성적으로 친밀한 행동은 두 청소년이(때로 성별에 관계없이) 관계적으로 친밀해지거나 서로를 안전과 위로의 근원으로 여길 때 교감을 표현하는 자연스러운 행위로 인식되고 있다. 그러나 누구도 생각을 마음과 분리하거나 몸을 마음이나 생각과 분리하는 일이 불가능하다는 것을 청소년에게 알려주지 않는다. 인간은 몸을 지니고 살아가는 온전한 인격체이기 때문에 우리 인간성의 한 측면을 다른 어떤 측면과 결코 분리할 수 없다. 간단히 말해, 우리가 자녀에게 물려준 성에 대한 관점과 표현의 종류와 범위는 관계적, 정서적, 심리학적, 사회학적인 결과를 낳는다는 것이다. 그들은 성장하는 과정에서 이런 광범위한 복합적 문제와 씨름할 경험, 자원, 역량이 없다.

첫 연구에서와 그 연구 이후로 나는 십대의 성과 성적인 표현에 관한 문제가 '중요한' 문제의 수준을 훨씬 넘어선다는 것을 확인했다. 이 문제들은 핵심적이고 치명적이지만, 실질적인 수치에 대한 토론을 제외하고 사실상 학계뿐만 아니라 학생들과 대면하여 일하는 관계자조차 이런 사실을 무시하는 형국이다. 사회적 유기가 오늘날의 사춘기 청소년에게 낳은 대혼란을 생각하면, 특별히 인간의 성과 같이 접근이 쉽고 정서적으로 민감한 영역에서 청소년들이 성인의 행위나 책임을 감당할 준비가 되어 있지 않다는 것은 별로 놀랍지 않다. 청소년기의 성 문제가 중기 사춘기 청소년에게 미치는 정서적, 발달적 폐해에 비추어보면, 그들과 관련된 성에 관한 문제는 우리 사회의 청소년을 소중히 여기는 모든 이에게 경종을 울려야 마땅하다.

나는 오늘날의 십대 아이들을 관찰하면서 친밀한 성적 행위에 참여하는 연령대가 낮아지는 중요한 이유가 외로움인 것을 확인했다. 초경 연령이 전 세계적으로 더 낮아지고 있다는 사실에 이의를 제기하는 사람은 거의 없다. 이 사실은 초기 사춘기 청소년이 지난 수십 년보다 더 이른 나이에 친밀한 성행위를 하는 주요 이유로 유일하게 제시되어왔다.[24] 그러나 신체적 발달이 성적 행위에 영향을 미치는 요인인지는 명확히 밝혀진 바가 없다. 이런 행위는 적어도 생물학적 준비만큼이나 심리사회적 발달과 관련이 있다. 성은 적어도 우리 신체 못지않게 심리사회적 정체성과 관련이 있는 것이다. 우리 몸이 성적 욕망을 표현하는 물리적 도구이기는 하지만, 초경 연령이 낮아지는 것은 중기 사춘기 청소년의 성적인 선택과 행동에 영향을 미치는 복합적인 심리사회적 요인 중 사소한 문제일 뿐이다.[25]

이 연구를 통해 얻은 자료를 검토한 후 나는 사춘기 청소년의 성적인 활동 그리고 아마도 모든 인간의 성적인 활동은 신체 활동보다는(물론 즐거운 활동이기는 하지만) 관계적 교감과 안전한 공간에 대한 갈망과 더 관련이 있다는 결론을 내렸다. 많은 중기 사춘기 청소년은 외로움에 절망하고 있고, 그 괴로움을 나누거나 대처할 기회조차 없다. 성행위와 욕망은 인간의 본능이나 인생 단계의 호르몬 변화와 분명히 관련되지만, 호르몬으로 인한 모든 물리적 충동의 깊은 이면에는 성과 성적 본능을 치유의 목적으로 사용하려는 훨씬 더 깊고도 근본적인 욕구가 숨어 있다. 오늘날의 중기 사춘기 청소년은 자신을 돌봐줄 세상의 안전과 보호를 통해 보살핌받기를 간절히 원한다. 또한 그들은 제도적 유기의 결과로 관심과 애정을 갈구하고 있다. 대중문화는 때로 여자아이는 그럴 수 있다고 인정하지만, 남자아이를 이런 관점으로 보는 경우는 거의 없다. 그러나 나는 중기 사춘기 남자아이들이 여자아이 못지않게 취약하고 절망적이라는 사실을 꾸준히 확인했다. 다만 그들이 돌봄과 애정의 필요를 스스로 인식하지 못하는 경우도 있다. 성행위와 성적 환상이 강력한 이유는 단시간 내에 진정한 사랑으로 둔갑하여 단절과 외로움의 고통을 달래줄 수 있기 때문이다. 그렇기 때문에 사춘기 청소년의 무분별한 성적 행위는 대부분 성인이 인식하는 것보다 훨씬 위

> 저는 감당하기 어려울 정도의 성적 충동과 싸워야 했고,
> 커플인 친구들 사이에서 외로움을 느꼈어요. 제게는 너무 힘든
> 싸움이에요. 외로움을 이기기가 쉽지 않아요.
>
> _어느 고등학생

험하고 강력하다. 성인은 '성적 충동'의 힘이 호르몬 변화 탓이라고 생각하지만, 청소년이 성장하면서 받은 성적 세뇌와 노출로 인해 훨씬 더 강력한 힘이 작용한다. 이 힘은 중기 사춘기 청소년을 다양한 성적 표현으로 유혹하고 부추긴다. 사춘기 남학생은 '자연스럽거나' '정상적'이라는 이유에서뿐만 아니라, 다소 방식은 다르지만 여학생처럼 의미 있는 인간관계를 갈망하기 때문에 성에 관심을 갖는다. 남학생과 여학생 모두 성에 관련된 결정을 내리는 가장 중요한 동기는 인간이 핵심으로 여기는 것, 곧 가치 있고 소중한 존재로 인정받는 것이다.

관심과 사랑을 받고자 하는 강력한 욕구 외에 성적으로 적극적이지 않은(즉, 성관계를 한 적이 없는) 대부분의 학생은 그럼에도 불구하고 성적인 친밀감을 경험한다. 학술 문헌은 중기 사춘기 청소년이 비성교적 성행위를 하는 수준이 어느 정도인지 정확히 확인하지 못했다. 하지만 그러한 행위의 발생 빈도가 지난 몇 년간 극적으로 증가했다는 나의 인상을 뒷받침하는 증거는 많다.[26] 이런 비성교적 성행위의 증가에 대한 가장 흔한 설명은 '엄밀한 의미의 처녀성'(technical virginity)이라는 흐름 때문

이라고 볼 수 있다. 이 단어는 각종 형태의 성적 친밀 행위를 하지만 질을 통한 성관계를 하지 않은 여성에 대해 쓰인다. "사춘기 청소년의 경우 구강성교나 항문성교 등 다른 종류의 성적 경험의 정도를 확인해주는 신뢰할 수 있는 자료가 현재는 없다. 그러나 사춘기 청소년이 때로 임신을 피하거나 처녀성을 유지하기 위해 질 내 삽입 성관계의 대안으로 '간접 성교'를 한다는 일화적 증거가 있다."[27] 때로 학생들은 "뭐가 문제예요?" "안 하는 애들이 없어요"와 같은 면피성 발언을 하거나, 비성교적인 친밀한 성적 행위는 "그냥 재미 삼아 해본 일"일 뿐 별다른 의미가 없다고 변명했다. 이런 합리화는 그것이 성교가 아니며 '엄밀한 의미'의 성관계도 아니기 때문이었다. 나는 다양한 형태의 성적 친밀 행위를 여러 파트너와 즐기면서 (겉보기에) 아무런 죄책감도 도덕적, 논리적 모순도 느끼지 않는 수십 명의 자칭 처녀를 만났다(그중 많은 이가 '하나님이 그렇게 하도록 부르셨기 때문에' 결혼 전까지 '순결을 지키기'로 서약한 상태였다). 이런 행위는 성의 개념 자체가 사실상 변했다는 사실을 다시 확인해준다. 비성교적 성 행위의 비율이 급속히 증가함에 따라 이 행위에 대한 대화와 기대감이 초등학생 사이에서도 관찰되고 있다. 스탠퍼드 대학교의 윌리엄 데이먼이 최근에 말했듯이 "여덟 살이 될 무렵이면 구강성교에 대해 훤하게 알고 있다."[28]

일반적으로, 중기 사춘기 청소년 대다수는 관계를 위한 성적 표현을 선호하지만, 환경이 다양한 만큼 절대적으로 이런 관계를 고수하지는 않는다. 사춘기 청소년이 로맨스나 적어도 애정 표현으로서 성적 행위에 더 관심을 가진다는 연구 결과가 많지만[29] 나는 이것이 복합적인 문제임을 확인했다. 부분적으로는 미디어의 영향으로 사춘기 청소년은 관계의 친밀도나 교제 기간에 상관없이 성적인 행위를 즐길 수 있고, 그것이 적절하다는 시각을 전파하는 메시지의 빗발치는 공세를 경험하며 문화적으로 적응한다. 중기 사춘기 청소년의 세계에서는 상대적으로 낯선 이와의 성관계가 행복과 성취감을 가져다주리라는 순진한 믿음이 존재한다.

데이비드 브룩은 사설에서 '훅업'(hook up, 낯선 사람과의 일회적 성관계)과 '행아웃'(hang out, 성적 행위, 주로 성관계를 하기 전 잠시 둘만의 시간을 보내는 것)의 차이를 설명하면서 대학생들과 어울리며 경험한 일화를 전한다. 그는 이렇게 쓴다. "이 지점이 바로 우리 고지식한 인간들이 구애 행위를 보기 어려운 현실에 개탄해야 하는 때다. 나는 어느 날 밤늦게 대학생 몇 명과 술을 마시고 있었다. 왼쪽에 앉은 한 여학생이 결혼을 생각하지 않는 사람과는 절대 진지한 관계를 맺지 않을 것이라고 말했다. 내가 '보수적인 사람 같군요'라고 말하자 그녀는 이렇게 대답했다. '결혼할 생각이 없는 사람과 잠자리를 하지 않겠다고 말한 적은 없어요.'"[30]

성과 성적 유희는 해결되지 않는 심각한 외로움을 완화하고, 모험에 대한 꺼지지 않는 갈망을 채워주며,[31] 새롭고 흥미로운 경험을 제공할 것을 약속한다. 그러나 성적 친밀감의 정서적이고 관계적인 측면의 부정적인 부분을 조금이라도 인식하는 십대는 거의 없다. 그들이 대학생이 되면 사랑과 성관계가 서로 연결될 수 있으리라는 기대는 거의 사라지고 없다. 그러나 고교 시절에는 성적 모험을 통해 발견할 수 있는 낭만적 사랑의 개념 혹은 심지어 그런 이상을 실현할 수 있다는 생각이 여전히 달성 가능한 목표라고 생각한다. 내가 만난 많은 학생은 사랑하거나 적어도 관심을 가진 사람과 성적 행위를 하는 것이 일반적으로 더 낫다는 철학을 느슨하게나마 갖고 있었다. 그러나 그 감정은 기회가 생길 때 낯선 사람과 일시적인 성관계를 마다할 정도로 강력하지는 않았다. 누가 알겠는가? 그 사람이 그토록 많은 청소년이 매일 시달리는 외로움을 달래줄 사람일지 말이다.

결론과 생각해볼 점

이 연구를 시작한 이후로 나는 텔레비전이나 영화를 볼 때나 고속도로에서 전광판을 스쳐 갈 때 아무 생각 없이 지나치기가 어려워졌다. 우리 문화의 성적 본질을 알고는 있었지만 이제 새로운 각도에서, 특별히 아동과 청소년의 발달상의 필요와 인생의 측면에서 문화를 바라보게 되었다. 현세대에서 성적 순결함과 신성함을 지켜낼 수 있다는 희망이 모두 사라졌다는 사실에 나는 개탄하지 않을 수 없다.

지난 수십 년 동안 우리 문화에서는 성애에 대한 생각에 큰 변화가 일어났다. 이제 성의 개념적 정의는 엄밀한 의미의 성관계에 한정된다. 성이 몸과 마음과 정신이 상호 작용하는 신비와 경이로움이라는 인식은 급격히 퇴색해버린 아득한 먼 추억이 되어버렸다. 이 세대는 물리적 행위에 신성함을 부여하는 사랑의 위력을 이해할 수 있을까? 십대들이 사랑과 로맨스를 어떻게 생각하는지 그리고 그것이 성애와 어떻게 연관되는지에 대해 이야기할 때, 그들(특히 여학생)이 그것들의 연관성을 깨닫기를 바랐지만 그 연결 고리를 찾는 아이는 없었다.

이런 생각들을 글로 옮기는 작업을 하던 중이었다. 나는 지역 신문에서 성적 존재인 우리 자신을 대하는 태도와 관련하여 문화적으로 우리가 얼마나 멀리까지 왔는지 요약한 기고문을 읽게 되었다. 이 학생들이 다니는 학교는 내가 연구를 진행했던 학교와 유사하다.

캘리포니아주 오렌지 카운티의 고급 주택 단지에 사는 세 명의 십대 남학생이 '16살 여학생을 성폭행하는 장면을 촬영한 것과 관련된 24가지 중범죄 혐의'로 재판을 받으라는 명령을 받았다. 이 남학생들과 여학생은 문제의 사건이 일어나기 며칠 전 '섹스 파티'를 위해 모였고, 어느 날 저녁 남학생들은 '재미로' 그 장면을 촬영한 것으로 보인다. 판사는 법정에서 20분짜리 영상을 보고 "소녀는 마치 한 덩이 고기처럼 취급당하고 있는 것이 확실합니다"라고 말했다. 그에 변호사는 이렇게 반박했다. "희생자는 비디오에 촬영된 그 사건이 있기 전까지 며칠 동안 그 세 명의 남학생과 계속 성관계를 해왔습니다. 또한 그 공격을 받았다고 추정되는 밤에 여학생이 성관계에 동의했다고 합니다."[32]

이 사건은 우리 사회의 성에 대한 이해와 아동 및 사춘기 청소년과의 성에 대한 소통이 얼마나 멀리까지 표류하고 있는지 보여준다. 몇 가지 예를 제외하고 모든 문화권에서 인간은 오랫동안 사랑과 신의와 신뢰와 진정한 친밀한 관계 등과 같이 우리를 인간답게 하는 가치, 다시 말해 인생에서 최고의 아름다움을 드러내는 핵심 가치가 있다고 믿어왔다. 오랜 세월에 걸쳐 표현된 인간의 정신은 헌신적이고 희생적인 사랑의 관계와 비교해 인간의 성애가 지닌 이차적이고 부차적인 역할을 인정한다. 부디 성을 장난감으로 생각하는 태도에 근본적이고 극적인 변화가 일어나기를 간절히 바란다. 그리고 성을 장난감처럼 보는 세상이 얼마나 공허하고 황량한지 깨달은 세대가 성의 본질을 회복하게 되기를 원한다. 당장 우리가 할 수 있는 일은 우리 문화의 청소년에게 사랑이 중요하다는 사실과 사람은 물건이나 놀이의 대상이 아니라는 것 그리고 우리 몸과 마음이 결코 분리될 수 없음을 깨우쳐주는 것이 최선이다. 이런 메시지가 힘을 얻으려면, 많은 어른이 건강한 균형을 회복하는 싸움에 적극적으로 참여해야 한다. 삶에서 상당한 사회적 자본을 가진 십대, 특별히 "부모님과 잘 지낸다"라고 답한 십대는 이른 시기에 친밀한 성적 행위에 가담할 가능성이 낮다는 희망적인 징후가 있다.33 성적 갈망과 기회에 관한 한, 우리는 모두 상충하며 모순되는 메시지들의 공격을 끊임없이 받고 있다. 하지만 성인인 우리는 경계 없이 관계적으로 단절된 성과 모두가 갈망하는 건강한 사랑, 즉 신뢰하는 사람과 나누는 진정하고 영속적인 친밀감의 표현인 성관계는 큰 차이가 있다는 사실을 사춘기 청소년이 자각하도록 돕기 위해 온 힘을 기울여야 한다.

"요즘 아이들은 아무도 원하지도, 의도하지도 않았지만 중압감이 큰 스트레스의 희생양이 되었다. 이런 스트레스는 당황스러울 정도로 사회가 급격하게 변하고, 끊임없이 높아지는 기대에서 발생한 것이다."
_데이비드 엘킨드, 「기다리는 부모가 큰 아이를 만든다」

9장.   바쁜 일상과 스트레스

청소년만의 특별한 필요를 집중적으로 관리하는 행정부 직원들과 모인 자리에서 스트레스가 대화 주제로 나온 적이 있었다. 당시 나는 한창 이 연구를 진행하던 중이었기 때문에 자료 수집 본능이 여지없이 발동했다. 그들이 말하는 내용 중에 특별히 예상하지 못한 내용은 없었다. 그럼에도 적잖이 충격적인 내용이 있었다.

나는 오늘날의 중기 사춘기 청소년이 인간이 바쁠 수 있는 최대치에 가까울 정도로 바쁘게 살고 있다는 사실을 알게 되었다. 그들은 하루에 평균 5-6시간의 수면을 취한다(일부 전문가는 특별히 사춘기에는 8-9시간의 수면을 취해야 한다고 주장한다).[1] 청소년의 시간과 에너지를 소모해야 하는 요구는 수그러들 기미가 없다. 또한 코치와 선배와 활동 리더의 기대가 한껏 높아져 있고, 숙제 양은 벅찰 정도로 많으며, 연락할 수 있는 소통 창구가 다양해지면서 중기 사춘기 청소년의 전형적인 일상은 균형을 잡기 위해 부단히 애써야 한다. 이 연구 과정에서 내가 만난 거의 모든 학생은 하루 종일 바쁘다거나, 날마다 정신없이 분주하다고 말했다.

또한 그들은 눈에 띄게 피곤해했다. 어떤 아이들은 거의 탈진하기 직전이었다. 아이들은 빈둥거리거나 아무 할 일 없이 게으르게 시간을 보내는(이 연령대에서 흔히 연상돼온 모습) 대신 피곤에 지친 모습이 일상이었고, 마치 비행기가 연착되어 뜬눈으로 밤을 새운 정도의 피로도를 느끼고 있었다. 많은 학생은 매일 이렇게 좀비처럼 피곤한 상태로 살아간다. 왜 그렇게 피곤하게 사느냐고 물어보았을 때, 그들은 숙제나 늦은 밤까지 이어지는 훈련 등 여러 이유를 언급했다.

사춘기 청소년이 바쁘고 피곤하다는 사실은 연구 초반에 이미 알고 있었다. 그러나 앞에서 언급한 모임을 하기 전까지는 피곤이라는 문제를 이 책에서 주요 주제로 다룰 계획이 없었다. 경험이 풍부하고 헌신적이며 훈련된 자칭 청소년 전문가들과 이야기를 나눈 후 나는 그동안 작업했던 자료의 많은 부분을 재검토할 수밖에 없었다.

그 모임에서 한 젊잖은 남성은 이렇게 평가했다. "저는 40년 동안 아이들을 대상으로 일해왔는데 요새 아이들은 지금까지 본 학생들 중 가장 스트레스가 심합니다."[1]

또 내가 봉사하는 지역에서 오랫동안 일해왔던 30대의 한 사회 복지사는 이렇게 말했다. "아이들은 벼랑 끝에 서 있어요. 정말 그래요. 최악인 점은 자신이 얼마나 스트레스에 시달리고 있는지 자각하지 못한다는 겁니다."

지역 전체의 수많은 청소년 기관을 감독하는 시 정부에서 15년 동안 근무해온 베테랑 감독관은 갑자기 대화에 끼어들어 이렇게 말했다. "아이들은 다른 틀이 없어요. 그래서 스트레스가 무엇인지, 어떤 상황인지 전혀 몰라요. 지난주에 한 아이와 대화를 나누었어요. 똑똑한 학생이었죠. 학생 자치회에서 활동하고 있고, YMCA의 청소년 정부 프로그램(Youth In Government program)의 리더인 데다가 스타 배구 선수이기도 합니다. 멋진 학생이었어요. 그런데 성적 때문에 4년제 대학에 못 갈 것 같다고 털어놓더군요. 그 아이는 나의 표정을 보더니 이렇게 말했습니다. '숙제를 할 시간이 없어요. 또 너무 피곤해서 수업 시간에 졸음을 참을 수가 없어요. 배구, YMCA 활동, 영 라이프(Young Life, 청소년 대상 기독교 사역 단체—역주) 활동을 마치면 마음을 정리하고 친구들을 따라잡아야 해요. 아침에 일어난 것만 해도 기적이에요!' 나는 몇 걸음 물러서서 뭐가 중요한지 보고 자신의 미래를 생각하며 인생의 우선순위를 정하도록 도와주고 싶었습니다. 그러자 그 아이는 마치 방을 치우라고 잔소리하는 엄마를 보듯 나를 빤히 보더군요. 이야기를 마치고 나가면서 제게 이렇게 말했어요. '제 말을 제대로 못 알아들으신 거죠?'"

나머지 대화도 대략 비슷했다. 그러자 실망과 낙담의 어두운 그림자와 무력감이 일순간 모두를 휘감았다. 개인과 기관이 아직 위험하지는 않지만 경계선 바로 앞에 있는 위기의 아이들을 구제할 전략을 짜는 것이 그날의 목표였다. 그러나 어색함을 풀기 위한 대화를 이렇게 나누고 나니 우리 노력이 미미하게 느껴졌고, 누구도 전략적인 방안을 고민할 의욕이 생기지 않았다. 우리는 모임을 계속 진행하기는 했지만, 분위기는 타이어에 바람이 빠진 것처럼 침울했다.

나는 전부터 마음이 쓰이기는 했지만 상대적으로 사소한 문제라고 치부해버렸던 일이 사실은 사춘기 청소년의 생활에서 중요한 부분임을 확인하고 자리를 떠났다. 각자의 기대는 다양했지만 아무런 합의점을 찾을 수 없었고, 당장 눈앞에 닥친 상황에 급급해서 그 이상을 볼 능력이 부족하며, 도움을 줄 어른을 전혀 신뢰하지 않는 아이들의 모습에 낙담했다. 오늘날 중기 사춘기 청소년은 오히려 정신없이 바쁘게 살아가고 싶어 하는 것 같다. 그들은 다른 삶을 살 수 있다는 사실을 모른다. 청소년들은 자신의 행동을 제약하거나, 우선순위와 경계를 제시하는 이들에게 거부감을 느낀다. 중기 사춘기 청소년은 현재 삶에 지쳐 있지만, 경험한 적 없는 미지의 세계를 두려워한다. 이렇게 정신없이 바쁘게 사는 결과는 무엇일까? 바로 스트레스다.

스트레스는 현실적이며 강력하다. 하지만 스트레스를 의식하거나 인생의 부정적인 측면으로 보는 중기 사춘기 청소년은 거의 없다. 나는 한 학생에게 왜 그렇게 피곤하냐고 묻자 이렇게 대답했다. "어쩔 수 없어요. 공부도 해야 하고, 친구들과 놀기도 해야 해요. 경기 연습도 해야 하고, 제 삶도 잘 꾸려나가야 해요. 알아서 잘하고 있으니 수업 시간에 코를 골지 않는 이상 이래라저래라 하지 마세요."

사춘기 청소년의 생활 실태

사춘기 청소년과 성인을 대상으로 전국적 단위의 연구를 진행하면서 사는 지역이나 속해 있는 사회 분야에 상관없이 동일한 시각이 있음을 발견했다. 즉, 사춘기 청소년이 경험하는 바쁜 생활과 파편화와 스트레스 수준은 비교적 새로운 현상이고, 계속 증가하는 추세라는 것이다. 중기 사춘기 청소년이 스트레스와 자신에게 부과된 다양한 기대를 다룰 자원이 과거보다 더 풍성한지의 문제는 사실 핵심이 아니다. 문제는 그들이 직면한 현실과 그 현실이 그들에게 미치는 영향이다.

명문대에 재학 중인 대학생의 상황을 취재한 기사에서 한 기자는 "대학생에게 가장 부족한 것은 시간이다. 학생들은 얼마나 수면 시간이 짧았는지 혹은 얼마나 안 자고 오래 버텼는지를 두고 서로 자랑한다"[3]라고 지적했다. 대학뿐 아니라 고등학교에서도 과제를 다 하기에 시간이 부족하다는 사실은 끊임없이 언급되는 심각한 문제다. 일부 학생의 경우 시간이 부족한 원인은 최고 점수를 얻고 싶은 욕망이었다. 좋은 대학에 입학할 수 있

> 뭐가 문제인지 물어볼 사람이 아무도 없다. 더 이상 견디기 어렵고
> 압박감이 심하다. 그렇다면 어떻게 해야 할까? 대화를 나눌
> 사람이 있을까? 압박감이 너무 심해서 올가미에 조이는 것 같다.
> 그래서 나는 이렇게 힘들어하는 이유가 뭘까 고민한다. 그리고
> 어릴 때의 기억, 온통 재미있는 일만 가득했던 옛날의 기억을
> 떠올려보려고 한다. 대화할 사람이 필요하지만 그 대상이 부모님은
> 분명 아니다. 두 분은 항상 싸우고 있다.
>
> _어느 고등학생

을 정도로 학업 성적이 우수한 청소년은 대부분 이 게임이 지능보다는 끈질김과 단호한 결심의 문제임을 잘 알고 있다. 이 사설이 지적하듯이 "제도는 학생이 노력하도록 격려한다. 그리고 실제로 노력을 요구한다. 예일대 정치 연합(Yale Political Union)의 한 학생이 예리하게 지적한 말처럼, 제도는 반드시 두뇌가 아닌 쏟은 노력을 보상한다. 성공하는 학생들은 이런저런 활동에 활발하게 참여하고, 음악부터 과학, 스포츠, 지역 사회 봉사, 도서관 등 여러 곳에서 쉬지 않고 노력한다. 경쟁이 치열한 학교에 들어가려면 높은 지능 못지않게 호르몬 항진 상태를 유지해야 한다."[4] 그러나 이런 식의 성공을 추구하면 대가가 따른다. 연구자인 수니아 루타와 숀 J. 라텐드레스는 "개인적 인생의 만족과 관련해 직업적 성공과 명성에 높은 가치를 두는 사람은 정신적 고통에 시달릴 위험성이 높나는 것이 확인되었다"라고 말한다.[5]

실제로 고등학교 졸업이 가까울 무렵 연구에 참여한 사춘기 청소년을 재평가한 결과, "여학생의 경우 임상적으로 유의미한 증상 범위에 속하는 불안 증세가 시간이 흐를수록 심각해져서 고등학교를 졸업할 시기가 되면 5명 중 1명이었던 수치가 3명 중 1명으로 증가한다"는 사실을 확인했다.[6]

매들린 레빈이 지적하듯 "우리는 문화의 일부 측면, 가령 물질주의, 개인주의, 완벽주의, 경쟁 위주의 사회와 같은 몇 가지 측면이 심각한 심리적 문제의 원인일 가능성을 조사해볼 필요가 있다."[7]

많은 학생이 고등학교 2학년 중반이 될 즈음이면 더 많은 돈을 원하고(대부분 돈이 "필요하다"라고 말한다), 이것은 거의 항상 아르바이트를 구하는 것으로 이어진다. 연구에 따르면 아르바이트도 중기 사춘기 청소년의 스트레스 수준을 급격히 높이는 원인이고, 더 바쁜 삶을 살게 하는 원인이다. 일하면서 치르는 발달상의 대가는 일을 하지 않아서 치르는 관계적, 물질적 대가보다 훨씬 큰 것으로 보인다. 미국 심리 협회가 보고하듯이 "학기 중 주당 20시간 이상을 일하는 사춘기 청소년은 지속적으로 부정적인 결과를 경험한다. 전국 청소년 건강 종단 연구(National Longitudinal Study on Adolescent Health)의 조사 결과는 이 청소년들이 정신적으로 더 심한 고통에 시달리고, 성적이 좋지 않으며, 담배를 피우기 더 쉽고, 술과 마약 같은 다른 위험 행동에 연루될 가능성이 더 높다"는 것을 보여준다.[8]

스트레스의 원인

스트레스의 원인을 확인하기 전에 스트레스의 정의를 알아볼 필요가 있다. 데이비드 엘킨드는 이렇게 쓴다. "스트레스란 적응에 대한 비정상적인 요구로서 평상시 24시간 동안 우리가 사용하고 보충하는 에너지보다 더 많은 에너지를 사용하게 한다. 스트레스 혹은 비정상적인 과도한 요구는 그 원인이 다양할 수 있지만(사고, 정신적 쇠약, 지각, 중요한 결정, 치명적인 실패, 성공 등) 스트레스에 대한 반응은 상당히 구체적이며 체계적으로 정리되어 있다. 다시 말해, 우리 몸은 에너지 비축량을 사용하고 활용하는 매우 구체적인 방식이 있다…이것을 '스트레스 반응'이라고 부른다."[9]

중기 사춘기 청소년의 삶에는 스트레스를 유발하는 몇 가지 구체적이고 특별한 요인이 있다. 엘킨드는 『기다리는 부모가 큰 아이를 만든다』에서 아이들을 대상으로 스트레스 테스트를 실시한다. 점수에 따른 평가 방식은 인생의 변화를 기준으로 아이의 스트레스 수준을 표로 보여준다. 이 표에 따르면 한 아이의 점수가 1년에 150점이 넘으면 "몇 가지 스트레스 증상을 보일 가능성이 평균보다 높은 것이다. 자녀의 점수가 300점 이상이라면 건강이나 행동에 심각한 변화를 경험하고 있을 가능성이 매우 높다."[10]

부모의 사망	100
부모의 이혼	73
부모의 별거	65
부모의 출장	63
부모의 재혼	50
부모의 화해	45
엄마의 출근	45
학업상의 어려움	39
학교 폭력의 위험	31

이것은 자녀의 인생에서 스트레스와 불안을 유발하는 수많은 원인 중 일부 예시일 뿐이다. 아동보다 나이가 많고 삶의 경험이 많은 사춘기 청소년은 일반적으로 이런 요인이나 다른 요인들에 덜 취약할 것이라고 생각한다. 그러나 유기, 사회적 파편화, 다중 자아로 살아야 하는 짐을 추가로 짊어지고 있는 사춘기 청소년은 스트레스에 훨씬 더 취약하다. 조금만 건드려도 궁지로 내몰릴 수 있다.

중기 사춘기 청소년의 바쁜 생활, 스트레스, 압박감을 관찰하면서 대다수 학생에게 악영향을 미치는 세 가지 스트레스 영역에 주목하게 되었다. 그것은 성공에 대한 압박, 또래 집단에서 의리를 지키고 관계를 유지하는 동시에 집에서도 안정적으로 생활해야 한다는 부담감, 관계와 관련된 일반적인 압박이

> 너무 바쁘면 많은 짐을 지기도 힘들고, 해야 할 일을 감당하기가 어렵다.
>
> _어느 고등학생

다. 실제로 2009년에 실시한 일반 고등학교 교육 프로그램에 참여하는 학생의 주요 스트레스 요인에 대한 연구는 다음과 같은 종류의 문제만 보여주었다. "부모와 자녀 관계, 학업의 어려움, 가족 사이의 갈등, 또래 관계, 역할 변화, 사회적 문제."[11] 이런 압박감의 요인은 모든 학생에게 치명적이지는 않지만, 상황과 방식에 따라 많은 학생의 정서적 균형에 상당한 영향을 미치는 것으로 보인다.

학생들은 교실에서든, 경기장에서든, 자부심과 성취감을 경험하는 다른 영역에서든 성공해야 한다는 압박을 받는다. 이런 압박은 손가락 사이로 빠져나가는 모래처럼 아무리 노력해도 목표에 도달할 수 없다는 좌절감을 유발한다. 청소년들은 어떤 분야에서 좋은 성적을 거두면, 그것이 적절한 성과를 거두는 방향으로 가기 위한 하나의 단계에 불과할 뿐이라고 믿는다. 어떤 영역에서 최선을 다하고 나서 얻은 결과에 연연하지 않고 만족하는 학생을 거의 만나지 못했다. 대부분 더 높은 고지에 올라서야 한다는 압박감을 강하게 느끼고 있었다. 다른 친구가 시험 성적이 좋았다거나 테니스 시합에서 좋은 결과를 얻었을 때 축하하는 시간은 길지 않았다. 몇몇 학생과 소모임을 할 때 내

표로 나서서 말하던 한 학생은 이렇게 말했다. "우리는 모든 분야에서 성공해야 해요. 그러지 못하면 모든 걸 망쳐버릴 것 같아요. 말로 다 표현하기 어려운 압박감에 시달리고 있어요." 구체적으로 어떤 부분이 엉망이 될 것인지 묻자 아이들은 구체적으로 대답하지 못했다. 하지만 그럼에도 아이들은 그 말이 정확한 사실이라고 믿었다.

    그들이 얻으려고 애쓰는 것은 성취 그 자체가 아니라 그런 성취로 얻게 될 무언가다. 그러므로 성과는 우승도, 모든 과목에서 A를 받는 성적도, 학교 연극에서 중요한 역할을 맡느냐의 문제도 아니다. 다른 사람이 자신을 어떻게 볼 것이냐가 문제였다. 다시 말해, 사춘기 청소년은 자신의 존재 자체가 아니라 그들이 거둔 성과, 더 정확히 말하면 그들이 손으로 자신을 가리키며 "날 봐요! 난 관심과 사랑을 받을 가치가 있어요"라고 내세울 수 있는 무언가가 더 중요하다는 것을 알게 되었다. 대다수 학생에게 다른 사람들의 인정은 하나의 행위를 넘어 그들의 내재적 가치를 결정하는 것이었다. 또한 인정은 잘해야 할 필요성과 그에 따른 스트레스를 완화하는 역할을 하는 것 같았다.

    학생들은 보통 가장 심각한 어려움이 부모와의 관계에서 스트레스를 받을 때라고 생각한다. 집을 나와 학교에 갈 때 부모님이나 계부, 계모와 싸우면 하루 종일 울적하고 우울할 수 있다. 이런 문제를 선뜻 이야기하려는 아이는 별로 없었지만, 가정에서 해결되지 않은 갈등이 있을 때 아이들은 쉽게 낙담에 빠진다.[12]

중기 사춘기 청소년은 가질 수 없다고 인식하는 것을 필사적으로 원한다. 그들이 무슨 일을 해도 인정해주고, 누구보다 열렬히 응원해주며, 깊은 관심을 갖고 돌봐주면서도 거리가 필요할 때 적절한 거리를 지켜주는 부모를 원한다. 중기 사춘기 청소년도 이런 부모가 존재할 수 없다는 것을 머리로는 안다. 부모가 자녀의 인생에 적극적으로 개입하고 돌봐주면서 경계를 설정하고, 적절하게 아이를 인도하고 양육하는 동시에 자녀의 인생에 절대 간섭하지 않는 멋진 팬이 될 수 있는 방법은 없다.[13] 그럼에도 중기 사춘기 청소년은 이런 역설이 가능할 뿐 아니라 더 바람직하다고 믿는다.

가장 심각한 갈등은 부모가 중기 사춘기 청소년을 보호하려고 할 때, 즉 또래 집단에 개입할 때 발생한다. 부모는 자녀에게 영향력을 행사하고 뒤로 물러나 있어야 할 때가 언제인지 고민하면서 상당한 스트레스를 받는다. 이것은 부모나 자녀에게 쉬운 문제가 아니며, 양쪽 모두 스트레스를 받을 수 있다.

아주 미묘하지만 쉽게 위장할 수 있는 중기 사춘기 청소년의 스트레스 원인을 꼽는다면 사람들을 계속 만족시키려는 것이다. 청소년은 다른 사람들이 어떤 반응을 보이는지에 별로 관심이 없는 것처럼 보이지만 그것은 위장일 뿐이다. 실제로 사람들의 반응에 매우 관심이 많다. 그들은 대부분의 시간을 자기중심적으로 생각하고 자신에게 집중하기 때문에 활용할 수 있는 단서들을 제대로 읽지 못한다. 또한 그들은 좋아하지 않는 어른이나 학생에게 거절당하면 마치 큰 명예 훈장이라도 받은 것처럼 행동한다. 그러나 속으로는 자신이 위험을 감수하고 있음을 인지하고 있고, 모두가 자신을 존중하고 인정하며 가능하다면 좋아해주기를 절실히 바란다.

한 학생이 어느 날 수업이 끝난 뒤 나에게 이런 내용의 쪽지를 건네주었다. "우리가 제일 걱정하는 건 남들을 실망시키는 거예요." 이 쪽지를 읽자마자 아이들이 유난히 시끄럽고 무례하게 굴던 수업 시간이 생각났다. 나는 그것을 나의 연구에 혼선을 주고 놀리려는 장난성 쪽지로 무시하고 싶었다. 그러나 그 다음 날 그 반 아이들과 나누는 대화가 어딘가 다른 것을 느꼈다. 냉담한 무관심이자, 심지어 오만하게 나를 무시한 행동이라고 해석했던 그 쪽지가 사실은 내 진의를 알아보려고 한 행동인 것 같았다. 내가 정말 학생들이 무슨 생각을 하는지에 관심이 있었는가? 각각의 학생을 독특하고 소중한 인격체로서 대하는가? 아니면 이력을 위해 아이들을 이용하려 하는 또 다른 어른은 아닐까? 학생들이 나에게 보인 반응의 핵심이 무엇인지 알아차리자, 내가 그들을 정말 소중하게 여기는지 확인하고 싶어 하는 28명의 마음 여린 청소년이 보였다. 그 쪽지는 정말 귀중한 선물이었다!

바쁜 생활과 스트레스 관련 발달상의 문제

미국 심리 학회가 출간한 보고서에서 '청소년의 정

서 발달'이라는 제목이 달린 부분은 다음과 같은 문장으로 시작한다. "청소년기의 정서 발달에는 타인과의 관계에서 현실적이고 일관된 정체성을 확립하고, 스트레스에 대처하며, 정서를 관리하는 법을 배우는 것이 포함된다. 이 과정은 대부분 사람에게 평생 중요한 문제로 남는다."14

기진맥진할 정도로 바쁜 생활, 다양한 층위에서 받는 기대에 대한 부담, 중복되고 상충되는 활동에 전념하는 모습, 최신 과학 기술을 받아들이고 활용하고자 하는 욕망을 지켜보면서 나는 중기 사춘기 청소년이 감당하기 어려운 구석까지 내몰려왔다고 생각할 수밖에 없었다. 한편으로 청소년기의 발달상의 과제 중 아주 중요한 측면은 스트레스에 대처하며 감정을 조절하는 법을 배우는 것이다. 그런데 성인은 청소년에게 점점 더 무거운 짐을 지우고 복잡한 요구를 강요해왔다. 이 두 경쟁적인 요인이 충돌할 때 무슨 일이 일어날까? 중기 사춘기 청소년은 압력과 동시에 그 압력에 대처해야 할 책임을 회피해야 한다고 느낀다. 이것은 지하 세계를 만들고 지속해나가는 또 다른 이유(때로는 결정적 이유)로 작용한다.

메리 파이퍼는 『내 딸이 여자가 될 때』에서 사춘기 소녀는 "스트레스에 대처하기 위한 좋은 습관이 필요하다"(나는 소년에게도 필요하다고 생각한다)라고 말한다.15 맥락을 보면 어른들이 청소년에게 일상생활의 스트레스를 다루는 법을 가르치고 훈련하라는 의미로 보인다. 발달이 결국 사춘기 청소년의 개인적 여정이라는 개념은 이느 정도 사실이다. 하지만 스트레스에 내처하고 감정을 관리하는 능력이 포함되는 만족스럽고 고유한 정체성을 찾는 일도 한 개인의 환경과 크게 관련된다. 패트리샤 허쉬는 이렇게 지적한다.

> 아이들에게 필요한 것은 단순히 차로 데려다주기, 피자 사주기, 보호자 역할이나 규율을 정하는 일만은 아니다. 아이들이 용납받는다는 것이 무엇인지 배우도록 이야기를 들려주고 친밀하고 지속적으로 접촉해야 한다. 대화할 사람이 아무도 없다면, 자신의 인생에서 교훈을 얻고 다음 단계로 나아갈 준비를 하기 어렵다. 세대 간의 소통이 없다면 아이들은 또래들의 이야기만 들을 것이다. 카네기 청소년 발달 위원회(Carnegie Council on Adolescent Development)에서 작성한 「시간의 문제」(A Matter of Time)라는 제목의 보고서에는 이런 말이 나온다. "사춘기 청소년은 자신이 알아서 하도록 방치되기를 원치 않는다." 전국 조사와 표적 집단 연구를 통해 미국의 청소년들은 깊은 갈망을 구체적으로 표현해왔다. 그들은 자신을 존중하며 돌봐주는 어른들과 더 자주 만나기 원한다.[16]

앨버트 반두라는 사회적 환경, 자기 효능감에 대한 믿음, 사춘기 청소년의 발달은 관계가 복잡하다고 주장한다.[17] 반두라에 따르면 "개인은 (처한 환경에서) 단순히 일어나는 일을 수동

> 우스워요. 안 그런가요? 어떻게 사소한 일로 아홉 살짜리처럼 울면서 도망가버릴 수 있었을까요? 어처구니가 없어요. 저는 열일곱 살이고 거의 어른인데 말이에요. 왜 그 문제를 제대로 해결할 수 없을까요?
>
> _어느 고등학생

적으로 받아들이기보다 적응하는 과정에서 주도적인 역할을 한다…사춘기의 위험과 도전을 성공적으로 관리할 수 있는지 여부는 개인의 자기 효능감의 강도에 달려 있다."[18] 자기 효능감에 대한 믿음은 "환경이 제공하는 보상 및 요구 사항과 성공 수준 사이의 관계를 조절한다."[19] 반두라는 효능감을 확신하는 정도에 따라 스트레스가 청소년에게 다른(상당히 유의미한) 영향을 미친다는 실질적 증거를 제시한다. 그가 말하려는 요지는 자신에 대한 확신이 있는 사람들은 일상의 스트레스를 다룰 능력이 훨씬 더 뛰어나다는 것이다. 그들은 스트레스를 처리할 때 환경의 영향을 덜 받는다.

그러나 중기 사춘기는 자신에 대한 믿음이 있는 아이조차 자신에게 부과되는 기대로 어려움을 겪는 시기다. 지금 아무리 건강하고 강인한 청소년이라도 부모가 (그리고 심지어 형과 누나조차) 경험한 적 없는 도전에 직면해 있다. 강력한 자기 효능감을 지녀서 모든 도전을 감당할 능력이 있는 청소년도 견디기 힘든 어려움과 불안과 스트레스의 시기를 지나가야 한다.

스트레스의 영향

스트레스는 일반적으로 사춘기 청소년이 감당하기 어려운 두통, 불면증, 집중력 저하 등을 일으킨다. 안타깝게도 스트레스와 싸우다 보면 섭식 장애, 약물 남용, 자해, 자살과 같은 더 심각한 문제로 악화될 수 있다.[20] 사춘기 청소년 사이에서 나타나는 매우 우려스러운 한 가지 흐름이 있다. 바로 전문가가 '비자살적 자해'(nonsuicidal self-injury)라고 부르는 현상의 증가다. 이것은 자살할 의도 없이 고의로 자신에게 해(칼로 베거나 화상을 입히거나 때리는 행동)를 가하는 행동이다. 최근 이 문제를 연구한 E. 데이비드 클론스키와 제니퍼 J. 뮤렌캄프는 이런 종류의 자해는 일반적으로 13세나 14세 경에 시작되며, 사춘기와 사춘기 직후의 성인 초기에 가장 많이 발생한다고 보고한다. 연구에 따르면 북미 청소년 중 14-15퍼센트가 어떤 형태로든 자해를 경험한 적이 있다고 한다. 자해를 하는 일반적인 이유는 "내 안에 쌓인 심리적 압박감을 배출하기 위해", "불행한 느낌에서 벗어나기 위해", "스트레스를 관리하기 위해서"였다.[21] 대학생 3천 명을 대상으로 코넬과 프린스턴 대학교에서 실시한 한 연구는 무려 "대학생의 17퍼센트(여학생은 20퍼센트, 남학생은 14퍼센트)가 자상, 화상 혹은 다른 종류의 자해를 시도해본 적이 있다고 응답했다"라고 보고한다.[22] 이 연구자들에 따르면, 이런 추세로 인해 대다수 전문가는 "오늘날 젊은이들은 과거보다 스트레스에 대한 대응 기제가 약하고, 더 많은 스트레스 상황에 직면

해 있다"는 결론을 내리게 되었다.[23]

그러나 자해는 스트레스를 받는 청소년에게서 점점 증가하는 파괴적인 흐름 중 하나에 불과하다. 또 다른 우려스러운 점은 스트레스와 섭식 장애가 관련되어 있다는 것이다. 절대적이지는 않지만, 이 현상은 특히 여성 청소년 사이에서 두드러지게 나타난다.[24] 자살이 극단적인 현상으로 보일 수 있지만, 최근의 보고에 따르면 자살은 상당한 비율의 청소년이 선택하는 자해 행동임을 보여주었다. 대학생의 스트레스 수준에 대한 최근 연구는 앞선 1년 동안 학생의 16퍼센트가 친구에게서 자살로 생을 마감하고 싶다는 이야기를 들었고, 11퍼센트가 자살을 시도한 친구가 있다고 말했으며, 9퍼센트가 자살을 심각하게 고민해본 적이 있다고 밝혔다.[25] 청소년이 스트레스를 해결하기 위해 이런저런 파괴적인 대응 전략을 선택하도록 내몰린다는 것은 비극이 아닐 수 없다. 우리 어른들은 주변을 잘 살피고, 이런 흐름을 바꾸기 위해 할 수 있는 일이 무엇인지 찾아야 한다.

결론과 생각해볼 점

연구를 위해 중기 사춘기 청소년과 생활하면서 얻은 가장 중요한 인상은 다음과 같다. 오늘날의 중기 사춘기 청소년은 겉으로 보이는 것과 달리 외로움과 고립감에 시달린다는 것이다. 이것은 자기 자신이나 서로에게 호기롭게 과시하는 자신만만한 모습과는 배치되는 감정이다. 바쁜 일상 때문에 꿈과 관계와 인생을 고민할 시간이 없다. 그 결과 찾아온 스트레스는 그들의 좌절감을 더 깊어지게 만들고, 어떻게 해서든 외로움과 두려움의 고통에서 벗어나려고 공부에 매달리거나 노는 데 열중하게 한다.

십대는 지금 지쳐 있고, 대부분이 화가 나 있다. 이런 모습은 자신의 안녕이 심각하게 위협받고 있고, 궁극적으로는 중기 사춘기를 통과할 수 있는 능력이 위협받는다는 위기감에서 나온 증상이다. 그들 마음 깊은 곳에서는 어린 시절의 안전감과 자유를 갈망하고 있고, 앞으로 성인기 인생에 대해 확신할 수 없기에 불안에 내몰린다. 중기 사춘기 청소년은 대부분 평생 유기를 경험해왔기 때문에 그 내면에 온 힘을 다해 달려가게 하는 방어 기제가 있다. 인생의 크고 작은 일에 대처할 다른 방법을 전혀 모른다. 빨리 내달려야 놀림과 비난의 목소리, 스스로 점검해보라는 목소리에 무너지지 않을 수 있다. 중기 사춘기 청소년은 자신감을 보여야 하고, 심지어 거만한 척해야 한다. 그러지 않으면 다른 사람들이 자신의 본모습을 알아채고 물어 뜯을 것이라고 생각한다. 청소년을 사랑하고 돌보는 어른들은 이런 과장된 몸짓에 속아서는 안 된다. 아이들은 바쁘다. 그리고 스트레스에 시달리고 있다. 그들은 말과 행동으로 '너희들은 소중하다'고 증명해줄 사람을 원한다.

"부정행위는 부모, 교사, 감독, 심지어 종교 교육자도 그 흐름을 막을 수 없을 정도로 당연한 일이 되었다는 증거가 있다. 두려운 일은 부정행위와 남의 것을 훔치는 데 익숙한 아이들이 사회로 진출해서 회사 중역이나 정치인, 비행기 정비사, 핵 시설 검사관이 될 수 있다는 것이다."
_마이클 조셉슨(Michael Josephson), 조셉슨 연구소, "2002년 미국 청소년 윤리"(The Ethics of American Youth)에서 인용

10장.   윤리와 도덕성

사회학자 마이크 메일스는 「로스앤젤레스 타임스」 지 기고문에서 청소년의 상태에 대한 성인의 우려와 두려움을 "엉터리 도덕적 공황 상태"라는 흥미로운 한마디로 표현했다.[1] 나는 앞에서 사춘기가 이전과는 다른 양상으로 전개되고 있고, 이에 따라 우리 문화가 심각한 도전을 받는다고 믿는 사람들을 폄하하는 그의 시도에 대해 논의했다(2장 참조). 하지만 그가 사용한 "도덕적 공황 상태"라는 용어에 대해서는 아직 제대로 고민해보지 않았다. 메일스와 다른 이들은 동의하지 않을 수 있지만, 사춘기 시기에서 급속히 변화되는 대표적인 한 영역을 꼽는다면 윤리와 도덕성의 영역이라고 생각한다. 사춘기 청소년의 윤리적 기준과 규칙과 규범에 대해 질문하고 의문을 갖는 것을

"도덕적 공황 상태"라고 말하는 것은 최악의 환원주의에 빠진 것이다.

윤리: 폐기 혹은 재정의?

주전 5세기에 전염병이 그리스인들을 덮쳤을 때 거대한 절망감이 전 사회를 사로잡았다. 투키디데스는 이런 감정이 사람들의 윤리적 결단에 어떤 영향을 주었는지 서술한다.

별로 기분 좋은 일은 아니지만 잘나가던 사람들이 갑자기 죽고, 이전에는 전혀 별 볼 일 없던 사람들이 잘되는 등의 급격한 변화를 보고 사람들은 이제 이전에 남몰래 숨어서 할 법한 일을 아무렇지 않게 저지른다. 인생이든 재물이든 하루가 지나면 없어질 것처럼 되는 대로 쓰고 즐기기로 작정했다. 소위 명예를 지키고자 분투하는 일에는 아무도 관심이 없다. 그 목표를 달성할 때까지 살아남을 수 있을지 불확실한 것이다. 하지만 현재를 즐기는 일과 거기에 도움이 되는 것은 무조건 귀하고 쓸모 있다는 생각이 자리를 잡았다. 신을 향한 두려움이나 인간의 법으로는 그들을 제어할 수 없다. 첫째로, 누구 할 것 없이 다 죽어가고 있는데 신을 섬기든 아니든 사이가 없다는 판단이 선 것이나. 또한 서시든 잘못으로 재판에 넘겨질 때까지 살아 있으리라는 기대가 없다. 이미 훨씬 더 무서운 형을 선고받고 죽기 직전에 있다고 생각한다. 그래서 이런 일이 실제로 닥치기 전에 조금이라도 인생을 즐기는 것만이 현명하다고 생각한다.[2]

너무나 흡사한 이유로 현대 중기 사춘기 청소년은 자기 이익과 자기 보호의 시각으로 사고 과정의 많은 것을 걸러낸다. 자신은 버림받았고, 복잡한 인생을 혼자 힘으로 헤쳐나가도록 방치되었다고 생각한다. 그들은 자신만의 지하 세계에 살면서 그들만의 윤리적 기준을 만들었다. 사춘기 청소년이 현재의 쾌락을 추구하는 이유는 죽음이 피할 수 없는 확실한 운명이기에 윤리 따위는 상관없다고 체념해서가 아니다. 오히려 더 쉽고 안전하며 더 만족스럽게 살 수 있는 세상을 스스로 만들고 싶은 맹목적인 충동 때문에 그들은 발달 단계에 맞추어 실제적으로 즉각적 쾌락에 집착한다. 하지만 그렇다고 해서 그들이 무법자가 되어 윤리적 규칙과 기준에 대한 모든 신념을 다 폐기했다는 뜻인가?

체계적 유기와 이에 대한 대응 차원에서 중기 사춘기 청소년이 자신들만의 아래 세계를 만들면서 윤리에 대한 새로운 기준과 상황이 만들어졌다. 이 지하 세계 역시 여전히 윤리적 기준이 중요하다. 인생의 선택과 관계를 규정하고 정리할 윤리적 체계 없이 사회가, 심지어 하위문화가 어떻게 생존할 수 있겠는가? 그러나 지하 세계에서 작동 중인 윤리 체계는 특정 문화의 가치를 실용적으로 수정한 것이다. 전체 문화에서 나타나는 동일한 윤리적 문제 중 대부분이 중기 사춘기 청소년 세계에도 존재한다. 이런 문제들을 해결하는 방식은 무엇보다 지하 세계의 존재 이유를 기반으로 한다. 지하 세계의 윤리 체계는 청소년이 안전하고 보호받는다는 안도감과 성취감을 느끼는 것에 영향을 미치는 중요한 윤리적 문제로 한정된다. 의리(주로 친구에 대한 의리, 하지만 때로 특정 교사나 학교나 자신이 속한 공동체에 대한 의리), 미리 정해놓은 사회생활의 경계 지키기(어디에 앉을지, 누구와 데이트를 할지, 어떤 활동에 참여할지와 같은) 혹은 다른 사춘기 생활의 간단하고 협상이 쉬운 윤리적 요인이 오늘날 중기 사춘기의 윤리적 뼈대를 구성한다.

이는 성인 사회의 많은 윤리적 기준이 중기 사춘기 청소년에게는 부차적으로 적용된다는 뜻이다. 그들이 더 '전통적인' 윤리 문제, 가령 거짓말, 도둑질, 부정행위를 별로 개의치 않는다는 것이 아니다. 이런 문제들이 사춘기 세계의 더 긴급한 윤리적 기준에 위배되는 경우 쉽게 폐기될 수 있다는 뜻이다. 반면에 성인은 적어도 윤리적 기준을 인생의 중요한 지침으로 받아들이는 데는 찬성한다. 성인은 실제로 행동과 태도가 사춘기 청소년과 마찬가지로 도덕적이지 않을 수 있지만, 일반적으로 공인된 기준에서 이탈한 사실을 인정하기를 더 꺼리는 편이다. 예를 들어, 미국 트렌드 연구소(Trends Research)의 제럴드 셀런트(Gerald Celente)는 종합 사회 조사(General Social Survey) 연구에서 이렇게 지적한다. "우리는 이 보고서가 말하는 바를 성

> 고등학교에 들어갔을 때, 저는 새로운 경험을 할 준비가 되어 있었어요. 여러 종류의 마약을 즐겼죠. 감옥 같았던 삶의 새로운 돌파구를 찾은 것 같았어요. 술을 마시고 담배도 피웠어요. 집을 나올 때마다 부모님께 거짓말했어요. 가족이 있는 집으로 돌아가면 아무 일도 없다는 듯 시치미를 뗐죠. 이게 잘못이라는 것을 잘 알았지만, 항상 괜찮다고 스스로 이유를 찾아냈어요.
>
> _어느 고등학생

확히 목격하고 있다. 그들(청소년)은 작금의 현실에 계속 마음을 닫아왔다. 필요에 따라 윤리와 도덕을 폐기하는 작태가 용인되는 것을 보아왔다. 개인의 필요를 충족할 수 있다면 원하는 대로 무엇이든 해도 상관없는 것을 본 것이다."[3] 성인의 이러한 본보기는 중기 사춘기 청소년이 윤리적 구호의 높은 기준에 맞추어 살겠다는 의지를 약화하는 데 일조했다. 그들은 말과 행동이 다른 어른들의 세상에서 성장했다. 심지어 "내가 행동하는 대로가 아니라, 내 말대로 하라"는 자조 섞인 속담이 있을 정도다. 청소년은 성인의 행동에서 윤리적 기준이 얼마나 하찮은 의미인지 배웠다.[4]

성인은 사춘기 청소년이 말하는 내용과 행동에서 심각한 모순을 발견한다. 청소년은 방어적인 상대주의에 기대어 일관성 없이 행동하는 듯 보인다. 명확히 상충하는 자료를 이해하려고 시도한 한 사설이 지적하듯이 "미국의 청소년은 종교와 관련된 일부 정치적 사안에 대해 성인보다 더 보수적인 것처럼 보인다. 하지만 고등학생들의 부정행위, 절도, 거짓말은 충격적일 정도로 가파르게 증가해왔다."[5] 성인이 중기 사춘기 청소년의 세계를 이해하기 위해서는 윤리적 기준선이 어디이고, 윤리적 혹은 도덕적 문제를 구성하는 것은 무엇인지 이해해야 한다.

이번 장은 사춘기 청소년이 윤리적 기준을 보는 시선이 성인(혹은 성인의 말)과 어떻게 다른지를 보여주는 두 가지 문제를 확인하고 설명할 것이다. 바로 거짓말과 부정행위다. 이 두 문제가 사춘기 청소년이 다르게 접근하는 유일한 윤리적 문제는 아니다. 하지만 이 두 가지 영역은 청소년이 자신을 기르고 교육한 어른들의 윤리적 정의를 지속적이고 꾸준히 그리고 심지어 매일 거부하는 대표적인 사례다. 청소년 윤리와 관련해서 성, 술과 마약, 정의, 인종 차별 그리고 수많은 다른 주제의 문제 역시 유사한 시각으로 다루고 있다.

도덕적 범주

청소년의 도덕성을 논의할 때, 학문적인 기본 입장은 장 피아제(아동과 청소년 발달 이론)와 로렌스 콜버그(도덕성 발달 단계)와 같은 사람들이 제시한 이론에서 출발한다. 피아제는 발달이란 내적 추론 능력이 성장하는 과정이라고 가르쳤다.[6] 콜버그는 여기서 한 걸음 더 나아가 도덕성이 6단계로 발달하고,

도덕적 결단의 내면화에서 정점에 이른다고 주장했다.[7] 이 두 시각은 모두 단계에 따라 발달이 순차적으로 이루어진다고 본다(즉, 나이가 들수록 도덕적 헌신이 깊어지는 방향으로 성장한다). 이 두 시각이 여러 이론가를 거쳐 수정되고 재형성되며 강화되었지만, 일반적으로 수용되는 도덕성 발달에 대한 이해는 비교적 일관성을 유지하고 있다. 이러한 도덕성 발달의 이해는 "가치관이나 윤리적 행위의 발달을 의미한다. 사춘기 청소년의 인지 발달은 부분적으로 도덕적 추론, 정직, 타인을 돕고 돌보는 행위나 자원봉사 같은 친사회적 행위의 근거를 이룬다."[8]

캐시 스톤하우스는 세 가지 기본 수준을 사용하여 콜버그의 이론을 수정했다.[9] 그녀가 각 수준의 "권위의 원천"이라고 칭한 측면에서 볼 때 제1수준은 주로 자아의 필요와 관련이 있고, 제2수준은 "타인이 자신의 도덕적 선택에 어떻게 반응하는가"를 강력한 동인으로 삼으며, 제3수준은 개인적 필요나 타인의 인정보다 "내면의 원칙"에 비중을 두는 도덕성 발달의 정점이다.[10] 도덕적 선택이나 헌신과 관련된 스톤하우스의 정의는 개인적 성취와 만족을 거쳐(제1수준) 문화의 인습적 수준의 단계를 지나서(제2수준) 모든 개인에게 동등하고 균등한 정의의 개념(제3수준) 단계로 나아간다. 이는 성장하는 도중에 이 과정을 방해하는 장애물이나 트라우마를 만나지 않을 경우 일반적으로 이 과정을 따른다는 것을 의미한다.

중기 사춘기 청소년에 대한 나의 연구에서 적어도 스톤하우스가 제시한 단계별 발달 이론은 대다수 학생과 상관이 없었다. 콜버그의 구분과 6단계의 도덕성 발달 이론은 도덕적 성장과 가장 일반적으로 연관되는 연령의 차원에서는 적용되지 않았다. 실제로 중학교에서 고등학교(초기 사춘기에서 중기 사춘기) 기간에는 도덕성 발달이 퇴보하는 것으로 나타났다.[11] 학생들의 도덕성 발달 수준은 진퇴를 반복하는 것 같았다. 내가 학생들에게서 가장 공통적으로 확인한 콜버그의 도덕적 발달 단계는 주로 자신의 욕구와 필요를 충족하는 데 관심을 갖는 전인습 수준의 2단계였다. 타인의 인정을 구하는 인습 수준의 3단계는 사춘기 청소년이 학교, 스포츠팀, 교회나 일터 등 성인이 통제하는 영역에서 활동할 때 확인할 수 있었다.

중기 사춘기 청소년은 끊임없이 자기 보호 상태를 유지해야 한다고 믿는다. 따라서 콜버그의 발달 단계 이론(그리고 이것의 하위 이론들)으로는 그들만의 지하 세계에서 적용되는 도덕적 추론 문제를 다룰 수 없었다. 지하 세계의 많은 학생에게는 강력한 생존 중심의 사고방식이 작동한다. 이는 더 상위의 발달 단계, 특별히 도덕성 발달에서 상위 단계로 나아는 능력에 영향을 미친다.

거짓말

"모두 거짓말을 하고, 모두가 거짓말을 한다는 걸 모두 알고 있어요."

"거짓말은 나쁜 거지?" 나는 물었다.

"경우에 따라 다르죠." 노스캐롤라이나주 출신의 3학년 여학생은 자기 생각을 굽히지 않았다. "누군가에게 실제로 상처를 주지 않는다면 어떤 이유로든 '하얀 거짓말'은 거짓말이 아니죠. 그렇다면 나쁜 일도 아니고요."

어떤 이들은 이런 태도를 상대주의라고 부르고, 또 다른 이들은 실용주의라고 부른다. 나는 거짓말을 하는 이의 시각에 따라 달라진다고 생각한다.

"진짜로 모두가 거짓말을 한다고? 부모님이나 목사님에게도?"

"특별히 부모님과 목사님께 거짓말을 하는 거죠! 그분들에게는 아무것도 믿고 털어놓을 수 없잖아요!"

이 연구를 하면서 나는 이 주제에 대해 다양한 이야기를 들을 수 있었다. 몇몇 연구자는 뒤늦게 이 분야의 연구에 참전해서는 답변자가 생각하기에 바보 같은 질문을 던지기도 한다. "모두가 거짓말을 하고, 모두가 거짓말을 한다는 것을 모두가 안다." 전형적인 학문적 절제 표현으로, 한 연구에서는 아동과 청소년의 기만적 행동을 다룬 문헌을 조사한 후 이전 연구에서는 기만하는 능력이 상당히 과소평가되었다고 보고했다.[12] 나의 연구에 참여한 학생들에게 청소년의 거짓말 실태에 초점을 맞추어 연구를 더 진행할 계획이라고 말했을 때, 그들은 내가 청소년이 숨을 쉬는지 안 쉬는지를 연구할 것이라고 말한다는 듯이 쳐다보았다. 거짓말, 특별히 성인이 규정한 의미의 거짓말은 일

> 에이브러햄 링컨은 "좋은 일을 할 때는 기분이 좋고 나쁜 일을 할 때는 기분이 나쁘다"라고 말했다. 이 말을 인용하자 한 여학생은 이렇게 반응했다. "그건 마치 좋고 나쁘고가 상대적이라는 말로 들려요. 때로 실제로 그렇게 나쁘지 않은데 나쁘다고 생각할 때가 있어요. 좋은 일을 하려고 하다가 오히려 엉망이 되어버리는 때도 있고요. 그 인용문은 우리에게는 적용이 안 되는 것 같아요. 저는 제 삶을 충실하게 살려고 온 힘을 다하고 있어요. 좋고 나쁘고는 생각조차 하지 않는 문제예요."

상생활에서 하나의 자연스러운 반사적 반응이 되어 있었다. 게다가 그것은 심지어 실제로 거짓말도 아니었다.

모든 중기 사춘기 청소년이 같은 방식으로 혹은 심지어 동일한 수준으로 이 과정을 거치고 있다는 말을 하는 것이 아니다. 어떤 학생은 어른이 무슨 생각을 하는지 전혀 개의치 않는 것처럼 보인다. 따라서 그런 아이들은 사회적 관계의 상호 작용에 탁월한 학생에 비해 거짓말을 하는 성향이 발동할 빈도가 더 낮을 수도 있다. 그러나 모든 학생은 거짓말이 자기 보호를 위한 가장 쉬운 수단으로 생각되는 상황에 처하면, 바로 옆에 있는 아이처럼 쉽게 거짓말을 할 것이다. 억제되지 않고 만연한 거짓말은 우리 문화의 거의 모든 중기 사춘기 청소년에게 핵심적인 현실이 되었다.

사춘기 청소년, 특별히 중기 사춘기 청소년이 거짓말을 한다는 것은 의문의 여지가 없다. 예를 들어, 부모를 속이는 청소년의 성향에 대한 연구에서 불과 5퍼센트의 청소년만이 지금 어디 있냐는 질문에 거짓으로 답한 적이 없다고 대답했다. 이 조사는 사춘기 청소년이 한 답변을 분석한 것인데, 이는 실제로 거짓말하지 않는 청소년이 거의 없을 가능성을 내포한다. 또한 이 조사에서 여학생이 남학생보다 성적인 일과 관련하여 부모에게 더 많이 거짓말하고 특히 아빠에게 더 자주 거짓말하며, 남학생은 여학생에 비해 엄마에게 더 자주 거짓말하는 것으로 밝혀졌다. 남학생과 여학생 모두 높은 비율로 거짓말에 성공했고, 거짓말을 자주 들켰다고 답한 학생은 5퍼센트에 불과했다.[13]

연구하며 관찰한 바에 따르면, 특별히 권위자(부모, 교사, 감독)에게 거짓말할 때 가장 일반적인 변명은 자신이나 친구를 보호해야 한다는 인지된 필요성이었다. 사례별로 보면, 거짓말하는 가장 일반적인 이유는 잘못이라고 생각하지 않는 행동에 대한 벌을 받지 않기 위해서였다. 한 학생은 그것을 이렇게 말했다. "어떤 후폭풍이 올지 모르니 대부분의 일을 부모님께 숨겨요." 연구 결과에서 알 수 있듯, 부모와 상관없는 일이거나 사실대로 말하면 자율성이 과도하게 제한될 것이라고 생각될 때 학생들에게 거짓말은 단순히 하나의 선택이 아닌 필수 사항이었다.[14]

거짓말이 비윤리적이라고 믿는 중기 사춘기 청소년을 거의 만나지 못했다. 중기 사춘기 청소년은 노골적이고 뻔뻔한 거짓말을 포함하여 이유가 있는 거짓말은 실제로 거짓말이 아니라고 생각할 정도로 거짓말의 개념을 재정의하고 있었다. 거의 모든 학생이 자책하는 기색도 없이 일상적으로 거짓말을 한다고 인정했다. 그런데 바로 이 학생들은 자신이 매우 도덕적이고 윤리적이며 정직하다고 실제로 믿었다. 이 사실은 연구를 통해 꾸준히 확인되었다. 한 연구에서는 "당신은 기본적으로 정직한 사람이라고 생각하는가?"라는 질문에 조사에 참여한 청소년의 85퍼센트가 "그렇다"고 답했다.[15] 내가 수없이 반복해서 듣는 논리 흐름은 다음과 같다. "물론, 거짓말을 해요. 저 말고도 다 거짓말을 해요. 하지만 저는 정직한 사람이에요. 정말 중요한 건 그거죠."

연구 초창기에 나는 성인에게는 명확한 의미를 지닌 용어와 개념이 중기 청소년에게는 윤리적 사고방식에 따라 계속 달라질 수 있다는 사실을 점점 더 확실히 인식하게 되었다. 어느 날 나는 한 육상 선수에게서 감독이 자신의 눈을 똑바로 보며 훈련에 늦은 이유를 물었을 때 감동적인 이야기를 꾸며내서 답했다는 말을 들었다. 그 학생은 이야기를 들려주면서 구태여 그 사실을 숨기거나 합리화하려고 하지도 않았다. 세상에서 가장 자연스럽고 정상적인 일인 것처럼 말했다. 그에게 어떻게 감독을 속인 것을 변호할 수 있느냐고 물었더니 놀랍다는 표정으로 나를 보며 이렇게 말했다. "감독님은 그 일로 큰일이라도 난 것처럼 야단을 떨었을 거예요. 하지만 별일이 아니었어요. 감독님은 진실을 알 자격이 없어요."

"하지만 넌 감독님에게 거짓말을 했어. 그건 나쁜 일이 아니니?"

"정확히 말해서 전 거짓말하지 않았어요. 감독님이 나의 상황을 알 필요가 없다고 생각했을 뿐이죠."

"만약 그 감독님이 다음 주에 네가 선발로 나갈 것이라고 말했는데, 정작 네가 아닌 다른 사람을 선발로 세우면 어떻게 되겠니? 너에게 동기부여를 하려고 그렇게 했다고 하자. 실제로 그것이 효과가 있었고, 너는 감독님이 널 선발로 세울 의도가 없었다는 걸 확인했어. 그건 잘못이 아니니? 거짓말이 아니야?"

"당연히 잘못이죠. 어떤 감독님도 그런 식으로 거짓말하지 않아요. 그것도 학생한테요. 그건 잘못이에요."

두 사례를 연결 지어 설명하면 할수록 이 학생은 두 일을 연결하는 데 관심도 없고 그럴 능력도 없다는 것이 느껴졌다. 그에게 거짓말은 거짓말이 아니었고, 자신을 상대로 한 것이 아니라면 나쁜 것도 아니었다. 이 이야기를 전국의 청소년에게 들려주었을 때 어떤 아이는 그것이 윤리적으로 잘못되었다고 생각했지만, 많은 아이는 그렇게 생각하지 않는 것이 분명했다. 그러나 그 학생의 말이 모순된다고 생각하는 아이들조차 그의 말이 옳다고 믿었다.

이 연구를 한 이듬해 여름, 나는 세 고등학교의 연합 모임에서 강연을 했다. 나는 학생들에게 이 연구 프로젝트가 막바지에 이르렀고, 내가 내린 결론이나 다른 핵심 내용을 수정하는 일에 그들의 도움이 필요하다고 말했다. 약 3천 명의 학생 중, 연구 결과의 주요 부분에 대해 반대하는 목소리가 하나도 없었다. 거짓말이라는 주제에 대해서도 거의 과장에 가까운 나의 결론을 듣고도 반대하는 학생은 한 명도 없었다. 한번은 모임이 끝나고 어떤 학생에게서 편지 한 통을 받았다. 편지지 세 장에 빼곡하게 적은 내용은 개인적 고민, 유기당한 느낌에 대한 좌절감, "진정한 자신일 때보다 가짜로 살 때가 더 많다"는 하소연으로 가득했다. 특별히 한 줄이 마음을 울렸다. 학교나 지역 공동체에서나 주변 어른들 사이에서 그가 또래의 도덕적 리더로 인정받는 것과 관련하여 심경을 적은 글이었다. "제가 거짓말을 하는 이유는 사실대로 솔직히 말해도 될 상대를 만나지 못해서예요. 제 감정을 솔직히 털어놓았다가 그게 결국 부모님이나 친구, 학교나 교회에서 오히려 제 발목을 잡을 수 있다는 걸 아니까 대체로 거짓말을 해요. 누구에게도 솔직할 수 없어요. 그렇게 저를 보호해야 해요. 저를 보호하기 위해 거짓말해야 한다면 언제든 그렇게 할 거예요."

 중기 사춘기 청소년이 이렇듯 일방적인 태도와 방어적인 자기 합리화를 보이지만, 거짓말은 그들에게 중요한 윤리적 문제에 해당한다. 그들은 대부분 압박을 받으면 "알았어요"라고 대답한다. 이들에게 진실을 말하는 것과 관련된 도덕성은 2차적 윤리에 해당한다. 다시 말해, 그것은 모든 사회의 근간이 되는 중요하고도 필수적인 윤리이기는 하지만(신뢰는 사회적 통합의 핵심이다), 청소년이 스스로를(혹은 친구를) 보호해야 하는 더 즉각적인 필요성에 맞닥뜨릴 때 이러한 장기적이고 전 지구적인 문제는 "발달상의 보류 상태"에 놓일 수 있다.[16] 거짓말을 해야 할 인지적 필요가 일각에서 주장하듯이 또래 집단에서 수치를 당할 두려움에 근거한 것인지,[17] 아니면 단순히 중기 사춘기 청소년의 인지 능력과 발달적 상태의 한계를 보여주는 사례인지는 확실하지 않다. 개인적으로 나는 중기 사춘기 청소년이 다양한 층위에 살면서 일관성과 일치, 질서에 대한 의식을 형성하고자 노력할 때, 거짓말이 사회 조직에 미치는 영향과 같은 고상한 문제가 그들의 인식 레이더망에 포착되지 않기 때문일 것이라고 생각한다.

부정행위

5장에서 언급한 대로 일각에서는 부정행위가 전염병처럼 보편화된 현상이라고 믿는다. 연구 결과에 따르면, 고등학생과 대학생 사이에서 부정행위가 광범위하게 자행되고 있고 계속 증가하는 추세다.[18] 그러나 이러한 연구 중 일부는 질문의 프레임에 따라 설문 대상에게 영향을 미쳤다는 결함이 있었다.[19] 그럼에도 이 연구들은 부정행위에 대한 태도와 그 광범위함에 대한 통찰을 제공했다. 그것은 중기와 후기 사춘기에 부정행위가 증가한다는 것과, 학생들은 부정행위를 하는 타당한 여러 이유가 있다는 점,[20] 중기 사춘기 청소년은 자신의 부정행위를 타인(교사, 부모, 학교, 심지어 전체 사회)의 탓으로 돌리는 경향이 있다는 것이다.[21]

한 연구에서는 고등학생이 대학생보다 부정행위를 더 문제의식 없이 가볍게 받아들인다는 점을 확인했다.[22] 발달상의 정의에 따르면, 이것은 중기 사춘기 청소년이 직접적인 자기 보호와 무관한 윤리적 문제에 큰 관심을 두지 않는다는 주장을 뒷받침한다. 심지어 부정행위에 대한 정의조차 맥락에 따라 달라졌고,[23] 나의 연구 대상들도 상황에 따라 다르게 정의했다. 예를 들어, 교사가 학생들에게 사랑받고, 정직하며, 존경할 만하고, 공정하다는 평가를 받고 있다면 학생들은 그 과목에서 지나친 부정행위를 자제할 것이다. 그러나 그 교사가 쪽지 시험을 '불공정하게' 냈다면, 부정행위의 필요성을 느낀 학생은 모두 그 교사가 마땅히 받아야 할 대우를 받았을 뿐이라고 생각한다.[24] 이러한 결과는 학생들이 교사가 무능하거나 존경하기 어렵다고 생각할 때 부정행위를 쉽게 합리화한다는 최근의 연구 결과와 일치한다.[25] 이 연구는 부정행위에 대한 허용적인 태도와 교실이 학생의 발전보다는 성과에 중점을 둔다는 인식을 긍정적으로 연결한 선행 연구를 출발점으로 삼았다.[26] 연구를 진행하며 관찰한 또 다른 상황에서는 비교적 존경받는 학생이 이런저런 이유로 부정행위를 할 권리가 있다고 생각할 때, 그 학생의 선택을 보호하고 옹호하는 것은 학급의 몫이었다. 하지만 어떤 이유에서인지 친구들에게 우군으로 인정받지 못하는 학생이 부정행위를 하면, 그 학생은 고자질 대상이 된다(이런 일은 실제로 매우 드물지만, 가끔씩 이런 일이 일어났다).

도널드 맥카베는 고등학생을 대상으로 학문적 부정직함에 관해 연구했다. 그가 중기 사춘기 청소년 표석 집단에서 기록한 내용 중 일부를 소개한다.

"나는 시대가 변했다고 생각해요. 부정행위는 일상적인 일로 여겨지고, 용인될 수 있는 행위라고들 생각하죠. 선생님도 학생도 그 사실을 알고 있어요…우리 부모님이나 그 윗세대의 학창 시절에는 부정행위를 하는 사람들을 훨씬 엄격하게 다루었죠. 하지만 요즘에는 사정이 달라요. 어른들은 이제 누군가 일종의 부정행위를 하려는 걸 알고 있다는 점에서 부정행위에 조금 더 익숙해졌다고 생각해요." 부정행위를 해도 고등학생들은 양심에 별다른 가책을 느끼지 않는 것 같다…"사람들은 다들 부정행위를 해요. 부정행위를 한다고 인간이 덜되었다느니 나쁘다느니 하지 않아요. 누구나 도움이 조금 필요할 때가 있어요. 아이비리그 대학에 가는 데 도움이 된다면 사람들은 부정행위를 할 거예요…그 사실을 바꿀 수는 없어요. A 학점을 받고 싶어 하는 사람들을 바꿀 수는 없어요…부정행위를 해서 원하는 점수를 얻을 수 있다면 그것도 하나의 방법이 될 수 있어요."[27]

이 말은 내가 연구를 진행하며 학생들과 나눈 대화와 너무나 비슷한 내용을 담고 있다. 중기 사춘기 청소년과 대면하여 지낸 사람들 역시 같은 사실을 포착한다. 중기 사춘기 청소년이 부정행위를 도덕 규범을 위반한 일이라고 보는 경우는 드물었다. 대신 더 크고 중요한 목표에 도움이 되는 실용적이지만 위험이 따르는 결정이라고 보았다.[28] 제럴드 L. 젤리저는 「유에스에이 투데이」 사설에서 몇 명의 고등학생과 대화를 나누는 도중에 17세 학생에게 충격적인 지적을 받았다고 썼다. "고등학교에서는 부정행위가 정상적인 행동이라는 것을 모르시나요? 게다가 선생님들은 사실 신경도 쓰시지 않아요."[29] 그렇다면 이런 행위가 어떻게 잘못된 일인가?

2002년 가을, 조셉슨 윤리 연구소(Josephson Institute of Ethics)는 다음과 같은 결과를 전국적으로 발표했다. "고등학생의 절도 행위와 거짓말은 10년에 걸쳐 충격적인 수준으로 계속 상승하는 추세다. 12,000명의 고등학생을 대상으로 실시한 조사에 따르면, 지난 1년 동안 최소 한 번 이상 시험 중에 부정행위를 했다고 인정한 학생이 1992년에는 61퍼센트에서 2002년에는 74퍼센트로 증가했다…교사와 부모에게 거짓말을 했다고 답한 학생 수 역시 실질적으로 증가했다."[30] 조셉슨 연구소는 자기 보고형 조사 방법으로 연구를 진행했다. 이는 응답자의 74퍼센트가 부정행위를 했다고 인정했으므로 실제 수치는 훨씬 더 높을 수 있음을 시사한다. 게다가 설문을 구성한 방식을 보면 부정행위가 개인적이고 적극적인 것에 한정되어 있다. 부정행위는 전통적으로 다른 사람이 눈앞에서 그런 행위를 하는 것을 묵인하는 것뿐 아니라 누군가가 나의 답을 베끼도록 방조하는 것으로 규정되었다. 이것을 적용하면, 그 수치는 90퍼센트에서 거의 100퍼센트까지 육박할 것이다.

> 나는 학생들이 부정행위를 한다는 걸 알고 있다. 사실 모두가 알고 있다. 하지만 내가 어떻게 할 수 있는 일은 아니라고 생각한다. 무리하게 밀어붙이다가 학부형과 심각한 갈등에 휩쓸릴지 모른다. 부모들은 상황을 전혀 모르고 이렇게 착각한다. '우리 아들은 절대 부정행위를 하지 않아. 아마 다른 아이가 아들을 함정에 빠뜨렸을 거야.' 이 모든 것이 지겹고 진력난다. 이렇게 사소한 일을 처리하는 가장 좋은 방법은 그냥 모르는 척하는 것뿐임을 배웠다.
>
> _고등학교 교사

부정행위와 관련된 윤리에 대한 청소년의 모순된 이해의 사례는 한 학생이 조셉슨 연구소의 보고서를 읽고 「로스앤젤레스 타임」지 편집장에게 보낸 편지에서 확인할 수 있다.

> 저는 공부를 잘하는 학생입니다. 농구 연습을 하고 오후 6시가 되어서야 버스를 타고 집으로 돌아오지만 시간을 쪼개서 공부합니다. 하지만 친구들 중에는 공부를 하지 않았다거나, 어떻게 공부해야 할지도 모르겠고 공부할 시도조차 하기 싫다고 말하는 애들이 있습니다. 그 아이들은 옆자리 친구가 제대로 시험 준비를 해서 그 애의 시험지를 베낄 수 있기를 내심 기대합니다. 저는 때로 일부러 시험지 답안을 보여주기도 합니다. 똑똑한 친구인데 한 문제에 답을 못 쓰고 있는 것을 보게 되

었습니다. 그 친구가 열심히 공부했다는 것을 알고 있었기에 저는 답안지를 책상 끝으로 슬쩍 밀어 답을 보여준 적이 있습니다. 어떤 친구들은 들키지만 않는다면 부정행위가 아니라고 말합니다. 그러나 제가 보기에 부정행위는 부정행위일 뿐입니다. 부정행위는 스스로 공부할 기회를 빼앗기 때문입니다.[31]

그 학생은 편지에서 똑똑하지 않거나 실제로 공부에 관심이 없는데 부정행위를 한 친구들에 대해 비판적인 입장을 취했다. 그러는 동시에 "모든 유형의 아이들이 부정행위를 합니다. 어떤 애들은 진짜 머리가 좋은데 공부를 안 하죠"라고 말하며 똑똑한 친구들을 변호했다. 나는 연구를 진행하던 학교의 몇몇 학생에게 이 편지를 보여주었고, 대화 중에 내가 편지의 이중적인 내용을 지적할 때까지 아무도 그 사실을 알아채지 못했다. 내가 그 점을 지적하고 나서야 그들은 그 학생의 행동이 그가 비난한 다른 아이들과 조금도 다를 바 없는 또 다른 부정행위자일 뿐이라는 사실을 증명했다고 인정했다.

오랫동안 관행처럼 자리 잡았지만 이제 고등학교나 대학교, 심지어 대학원의 윤리적 기준을 심각하게 위협하고 있는 또 다른 형태의 부정행위는 표절이다. 이제 대부분 아이들은 표절을 부정행위라고 생각하지도 않는 실정이다.[32] 럿거스 대학교 경영학과 교수이자 듀크 대학교의 학문적 청렴 센터(Center for Academic Integrity) 설립자인 도널드 맥카베는 인터넷이 유례없는 표절의 기회를 제공한다고 지적한다. "정체도 모호한 웹사이트에서 자신의 학기 과제에 몇 줄을 복사해 넣고도 많은 학생은 그것이 표절이라고 생각하지 않으며," 대학생의 70퍼센트 이상이 그런 행위가 "심각한 표절 행위"라는 인식이 없다.[33] 다음의 세 가지 요인이 함께 작용하면 거의 완벽한 비윤리적 학업 행위의 폭풍이 일어난다. 첫째, 성인과 심지어 미디어조차 상대주의를 현대의 윤리라고 주장하는 세상, 둘째 윤리가 공표된 말로서 확증된 도덕적 기준이 아닌 자기 이해와 자기 보호와 관계상의 의리와 관련된다는 인식, 셋째 인터넷이 단순히 풍성한 정보와 자료만 제공하는 것이 아니라 에세이나 학기말 과제 등을 저렴한 가격에 판매하는 수많은 사이트를 소개한다는 현실이다.

부정행위는 거짓말처럼 매우 널리 퍼져 있고, 줄어들 기미가 보이지 않는다. 안타깝게도 대부분 성인은 부정행위가 현장에서 발각될 때만 위법 행위로 여길 정도로 우리 문화가 도덕적으로 심각한 지경에 이르렀다는 데 동의한다. 내가 연구 대상으로 삼았던 학생들도 그들의 세계에서 윤리가 이런 식으로 규정되고 있음을 인정했다. 누군가가 상처를 입거나 부정행위를 하다가 발각될 때만 잘못을 저지른 것이 된다. 그러나 그 과정에서 아이들은 한목소리로 "그게 뭐가 큰일이죠? 커닝을 했어요. 그래서요?"라고 반응했다.

이제 마지막으로 중기 사춘기 청소년이 서로가 관련된 부정행위나 거짓말을 어떻게 인식하고 처리하는지를 살펴보려고 한다. 수많은 기사와 연구와 책 그리고 이 장에서 전제로 삼는 것은 속이는 대상이 거의 항상 성인이나 성인이 관리하는 기관이었다. 하지만 사춘기 청소년의 세계는 그 자체가 기만적이고 비윤리적인 행위로 가득하다. 연구 과정에서 학생들은 중기 사춘기 공동체 안에서 그런 신뢰 위반을 어떻게 처리하는지 말하기를 꺼렸다. 나는 의도치 않게 여러 사연을 접하면서 그들이 이런 행위를 어떻게 다루는지 엿볼 수 있었다. 일반적으로 또래 집단이나 친구들 사이에 신뢰 위반 문제가 생기면 한바탕 비난을 주고받는 소동이 일어난다. 그리고 곧바로 최대한 고통스럽지 않고 신속하게 균열을 해결하고자 중립적인 삼자가 나서서 중재한다. 내가 관찰한 사례의 경우에는 갈등이 발생하고 얼마 지나지 않아 신속하게 진정되었고, 그 일이 공개적으로 드러나지 않도록 봉합되었다. 서로 관계가 끈끈한 친구들은 가족처럼 안정적인 관계를 유지하는 일에 철저히 집중한다. 따라서 윤리적 갈등 때문에 의리가 상하도록 놔두지 않는다.

이에 대한 한 가지 예외를 목격했는데, 어쩔 수 없이 여자 친구와 또래 친구들 사이에서 선택해야 하는 상황이었다. 결정적인 문제는 여자 친구와 시간을 보내기 위해 거짓말한 것을 또래 친구들에게 들켰을 때 일어났다. 이 사건은 신속히 처리되고 무마되었지만, 당사자는 완전히 용서받지 못했다. 친구들 중 몇몇은 그가 또래 집단의 신성함이라는 성스러운 윤리를 위반했다고 생각했다. 그에 대한 응징은 차갑게 외면하는 것부터 노골적인 배척에 이르기까지 다양했다. 이 특별한 사례의 경우, 친구들은 그가 여자 친구와 사귀는 동시에 친구로서 의리를 지키게 하는 방법을 결국 찾아냈다.

결론과 생각해볼 점

영화 〈엠퍼러스 클럽〉(The Emperor's Club)에서 배우 케빈 클라인은 사립학교 교사로 출연한다. 그는 한 문제아 학생의 점수를 몰래 유리하게 조작한다. 그리고 이 학생에게 공부할 의욕을 심어주려 노력하지만, 그는 나중에 경시 대회의 결승에서 부정행위를 저지른다. 나중에 이 학생은 세계적 규모의 기업을 이끄는 권모술수형 기업가로 성공하며, 쉽게 성공하기 위해서는 무엇이든 할 수 있다고 여긴다. 훗날 교사는 자신의 부정행위로 대회 결승전에 올라갈 기회를 박탈당한 학생에게 상처를 주었음을 깨닫고 그에게 사과한다. 영화는 교사의 부정행위가 한 학생의 부정행위에 힘을 실어주는 역설적 상황을 보여준다. 교사가 주인공이고 그 학생은 끝까지 부정적인 인물로 그려지기 때문에 영화에서는 이 문제가 해결되지 않는다.

〈엠퍼러스 클럽〉은 사회의 윤리가 어떻게 현재의 수준으로 악화되었는지 통렬하게 확인해주는 영화다. 청소년의 상대주의와 기만의 원인을 그들에게 돌리는 것은 최악의 순진한 태도다. 대중 매체에서는 사회의 다양한 청소년 프로그램이 도덕적 성과를 거두고 있다는 식으로 홍보하지만, 청소년의 윤리적 타락을 막기 위해 우리가 그동안 쏟은 노력은 효과가 없었다.[34] 윤리적 가치를 강화하기 위해 "머릿속의 심판관"과 같은 슬로건을 내세워서 "10-14세 학생들의 부정행위를 막기 위한" 캠페인을 전개할 수도 있다.35 그러나 청소년을 성숙함으로 이끌 책임이 있는 사람들이 실제 행동과 부합하는 사회적 윤리, 가치, 도덕적 선택을 적극적으로 제시하지 않는 이상 우리는 청소년의 윤리적 결정 과정에 영향을 미칠 수 없을 것이다.

그러나 윌리엄 데이먼과 여러 연구자는 아동과 청소년의 도덕적 인격이 내면에 자리 잡아 결국 행동으로 이어지게 할 수 있는 방법에 대해 새롭고 낙관적인 연구를 진행하고 있다. 이것은 '도덕적 정체성'이라고 불린다. 그가 전개하는 프로그램은 아동과 청소년의 발달에 전심을 다하는 사려 깊은 성인들이 그들과 함께하는 '공동체 헌장'(community charter)을 강조한다. 핵심은 성인이 청소년에게 전하는 메시지의 일관성이다. 데이먼은 이렇게 말한다.

> 가장 중요한 것은 그 모든 영향력이 얼마나 일관성을 지니는가입니다. 다시 말해, 청소년 자녀가 도덕적 자아, 즉 도덕적 정체성을 형성하도록 충분히 납득할 수 있는 메시지나 기준을 일관성 있게 제시해야 합니다. 한 가지 예는 부모가 다른 부모나 학교, 경찰, 또래, 미디어가 전달하는 것과 동일한 메시지를 전달하는 것입니다. 이런 조건이 충족되면 자녀는 자신이 어떤 사람으로 성장하기를 바라는지 진지하게 고민할 수 있을 것입니다. 하지

만 이런 일이 전혀 일어나지 않는다면(공동체적 일관성이 부재한다면) 도덕적 정체성을 개발할 기회가 없을 것입니다.[36]

청소년의 세계에서도 나름의 윤리 체계가 작동하고 있다. 안타깝게도 그 체계는 모순, 자기중심적 정의, 상대주의적인 윤리적 기회주의로 가득하다. 그러나 청소년을 돌보는 성인이 적극적으로 윤리적, 도덕적 신념 체계와 행동을 실천하고 거기에 관여할 때 아이들의 인생에 장기적인 변화를 이루어낼 수 있다. 성인이 청소년을 자신만이 아닌 타인을 배려하도록 훈련하는 데 집중하고, 온전한 성실함과 정직함으로 이러한 관점을 강화한다면, 우리는 청소년의 도덕성 발달에 긍정적인 영향을 미칠 최고의 기회를 얻을 것이다.[37]

"술을 마시고 아무리 바보 같은 짓을 저질러도(음주 운전은 제외) 다 그럴 만한 가치가 있다. 친한 친구들과 취하도록 맥주를 마시는 것은 한 번쯤 꼭 해봐야 하는 일이다."
_고등학교 단체 채팅방(www.futazi.com)

11장.　　　파티, 게임, 소셜 네트워킹

"내가 아는 사람들은 다 술을 마셔요. 아주 많이 마셔요."

한 남학생에게 이 말을 들었을 때는 그렇게 놀라지 않았다. 무엇보다 나에게 정보를 주는 학생이 유명한 파티광이라는 것을 알고 있었다. 그러나 자신을 독실한 크리스천이라고 소개했던 2학년 여학생에게 그 이야기를 들었을 때나, 교내 합창단의 1학년 신입 여학생 혹은 일탈과는 거리가 먼 내성적인 2학년 남학생에게 똑같은 말을 들었을 때, 나는 생각보다 훨씬 많은 학생이 음주를 하는 것은 아닌지 의문이 들기 시작했다.

음주 횟수, 마약 사용, 성적 행위와 같이 개인적인 행위에 관해서는 정확한 자료를 입수하기가 쉽지 않다.[1] 나는 성인이 환영받을 리 없는 고등학생의 파티에 가보거나, 개인적인 문제나, 두 사람 사이의 사적인 상황에 끼어들어 관찰하지는 않았다. 중기 사춘기 청소년의 세계를 이해하고 싶었지만, 초대받지 않은 곳에 억지로 찾아가서 엿보고 싶지는 않았다. 그러므로 이번 장에서 소개하는 정보는 학교에서 일상적으로 보이는 행동에 대한 학생들의 보고를 기초로 한 것이다.

우리 사회에서 사춘기 청소년이 술이나 기분 전환용 마리화나에 손대는 것은 항상 위험하고 해로운 행동이라고 인식되어왔다. 성인은 청소년이 술을 마시고 마리화나를 피우지 않도록 교육하고 가르치며 경고해왔다. 그러나 이 문제는 그렇게 단순하지가 않다. 정작 성인은 많은 술을 소비하고, 마리화나를 피우는 이중 잣대 때문이다. 그러나 분명히 이런 이분법은 항상 거의 모든 사회에서 문제가 되었다. 타오 러스폴리가 지적하듯이 "마약은 인류 역사에서 그 누구도 부정할 수 없는 중요한 역할을 해왔다. 서구에서 술을 소개하기 전, 에스키모를 제외한 모든 문화권에서는 최소한 한 가지 이상의 환각성 약물을 전통이나 관행의 일부로 사용해왔다. 또한 마약 사용은 항상 논쟁의 대상이었다. 각 문화마다 매우 부정적으로 인식하는 마약이 있는가 하면 그 사용을 용인하고 심지어 권장하는 약물도 있다."[2]

나는 이런 엄중한 현실을 염두에 두고 중기 사춘기 청소년의 음주와 기분 전환용 약물(주로 담배와 마리화나) 사용의 실태를 파악하는 일에 착수했다. 마리화나와 술은 동일한 일반적 범주에서 다루기로 결정했다. 어떤 사춘기 청소년은 마리화나를 피우지만 술을 마시지 않는 반면, 어떤 아이들은 술은 마시지만 마리화나는 피우지 않는다. 그러나 어떤 경우든지 술이나 마리화나를 하는 이유는 거의 동일하다는 결론을 내렸다. 이 단원에서는 주로 술의 문제를 다룰 것이다. 필요할 경우에는 마리화나 문제를 언급하겠지만, 그것은 청소년들이 술과 마리화나를 모두 사용하는 경우에 해당할 것이다.

"내가 아는 사람들은 다 술을 마셔요."
정말 그럴까?

논의 대상이 되는 또래 집단이 누구냐에 따라 이 장을 시작할 때 인용한 "내가 아는 모든 친구가 술을 마시고, 그것도 많이 마신다"는 말은 과장일 수 있다. 하지만 많은 성인이 생각하는 만큼 그렇게 과장된 표현은 아니다. 약물 사용과 남용에 관한 한 중기 사춘기 청소년은 두 범주 중 하나에 속한다. 대다수는 소규모 모임이나 파티에서 어울릴 때 집중적으로 술을 마시고 담배를 피운다. 다른 한 범주는 혼자 있을 때 혹은 다른 사람과 둘만 있을 때 술이나 약물 혹은 둘 다를 하는 경우다. 이 범주에 해당하는 학생은 그 수가 훨씬 적고, 주로 겉도는 아이들이다. 그렇다면 여기에서 집중적으로 다룰 대상은 사교 파티를 즐기는 학생일 수밖에 없다.

한 군집 집단의 구성원이 술을 마시면 나머지 친구들에게는 세 가지 선택지가 생긴다. 모든 구성원이 따라서 술을 마시는 경우, 술을 마신 사람만 일종의 일탈 행위를 한 것으로 치부하고 나머지는 술을 마시지 않는 경우, 마지막으로 구성원이 대부분 술을 마시지만 소수 또는 한 명만 술을 마시지 않는 것이다.

군집 집단의 모든 구성원이 술을 마신다
(그리고/혹은 마리화나를 피운다)

한 군집 집단임을 알리는 한 가지 중요한 지표는 전체가 함께 고수하는 규칙과 기준이 있느냐다. 한 구성원이 술을 마시면, 나머지 구성원도 대략 같은 수준으로 술을 마시는 경우가 가장 흔하다.³ 이는 군집 집단이 형성되고 있을 때, 그중 한두 명이 술을 마시지 않았더라도 마찬가지다. 그러나 군집 집단은 (아마도 별다른 논의 없이) 파티를 즐기는 것을 군집 집단의 기본적인 지표로 결정 내렸다. 이 가치는 암묵적이지만, 그럼에도 실제적인 약속이기 때문에 집단 차원에서 이 결정을 따른다.⁴

구성원이 대부분 술을 마시지 않지만
(그리고/혹은 마리화나를 피우지 않지만), 일부는 마신다

군집 집단 차원에서 기본적으로 술을 금지하기로 결정할 수 있지만, 술을 마시는 구성원을 포섭하는 것이 이 원칙을 고수하는 것보다 더 중요한 가치를 지닐 수 있다. 한 군집 집단의 구성원이 집단적 차원의 기준과 규칙에서 이탈하는 것처럼 보일 때, 그 집단은 어떻게 문제를 해결할지 결정해야 한다. 군집

> 누구나 적응하고 함께 어울리기를 원해요. 그래서 주변 사람들이 모두 술을 마시거나 마리화나를 피우면 쉽게 그 분위기에 동조하게 되죠. 주변 분위기에 휩쓸리지 않으려면 자신만의 뚝심이 있어야 해요. 가정에서 지지받고 좋은 영향을 받은 애들은 자기 신념에 따라 잘 거절할 수 있다고 생각해요. 그런데 마약은 인기가 너무나 많아요. 어디에나 마약이 있어요. 술도 엄청 인기가 많아요.
>
> _어느 고등학생

집단이 형성되었을 때 거의 항상 이런 일탈의 문제가 발생하는 것으로 보인다. 따라서 구성원들은 이 행동을 일탈로 여기지 않기로 암묵적으로 동의한다. 이 경우, 군집 집단은 음주를 금지하는 공동체 윤리를 고수하는 것처럼 보일 수 있지만, 실제로 술을 마실지는 각 개인의 결정에 맡긴다.

구성원이 대부분 술을 마시지만
(그리고/혹은 마리화나를 피우지만), 일부는 마시지 않는다

한 군집 집단의 구성원들이 적극적으로 음주를 한다면, 술을 마시자는 암묵적 공감대가 그들 사이에 형성되어 있다고 보는 것이 타당하다. 예상되겠지만, 이런 기대에서 벗어나는 사람은 동조하라는 또래 집단의 압력을 받을 수 있다. 그러나 항상 그런 것은 아니다.

두 번째 시나리오에서 보듯이, 형성 중인 군집 집단의 기준을 따르지 않는 사람을 수용할지의 여부는 그때그때 결정된다. 이유가 무엇이건 한 구성원이 군집 집단의 기준을 따르지 않을 경우 상황이 복잡해진다. 중기 사춘기 청소년이 의리로 뭉친 친구들을 의지하며 속내를 털어놓고 형제처럼 지내는 3, 4년의 시간 동안 각 구성원은 이전에 고수하던 가치를 재고하고, 윤리적 신념을 포기하거나, 심지어 집단 밖의 사람들과 은밀하게 우정을 쌓는 경험을 할 것이다. 그런 상황에서 군집 집단과 당사자는 한 가지 결단을 내려야 한다. 구성원들은 그가 이전에 합의한 기준을 버리는 것을 허용하고, 이 변화를 받아들일 방법을 찾을 것인가? 아니면 규칙을 위반한 일원을 집단에서 추방하는 고통을 감수할 것인가?

갓 입학한 신입생은 초기 사춘기에 형성한 안전한 관계를 그대로 고수하는 경향이 있지만, 그 이후로 대부분 학생은 새로운 관계를 모색하고 확장하는 경향을 보인다. 처음에는 조심스럽고 신중하지만, 학년이 높아질수록 더 대담해지기도 한다. 사춘기 청소년이 상대적으로 자아 성찰에 무관심한 초기 사춘기의 사회적 현실에서 벗어나, 중기 사춘기에 진입하여 보다 정교한 사회적 인식 능력을 지니게 되면 자신에게 가장 안전하고 만족스러운 환경이 조성되는 방향으로 선택을 내린다. 이로 인해 오랫동안 가장 가까웠던 친구들과도 소원해질 수 있다.

한 군집 집단이 집단의 규칙과 기준을 재조정해야 하는 상황에 봉착할 경우, 집단 차원에서뿐 아니라 개별 구성원에게까지 상당한 딜레마를 불러일으킬 수 있다. 군집 집단이라는 개념 자체가 중기 사춘기 청소년의 인생에서 가장 안전한 공동체를 뜻한다. 이것은 적어도 표면적으로는 그 집단이 구성원 개인의 변화에 유연하게 대처할 것이라는 기대가 있다는 의미다. 군집 집단은 개별 구성원들의 구체적 행동보다 단합과 통합을 더 중시한다. 특별히 집단이 형성되고 결속을 다져야 하는 첫 1, 2년은 더욱 그렇다. 집단에 해가 될 수 있는 행동(가령, 군집 집단의 가치를 위반하는 새로운 관계)이나 해당 집단의 규범에서 심각하게 이탈한 경우는 예외다. 그러나 한 군집 집단이 상대적으로 사소한 변화의 문제를 만날 경우 대체로 묵인하는 편을 선택한다.

나는 전반적으로 약물 사용(중독성 마약 제외)이 그들에게 그렇게 심각한 문제는 아니며, 이 문제로 집단의 정체성이 위기에 빠지는 경우는 거의 없다는 인상을 받았다. 군집 집단은 대부분 일반적으로 '술을 마시고 마리화나를 피워도 상관없고, 그렇게 하지 않아도 상관없다'는 편에 속했다. 서로 합의한 집단의 규칙과 윤리와 규범을 무시하는 것에 비하면 타협은 별로 큰 희생이 아니다.

파티라는 공동체 문화

고등학생들의 파티는 수십 년 동안 전설적인 이야기 소재로 사용되었다. 청소년의 하위문화가 사회적 풍경의 일부로 자리 잡은 이후로 고등학생들의 파티는 영화나 텔레비전,

광고와 음악의 단골 소재로 등장했다. 나는 여러 면에서 고등학교 파티는 북미의 독특한 현상이라고 생각한다. 부모의 의견과 상관없이 거의 모든 중기 사춘기 청소년이 파티를 원하며 실제로 파티에 참석한다. 이 연령대 인구의 내러티브 속에 파티 문화가 뿌리내리고 있으므로, 그들 문화에서 파티는 중기 사춘기 청소년의 삶에서 자연스러운 일상이 되었다.

안타깝게도 파티 장면은 실제로 흥겨운 잔치와는 거리가 멀다. 음주와 어떤 경우에는 마약, 성적인 유희와 모험, 그 외 위험한 행동(자신이나 다른 이에게 해를 끼칠 수 있는 행위)이 주를 이룬다.[5] 술을 마시지 않는데도 술이 없으면 파티를 즐길 수 없다고 생각하는 학생이 너무나 많다. 부모, 학교, 그 외 여러 공동체는 수십 년 동안 이런 인식을 바꾸려고 노력해왔지만 거의 성과가 없었다. 성인들은 중기 사춘기 청소년이 파티를 그렇게 중요하게 여기는 이유와 파티를 하고 싶어 하는 욕망을 부추기는 요인을 제대로 이해하지 못한 것으로 보인다.

이 연구를 하는 동안 내가 그들의 세계로 접근하려고 시도할 때마다 학생들은 빈정거림, 말장난, 방어적 태도를 보여주었는데, 그런 태도를 버리게 하기가 어려웠다. 나는 그들을 걱정 어린 시선으로 보고 있었고, 나 역시 자식을 키우는 부모였기 때문에 많은 학생이 파티라는 주제에 대해서는 솔직한 속내를 말해주지 않았다. 그러나 몇 가지 미리 고민했던 생각들을 종합해서 판단할 수는 있었다.

첫째, 파티에 대한 욕구를 이해하려고 하던 중 초점을 술이 아닌(그리고 마리화나가 아닌) 공동체 경험 자체로 바꾸어야 함을 알게 되었다. 파티 세계와 관련된 이야기를 듣고 있던 중 나는 거기에 한 가지 공통 요소가 있음을 알아차렸다. 술 자체가 아니라 당사자의 경험과 재미있는 행동 때문에 그 파티가 기억에 남았다는 것이다. 이야기들은 과거 경험의 집단적 내러티브를 만들어내고, 공통적인 기억(공통된 역사로 단합을 이끌어내고 사람들을 하나로 결속시키는 기억)과 과거의 내러티브를 바탕으로 밝은 미래를 제시한다. 파티는 청소년이 가장 핵심적이고 기본적인 인간 경험 중 하나에 참여할 기회를 주는 사교 모임이다. 파티는 공통된 과거를 추억할 수 있게 해주고, 그들을 미래로 인도하는 공동체적 축제의 기회인 것이다. 파티 자체가 아니라 공동체에 소속되고자 하는 욕망이 핵심이다.

둘째, 술과 마리화나는 다른 문화권의 모임에서 축제와 제의적 의식에 동원되는 상징과 감각적 도구[양초와 향에서부터 환각성 마약 페요테(peyote)와 빈티지 와인에 이르는]와 매우 흡사한 역할을 한다. 다시 말해, 파티는 청소년이 소속감을 확인하고 싶을 때, 공동체적 축제와 의식이라는 매우 인간적인 요소를 제공하는 것이다. 모든 사람은 자신의 이야기보다 더 거대한 이야기와 연결될 필요를 느끼기 때문이다. 유감스럽게도 미국 문화에서는 파티의 필수 과정으로 술과 마리화나를 사용하여(거의 항상 남용하여) 인위적 축제 분위기를 조성한다. 나는 "맥주가 나올 때 파티가 시작된다"는 오래된 속담을 여러 번 들었다. 이 속담은 맥주를 어색함을 풀어주는 감각적인 도구로 소개하고, 사춘기 청

> 이번 여름 전까지 나는 파티에 미쳐 있었어요. 파티에 가서 진창 마시고 함께 잘 남자들을 찾았죠. "아, 취해서 그런 거잖아. 그럴 의도는 없었는데 내가 무슨 짓을 하고 있는지 나도 몰랐어"라는 식으로 핑계를 댔어요. 하지만 솔직히 말하면 술에 취해도 상황이 어떻게 돌아가는지는 인지할 수 있어요. 하지만 취했다는 핑계로 평상시라면 하지 못할 일을 해도 된다고 생각해요. 고등학교 생활이 시작되자마자 저는 파티의 황홀한 세계를 경험했어요. 오빠가 3학년 선배라서 가능했던 일이죠. 저는 오빠처럼 멋지게 놀 줄 아는 쿨한 신입생으로 금방 소문이 났어요. 슬프게도 저는 오랫동안 그 역할을 즐겼어요. 하나님이 제 마음이 다른 곳을 바라보도록 부르실 때까지요.
>
> _어느 고등학생

소년의 축제 의식의 상징으로 제시한다. 베카리아와 산데가 지적했듯이 "술을 마시거나 취하는 이 의식은 청소년들 사이에 기억에 남을 인생의 경험을 만들어주고, 동지 의식과 평등 의식을 고취한다. 그러므로 이 행위는 술에 취하는 경험이라는 어른들의 비밀을 드러내는 입회 행위와 유사하다."[6] 다시 말해, 술이 나오면 술을 마시는 사람과 마시지 않는 사람 모두에게 파티가 시작된다. 확실히 술(그리고 일정한 양의 마리화나)은 사춘기 청소년 공동체의 집단적 이야기를 강화하는 데 도움이 되고, 원하는 경험을 이끌어내기 위해서는 약물이 거의 필수적인 요소인 것 같다.

이런 모습은 많은 대학교 캠퍼스에서 쉽게 볼 수 있는 테마 파티, 남학생 클럽이나 여학생 클럽에서 가장 많이 확인할 수 있다. 또한 학생 동아리와 스포츠 팀 등에서도 유사한 특징을 볼 수 있다. 고등학생 역시 때로 테마 파티를 열지만, 아무 거리낌없이 즐기는 분위기가 조성되는 곳은 대학교 환경이다. 이런 파티들은 장식, 복장, 음악, 주류 선정까지 주제에 맞게 조화를 이루도록 공들여 준비된다. 이는 단순히 화합이 목적이 아니다. 이를 통해 모두 기대하고, 기다리며, 함께 경험하고, 가장 중요하게는 공통의 추억으로 남는 특별한 환경을 만드는 것이 목적이기 때문이다. 학년이 새로 시작될 때마다 다양한 주제의 파티를 여는 많은 기관과 클럽이 축제 일정을 회원 모집 기회로 활용한다는 것은 별로 놀라운 일이 아니다. 특별히 매년 열리는 사회적 의례는 '우리의 일부'가 된다는 것이 무엇인지 보여준다. 특정 대학만이 아닌 어느 대학에서나 흔히 볼 수 있는 글귀가 특히 의미심장하다. "흥청거렸던 수많은 밤은 잊을지 몰라도 친구들은 잊지 않을 것이다." 공동체 의식을 심어주는 파티의 경험은 윤리적 금기를 무색하게 할 정도로 위력적이다. 조디 드워킨이 썼듯이 "대학 생활에서 맛본다는 자유분방함"의 의미는 "아침 8시에 일어나서 술을 마시며 축구 경기를 보고, 알코올 의존자는 아니면서 파티에 열광한다는 말이다. 그러나 현실 세계에서 그런 식으로 행동하면 치료를 받아야 할 것이다."[7] 간단히 말해, 청소년기의 파티는 그 자체가 목적인 경우는 거의 없다는 말이다. 우리의 유기당한 청소년이 공동체에 대한 깊은 갈망을 충족하기 위한 수단으로 사용되는 경우가 거의 대부분이다. 이때 특별히 성적인 기회의 가능성이 따라오는 술과 마리화나 같은 사회적 윤활유는 최소한 그들의 외로움을 일시적으로라도 달래주는 역할을 한다.

소셜 네트워킹과 과학 기술: 새로운 십대들의 아지트

앞에서 언급했듯이 파티에 대한 정확한 자료를 직접 입수하기가 어렵기 때문에, 정량화하기 더 쉬운 영역의 연구로 논의를 보완하는 것이 도움이 될 수 있다. 바로 십대의 과학 기술 활용이다. 먼저 문자 메시지를 살펴보자. 20년 전까지만 해도 전례가 없던 휴대전화로 문자 메시지를 송수신하는 일은 많은 청소년에게 대단히 유익한 소통 방법이 되었다(160자가 넘는 긴 내용일 경우도 많다). 예를 들어, 2009년 「뉴욕 타임스」 기사는 미국의 십대 문자 사용자들이 매달 2천 건이 넘는 문자 메시지를 받는다는 닐슨(Nielsen)사의 통계를 보도했다. 많은 아이가 매일 수백 건(심지어 수천 건)의 메시지를 보내는 경우도 많다고 한다.[8] 전국적으로 중학교 3학년 전체의 대략 4분의 1이 매일 문자 메시지를 보낸다. 졸업할 나이가 되면 그 수는 두 배에 달한다.[9] 청소년 개인의 월간 문자 사용량이 1만 건 이상으로 치솟았다는 말도 들려온다. 십대가 문자 메시지를 보내는 것은 엄지손가락으로 타이핑을 하는 쾌감 때문이 아니다. 말 그대로 깨어 있는 시간에 또래 친구들과 계속 소통할 통로가 되기 때문이다. 한밤중에도 말이다.[10]

소셜 네트워크 웹 사이트는 공동체에 대한 청소년의 갈망을 관찰할 수 있는 또 다른 좋은 관점을 제공한다. 일반 관찰자에게 청소년이 웹페이지를 만들고 유지하는 강력한 동기는 사춘기의 나르시시즘을 표현하는 일에 불과할 수 있다. 그러나 소니아 리빙스턴의 설명에 따르면 그렇지 않다.[11] 개인화된 온라인 '정체성'의 형성과 네트워크상의 '친구'를 만드는 일은 동일한 것이다. 그러므로 사이버 공간에서 개인 정보를 노출하는 것은 상당한 위험이 따르지만, 그것은 청소년과 그들의 군집 집단과 더 넓은 청소년 세계에서 친밀함을 얻는 대가로 치르는 비용일 뿐이다. 그들을 버린 파편화된 성인 문화로 소속감의 갈증을 채우지 못하고 방치된 십대에게 인터넷의 잠재적 위험은 인지된 이득에 비하면 무시할 수 있는 수준이다.

십대가 관계적 욕구를 충족하기 위해 과학 기술을 활용하는 세 번째 중요한 영역은 비디오 게임 혹은 '게임' 세계다. 퐁(Pong, 초기 아케이드 비디오 게임—역주) 게임에서부터 초창기 닌텐도 게임에 이르기까지 비디오 게임의 역사에서 첫 십여 년 동안, 게임은 단순한 새로운 신문물 이상이었다. 공동체 스포츠나 가벼운 놀이를 할 기회를 박탈당한 청소년(과 성인)이 설령 실제로 '무찌를' 적이 존재하지 않는다고 해도 경쟁의 짜릿한 흥분을 경험할 수 있는 한 방편이었다. 인터넷을 통해 비활동성 경쟁 '스포츠'에 흥미를 지닌 다른 플레이어들과 협업이 가능해지면서 개인적 만족감이 채워지기 시작했다. 이에 따라 비디오 게임은 일종의 사회적 자본이 되어 플레이어에게 정보와 경험을 공유할 환경을 마련해주었고, 이로써 각 사람은 개인이자 더 큰 공동체의 구성원으로 일체감을 느낄 수 있었다. 인터넷의 속도가 점차 빨라지고 접근이 용이한 데다 그에 따른 비용은 계속 감소했고, 사람들은 동네 안에서나 전국, 심지어 전 세계에서 비슷한 생각을 하는 사람들과 관계망을 형성하고 게임을 즐길 수 있게 되었다. 오늘날 십대가 게임을 하며 다른 사람과 소통하기 위해 필요한 것은 마이크가 달린 헤드셋과 인터넷 랜선이 전부다.

오늘날 게임의 매력은 대안적인 경쟁 스포츠의 기회를 제공하는 데서 나아가 친밀한 공동체와 집단적 목적이라는 보다 심오하고 전염성이 강한 유혹을 하는 것으로 바뀌었다. 게임 기반의 공동체는 네트워킹 기술의 결과로 형성된 것이 아니다. 오히려 과학 기술은 참가자들이 게임을 기반으로 사회적 교류를 확대할 새롭고 강력한 수단을 제공했을 뿐이다. 꾸준히 게임을 하는 사람들에게 중요한 것은 게임에서 이기는 것이 아니라 게임 공동체에서 자신의 위치를 확인하는 것이다. 2009년도에 실시한 네트워크 게임에 대한 연구는 게임이 "컴퓨터 화면 앞에 고립된 채 혼자 있고 싶어서 하는 활동이 아니라" 사회적 소속감의 욕구가 강력한 동기로 작용하는 활동이라고 보고했다.[12] 그런 게임에서 흔히 볼 수 있는 현상은 공동 플레이를 위해 정기적으로 시간을 정해 모이고, 더 중요하게는 긍정적인 사회적 상호 교류를 위해 모임을 결성하는 것이다. 또 다른 2009년도 연구는 특정한 네트워크 게임을 하는 사람들이 그 공동체 안에서 의미 있는 사회적 지지를 받았고(시간이 지날수록 더 끈끈해짐), 이를 통해 구성원의 신체적 건강이 향상되고 부정적인 심리 증상(예를 들어, 우울증이나 불안 등)이 완화되는 것을 보여주었다.[13] 2007년의 한 연구에서 인용한 다음의 글은 그 점을 잘 요약해 준다. "이런 게임이 제공하는 가상 세계는 플레이어가 자신의 외모나 성, 성적 매력, 나이나 다른 기타 요인으로 실제 삶에서 표현하기 쉽지 않은 부분까지 스스럼없이 자신을 표현하게 해 준다. 게임은 또한 팀워크, 격려, 재미를 경험할 수 있는 공간을 제공한다."[14]

간단히 말해, 비디오 게임은 많은 청소년에게 게임에 개인적으로 노력을 쏟고 게임 공동체와 상호 작용하며 함께 '승리'하는 경험을 제공한다. 그들을 돌봐야 할 제도와 공동체에서 유기당한 괴로움으로 힘들어하는 십대에게 '승리할' 기회는 단순한 기분 전환이 아니라 꿈을 이룰 수 있는 기회다.

결론과 생각해볼 점

사춘기 청소년은 의미와 희망과 모험과 자유로운 축제의 장을 제공하는 초월적 경험에 굶주려 있다. 파티, 소셜 네트워킹, 비디오 게임을 통해서 이것을 추구할 수도 있다. 이 세대를 집단적으로 유기한 어른들은 삶과 관계의 모습을 왜곡해서 가짜로라도 그 경험을 만들어낼 수 없다면 삶을 향유할 수 없다고 청소년들에게 귀가 아프도록 가르쳐온 셈이다. 우리 성인들은 인생과 관계를 즐기는 법을 잊어버렸다. 우리는 청소년의 마음에 채워지지 않는 텅 빈 공간을 만들어냈다.

이 장은 일부 사람, 특히 십대들의 파티에 부정적인 편견을 지닌 사람들에게 혼란을 줄 수도 있다. 그러나 파티가 사춘기 청소년들에게 공동체 의식, 의례, 축하의 즐거움을 주는 몇 안 되는 수단 중 하나임을 인정한다면, 부정적으로 보이는 행사를 더 깊이 이해하고 공감할 수 있을 것이다. 중기 사춘기 청소년을 보호하고 양육하는 부모와 다른 어른들은 파티라는 문제에 접근할 때 공동체적 경험을 존중하는 마음으로 다가가야 한다. 중기 사춘기 청소년이 지하 세계로 뛰어들게 하는 가장 빠른 길은 배려하는 마음 없이, 그들이 중요하게 여기는 공동체 의식을 비판하고 폄하하는 것이다.

나는 십대의 음주 행태를 이해하려고 많은 노력을 기울였다. 술이 핵심 경험을 차지하는 고등학교 세계의 파티 윤리는 지금은 흔하게 볼 수 있지만, 지난 수십 년 동안 분명한 현실로 존재해왔던 것이다. 오늘날의 파티가 1960년대나 1980년대 초의 모습과 실제로 달라진 점이 있는가? 이렇게 많은 시간이 흐른 지금도 영화 〈애니멀 하우스의 악동들〉(Animal House)이 사춘기 공동체에서 인기를 유지하는 이유는 무엇인가? 아이들은 왜 그렇게 필사적으로 파티를 하고 싶어 하는가? 또한 술을 파티의 핵심 경험이 되도록 몰아가는 원동력은 무엇인가?

나는 내가 발견한 사실에 만족하지 않는다. 나는 그들 삶의 무대에 한 번도 초대받은 적이 없다. 중기 사춘기 청소년 중 특별히 이런 차원을 깊이 고민하는 아이는 거의 없다. 특별히 자기 발견이나 불편할 수 있는 질문으로 이어지는 경우에는 더욱 그렇다. 학생들은 파티에 왜 그렇게 끌리고 그 기억이 왜 그토록 강렬하게 남는지, 그리하여 그것을 규범적인 것으로 만드는 근본적인 힘이 무엇인지 고민하지 않는다.

그래서 내가 내린 유일한 결론은 대다수 청소년에게 음주는 음주의 문제가 아니라 공동체의 문제라는 것이다. 내가 관찰한 바에 따르면, 거의 모든 중기 사춘기 청소년은 파티에 열광하거나 파티의 의례를 인정하기 때문에 술을 마시지 않아도 참여하기를 원한다.

사춘기 발달에서 주요한 측면 중 하나는 소속될 공간에 대한 갈망이다. 수 세기에 걸쳐 모든 문화권에는 아이들이 사회에 진입하는 것을 축하하고 기념하는 의식 체계들을 통해 성인이 된다는 많은 증거가 있다. 우리는 청소년들을 유기함으로써 그들이 다 함께 공식적으로 축하하는 표현을 사실상 빼앗아버렸고, 그들이 독자적인 방식으로 인생을 자축하도록 방치했다. 왜 음주가 여기에 포함되는가? 대중 미디어나 마케팅 전략, 성인의 행동만 살짝 보아도 청소년이 공동체 경험에 술이 필수적이라고 믿는 이유가 무엇인지 쉽게 확인할 수 있다. 어른들은 청소년에게 다른 사람과 관계를 나눌 용기를 내기 위해서는 의식을 마비시키는 약물이 필요하다고 가르쳐왔다. 그리고 술의 필요성을 광고하고, 술에 쉽게 접근할 수 있는 구조를 만들어왔다.

인기 있는 시트콤인 〈치어스〉(Cheers)와 〈프렌즈〉는 공동체에 대한 우리의 갈망을 건드렸다. 〈치어스〉의 주제곡마저 공동체의 상실을 강조한다. "나는 모두가 내 이름을 알고 있는 곳에 가고 싶어." 중기 사춘기 청소년은 파티에 대한 갈증이나 술에 대한 열렬한 끌림을 아직 잘 설명할 수 없다. 하지만 그들의 행동, 농담, 심지어 사회 구조조차 그들을 따뜻하게 맞아주는 안전한 장소나 의식 없이는 이 세상에서 살아남을 수 없다고 큰 소리로 외치고 있다. 불행하게도 그 의식에는 술이 필요하다.

특별한 사람을 만나면 좋겠다.
나를 사랑하고
나를 돌봐줄 사람을 만나면 좋겠다.
_어느 고등학생

12장.   주변부 양극단에 있는 아이들

점심 식사를 하러 가는 길에 교실 맞은편에서 숀이 큰 소리로 나를 불렀다. "저하고 같이 식사하실래요? 같이 점심 먹을 사람이 없어요!"

대리 교사로 숀의 반에서 세 번의 수업을 했기 때문에 나는 그를 잘 알고 있었다. 신입생인 그는 또래에 비해 몸집이 작고 다리에 장애가 있었다. 숀이 친구와 함께 식사를 하는 경우가 거의 없었고, 많은 친구는 고사하고 거의 따돌림을 받는 상황으로 보였다. 그는 '특수 교육' 반의 학생이었고 나는 이 책에서 그에 대한 논의를 어디에 넣어야 할지 확신이 서지 않았다. 숀과의 이 만남이 한동안 마음이 쓰였지만, 초판에서는 책의 전체 구조상 어디에 포함해야 할지 몰라서 그의 이야기를 언급하지 않았다. 이 상냥하고 마음 둘 곳 없는 외로운 아이의 이야기를 일단 제외한 것이다. 인생에서 그리고 그 책에서 그의 자리는 없었다. 숀은 소외된 주변부의 아이라고 불릴 수 있을 것이다.

이 책의 초판을 보완하려고 연구하던 중 테리라는 학생을 만났다. 마르고 민첩한 학생이었던 그가 내게 했던 유일한 말은 "난 학교가 싫어요"였다. 테리는 대체로 다른 사람을 보고 잘 웃는 아이였지만, 언제라도 순식간에 미소를 지우고 경멸의 표정을 지을 수 있었다. 짧은 소개와 대화가 끝나자 테리는 나와 대화하고 싶지 않다는 표정을 노골적으로 드러냈다. 나는 그 동네와 주변 지역에서 오랫동안 살아온 대학원생 한 명과 함께 테리가 다니는 학교에서 대리 교사로 근무하고 있었다. 테리의 학교는 로스앤젤레스에서 가장 빈곤한 지역에 위치한 가장 가난한 학교 중 하나였다. 내가 '거시적' 차원에서 미국 대다수의 일부로 분류한 십대들과 달리 이 지역의 아이들이 겪는 독특한 문제를 조금이라도 파악하고자 그 지역에 간 것이었다. 나와 그 대학원생은 아이들을 찾아다니며 대화할 의향이 있는지 물어보았고, 때로 짧게라도 대화를 나누겠다는 아이를 만나기도 했지만 대부분 그냥 듣고만 있었다. 그런데 그날 이후로 가장 많이 생각나는 친구는 테리다. 그의 쏘아보는 눈빛은 우리 사이가 얼마나 소원하고 어색한지 여실히 알려주었다. 숀처럼 이 책의 초판을 쓰기 전에 테리를 만났더라면 그는 자신의 이야기가 책에 쓰이는 것을 두고 보지 않았을 것이다. 그는 주변부에서도 저 멀리 떨어진 곳에 속한 아이였다.

> 나는 소로(Thoreau)라는 사람에 대해 영어로 배우고 있다. 그는 자기만의 방식으로 인생을 살아가라고 말했다. 맞다. 정말 그 말이 맞다고 생각한다. 다른 사람이 어떻게 생각하든 무슨 상관인가! 나는 다른 사람들이 어떻게 생각하든 내가 옳다고 생각하는 대로 살 것이다.
>
> _한 신입생의 기록

사라는 내가 만난 십대 중 그 누구보다 완벽한 십대에 가까웠다. 귀엽고 건강한 매력의 소유자였고, 무용수처럼 몸가짐이 우아했으며, 체조 선수처럼 매끄럽게 움직이고, 교회 합창 단원처럼 단정한 소녀였다. 사라는 매사에 열정적이었다. 학업에 충실하고, 운동에 열심이며, 부모에게도 잘했고, 신앙심까지 있었다. 그러나 처음 만나서 대화를 나눌 때나 후에 엘리트 사립학교의 표적 집단 면접 진행자로서 사라를 관찰하면서, 나는 그녀가 그동안 연구하며 만났던 십대와 다른 점이 있음을 발견했다. 한편으로 사라는 내가 만난 대부분의 청소년보다 더 순수해 보였다. 동시에 그 나이 또래나 반 친구들에 비해 더 어려 보였다. 1년 정도 차이가 나는 듯했다. 순진할 정도로 낙관적이고 발달이 비켜 간다는 표현 말고는 설명할 길이 없는 소녀였다. 우리 팀이 사라와 또래 학생을 관찰하면 할수록 그들 모두 공립학교의 또래들에 비해 상당히 어려 보이고 정서 인식이 느리다는 점을 확실히 알게 되었다. 이 책의 초판을 낼 때는, 대부분의 일반적인 십대와 사라처럼 자녀 교육에 열성인 부모를 두었고 엄격히 통제되는 학교 환경과 사회적 환경에 있는 아이들이 이 정도로 차이가 나는 경우를 본 적이 없었다. 설령 보았더라도 사라와 그 친구들을 내가 어떻게 판단했을지 확신이 서지 않는다. 외관상 그들은 같은 연령대 중에서 두드러지는 엘리트처럼 보였고, 그들은 자신의 역할을 어떻게 연출해야 하는지 명확하게 알고 있었다. 하지만 그들은 다른 범주에 속해 있었다.

사라, 테리, 숀은 여러 면에서 동일하게 체계적 유기에 영향을 받아온 사춘기 공동체의 일원이고, 다른 또래 아이들처럼 고립감과 과제의 압박감에 힘겨워하는 십대였다. 그러나 그들은 모두 내가 '주변부에 자리한 아이들'이라고 부르는 범주에 속한다. 이 표현은 또래들처럼 동일한 거대 세계에 살고 있지만, 어떤 면에서 사회학적 대다수 집단에 속하지 않는 아이들을 지칭한다. 이 책은 다양한 중기 사춘기 청소년 집단에 대한 종합적인 설명을 제시하려고 하지만, 많은 청소년이 그런 포괄적 특성에 부합하지 않는 행동과 가치와 태도를 보여준다는 사실은 의심의 여지가 없다. 그러나 오늘날 십대의 상황을 이해하고 그들의 세계를 진정으로 들여다보기 위해서는 나의 문화기술지적 연구 결과와 다각적인 조사 방법을 사용하여 사회학적, 발달적 스펙트럼의 양극단(이른바 '주변부')에 있는 아이들을 살펴보아야 한다. 그래야 그들의 경험이 주류의 십대에 비해 더 힘든 부분은 무엇인지 더 잘 이해할 수 있다.

현대의 많은 학자가 사춘기 청소년을 기본적으로 건강하

다고 보는 반면, 많은 성인이 생각하듯 십대 시절이 자유로운 모험이 아니라고 주장하는 목소리도 높아지고 있음을 주목해야 한다. 사춘기를 연구하는 이들을 중심으로 지금의 성장기가 과거보다 더 어렵고 힘들다는 시각이 점점 설득력을 얻고 있다.[1] 오스굿과 포스터와 코트니가 지적하듯이 "미국과 서구의 다른 선진국에서 청소년이 성인이 되는 과정은 길고 때로는 힘겨운 과도기를 포함한다."[2] 이 책의 초판과 개정판 모두 적어도 모든 중기 사춘기 청소년이 고통스럽고 불안정한 인생을 경험하게 된다는 것을 확인하고자 했다. 그들은 이전 세대보다 더 고립감을 느끼면서 성장하기 때문에 과거의 사춘기 집단보다 더 스트레스에 시달리며 외로움을 느낀다. 나는 양극단의 아이들을 관찰하고 연구해왔다. 그들은 평균적인 청소년보다 기회와 자원이 결핍되어 있는 아이들과 모든 것을 가진 것처럼 보이는 아이들이다. 또한 양극단의 아이들을 다룬 문헌들을 읽으며 씨름했지만, 이 십대들이 또래와 비교해 어떤 인생을 경험하는지 설명하기란 쉬운 일이 아니었다. 이 두 부류의 청소년이 성장 과정에서 힘든 싸움을 겪는다고 단순화해서 말한다면, 아무 자원 없이 성인기까지의 여정을 헤쳐나가야 하는 아이들에게 모욕이 될 수 있다. 그들은 인종 차별, 가난 등과 같이 당면한 문제 때문에 운이 더 좋은 또래는 결코 이해하지 못하는 불리한 위치에 설 수밖에 없다. 그러나 동시에 매들린 레빈의 탁월한 저서인 『물질적 풍요로부터 내 아이를 지키는 법』(*The Price of Privilege*, 책으로여는세상)이 강조하듯이 이른바 특권은 특별히 현대 사회에서 큰 대가가 따른다. 그러므로 이 특권을 갖지 못한 이들과 비교하는 작업 대신, 이 장에서는 양극단의 아이들과 대다수를 이루는 주류 또래(마땅한 표현이 없어서 편의상 사용한 표현)가 경험하는 삶이 어떻게 다른지 조사한 최신 연구에 비추어 관찰한 내용을 설명할 것이다.

생활 환경과 무관하게 모든 십대가 봉착한 사춘기 여정의 세 가지 기본적인 문제는 정체성, 자율성, 소속감이다. 사회적 혹은 발달적 스펙트럼에서 주류 밖에 속하는 아이들은 보다 전형적인 십대 못지않게 자신의 정체성을 발견하고자 하는 욕구에 관심이 있으며, 그 욕구에 열중한다. 이 장에서는 주변부에 있는 아이들이 처한 실제 상황을 인식하는 데 방해되는 문화적 신화나 고정 관념을 폭로하고 깨뜨릴 것이다. 특권층에 속하는 십대가 또래와 같은 방식으로 자율성의 문제로 씨름할 것 같지는 않다. 하지만 연구 결과에 따르면 그들은 실제로 독특한 개인으로서 자신이 특별한 존재라는 내적 확신을 가지고 확고한 자아의식을 지니고 사는 것으로 더 큰 어려움을 겪는다고 한다. 특권을 누리는 아이들도 내면에 사랑하고 사랑받고자 하는 갈망이 있으며, 있는 그대로 인정받고 존재 자체로 축복을 받는 공동체에 소속되고 싶은 갈망이 있다. 발달적, 사회적 스펙트럼의 양극단에 있는 아이들에 대한 문화적 인식은 다양하지만 다른 모든 청소년처럼 그들 역시 정체성과 자율성과 소속감을 확인해야 한다. 그러나 특별히 특권층 아이들이나 취약층 아이들은 주류의 양 주변부라는 환경에 독특하게 영향을 받는다. 그러므로 이 장에서는 특권층 아이들과 취약층 아이들이 사춘기의 이 세 가지 과제를 수행할 때 보이는 특성을 살펴볼 것이다.

취약층 아이들과 특권층 아이들

내가 개념화한 '주변부에 있는' 중기 사춘기 청소년 집단에는 또래에 비해 건강한 개인화를 실현할 기회나 자원이 빈약한(그래서 일반적으로 장애물이 더 많은) 한 극단의 아이들과 기회와 자원이 더 많은 또 다른 극단의 아이들이 있다. 취약층이라고 부르는 전자에는 극도의 제도적, 사회적 억압 속에서 성장하는 아이들이나 생활 환경의 비인격적이고 변덕스러운 횡포에 학대당한 아이들이 속해 있다. 이 집단의 청소년은 심각한 빈곤 상태에 있거나, 집이 없거나, 계급적 혹은 인종적 억압을 받아 현재 상태에 이르게 되었다. 취약층의 청소년, 특별히 도시 빈민가 출신의 아이들에 대한 학문적 연구에 따르면, 이들은 대다수가 유색 인종이고,[3] 남자일 가능성이 훨씬 높고,[4] 정신 질환과 우울증에 걸릴 가능성이 높으며,[5] 약물 복용에 연루될 가능성이 훨씬 높다.[6] 물론 이런 일반적 특성에는 예외가 있다. 이런 특성들은 더 많은 위험에 노출된 청소년에게서 볼 수 있는 일반적인 특성을 아우른 것이다.

어려운 생활 환경 역시 어린이와 청소년을 취약층으로 내몰 수 있다. 이런 환경에 이르기까지 어떤 일이 있었는지와 별개로 이런 주변부 집단에는 장애인, 사회적인 문맹,[7] GLBT(게이, 레즈비언, 양성애자, 트랜스젠더)를 자처하는 이들, 무슨 이유에서건 종교심이 특출한 학생처럼 뚜렷한 분리주의적 하위문화에 속한 이들이 포함된다. 자신이 이런 여러 범주 중 하나(혹은 그 이상)에 해당한다고 말한 십대 중에는 실제로 또래 집단에 속해 있기 때문에 '주변부의 아이'로 여기면 안 되는 아이들이 있다. 하지만 나의 관찰에 따르면 이 두 가지 큰 범주가 취약한 아이들을 잘 설명한다.

스펙트럼의 정반대 편에는 흔히 특권층으로 불려온 아이들이 자리한다. 이 용어는 일반 청소년과 비교할 수 없이 막강한 사회적 자본을 소유하고, 환경적 자원이 풍부하며, 관계적, 직업적인 면에서 많은 특혜를 누리는 십대를 가리킨다. 모든 사립학교 학생이 특권층에 속한다고 볼 수 없지만, 많은 특권층 청소년은 사립학교, 특별히 엘리트 사립학교에 다니고, 일반적으로 부유하며, 자녀 교육에 열성적인 성공한 부모 밑에서 자랐다. 또한 다양한 이유로 '뛰어난' 잠재력을 지녔다는 말을 들으며 성장했다. 그들이 '특별하다'고 표현할 수 있는 이유는 혈통이나 부모의 성공, 사회적 지위, 명성 혹은 권력 때문이다.[8] 특권을 누리는 아이들은 아주 어린 나이에 일반적으로는 세상에서, 구체적으로는 또래 중에서 특별한 지위를 타고났다고 배우며 그에 맞게 살도록 훈련받는다.

정체성

정체성이라는 용어의 정확한 정의와 그와 관련된 과정을 두고 논쟁이 있지만, 사람들은 대부분 나 자신을 '나'로 인식하고 규정하는 방식을 정체성이라고 인식한다. 학자들은 일반적으로 잘 발달한 '자아의식'을 소유한 것으로 정체성을 설명할 수 있다는 주장에 동의한다. 매들린 레빈은 청소년이 성장하면서 자아가 발달되어야 할 필요성을 다음과 같이 설명한다. "잘 발달된 자아의식이 반드시 필요한 이유는 바람직하게도 필연적으로 외부 지원이 부족한 상황이 왔을 때, 자아의식이 일종의 안전 기지가 되어주고 인생을 항해하는 데 필요한 내면의 나침반을 제공하기 때문이다. 우리 자신뿐 아니라 자녀의 인생 역시 결코 완벽할 수 없다. 하지만 건강한 자아의식은 흥미진진하고 만족스러우며 관리 가능한 인생을 살도록 도와준다."9

최소한 타인과 뚜렷이 구분되고 상대적으로 안정된 자아의식 없이 성인 사회에 안착하기는 쉽지 않다. 정체성 발달이 발달 이론 분야에서 많은 논쟁이 따르는 주제이지만, 사회적으로 조정되고 공동체 안에서 인정받은 자아의 모습을 확인하는 과정인 동시에 개인의 고유한 자아의식을 수용하려는 내적 탐색 과정이라는 점은 의심할 여지가 거의 없다. 데이비드 모시먼이 지적하듯이 "정체성을 구축하고자 하는 우리의 노력은 외부적인 사회적 요인뿐 아니라 자신에게 충실하고자 하는 욕구로 제약을 받는다…실제적인 정체성 구성은 때로 스스로 창출해야 하는 과정일 수도 있고 때로는 발견하는 과정일 수도 있지만 일반적으로 두 요소 모두를 포함한다."[10] 건강한 상호 의존적 성인기로 나아가는 청소년이 발견과 통합이라는 어렵고 위험한 지형을 헤쳐나가기 위해서는 외부의 도움이 꼭 필요하다. 그렇다면 우리 앞에 놓인 질문은, 주변부의 아이들이 어떤 방법으로 앞으로의 삶에서 지니고 살아갈 고유한 자아의식을 발견하고 형성할 수 있는가 하는 것이다.

취약층 청소년의 정체성 발견

모든 문화권에서는 아이들이 건강하고 생산적이며 사회에 공헌하는 성인으로 성장하기를 바란다. 그런데 한 아이가 그런 성인으로 성장하기 위해서는 아이가 자신만의 고유한 자아의식을 발견하고 그에 충실하게 살아갈 환경을 마련하는 일에 헌신하며, 그들을 즉각 도울 어른이 있어야 한다. 이런 당연한 주장에서 한 걸음 더 나아가, 모든 아이에게는 사회의 한 구성원으로서 자신의 독특성을 자각하도록 성장할 수 있는 기회가 주어져야 한다. 취약층의 아이들은 주류에 속한 대다수 아이보다 이런 기회를 얻기가 훨씬 어렵다.

공동체가 정체성 형성과 자기 발견에 기여하는 역할은 부모나 이웃, 감독, 교사, 다른 어른 등 공동체의 구성원이 형성 중인 아이의 자아를 인정해주고 그 자아에 이름을 붙여주는 것이다. 이렇게 이름을 붙이는 일은 강력한 힘을 발휘한다. 아이의 발달 중인 자아감을 확인해주는 생산적인 역할을 할 수도 있고, 자신의 정체성을 부정적으로 결정하게 하는 파괴적인 역할을 할 수도 있다. 부정적인 낙인은 그 사람이 사용한 근거와 그가 아이와 맺은 관계에 따라 아이가 건강한 성인으로 자라는 것을 방해하는 저주가 될 수 있는 막강한 위력을 발휘한다. 예를 들어, 취약층 아이가 실패자라고 낙인찍히면(그런 말을 실제로 들을 때나, 암묵적으로 실패자 취급을 당할 때) 그 아이는 공동체가 낙인찍은 대로 살아가게 될 것이다. 그러한 낙인이 유해하고 파괴적일 때도 그것이 공동체의 책임을 맡은 권위 있는 사람에게서 나왔기 때문에 아이들은 종종 그 낙인을 자신의 정체성에 대한 확증이라고 받아들인다. 바수데반과 캄파노는 이렇게 지적한다. "아이들을 판단하는 기준으로 확산되고 있는 고부담 시험 체제와 교육의 책무성을 따지는 시대에 비추어볼 때(Darling-Hammond, 2006년), 미국 학교에서 횡행하는 낙인찍기는 많은 비판의 대상이 되었다(예를 들어, Hudak and Kihn, 2001년). 낙인찍기와 분류하기는 그 자체로 해롭지 않을 수 있다…그러나 그런 낙인이 인간 행동의 독점적 기준을 만들고, 능력(무능력) 이데올로기를 강화하게 될 때 필연적으로 위계가 형성된다."[11]

예를 들어, 많은 취약층 아이에게 현재 현실에서 일어나고 있는 폭력이 정체성에 미치는 영향을 생각해보면, 폭력이 일상화된 가정이나 지역 사회에서 자라는 아이들은 자신이 폭력적이라고 인식할 가능성이 더 높다. 따라서 폭력적 생활 방식을 지속할 가능성이 높을 뿐 아니라, 폭력적인 사람이라고 스스로 결정적인 낙인을 찍고 자신을 그렇게 바라볼 것이다.[12] 취약층 아이들 중 일부는 고위험 집단에 속해서 자신의 자아감을 확인하려고 할 때, 고위험 행동을 통해 안정감과 안전감을 얻는다는 것이 밝혀졌다. 한 연구에서 사춘기 청소년은 "범죄 행동, 성적 난잡함, 마약 사용, 그 외 다른 형태의 비행, 위험 감수 행동과 같은 반사회적 행동을 통해 양육자의 눈에 성인과 같은 지위"를 얻을 수 있다고 보고했다.[13] 우리에게 생소한 집단이지만 최소 170만 명으로 추산되는 홈리스 십대의 경우, 노숙을 하게 된 가장 흔한 원인은 가정 폭력이다.[14] 취약층 범주에 속하는 십대는 대부분 그들이 보고 경험하는 폭력이 설령 그들의 정체성에 직접적인 영향을 주지는 않더라도 정체성을 억압하는 환경을 조성한다. 그러므로 그들은 자신만의 독특한 자아감을 발견하거나 주류에 속한 또래처럼 다양한 선택을 시도할 기회를 얻지 못하고, 폭력적인 생활 방식이 고착화되는 상황으로 내몰릴 수 있다.

취약층 청소년과 관련된 문제는 학술 문헌으로 잘 정리되어 있고, 때로는 정치적 이유로 전국적 담론으로 부상하기도 한다. 그러나 일반 대중이 취약층 청소년의 실제적 곤궁함과 환경에 개입하고 관여하는 경우는 별로 없다. 특별히 신뢰할 만한 자료를 바탕으로 논의를 주도하며 그들에게 적극적으로 개입하는 경우는 더욱 없다. 한 지인은 내가 갱단 해체 위원회의 간사들과 협력하여 그들이 활동하는 지역을 방문해왔다는 이야기를 듣더니 훈계조로 이렇게 지적했다. "그냥 열심히 프로그램대로 따라가면 잘 살아갈 수 있을 텐데 말이죠. 내가 어렸을 때는 아무도 나를 도와준 사람이 없었어요." 오늘날 이런 식의 태도는 흔하다. 폭력과 마약에서부터 경제적이고 인종적인 제도의 억압에 이르기까지 특별히 취약층 청소년이 매일 겪는 현실을 경험해본 적 없는 이들이 이런 태도를 보인다. 예를 들어, 도심의 공립학교와 종교 재단에서 운영하는 엘리트 사립학교의 상황을 관찰하면 우리 사회가 청소년을 돌보는 방식에 얼마나 극명한 차이가 있는지 실감할 수밖에 없다. 미국의 모든 국민에게 동등한 기회가 주어진다는 신화가 얼마나 허구인지 절감한다.

청소년기의 정체성은 그들이 듣는 메시지와 목소리와 자신에 대한 내면적 인식이 상호 작용하여 형성된다. 취약층 청소년은 종종 부정적이거나 파괴적인 메시지를 받아들이는데, 이것은 그들의 정체성 발달의 향배를 결정할 수 있다. 취약 청소년에 대한 강고한 기본 관점은 그들이 괴로운 경제적, 교육적, 사회적 환경에서 벗어날 길을 찾지 못하는 것이 순전히 그들 자신의 탓이라는 것이다. 그러므로 우리 문화는 가장 취약한 청소년의 필요를 무시하고 정체성 형성에 강력한 영향을 미치는 부정적인 요인의 합창에 암묵적으로 동참하고 있다. 이 나라가 분열되어 있는 것은 놀랍지 않다. 우리는 모두에게 평평한 운동장을 제공하지 않으며, 오히려 죄책감을 느끼지 않도록 그런 불평등을 합리화하려고 한다. 취약층 청소년들은 별 볼 일 없는 존재이고, 특권층 청소년보다 영리하지도 않으며, 재능과 능력이 부족하다는 말을 듣고 있다. 그리고 그 흐름은 그대로 반복될 것

나의 소원

비밀을 털어놓을 사람이 있으면 좋겠다
귀 기울여 들어줄 사람,
아무에게도 전하지 않을 사람이 있으면 좋겠다

특별한 사람을 만나면 좋겠다
나를 사랑하고
나를 돌봐줄 사람을 만나면 좋겠다

누군가와 대화할 수 있다면 좋겠다
나를 이해해줄 사람,
내 말을 듣고도 비웃지 않을 사람과 대화할 수 있다면 좋겠다

친한 친구가 있으면 좋겠다
믿어도 되는 친구,
비밀을 말해도 되는 친구가 있으면 좋겠다

나를 이해해주는 사람
나와 함께 성장할 사람
내가 속을 터놓을 사람

_어느 고등학생

이다. 우리 아이들은 패배자다. 그러므로 우리도 모두 패배자다.

특권 청소년의 정체성 발견

특별히 청소년 시절 내내 아이들에게 쏟아지는 수많은 이질적인 메시지를 고려하면, 정체성을 발견하는 것이 청소년에게 그렇게 쉬운 일은 아니다. 그럼에도 아이들에게는 외부의 메시지와 내면의 자아감이 어떻게 상호 작용하는지 탐색할 기회가 있다. 그러나 특권층 청소년의 환경은 더 통제되고 인위적으로 조성되기 때문에 이런 탐색 활동은 훨씬 더 복잡해진다. 그들은 자신이 늘 감시와 평가와 판단의 대상이 되고 있음을 알고 있다. 어릴 때부터 인생은 항상 외부의 잣대로 평가된다는 것, 특별히 그들의 외모와 적응력과 성과로 평가받는다는 것을 배운다.

낙인을 찍는 것이 자아에 대한 부정적 인식을 강화할 수 있듯이, 건강한 자아 발달을 방해할 수도 있다. 일반적으로 특권층 청소년이 또래보다 수행 능력이 뛰어날 수 있다는 사실은 의심할 여지가 없다. 바수데반과 캄파노는 취약층 청소년에게 낙인찍는 것의 영향을 논의하면서 두 극단에 속하는 아이들에게 낙인은 예외 없이 모든 청소년에게 서열화로 이어진다고 주장했다.[15] 이때 특권층 청소년은 자신이 또래보다 더 뛰어나고 똑똑하며 전반적으로 유능하다고 믿으며 성장한다. 청소년들을 규정하는 작업을 일임받은 교육 문화는 '재능을 타고남'과 같은 표현을 사용하여 명명하는 방식으로 그들을 구분해왔다. 그 결과 특권 청소년은 외부의 기준과 기대를 충족할 재능을 타고났다고 스스로 믿을 수 있는 환경에서 자라는 반면, 취약층의 청소년은 규정된 기준으로 볼 때 재능이나 실력이 없기 때문에 인생에서 성공할 가능성을 기대하지 않고 체념한다.[16]

이 논의의 취지상 우리 관심사는 일부 청소년이 엄격한 수준의 교육 기회를 충족할 정도로 학문적, 환경적으로 준비되어 있는지 여부를 따지는 데 있지 않다. 특권층 청소년에게 중요한 문제는 각자의 '가능성'에 따라 개인을 규정하는 세계관이다. 이런 세계관은 학문의 영역을 넘어 스포츠, 음악, 춤, 기업의 영역까지 침범해 있다. 또한 모든 다른 인간 활동에도 그 그림자가 드리워져 있다. 특권층 청소년에게는 다른 사람보다 뛰어나야 한다는 기대가 존재한다. 이런 기대는 아이들이 정체성을 발견하려 노력할 때 계속 지녀야 하고 다루어야 하는 암묵적인(그리고 때로는 명시적인) 이름표를 만들어낸다.

9장에서 논의한 것처럼 오늘날의 청소년은 과거 어떤 세대보다 더 많은 스트레스를 받는다. 그런데 특권층 청소년은 자신을 소수의 특권층으로 여기도록 훈련받기 때문에, 다른 청소년 집단에 비해 외부의 기대와 목표에 부응해야 한다는 더 심각한 압박에 시달린다. 성인은 청소년을 버릇없는 존재로 여기고, 자신 외에는 세상 그 무엇에도 관심이 없다고 생각하며, 어디에도 속박되지 않은 자유로운 방관자처럼 보는 경향이 있지만, 오늘날 십대의 세계에는 표면에 드러나지 않는 또 다른 실체가 숨어 있다. 청소년들은 겉으로 드러난 모습으로만 자신을 재단하는 세계에서 자신의 정체성을 발견하고자 힘겨운 싸움을 벌이고 있다. 우리 연구 팀은 특권층 청소년을 대상으로 연구를 진행하면서 표적 집단 면접과 학술 문헌을 통해 오늘날 패기 있고 용감하게 자신을 증명해야 할 요구에 부응하며 성장기를 보내는 것이 청소년이 감당해야 하는 또 다른 층위의 부담으로 작용한다는 사실을 확인했다. 특권층 청소년에게 이런 추가적인 특권 의식과 권력의 외피는 이미 힘든 인생에 더욱 복잡한 차원의 어려움을 더한다. 특권층 청소년은 자신이 다른 사람보다 우월한 존재라고 인식하도록 훈련받기 때문에 약점이나 고민을 절대 드러낼 수 없고, 때로 인간적 약점에 관한 진실을 자신에게까지 숨겨야 하는 짐을 지기도 한다.

특별히 기질적, 환경적으로 원인과 결과까지 결정할 힘을 지닌 전능자인 것처럼 행세하는 데 익숙한 특권층 청소년은 우월함의 신화를 고수하려고 노력한다. 이 노력은 정체성 형성과 발견이라는 자연스러운 발달 과정을 압도하거나 심지어 억압할 수 있다. 외부적으로 나를 드러내고 과시하다가 마땅히 지향해야 하는 본연의 나를 외면하고 거부하는 결과를 낳는 것이다. 그러므로 매들린 레빈이 지적하듯이 "우리는 자녀에게 필요 이상으로 강요하고 간섭하며 그들을 대신하려고 하다가 오히려 그들을 '망칠' 수 있다. 더 심각한 것은 우리가 자아 정체감을 형성하려는 아이의 능력을 해치는 결과를 낳을 수 있다는 것이다."[17] 특권층 청소년은 성인 시스템의 방식, 특별히 부모에게 양육받고 지도받는 특유의 방식에 영향을 받아 외부적 성공이 인생의 가장 중요한 목표이고 그것이 자신을 규정한다고 주입받으면서 사춘기의 주요 발달 과제가 종종 무시되고 심지어 왜곡된다.

또 다시 레빈은 이렇게 묻는다. "특권층 청소년이 평균 이상으로 사춘기의 가장 기본적인 과제, 즉 자율성과 건강한 자아정체감의 발달이라는 과제를 완수하는 데 특별히 어려움을 겪는 이유는 무엇인가?"[18] 그는 다수의 연구와 조사를 통해 확인한 관점을 바탕으로 압박, 과제 수행, 고립(이 경우에는 개인주의와 직접 관련된다), "사람과 인격보다 물질을 더 강조하는" 물질만능주의를 분석하고 비판한다.[19] 성과는 개인의 가치를 측정하고 정체성을 규정하는 평가 틀이 된다. '극렬한 개인주의'(특권의 특징적 상징) 윤리의 결과인 고립은 모든 중기 사춘기 청소년에게서 볼 수 있는 보편적 전염병이고, 특권층 십대에게 고립은 치밀한 관리로 방어되지만 부정할 수 없는 엄연한 현실이다. 물질만능주의는 성과를 내야 한다는 압박의 산물이므로 "손상된 자기계발의 원인이자 증상이다."[20]

특권 청소년에게만 한정되지 않는 물질만능주의의 개념은 레빈과 다른 이들이 건강한 정체성 발달을 방해한다고 주장하는 주요한 영향 중 하나다. 커티스 밀러는 특권층 청소년의 물질주의 영향에 대한 문헌을 요약하며 이렇게 규정한다. "물질만능주의는 사람과 인격보다 물질을 더 강조한다는 것을 의미하며 부유한 계층에서 더 기승을 부린다. 물질만능주의는 지위라는 외부적 지표를 통해서만 자신을 규정하기 때문에 아이들이 안전한 자아정체감을 발달시키는 능력을 직접 공격한다. 다시 말해, 개인의 인격으로 개인이 규정되는 것이 아니라, 소유한 물질과 타인의 평가로 자신을 규정하는 것이다. 모든 에너지가 외부의 인정을 확인하는 데 사용되기 때문에 내면의 자아 발달이 전혀 이루어지지 않는다."21

그러므로 많은 특권층 청소년은 건강한 자아감을 형성하는 데 필요한 고된 노력을 감당하기가 더 어렵다. 이 책에서 계속 지적했듯이 이 일은 누구에게도 쉬운 일이 아니다. 게다가 타인(특별히 혈통, 특별한 재능, 환경으로 청소년을 규정하는 어른)의 낙인, 기대, 요구를 따라 사는 이들에게는 훨씬 더 어려울 수 있다. 고립이 특권과 권력을 누린 대가라고 배운 청소년, 물질만능주의로 사람이나 관계보다 지배와 권력과 욕망이 더 가치 있다고 가르치는 세상을 물려받은 아이는 본질적인 자아정체감을 잃은 채 성장하는 대가를 치르게 된다.

자율성

사춘기의 두 번째 주요 과제인 자율성은 책임을 지고 현명한 선택을 내리는 것처럼 대체로 외부적 표현의 차원에서 이해되어왔다. 그러나 성인에게 기대되는 수준의 선택을 내리고 그에 따라 일정한 수준의 책임을 지는 내적 능력이 발달하는 것은 성장과 각성과 독자적인 선택을 내리는 내적인 과정이다. 다시 말해, 부모, 교사, 감독, 상담가 등의 어른이 가장 관심을 두는 것은 청소년이 상충하는 다양한 문제와 기대를 고민하고 해결하여 삶에 필요한 올바른 행동을 선택하는 내적 역량을 기르는 것이 아니라, 어른의 이익에 부합하는 선택을 내리고 책임을 지게 하는 것이다. 그러므로 우리는 청소년을 판단할 때 그가 스스로 배우고 성장해가는 궤적이 아니라, 우리가 이미 그들로 하여금 몸담고 살아가도록 정해둔 틀에 얼마큼 들어맞는지를 기준으로 삼기 쉽다. 그러나 이렇게 훈련된 순응은 건강한 자율성의 발달 과제가 아니라, 타인의 의도에 순응하는 법을 배운 것에 불과하다. 자율성과 순응은 완전히 다른 개념이다.

자율성은 변화를 만들어내고, 자신의 인생길을 선택하며, 사회에 도움이 되는 주체로서 행동할 수 있는 능력으로 가장 잘 설명할 수 있다. 그렇다면 자율성의 본질에 해당하는 핵심 단어는 힘(power), 즉 주도력이다. 스캇 D. 에반스가 지적하듯이 "이 힘은 돌봄을 맡은 어른의 지지와 도전을 바탕으로 의미 있는 역할을 해내는 능력을 발전시키고, 주체적 목소리를 내서 그 반향을 경험하며, 가치 있는 역할을 할 기회를 얻는 데서 생긴다."[22] 사춘기 청소년과 교류하며 지도하는 많은 성인은 힘이라는 단어에 대해 부정적인 결과를 연상한다. 심지어 이것이 '역량'과 '목소리'의 발달로 온건하게 포장된다 해도 마찬가지다. 한창 성장 중인 청소년이 자신의 자아감과 주체 의식과 목소리를 탐색할 때, 그 행위 자체가 다른 사람의 목표나 계획을 위협할 수 있다. 물론 그 사안이 성인 모색기에 있는 청소년의 필요를 최우선으로 두는 경우는 예외다. 이것은 청소년을 양육하고 이끌며 인도하는 성인에게 가장 결정적이고 중요한 문제다. 무엇보다 모든 사춘기 청소년은 자신이 중요한 존재이고, 사회에 기여하는 역할을 감당할 수 있는 존재라는 정체성을 발견할 기회가 필요하다. 그러나 사춘기 청소년이 자신의 힘을 탐색하고 표현할 때, 그들을 책임지는 성인의 권한 영역과 불가피하게 충돌이 발생한다. 따라서 성인이 청소년의 발달상의 건강과 안녕이 아닌 다른 이유로 청소년과 관계를 형성하면, 청소년은 결국 성인의 통제라는 벽에 부딪히게 될 것이다. 이런 상황은 청소년이 그들을 책임지는 성인의 통제 아래서 권위나 강력한 압박에 맞설 때마다 맞닥뜨리는 혹독한 시련이다. 성인이 청소년에게 가장 유익이 되는 방향으로 권위를 행사하며 통제하고 있다고 스스로 믿더라도, 아이들은 결국 실제로 또 다른 유기의 표현으로 받아들일 수 있다. 어떤 의도를 지닌 성인이 존재하는 것만으로도 아이들은 자신의 목소리와 주체성이 중요하다고 믿으며 자라지 못한다. 사춘기 청소년은 자신의 고유한 효능감과 위치를 발견하는 경험을 하지 않고는 건강한 성인으로 성장하기 어렵다. 그러나 아이들이 이렇게 성장하도록 돕기 위해 자신의 영향력과 지위를 기꺼이 포기하는 성인은 많지 않다.

자율성의 발달은 성장에서 필수 단계이고, 모든 청소년에게 쉽지 않은 여정이다. 특히 주변부에 있는 아이들에게는 훨씬 어렵고 달성하기 쉽지 않은 과정이다. 주변부 양극단에 있는 청소년들을 연구한 결과, 나는 다음과 같은 에반스의 지적이 옳음을 확신했다. "연구 결과에 따르면, 성인이 십대가 공동체라는 환경에서 자신의 목소리와 영향력을 확인하도록 도울 방법을 찾아야 함을 알 수 있다. 최근 지역 사회 기관이나 일부 학교와 도시 차원에서 이런 일이 진행되고 있음을 암시하는 증거가 많다. 불행하게도 이런 사례 중 상당수는 청소년에게 실제적인 영향력과 힘을 부여하기에는 미흡하다. 이런 기회들은 대부분 십대에게 실질적인 권한을 이양하지 않은 상태에서 영향력이 생겼다는 인상만 주는 형식적인 몸짓에 불과하다."[23]

부모뿐만 아니라 모든 성인이 아이들에게 자신의 존재감과 사회에 기여할 재능을 탐색할 기회를 만들어주기 위해 애써야 한다. 양 주변부의 아이들이 이를 자신의 역할로 이해하는 어른과 관계를 맺는 경우는 극히 드물고, 이를 위해 자신의 기대치를 조정하고 자신의 필요를 제쳐두는 어른과 교류하거나 소통하는 경우도 찾아보기 어렵다. 아이들이 자신의 목소리와 힘을 발견하도록 도울 가장 큰 영향력과 기회를 가진 사람은 당연히 부모다. 하지만 부모 못지않게 어린이와 청소년에게 영향을 미칠 수 있는 또 다른 영향력 있는 성인 집단을 꼽는다면, 어린이나 십대가 자신만의 힘을 발견하도록 돕고자 전심전력하는 사람들이다. 부모 외에 멘토나 감독, 교사나 청소년 사역 단체 리더처럼 어린이와 청소년과 가장 가까운 성인들은 청소년이 자신의 목소리와 재능이 중요하고 세상에서 어엿한 주체로 살아갈 수 있음을 인식하도록 지지하는 환경을 마련할 수 있다. 성인은 청소년이 자신감처럼 측정 가능한 자율성의 측면을 강화해주는 일부터 성인이 되어 탐색해갈 미래에 대한 희망을 고취하는 일에 이르기까지 다양한 방식으로 자신의 능력에 대한 효능감과 자율성을 발휘하도록 도와줄 수 있다.[24]

양 주변부의 아이들의 자율성에 대한 이어지는 논의에서는 취약층 청소년보다 특권층 청소년을 설명하는 데 더 많은 지면을 할애할 것이다. 양극단의 청소년은 자신만의 목소리를 찾고, 그 특별한 목소리에 충실하게 살아가는 일이 쉽지 않다. 이때 이 두 집단이 해결해야 할 사안에는 큰 차이가 있다. 나는 취약층 청소년이 자기 능력에 대한 효능감과 자율성을 확인할 때 당면할 주요 문제를 드러내고자 최선을 다했다. 또한 취약층 청소년과 공동체를 있는 그대로 정직하게 바라보도록 노력해야 한다고 옹호하는 이들을 강력히 지지한다. 그러나 대부분의 경우 나의 개인적인 입장만 밝히고, 이런 문제에 대한 심층적 논의는 다른 학자들과 공적 토론의 몫으로 남길 것이다. 특권층 청소년이 자신의 힘과 자기주장을 발견하고 탐구하는 능력을 방해하는 요소가 무엇인지는 확실하지 않다. 실제로 많은 성인(특별히 그들을 양육할 직접적인 책임을 지는 사람)은 이 문제로 여러 이견을 주고받는다. 특권층 청소년이 자율성을 추구할 때 부딪히는 어려움이라는 주제는 공적인 논의가 이루어진 적이 없기 때문에 나는 이 측면을 더 집중해서 다루었다.[25]

취약층 청소년의 자율성 기회

취약층 청소년이 건강하고 생산적인 성인기로 나아가도록 성장할 기회를 가로막는 요인은 수없이 많다. 자아감(정체성)을 발견하고 그에 충실하게 살고자 할 때도 마찬가지다. 그리고 그들이 자신의 권리와 목소리(자율성)를 탐색하고자 할 때는 훨씬 많은 어려움이 따른다. 많은 취약층 청소년이 당면하는 가장 큰 장애물은 그들뿐만 아니라 그들이 속한 전체 공동체까지 권리를 부정당하는 억압적인 제도적 요인에서 발생한다. 누구나 하면 된다거나, 열심히 노력하면 반드시 좋은 결과가 따를 것이라는 입버릇처럼 되풀이되는 문화적 주문은 다른 십대와 달리 취약층 청소년에게는 매우 다른 의미를 지닌다. 루타 발라이티스는 "도심의 여성 청소년"의 시각을 연구한 도발적이고 설득력 있는 글에서, 사춘기 소녀들이 자신들의 자율성 발달을 위한 공동체적 차원의 노력이 부재한 것에 대해 느끼는 심정을 이렇게 보고했다. "요약하자면 공동체에 대한 청소년의 추상적 이상과 그들이 그 안에서 실제로 경험하는 것은 전혀 일치하지 않았다. 이런 부정적인 경험은 공동체에 영향을 미칠 수 있는 청소년의 위치와 능력에 대한 인식에 영향을 미쳤다…'자율권을 위협하는 요인'이라는 주요 주제에는 세 가지 하위 주제가 있다. '어른들이 모든 것을 좌우한다', '우리는 아이들일 뿐이다', '어른들이 우리를 신뢰하지 않는다'…어른들에게 '거부당하고 있다'는 체념에 가까운 청소년의 감정은 통제력 박탈에 대한 그들의 피해의식을 더 깊이 이해하는 데 도움이 된다."[26]

이런 인식은 대다수 청소년이 특별히 자신의 목소리를 낼 때 어른들에게 지지받지 못하는 상황과 이로 인한 무력감과 관련해 보고된 내용과 비슷하다. 그러니 취약층 청소년, 특별히 성인조차 무력감과 소외감을 느끼는 침체된 도심 지역의 아이들은 훨씬 더 어려운 발달상의 문제에 맞닥뜨린다. 수십 년 동안 억압과 침체를 일상화된 현실로 경험하는 집단의 경우, 어린이와 청소년이 그동안 알아왔던 삶의 형태를 개선시킬 수 있다고 믿도록 도울 자원이 거의 없다. 만나는 어른들이 절망과 체념의 총체적 무력감을 보여주면, 그 아이는 자신의 운명 역시 비슷하리라 믿으며 자란다. 그런 집단은 아이들이 미래에 대해 품는 희망을 꺾거나 방해할 의도가 전혀 없는데도 체계적인 무력함의 악순환을 강화하고 심지어 그에 동조한다. 이로 인해 자율성과 권리 의식과 자기주장이라는 발달 과제를 '실현 불가능한 꿈까지는 아니더라도' 달성하기가 매우 어려워지고 말았다. 이런 요소들이 인간 발달의 핵심 과제인데도 말이다.

약간의 장애가 있는 청소년이거나 상대적으로 정서적, 사회적 지능이 낮은 청소년은 비교적 성인의 지원을 받기는 쉽지만 여전히 주변부에 있다. 이런 취약층 청소년도 건강한 내적 자율성 의식을 발달시키는 일이 똑같이 어려울 수 있다. 전체 사회와 또래 집단은 이 아이들이 다른 아이들보다 '열등하기' 때문에 독립적인 주체로서 기능할 힘이나 능력이 없다는 메시지를 일관되게 보낸다.[27] 따라서 이 소외된 십대들은 건강한 내적 자율성을 발달시키기가 지극히 어렵다. 때로 용기를 주는 목소리, 전담 '멘토', 다른 임의의 지원 등이 있어도 그들을 방해하는 요인의 힘은 강력하다. 다양한 환경에 놓인 취약층 청소년이 대다수 또래보다 건강한 자율성을 발달시키는 길이 훨씬 더

험난하다는 것은 의심할 여지가 없다.[28]

특권층 청소년의 자율성 기회

특별히 힘, 즉 주도력과 같은 용어를 사용해 자율성의 발달 과제를 규정할 때, 특권층 청소년이 자율성 발달 문제로 어려움을 겪으리라고 생각할 성인은 거의 없을 것이다. 대부분의 사람은 자원을 많이 소유할수록 어떤 문제든지 더 수월하게 해결할 수 있다고 확신한다. 실제로 이를 뒷받침할 수 있는 점점 더 많은 증거가 대규모 근거와 함께 확인되고 있다. 즉, 확실한 지원을 받고, 자신에 대한 믿음이 확고하며, 심지어 학업적 성취까지 이룬 아이들은 어려움과 장애를 극복하고, 탁월하게 두각을 드러낼 수 있는 훨씬 강력한 능력을 지녔다는 것이다. 청소년 전담 사회 복지사인 마리아 드류스는 이에 관한 문헌들을 조사하면서 이렇게 요약했다.

> 인간이라면 누구나 지닌 자연적인 회복력을 개발하고 보호하기 위해서는 몇 가지 핵심적인 요소가 필요하다. 연구에 따르면, 높은 지적 기능(IQ, 문제 해결력, 정보 처리 능력 등), 유능하고 효과적인 자녀 양육(모니터링, 경계 설정, 지원 등), 감정과 행동을 조절하는 능력이 모두 자연적인 회복탄력성을 발전시키는 데 필수적인 부분임을 보여준다. 이런 요소들이 제대로 작동하지 않는다면 한 아이의 자연적 회복탄력성이 저해될 것이고, 역경을 만

날 때 적절히 대처할 가능성이 현저히 낮아질 것이다. 반면 돌봐줄 어른이 있고, 정상적인 인지 발달 과정을 거치며, 자신의 관심과 정서와 행동을 관리할 능력이 있는 아이라면 역경에 맞서 강력한 자연적 회복탄력성을 기를 가능성이 더 높다.[29]

때로 "긍정 심리학"[30]으로도 불리는 번영 심리학의 렌즈로 기존 문헌을 살펴보면, 특히 어려움에 봉착할 때 어떤 사람은 번성하고 또 다른 사람은 쉽게 실패하는 뚜렷한 특성적 요인들이 있음을 확인할 수 있다. 드류스가 주장한 것처럼 "돌봐줄 어른이 있고, 정상적인 인지 발달을 거치며, 자신의 관심과 정서와 행동을 관리할 능력"이 있는 사춘기 청소년, 더 정확히 말해 언제든지 활용할 풍성한 환경적 자원이 있음을 알고 믿는 아이들은 훨씬 수월하고 건강하게 성인기로 이행할 가능성이 높다. 그러므로 '긍정적인 청소년 발달' 이론은 청소년의 부정적인 측면보다 긍정적인 부분에 초점을 맞추는 편을 선택한다. 미국 보건복지부에 따르면 "긍정적 측면을 강조하는 청소년 발달 이론은 모든 청소년이 사춘기 때 지지와 지도와 기회가 필요함을 이해한다. 또한 모든 청소년을 위해 지원 공동체를 만드는 동시에 청소년이 전체 공동체의 복지에 기여하도록 참여시키는 것을 목표로 삼는다."[31] 이 이론적 틀을 옹호하는 이들에 따르면 긍정적인 청소년 발달 이론은 청소년이 스스로 성장을 이루어낼 수 있음을 강조한다. 이 이론은 "인간이 발달의 동기를 발휘할

능력을 타고난다는 주장을 근거로 삼는다."³²

이런 입장은 충분히 일리가 있다. 하지만 이 책에서는 대략 14세에서 20세까지의 중기 사춘기 시기에 내부적, 외부적으로 강력한 지원 환경이 있음을 거의 체감하지 못하는 시기가 짧게라도 존재한다는 점을 계속 강조했다. 사실 이 연령대의 청소년은 전반적으로 이런 지원이 존재하는 것을 체감하지 못한다. 다양한 청소년을 대상으로 실시한 우리의 연구에 따르면, 중기 사춘기 시기에 '발달의 동기를 발휘할 인간 능력'이 실제로는 기껏해야 잠재적 가능성에 불과하다. 일부 아이는(내가 관찰한 바에 따르면, 중기 사춘기 청소년의 극히 일부) 발달 과정에서 상황에 따라 미래를 준비하려는 강력한 동기가 필요함을 수긍하는 모습을 보여주었다. 그러나 확실히 거의 모든 아이는 물론이고 이런 의욕을 보이는 대부분의 청소년조차 성장하고자 하는 내적 열정을 눈에 띄게 보이는 경우는 거의 없었다. 그들은 상충하는 관심사와 필요와 꼭 이루고 싶은 마음의 갈망을 이해하려는 동시에, 그들의 세계가 그들에게 던지는 수많은 목표와 기대에서 살아남는 것이 더 중요한 문제였다. 취약층 청소년에게 이 문제는 너무나 당연한 것일 수 있지만, 특권 청소년에게도 엄연한 현실이다.

가능하다면 긍정적인 측면에 집중하고, 생산적이며 회복탄력성이 높은 성인이 되는 데 필요한 것을 제공함으로써 자녀의 '성장'을 위해 최선을 다하는 것은 분명히 중요하다. 그러나 특권층 청소년의 경우에도 성장하는 데 필요한 것이 무엇인지 성급하게 단정하거나 누가 성공했는지를 파악하기 앞서 오늘날 십대가 처한 실제적인 상황을 파악해야 한다. 즉, 오늘날 십대에게 실제로 어떤 일이 일어나고 있는지를 꼼꼼하게 살펴보는 것이 중요하다는 것이다. 표면 아래 어떤 문제가 자리하고 있는지 조사하고, 우리 청소년이 실제로 우리가 물려준 사회와 환경을 어떻게 경험하고 있는지 살펴보아야 한다. 긍정적인 전망과 의지를 품고 상황에 대처하고 행동하는 것은 분명히 중요하다. 하지만 이렇게 반응하기 앞서 우리가 다루고 있는 대상이 누구인지 명확히 파악해야 한다. 이를 통해 체계적인 유기와 그 영향을 인식하고 분류함으로써 청소년을 돌보는 사람들이 얻을 궁극적인 결과는, 아이들에 대한 확실한 이론적 이해를 토대로 더 효과적이고 전략적으로 반응하여 더 많은 아이와 가정과 공동체에 적절한 도움을 주는 것이다.

예를 들어, 저명한 심리학자 수니아 루타가 시행한 연구는 특권층 청소년에 대한 우리 인식이 얼마나 현실과 동떨어져 있는지 보여준다.[33] 대부분의 성인은 또래보다 자원과 기회가 훨씬 많은 청소년이 인생에 더 만족하며 일반적으로 더 행복하다고 믿지만, 최근의 연구는(그리고 미디어의 주요 뉴스) 그 신화에 강력한 도전장을 내민다. 루타와 라텐드레스는 부유한 집단의 십대가 다른 모든 집단의 십대보다 상당히 높은 비율로 우울증과 섭식 장애, 약물 남용과 중독, 불안 장애, 자해, 다른 자기 파괴적 행동을 보인다는 사실을 발견했다.[34] 더욱이 정신 건강과 발달상의 여러 지표는 부유한 청소년이 도심 지역의 '고위험'(혹은 취약한) 청소년보다 훨씬 더 심각한 상태임을 보여준다. 사춘기 심리학 전문가인 매들린 레빈에 따르면, 이런 문제의 근본 원인은 부유한 십대가 심각할 정도로 독립성이 부족하기 때문에 상대적으로 사소한 역경에 매우 취약한 것에서 찾을 수 있다. 독립성의 부족과 역경에 대한 취약함은 결국 약물에 의존해 나아지려는 자기 치료적 행동과 자기 파괴적 행동의 욕구로 이어질 수 있다.[35]

연구에 따르면 '유능하고 효과적인 자녀 양육'은 자율성과 회복탄력성의 건강한 발달에 필수적이고 핵심적인 요소다. 그런데 많은 특권층 청소년의 부모는 결과적으로 자녀의 성장에 필요한 것에 정확히 정반대되는 것을 제공할 수 있다. 최근의 연구는 특권층 청소년이 성인 모색기에 접어들 때, 그들이 받은 양육 경험과 그 양육에 대한 인식이 건강한 내면의 힘과 자율성을 발달시킬 능력과 밀접한 상관관계가 있다는 증거를 보여준다. 특별히 위기를 만나고 스트레스를 받을 때 그 상관성은 더욱 분명하게 드러난다. 시간이 흐르면서 '유능하고 효과적으로' 양육 기술을 시행한 것을 자녀가 인지할 정도로 깊은 신뢰를 심어줄 수 있는 부모('감시, 경계 설정, 지지', 여기서 핵심 단어는 '인지'다. 효과적인 양육이었는지 예측할 수 있는 지표는 부모가 아니라 사춘기 청소년이 부모 역할을 인식하는 것과 결부되어 있기 때문이다)에게 양육받은 자녀는 결국 자신의 유능함과 회복탄력성의 발전을 확신하며 자신만의 역사와 삶의 이야기를 만들어낼 수 있을 것이다. 그러나 부모가 자신을 통제하려고 하거나 궁극적으로 자녀의 유익이 아닌 다른 의도로 자신을 대한다고 인식할 때 혹은 부모가 완전히 부재할 때, 자녀의 역사적 내러티브는 불만족과 좌절로 점철될 수 있다.[36] 부모들이 자녀에게 헌신적이고 그들을 지지한다고 인식되기 위해서는 정교하고 신비로운 조화를 이루어야 한다. '감시'와 '지지'가 건강하게 균형을 이루는 일은 말처럼 쉽지 않다는 것을 잘 안다. 마이클 웅거가 관찰한 것처럼 "이 연구의 대상인 십대는 자신의 인생에 변함없이 개입하는 부모를 원하는 동시에, 건강을 돌보는 방법에 관해서는 자신의 결정에 시시비비를 걸지 않는 부모를 원한다."[37]

대체로 특권층 청소년은 자녀의 인생에 매우 적극적으로 개입하는 부모를 두고 있다. 대부분 이것이 '좋은' 부모로서 당연한 역할이라고 생각하지만 그들의 개입은 과도한 통제로 쉽게 변질될 수 있다. 통제적인 부모를 둔 상태에서 학업 스트레스와 특권층 청소년으로서 그럴듯한 이미지를 유지해야 하는 괴로움까지 더해지면, 심각한 괴로움과 불안으로 향하는 지름길이 열린다. 특권층 청소년이 엄격한 관리를 받는 성장기에는 순응하고 적응하느냐 혹은 반항하고 그 결과를 감당하느냐의 두 가지 선택지만 주어지기 때문에, 그러한 문제의 징후는 한동안 나타나지 않을 수 있다.

이렇게 '헬리콥터 부모'가 등장했다. 그들은 헬리콥터처럼 자녀 주변을 맴돌며 자녀의 인생을 대신하여 살 정도로 통제한다. 이런 부모의 한 가지 예를 들면 자녀의 대학 논문을 대신 써 주는 부모다. 이런 부모는 보통 아이들이 "너무 바빠서" 혹은

"잘할 수 있지만, 지금 거기에 집중할 시간이 없어서"라는 말로 변명한다. 이런 자녀 양육의 논리와 방식은 특권층 가정에서 두드러지게 나타나고, 나의 연구에서는 이러한 도덕적 추론이 이런 환경에서 자란 아이들의 토양까지 바꾸어놓았다는 것을 확인했다. 그러므로 헬리콥터 부모의 자녀는 고등학교를 졸업하여 새로운 세계로 진입할 때, 부모의 관심에서 떠나 살 준비가 되어 있지 않을 뿐 아니라 정직과 성실 같은 도덕적 원칙이 자신의 직접적 이익과 관련될 경우 외면해도 된다고 생각한다.[38] 마찬가지로 지난 몇 년간 우리는 사춘기 청소년의 발달 여정과 관련해 새로운 유형의 양육 방식을 확인했다. 바로 '스텔스 폭격기 부모'다. 이들은 자녀에게 문제가 생기면 즉시 개입해서 문제를 '해결'해주거나 환경을 통제하는 데 집중하지만, 헬리콥터 부모처럼 자녀 곁을 떠나지 않고 '맴돌며' 헌신적으로 양육하지는 않는다. 이런 양육 방식은 관련된 모든 당사자에게 타격을 주지만, 특권층 가정과 공동체에서 점점 더 심각한 문제로 부상하고 있다.[39]

특권층 십대가 주변의 기대에 훨씬 더 잘 적응한다는 증거는 많다. 그들은 태어나서부터 계속 주변의 기대에 부응하도록 훈련받았다. 그러나 부모뿐 아니라 교사와 감독을 비롯해 통제하는 성인의 목표와 기대와 때로 변덕스러운 요구에 순응하고자 전념한 대가는 아주 크다. 실제로 건강한 성인으로서 필요한 내적 주체성을 개발하지 못하고, 오히려 그 능력이 억압되는 결과를 낳는 것이다. 특권층 청소년에게 성공이란 스포츠, 학업,

악기 연주 혹은 외부에 자신을 표현하는 방식 등 자신에게 주어진 시스템의 목표에 능숙하게 적응하는 것을 뜻한다. 사춘기 청소년이 특정한 상황이나 문제를 다각도로 검토하고 다양한 선택과 결정을 시도하여 자신을 실험할 수 있는 여지는 별로 없다. 엘리트 시스템에서 실패의 대가는 청소년이 감당하기에 너무 거대하다.

나는 특권층 청소년을 대상으로 한 연구를 통해 그들이 비판적으로 사고하지 못하는 자신의 상태를 자각하지 못하고, 대체로 비판적 사고와 의사 결정의 필요성에 대해 별다른 문제의식이 없음을 확인했다. 특권층 청소년처럼 특정 연령대가 주어진 틀 안에서 살도록 훈련받은 경우, 스스로 생각하고 비판하는 것은 그들에게 일종의 하위문화에 해당한다. 그러나 인생의 복잡한 현실을 헤쳐나가게 해주는 건강한 의식을 갖고 대학에 입학하고, 직장 생활을 하며, 결혼하는 등의 성인 생활에 적응하려고 할 때, 그들은 다수의 또래 친구보다 훨씬 뒤처질 가능성이 있다. 자신보다 더 막강한 힘을 지닌 사람들의 결정에 순응하는 법을 배우는 것은 인생을 살아가는 데 중요한 기술이다. 그러나 상충하는 관점들을 통합하는 법을 배우고, 미묘한 성격 차이를 파악하며, 고통과 실패와 상처를 견디고 해석하며, 우리 모두 서로가 필요함을 배우는 것은 훨씬 더 중요한 기술이다. 그러나 이런 능력은 우리 사회의 상류층에서 가르치지 않는 것이고, 특권층 청소년은 다른 이의 소중하고 귀중한 목소리를 경청하면서 자신의 목소리를 내는 법을 배울 기회가 없다.

소속감

서로 지지하고 나누는 공동체적 삶보다 개인의 성취와 책임을 더 강조하는 문화에서 성장하는 청소년은 피할 수 없는 난제에 부딪힌다. 유능한 개인으로서 당당하게 서는 법을 배우는 것이 더 중요한지, 아니면 나에게는 다른 이들이 필요하고 다른 이들에게는 내가 필요하다는 공존의 필요성을 깨닫는 것이 더 중요한지에 대한 문제다. 미국 문화에서 우리는 인간이 궁극적으로 혼자이고, 자신 외에는 누구도 자신의 필요를 채워줄 사람은 없다고 한동안 배워왔다. 하지만 인간은 생존하기 위해 서로가 필요한 사회적 존재이므로 혼자 산다는 것은 누구에게든 죽음을 뜻한다는 사실을 받아들여야 한다.

사춘기 청소년의 경우, 문화적 요구는 인간 역사의 도도한 목소리를 잠재울 힘이 없다. 사회는 무엇보다 하나의 공동체로서 함께하는 삶이라고 정의할 수 있다. 우리는 서로가 필요한 존재다. 아무리 간절히 원해도 우리가 중요한 미덕으로 추구하도록 훈련받아온 독립성과 자립이라는 기대에 완벽히 부응하며 살아갈 수 있는 사람은 없다. 우리는 실리적 목적에 기여할 수 있는 사람 외에는 아무도 필요 없는 자율적인 존재가 아니다. 에이브러햄 매슬로는 욕구의 개념을 설명하면서 이것을 "결핍의 질병"이라고 불렀다. 그는 이 질병을 설명하면서 다음과 같이 주장한다. "신경증은 대부분 다른 콤플렉스 결정 인자들과 더불어 충족되지 않은 인정, 소속감, 타인의 인정, 친밀한 사랑의 관계, 존경, 명성이라는 욕구와 관련이 있다."⁴⁰ 이런 기본적인 인간적 '욕구'는 서로 연결되고 소속되고자 하는 선천적 욕구에 뿌리를 둔다.

이 책은 사춘기 청소년이 체계적으로 유기당한 결과로 고립과 심각한 외로움을 경험하는 과정을 반복해서 보여준다. 그중에서 이 장은 특별히 변두리의 아이들이 소외를 부추기는 세상에서 교감하고 어딘가에 소속되어야 할 필요성에 어떻게 대처하는지를 집중적으로 보여줄 것이다. 아마 정체성과 자율성 외에 사춘기의 이 세 번째 주요 과제는 주변부의 아이들이 주류 또래와 가장 큰 차이를 보이는 영역일 것이다.

취약층 청소년의 소속감

좋은 소식이 있다. 제도적 억압이나 인종적, 사회경제적 혹은 다른 유사한 요인으로 인해 취약층 청소년이 미국 문화의 주류에 속한 아이들보다 공동체 의식이 더 강한 경우가 많다는 것이다. 이런 사회적 네트워크가 작동하는 집단은 취약층의 사춘기 청소년이 성인기로 넘어갈 때 의미 있는 자산을 제공할 것이다. 하지만 발달 중인 청소년이 무조건적 포용과 특정 집단에 진정으로 소속되고 싶은 선천적 욕구를 충족하는 데 필요한 것을 제공하기 위해서는 단순히 사회적 네트워크 이상의 무언가가 필요하다는 사실은 거의 주목을 받지 못한다. 가령, 취약층 청소년에게 끈끈하게 연결된 확대 가족이 있어도 친족 관계를 넘어서는 통합적인 사회적 지원 네트워크가 없다면, 가족은 그들을 인정하더라도 세상이 그들을 외면한다는 좌절감을 경험할 수 있다. 이로 인해 가족과 사회가 서로 적대적 관계라는 관점이 생길 수 있고, 이것은 다시 가족 공동체로 대표되는 직접적인 공동체 밖의 외부 사회에서 거부당할 수 있다는 피해의식을 심어줄 수 있다.

이와 관련된 한 가지 예는 학교 체제다. 인종 차별 문제는 공립 교육 제도를 통해 오래전에 해결되었다는 것이 오늘날 지배 문화의 대다수 의견이다.[41] 그러나 현실은 충격적이다.「타임」지는 2009년 12월에 "언론에 가장 외면당한 2009년의 이야기"로 다음의 보도를 선정했다. "1968년 마틴 루터 킹 주니어의 죽음 이후 그 어느 때보다 아프리카계 미국인 학생들이 가장 심각하게 차별받고 있다. 2006-2007학년도에는 약 40퍼센트의 학생들이 전교생 중 유색 인종이 90-100퍼센트를 차지하는 학교(이 중 상당수가 수준 이하의 '중퇴자 공장'에 해당)에 다니고 있었다."[42] 인용된 UCLA 연구는 "브라운 판례(Brown decision) 이후 55년이 흘렀지만, 미국 학교에서 흑인과 라틴계 아이들이 지난 40여 년 전보다 현재 더 심각하게 차별받고 있다"라고 지적한다.[43] 이런 현실은 많은 문제와 사안이 관련되어 있다. 하지만 가장 중요한 문제는 오늘날 취약층 청소년의 교육 기회가 특권층 아이들과 크게 차이가 나는데, 이것이 우리 사회가 취약층 청소년이 주류 사회에 편입되지 못하도록 배제하는 한 방법이라는 것이다.

교육 기회의 차별이라는 문제는 종종 취약 청소년이 '우리

사회'의 일원이라고 느끼지 못하게 배제하는 결과를 낳는다. 그러나 가장 취약한 아이들이 소속된 집단의 아이들은 보편적으로 이것이 훨씬 더 중요한 현실의 한 증상일 뿐이라고 믿는다. 바로 대다수 주류와 상류층 집단은 '우리는 하나'라는 허울만 고수하면서 배제의 벽을 유지하는 데 진심이라는 것이다. (이 문장을 쓰고 있는 지금, 주류 상류층이 가득한 비행기를 타고 있다. 이들이 그런 주장에 어떤 반응을 보일지 상상만 할 수 있을 뿐이다.) 이 책이 전체 미국 사회를 담고 있는 것은 아니다. 하지만 사회의 분열은 우리가 이해하고자 노력하는 아동과 청소년의 건강한 발달에 직접적인 영향을 미친다. 예를 들어, 오직 흑인이라는 이유만으로 취약층으로 여겨질 수 있는 한 아프리카계 미국인 십대는 단도직입적으로 이렇게 물었다. "클라크 박사님. 백인 동네에서 운전을 하고 있다는 이유로 경찰차가 따라왔던 적이 있으신가요? 믿지 못하겠다는 이유만으로 경찰이 30분 동안 아무 이유 없이 박사님을 잡아두었던 적이 있으신가요? 그리고 단지 흑인이라서 그런 대우를 받는다는 걸 너무 잘 알고 있는 채로 말이에요. 이런 일을 겪은 적이 없는 사람이 나를 이해한다고 말할 수는 없어요. 박사님은 그런 일을 당하지 않을 테니까요." 이 학생의 지적은 조금도 부정할 수 없는 절대적인 사실이었다. 내가 다 이해하는 척 뻔뻔하게 나서고 있을 때 훨씬 더 심각한 부정의가 여전히 자행되고 있었다. 아마 이것은 우리 사회의 가장 심각한 실패일 것이다. 인종적으로 지배 문화에 속하는 우리는 인종이나 계급에 상관없이 모두가 동등하며, 동등한 기회와 권리를 누리고 있다고 믿도록 훈련받고 있다. 하지만 이것은 절대 사실이 아니다. 이 불평등과 제도적 인종 차별과 계급 차별에 솔직해지지 않는다면, 이 문화적 분열을 그대로 고착화하는 데 일조할 것이다.

특권층 청소년의 소속감

궁극적으로 개인의 성취와 기량이 인생에서 가장 중요하다는 믿음을 주입받으며 자란 사람에게 소속감이라는 발달 과제는 지위와 권력을 추구하는 데 크게 방해되지 않을 경우에만 추구할 가치가 있는 선택적 사치품으로 인식된다. 대부분의 특권층 청소년은 자신이 사회적 집단과 네트워크의 중심을 차지하고 있다고 믿도록 훈련받았고, 심지어 그것이 머릿속에 입력되어 있다. 특권층 청소년이 자신도 모르게 깊이 체화된 개인주의에 높은 가치를 두는 동시에(레빈은 궁극적으로 고립과 같은 것이라고 주장한다) 인생을 경쟁의 연속으로 보도록 양육받는 상황은 많은 특권 청소년에게 심각한 고독감을 안겨준다. 매들린 레빈은 이 점을 명확하게 지적하고 심층적으로 접근하면서 "물질만능주의와 경쟁은 특별히 확실한 관련성을 지닌다"라고 한마디로 요약한다.[44] 사춘기의 세 번째 발달 과제인 소속감은 특권층 청소년이 성장 과정에서 경험하는 가장 심각한 결핍이다. 타인, 심지어 친구까지 목적을 이루는 수단으로 여기라는 가르침을 받고 자란다면 또래 관계나 한 사회로서 타인에게 소속되고 싶은 내적 욕구는 철저히 무시되고 방치된다. 그러니 그 결과 나를 실제로 돌보는 사람이 있는지 혹은 내가 배운 것처럼 사람들도 나를 똑같이 대하는 것은 아닌지 의문을 품은 채로 성장한다.

특권층과 취약층 청소년은 모두 의미 있는 진정한 공동체에 소속되고 싶은 강력한 욕구를 품고 있다. 자신이 기여할 수 있는 능력 때문이 아니라, 있는 그대로 사랑받으며 인정받고 있음을 알고 싶은 욕구가 있는 것이다. 양 변두리에 있는 아이들에게 소속의 욕구는 가족이나 가장 가까운 친구들로만 한정되지 않는다. 사회 전체뿐만 아니라 평생 관계를 유지하며 살아야 하는 사람들과 연대하고 그들에게 소속되고 싶은 욕구 역시 존재한다. 2006년 아카데미 작품상을 수상한 영화 〈크래쉬〉(Crash)는 이스트 로스앤젤레스의 빈민가 출신이든, 아시아계 2세대든, 하버드 대학과 UCSD 의과 대학을 졸업한 부모를 두었든 모두 동일한 존재이고 서로가 필요하다는 사실을 일깨워주는 훌륭한 작품이다. 그러나 주류 사회의 양 주변부에서 성장기를 보내는 사람은 이 사실을 알기가 결코 쉽지 않다. 주변부의 청소년은 결국 자신이 아무에게도 소속되어 있지 않고, 앞으로도 절대 그럴 일은 없을 것이라고 믿도록 길들어 있는 경우가 많다.

결론과 생각해볼 점

연구를 위해 아이들과 함께 시간을 보내고 마지막

으로 이 장을 쓰는 일은 내게 힘들고 고통스러운 여정이었다. 이 책의 초판을 훑어본 한 사회학자는 내가 '옹호자'의 입장이기 때문에 이 연구가 중기 사춘기 청소년에게 유익한 사회학적 작업은 아니라고 소감을 밝혔다. 그 이후로 많은 사회학자, 특별히 이 분야에서 역사적으로 매우 저명한 사람들 역시 연구 대상을 옹호하게 되는 경우가 많다는 것을 알게 되었다. 특히 연구 과정에서 불의와 억압, 심지어 일부 사람에게 고통과 피해를 주는 비교적 해결 가능한 문제를 발견할 때 그 경향이 두드러졌다. 사회과학 연구는 '자료'를 찾는 독자적인 분석 과정이어야 하지만, 실제 사람들의 인생이 개선되도록 조치를 마련하지도 변화를 일으키지도 못한다면 그 학문 활동은 실생활과 아무 상관이 없는 지적 유희에 불과할 수 있다.

　　이 장을 쓰면서 나는 주변부 양극단에 속한 청소년을 떠올리며 마음이 미어지는 아픔을 경험했다. 친구가 거의 없는 장애 소년인 숀부터 나를 원수라도 되는 듯이 노려보던 테리, 상냥하고 똑똑하며 부유한 여학생 사라에 이르기까지 소외된 청소년은 모든 어른과 똑같은 것을 원한다는 것을 알게 되었다. 이기심이나 사심 없이 그들을 진심으로 대해줄 어른이 필요한 것이다. 모든 아이는 배경, 가정, 인종, 재능이나 능력에 상관없이 자신이 누구인지, 어떤 재능이 있고 어떤 목소리를 낼 수 있는지를 가르쳐주고, 공동체에 속한 모두를 소중하게 여기는 다세대 공동체에 어떻게 속할 수 있는지 알려줄 사회를 갈망한다. 지난 몇 년 동안 이 아이들과 함께하며 연구할 수 있는 특권을 누린 덕분에 이제 나는 옹호자로서 글을 쓰는 일에 그 어느 때보다 열정을 쏟고 있다. 또한 나의 시간과 돈과 경력과 소명과 삶을 바쳐 그들을 옹호하는 데 전념하고 있다. 우리 아이들, 우리 모두의 아이들은 이런 노력을 쏟을 가치가 있다.

3부.   우리의 선택지

"내가 이 학교의 그 누구도 믿지 않고 부모님조차 믿지 않는 이유를 말씀드릴게요. 다들 자기 자신밖에 몰라요. 선생님, 코치님, 부모님, 심지어 교회의 청소년 리더도 다 이기적이에요. 아무도 나에게 관심이 없어요. 단 한 사람도요!"

_신뢰에 대한 강연을 들은 뒤 16살 여학생이 한 말

이 말은 다양한 중기 사춘기 청소년에게 들었던 수백 가지 하소연 중 하나다. 이들에게 신뢰의 문제는 자신이 신뢰를 받을 수 있느냐가 아니라[1] 어른을 신뢰할 만큼 안전함을 느끼는지의 여부다. 많은 중기 사춘기 청소년은 어른들이 청소년의 필요보다 자신의 잇속에 더 관심이 있다고 느끼기 때문에 어른을 신뢰할 수 없다고 생각한다.

3부는 상대적으로 단순하고 직접적이다. 중기 사춘기 청소년에게 필요한 것과 체계적인 유기의 흐름을 바꾸기 위한 다섯 개의 전략을 다룬다. 여기에 실린 제안은 수백 시간이 넘게 조사하고 분석하며 평가한 결과물이다. 앞으로 제시할 전략은 확정적이지도 않고 완벽하지도 않다. 어쩌면 추가적인 아이디어의 도약판 역할을 할 것이다.

    이 연구를 공식적으로 마무리한 뒤 나는 삶에 변화를 주기로 결심했다. 솔선수범하지 않으면서 아이들을 위한 일에 동참해달라고 설득할 방도가 없기 때문이다. 그래서 나는 바로 이 일에 착수했다. 2002년 9월 나는 일주일에 몇 시간을 내서 영 라이프(Young Life)라는 청소년 대상 사역 단체에서 자원봉사자로 섬기기 시작했다. 곧 세 명의 중학생 축구 선수들과 연결되었고, 매주 월요일 밤에 함께 식사하며 대화하는 시간을 보냈다. 때로 힘들고 지치기도 했다. 하지만 나는 대니얼, 나이젤, 존이라는 세 아이를 깊이 사랑하게 되었다. 그들 덕분에 나는 달라졌다. 나는 그들이 나의 무조건적인 사랑을 받아 그들이 버림받았다는 생각에서 벗어나길 꿈꾼다.

    그러므로 이 글을 읽을 때 주의하라. 지금 당신이 속한 공동체의 청소년을 돌봐야 한다는 더 깊고 헌신적인 소명으로 이끌리게 될지 모른다.

때로 나의 겉모습과 진짜 내 모습이 다르기도 하다.
때로 속마음을 들키지 않으려 꼭꼭 감춘다.
친구를 이용할 때도 있다.
이런 내 머릿속의 생각을 어떻게 털어놓을 수 있을까?

울음이 터져 나오면
얼굴을 타고 흐르는 눈물을 닦지 않고 그대로 둔다.
캄캄한 어둠 속에서
아무도 나를 볼 수 없는 곳에서
아무도 이유를 묻지 않는 곳에서
나는 목놓아 운다.

하지만 사람들 앞에서는
한껏 고개를 치켜들고
얼굴에 미소를 짓는다.
그러니 내가 무슨 일로 아파하는지, 무슨 일로 힘들어하는지
누구도 알 리가 없다.

이제 너무 늦었다. 지금 날 도울 사람은 없다.
이제 너무 늦었다. 지금 날 도울 사람은 없다.
_고등학생 돈(Don)

13장.   중기 사춘기 청소년들에게는 무엇이 필요한가?

　　　　　　이 책을 쓰면서 끊임없이 나를 괴롭히는 질문과 내내 씨름했다. 이런 유기의 문제와 지하 세계를 위해 우리가 할 수 있는 일은 무엇인가 하는 것이다. 이 책의 앞부분을 읽은 많은 사람이 동일한 질문을 제기했다. 나의 친구들과 동료들은 또 다른 자료와 질문들이 아니라 이 상황을 '해결할' 답을 원했다. 불행하게도 이 책에서 제기한 문제들은 아주 미묘하고, 계속 누적되어온 복합적인 사안이다. 따라서 해결책을 찾는 데만 급급하면 중기 사춘기 청소년의 곤경을 사소한 문제로 치부하게 되거나 오히려 해가 될 수 있다. 우리는 아무리 심각한 문제라도 자원과 에너지를 집중해서 투자하면 얼마든지 극복할 수 있다고 자신하는 문화에서 살고 있다. 그러나 지난 몇십 년 동안 사회에 일어난 대대적인 변화 때문에 청소년이 당면한 문제의 다면적인 성격을 해결하기는커녕 진단하는 일마저 더 어려워졌다. 나의 연구가 막바지로 접어들었을 무렵 한 교사가 탄식한 대로다.

> 청소년을 돌보는 일은 정말 벅찹니다. 교사로서 고민하고 해결해야 할 일이 한두 가지가 아니에요. 성적 관리, 일정 맞추기, 교실 내 질서 유지 등등 할 일이 너무나 많아요. 이런 일 외에도 아이들을 표준화 시험에 대비시키는 일로 교사들은 모두 감당하기 힘든 중압감에 시달립니다.
> 그러나 조금만 생각해보면 학생들의 고민을 더 진지하게 들어주고 조금이라도 더 늦게까지 남아서 아이들의 인생에 더 개인적인 관심을 보여줄 수 있다면 좋을 텐데 하는 아쉬움을 느껴요. 그리고 때로 후회를 남기지 않으려 아이들에게 더 관심을 기울이려 노력해요. 하지만 너무 사소한 일에 화가 나기도 하고, 누군가 내 신경을 긁을 때 힘들고 괴로워서 포기하고 싶은 날도 있어요. 아마 이런 날이 그렇지 않은 날보다 더 많겠지만, 솔직히 말해 교사로서 감당해야 하는 온갖 잡다한 일을 생각하면 이 문제를 고민할 시간조차 사치라고 생각해요.

> 아무리 의도가 선해도 권력은 고통을 불러오는 경향이 있다.
> 연약함을 감수하는 사랑은 그것을 그대로 받아들인다.
> _필립 얀시(Philip Yancey), 『놀라운 하나님의 은혜?』(IVP)

변화가 일으키기 위해 무엇을 해야 할까?

〈엑스맨 2〉(X-Men 2)에서 진 그레이라는 인물은 염력을 사용해 댐이 무너지지 않게 해서 친구들의 목숨을 구한다. 하지만 그 과정에서 자신을 희생한다. 영화 〈프레셔스〉(Precious)에서 과도하리만큼 헌신적이고 침착한 교사는 관행을 어기고 인생의 우여곡절로 지친 소녀에게 진심 어린 관심을 보여주며, 아이의 건강과 자신감을 되찾아주려고 노력한다. 나는 이 두 영화를 보면서 현재 청소년의 상태에 진지한 관심을 갖는 사람들이 바로 이런 상황에서 고군분투하고 있다는 생각이 들었다. 다른 사람과 연대하지 않고 혼자 유기의 사회적 압박을 바꿀 수 없다. 그러나 그렇다고 유기의 영향을 완화하지 못한다거나 그 잔혹성을 보상해줄 수 없다는 의미는 아니다. 우리는 무력하지 않다. 단 한 명의 청소년이라도 기꺼이 그 곁을 지켜줄 적극적인 마음이 있다면 변화를 만들어낼 수 있다.

유기의 전형적인 특징 중 하나는 개인을 양육하는 데 집중하는 것에서 벗어나 집단이나 무리, 통계와 기록, 프로그램과 제도에 초점을 맞추는 쪽으로 변화하는 것이다. 이런 상황에서 더 광범위하고 전 세계적인 유기의 문제를 다룰 때, 사회 곳곳에서 장기적이고 격렬한 공격을 받게 될 것이다. 그러나 우리가 청소년에게 제공할 수 있는 가장 의미 있는 도움은 청소년 개개인의 입장에서 그들의 필요를 다루는 것이라는 결론에 도달했다. 어른들은 사는 날 동안 유기당하며 고통받아온 청소년들을 돌보고 그들에게 다가가야 한다.

최대한 많은 청소년에게 영향을 미치는 개입 전략을 연구하는 최근의 여러 연구와 더불어[1] 나의 연구는, 더 크고 빠르며 화려한 것을 지향하는 문화적 정서가 현대 청소년이 당면한 문제에는 아무 효과가 없음을 보여준다. 청소년에게는 관계적 관심, 보살핌과 양육이라는 소소하지만 한결같이 진정성 있는 실천의 위력을 알고 있는 어른들이 필요하다. 청소년들에게 유기가 미친 악영향을 우려하는 성인들이 모든 학생의 가장 절박한 필요가 그들과 함께해줄 어른을 통해 충족될 수 있음을 깨닫는다면, 유의미한 변화를 이룰 수 있다. 우리는 진심으로 아이들을 생각하는 어른의 격려나 리더십이 필요한 학생 개개인에게 반응하는 것부터 시작해야 한다.

청소년이 성인의 세계에서 그들만의 지하 세계로 숨어드는 주된 이유 중 하나는 많은 성인이 항상 그들의 기대를 저버렸기 때문이다. 청소년들은 자신들을 보호하거나 지켜주지 않았던 어른들의 목록을 머릿속에 저장하고 있다. 설교 중에 혼내고 쫓아낸 주일 학교 교사나, 실수했다고 화를 내며 경기장에서 내쫓은 어린 시절의 축구 감독이나, 준비가 되지 않은 상황에서 불러내

다그친 교사가 그 목록에 있다. 이런 경험들은 자신을 돌봐준다고 말하는 어른을 불신하게 되는 핵심 원인으로 작용한다.

어른들이 이런 불신을 기꺼이 감내할 의지가 있다면 그리고 어른의 공동체로 진입하는 청소년과 동행하며 그들을 양육하고자 하는 마음이 있다면, 사춘기 청소년이 이런 어른들의 진심을 인정하고 자신의 세계로 받아들이기까지 오래 걸리지는 않을 것이다. 어른들에게 필요한 유일한 자격 요건은 진정으로 돌보고자 하는 자발성과 포기하지 않는 마음이다. 일단 이런 기초적 작업이 선행되면, 중기 사춘기 청소년의 세 가지 필요에 초점을 맞출 수 있다.

(1) 청소년은 목표를 새롭게 조정한 양육 기관과 프로그램이 필요하다.
(2) 청소년은 안정적이고 안전한 사랑의 동행이 필요하다.
(3) 청소년은 어른들과 친밀하고 진정한 관계를 경험해야 한다.

청소년은 목표를 새롭게 조정한 양육 기관과 프로그램이 필요하다

그리 멀지 않은 과거에는 미국에서도 지역 사회 공동체가 생활이나 행동을 같이했다. 서로를 잘 알고 함께하는 삶을 위해 노력하는 친구와 이웃이라는 네트워크가 있었다. 이 공동체의 존재 목적은 그 구성원들이었고 청소년도 예외가 아니었다. 1960년대 초반까지만 해도 지역 사회는 삶을 공유하는 구심점 역할을 했다. 대도시에서는 지역 사회의 경계가 불분명해지면서 공동체적 삶을 영위하기가 더 어려워졌다. 그러나 대체로 가장 도시적인 중심지에서도 사람들은 지난 30-40년 동안은 공동체 의식을 고수하려고 노력했다.

미국 전역에서 마을이나 소도시, 심지어 도시에서도 어른과 아이가 함께 공동체적 삶을 누릴 수 있었다. 함께 먹고, 함께 춤추며, 함께 놀았다. 어린아이는 동네 어른들의 꾸지람을 들으며 자랐다. 동네 어른들이 종종 친척의 역할을 했다. 대학 진학을 준비하는 십대는 동네 이발소의 뜨거운 화젯거리가 되었다. 주에서 주최하는 밴드 콘서트 초청을 받거나, 심한 수두가 유행하거나, 카운티 스프트볼 토너먼트에서 홈런을 친 소식은 지역 사회 전체의 열렬한 관심을 받았다. 구성원 모두가 중요했다. 여기에는 완전한 성인이 되기까지 몇 년이 더 남아 있는 십대도 포함되었다.

이런 공동체적 소통의 혜택은 명확하다. 특별히 이제 우리 문화가 공동체적 소통에서 얼마나 멀리 떨어져 나왔는지 생각하면 더욱 분명하다. 그렇게 멀지 않은 과거에는 누군가가 항상 도와줄 준비가 되어 있었기 때문에 한 부모 가정에서도 자녀를 키우면서 고립감을 느끼지 않았다. '반항적'인 청소년도 자신이 공동체의 소중한 구성원이라는 사실을 알았고, 공농체는 진정으로 그들을 인정하고 받아들여주었다. 따라서 십대는 안전한 테두리 안에서 보호를 받았다. 십대가 성인이 정해놓은 규율과 부모와 주변 어른들의 부당하고 불필요해 보이는 제재에 저항하는 것조차 마을 공동체의 삶에 새로운 피와 생각을 수혈하며, 계속해서 스스로를 재정의하는 사회의 일부 과정일 뿐이었다. 성인은 청소년을 돌보고 보호하는 책임을 잘 알고 있었기 때문에 그들이 너무나 소중한 자원임을 인정하고 그 책임에 충실했다. 심지어 청소년의 공동체적 양육을 조직적으로 감당할 목적의 활동과 프로그램을 운영하기도 했다.

오늘날 사춘기 청소년을 바라보는 인식의 관점에서 볼 때 그와 같은 지역 사회는 거의 실종된 상태다. 이 연구는 로스앤젤레스 카운티의 중기 사춘기 청소년의 현 실태가 워싱턴과 노스캐롤라이나, 미네소타 시골 지역, 조지아 중부, 뉴욕주 북부, 시카고 교외, 시애틀 도심에서도 똑같이 나타난다는 사실을 보여주었다. 미국의 모든 마을과 소도시와 도시의 청소년에게는 모두 똑같은 것이 필요하다. 바로 청소년의 개별적인 욕구와 관심사를 배려하는 사람들이 모인 공동체, 기관, 조직이 필요한 것이다. 이에 대한 몇 가지 예는 다음과 같다.

— 유소년 스포츠 리그에서 모든 아이가 같은 시간 동안 경기에 참가하도록 장려하고, 아이들이 쏟은 노력을 한마음으로 인정해주는 부모들.
— 학생들에게 숙제의 부담을 줄여주는 동시에 시험 점

수가 올라가고 학생들의 학습 의욕이 고취되었던 다른 지역의 사례를 연구하는 학교.
— 학교 관계자, 스포츠 레크리에이션 진행자, 부모, 교회 지도자, 고용주, 경찰, 사회 복지사처럼 청소년을 상대하는 모든 사람이 공동체의 아동과 청소년을 돌보기 위해 쏟는 특별한 노력을 서로 평가하는 정기 모임을 지원하는 지역 사회.

이 세 가지 예시는 사춘기 청소년을 돌보는 어른과 청소년이 연결된다는 것이 무엇인지를 직접적이고 단순하게 제시한다. 양육 기회의 본래 의도를 회복하고, 모든 지역 사회 공동체에서 청소년을 섬기는 방법을 새롭게 해야 할 필요성이 매우 절실하다.

청소년은 안정적이고 안전한 사랑의 동행이 필요하다

코니는 당차고 자신감 넘치며 똑똑하고 재치가 있다. 그 아이는 이 책의 주제를 설명하는 나를 가로막더니 "선생님은 우리를 어떤 기준으로 판단하시려고 하는지 도통 모르겠어요"라고 말했다. 코니가 전하고 싶었던 핵심은 자신에게 관심을 보여준 어른들에게 감사하지만 이제 어른의 도움이 필요하지 않다는 사실을 내게 알려주고 싶다는 것이었다. 코니는 혼자서 주체적으로 사는 법을 배워야 한다고 생각했다. "제가 제대로 할 수 있는 일이 없는 것 같고, 그런 나를 늘 변명해야 하는 게 지겨워요." 나는 자리를 잡고 앉아 코니의 이야기를 들었다.

코니는 세 아이 중 맏이였다. 부모님은 늘 싸웠다. 아빠는 한집에 살고 있지만 지난 몇 년 동안 적어도 두 번 가출했고, 보통 화가 나서 집을 박차고 나갔다. 부모님이 가정사에 거의 관심을 보이지 않은 까닭에 코니는 집에서 거의 가장의 역할을 떠맡았다. 열일곱 살에 가족의 빨래를 거의 도맡아 했고, 두 동생을 차로 학교에 데려다주었으며, 하루에 한 번 이상 가족의 식사를 준비했다. 그녀는 육상 선수였고, 학생회 임원이었으며, 남자 친구가 있었고, 교회의 청소년 모임에 참석하는 훌륭한 학생이었다.

그날 아침 나는 유기의 개념을 설명하면서 안전한 공간에 대한 인간의 갈망에 초점을 맞추었다. 코니는 자신에게는 안전한 장소가 없다고 생각했고, 지금까지 자신의 필요에 진심으로 관심을 보여준 사람이 아무도 없다고 여겼다. 세상에서 외톨이 같다고 느꼈고, 현실은 갑갑하며, 누구에게도 보살핌을 받지 못하고, 부모에게 이용당하고 있다고 생각했다. 그러나 사방에서 자신을 옥죄는 끝없는 삶의 무게를 벗어날 길이 보이지 않았다. 그날 아침 내 말을 듣기 전에 코니가 생각한 유일한 해결책은 모두 무시하고 자신의 인생을 사는 것이었다. 그녀는 유기당했다고 생각했고, 쉴 수 있는 곳을 간절히 원했다. 아빠의 무릎에 앉아 텔레비전을 보고, 엄마와 여동생과 함께 공원을 산책하던 어린 시절의 추억을 이야기하며 코니는 소리 내어 울었다. 그런

데 갑자기 자리에서 벌떡 일어서더니 눈물을 훔치고 이렇게 소리쳤다. "그런 날들은 오래전에 사라졌어요. 선생님도 저도 알아요. 이제 혼자서 헤쳐나가야 해요. 이제 이런 패배감을 안고 살 수는 없어요. 고민하는 것조차 바보 같아요. 더 이상은 안 돼요. 가야겠어요." 이 말을 마지막으로 코니는 떠났다.

코니가 들려준 이야기는 많은 청소년의 삶을 설명해준다. 압박에 시달리는 원인이 다르고 강도와 어려움의 내용은 저마다 다르겠지만 잃어버린 어린 시절의 추억, 안전하게 안아줄 사람이 없다는 상실감과 같은 감정이나,[2] 진정한 안전과 안정감과 쉼을 얻는다는 것은 도저히 실현 불가능한 꿈이라는 좌절감은 청소년에게 보편적으로 나타난다. 청소년은 질식할 것처럼 억압당하거나 지나치게 구속당하고 싶어 하지 않는다. 그들에게는 언제라도 돌아올 안전한 곳이 있다는 확신을 가지고 세상에 용감하게 도전할 기회가 필요하다.

많은 중기 사춘기 청소년은 이렇게 절규하고 있다. 세상의 어려움과 고통과 복잡함을 자각할수록 과거의 상처는 더 커진다. 더 큰 문제는 이로 인해 청소년들이 오직 정서적, 사회적 생존을 위해 지하 세계로 뛰어들고 몇몇 친구에게 의지한다는 것이다. 중기 사춘기 청소년은 철통같이 어른을 경계하며, 냉담하게 굴고, 어른이 전혀 필요하지 않은 것처럼 행동한다. 이런 모습이 위장이거나 과장된 모습은 아니다. 신뢰했던 사람들에게 버림받을 수 있는 위험에 대처하기 위해 그들 나름대로 선택한 길을 실제로 묘사한 것이다. 성인들은 사춘기 청소년들의 반응

> 뒤뜰에는 십대 애들로 가득하다.
> 가짜 웃음에 가짜 우정이다.
> 그들은 어디에나 있다.
> 1학년, 2학년, 3학년,
> 만능 운동선수, 대입 준비생, 괴짜, 덕후,
> 예외는 없다.
> 모두 자신이 누군가에게 필요한 존재임을
> 필사적으로 확인하고 싶어 한다.
> 사랑받고 누군가에게 인정받기를 원한다.
> 아무 소용없는 일이라는 걸 모르겠는가?
> 다 공허한 말장난이다.
> 가짜 포옹과 인사는 다 쓸모없는 일인 걸 모르는가?
> 그들의 갈증이 해결될 일은 절대 없을 것이다.
>
> _어느 고등학생

이나, 심지어 그들의 말을 액면 그대로 받아들여서는 안 된다. 그들이 스스로 알든 모르든, 안정적이고 안전한 사랑의 동행을 간절히 원한다는 사실을 믿어야 한다.

청소년은 어른들과 친밀하고
진정한 관계를 경험해야 한다

성인과 성인이 주도하는 체계, 조직, 구조, 기관을 연결하는 것만으로는 청소년의 상처 입은 마음을 치유하기에 충분하지 않다. 중기 사춘기가 될 무렵의 청소년에게는 그를 잘 알고 건강한 성인기 공동체로 이끌어주기 위해 무슨 일이든 할 어른이 적어도 한 명 이상은 있어야 한다.

오늘날 대중들은 그 일이 오롯이 부모의 몫이라고 말한다. 나의 연구 프로젝트의 성격을 알게 된 한 교사는 거의 매일 수업에 지각하는 학생 이야기를 들려주었다. 그 학생이 책임감을 갖도록 동기를 부여하려고 온갖 시도를 다 해보았지만 실패했고, 결국 부모의 협조를 구해야 했다. 마침내 그 학생의 어머니(한 부모 가정)와 대화할 시간을 갖게 되었다. 하지만 그 어머니는 아이의 행동과 무단결석에 대해 책임 있는 조치나 행동을 하지 않았다. "자신은 아들을 통제할 힘이 없다고 말했어요. 부모만 제 역할을 해주어도 우리가 이렇게 힘들지 않을 텐데 말이에요!"

이 교사의 좌절감이 이해되지 않는 바는 아니었다. 나는 그의 심정을 충분히 이해할 수 있었다. 그러나 부모가 어찌할 바를 모르고 교사는 그런 부모에게 화가 나는 전형적인 이야기는 사회의 파편화가 청소년에게 어떤 상처를 주는지 보여주는 또 하나의 예에 불과하다. 이웃끼리 서로 이름도 모르고 가족은 너무 바빠서 함께 저녁 식사를 할 시간조차 없는 분리되고 조각난 문화에서는 아무리 좋은 부모도 포스트모던 시대의 청소년을 양육할 조건을 충족하기란 불가능하다. 아무리 좋은 교사도 교사로서 다면적인 요구에 짓눌린다. 때로는 자신이 청소년을 길러낼 사회의 마지막 희망처럼 느끼는 것도 당연하다.

그러나 사춘기 과정의 많은 부분을 완수할 때까지 어른들과 친밀하고 진실한 관계가 모든 아이에게 필요하다는 사실은 여전히 변함이 없다. 이 책임을 오롯이 부모만 감당해야 한다거나, 각 학생에게 기껏해야 1년 정도 영향을 미칠 수 있는 교사의 몫으로 돌릴 수는 없다. 유기의 결과라는 조류의 흐름을 되돌릴 수 있는 유일한 길은 다양한 많은 성인이 청소년의 인생에 개입하는 사회적 분위기를 조성하는 것이다. 다른 어떤 노력으로도 변화는 일어나지 않을 것이다. 야구장을 더 짓고, 프로그램과 행사를 더 마련하며, 취업의 기회를 더 준다고 해서 해결할 수 있는 일이 아니다. 현대 청소년과 관련된 문제의 근본 원인은 이 연령대의 아이들이 혼자서 허우적거리도록 방치한 것이다. 따라서 해답은 진심으로 돌봐줄 어른들과 아이들의 관계 회복에 있다. 이것이 바로 유기된 세대에게 가장 필요한 것이다.

14장. 체계적 유기의 흐름을 되돌릴 다섯 가지 전략

나는 지금 자신들의 세계를 들여다보도록 호의를 베풀어준 중기 사춘기 청소년들에게서 듣고 보고 알게 된 내용을 1년 넘게 곱씹으며 고민하고 있다. 나를 울린 아이도 있었고, 함께 웃으며 즐거워했던 아이도 있었다. 이 아름다운 아이들의 얼굴 위로 스치고 지나가던 숱한 표정과 감정이 생각난다. 그 미소, 나를 빤히 바라보던 표정, 두려움, 호기심, 슬픔, 주체할 수 없는 기쁨으로 빛나던 얼굴. 학생들과 함께 걷고 이야기하며 나누었던 헤아릴 수 없는 기억이 참으로 소중하다. 이 경험은 그들이 내게 준 선물이었고, 나는 그 선물을 준 모든 아이에게 항상 감사할 것이다.

그렇다면 이제 우리는 무엇을 해야 하는가?

2002년 6월을 보내면서 나는 이런 질문을 하며 많은 시간을 보냈다. 유명 작가 데이브 배리(Dave Barry)가 자기 아들을 묘사한 것처럼, 나는 내 새끼손가락을 움켜잡고 놓지 않는 한 연령 집단과 다시 이어졌다. 나는 그들에게 빠져들었고 아이들 한 명 한 명에게 관심을 갖게 되었다. 중기 사춘기가 되면 모든 아이가 정서적이고 사회적인 생존을 위해 치열하게 싸우고 있다는 것을 알게 되었다. 아이들은 저마다 고유의 역사와 사연이 있고, 이것이 정체성을 형성하는 데 영향을 미친다. 나는 수많은 이야기를 들었다. 그 이후 나는 그들과 전혀 무관한 사람인 척 나의 세계로 다시 돌아올 수 없었다.

그러므로 이 마지막 장에서는 이 세대에 대한 체계적 유기의 거대한 흐름을 되돌리고, 그들의 옹호자로 섬길 수 있는 방법이 무엇인지 설명할 것이다. 여기서 제안하는 내용이 최종 해답은 아니지만, 바라건대 이런 방법이 우리 공동체의 중기 사춘기 청소년의 삶에 변화를 이루어낼 시발점이 되면 좋겠다.

청소년을 대상으로 일하는 사람들은
변화하는 청소년 문화를 배워야 한다

이 연구를 진행하는 동안 나는 옛날 자신의 십대 시절과 지금의 사춘기 생활이 똑같은 것처럼 행동하는 다양한 배경의 사람들 만났다. 예를 들어, 한 주 동인 50대 후반의

> 셀 모임 리더인 모니카를 알아갈수록 나와 공통점이 많다는 생각이 들었어요. 어쩌면 그녀를 신뢰할 수도 있을 것 같았어요. 그녀라면 나에게 상처를 주지는 않을 것 같았어요. 그녀는 언제라도 피할 수 있는 안전한 피난처가 되어주었어요. 그 당시 학교는 오히려 살고 싶은 의욕을 빼앗아가고 있었어요. 제가 원하던 것은 무엇이든 대부분 아무 노력 없이 공짜로 얻을 수 있었고, 원하는 것은 다 가질 수 있었어요. 이때 나는 셀 그룹 리더인 모니카에게 속 이야기를 털어놓았어요. 내가 필사적으로 도움을 구하고 있던 걸 알아챈 모니카는 모든 방법을 동원해 도움의 손길을 내밀었어요. 나를 데리러 온 적이 얼마나 많은지, 마약을 변기에 쏟아버린 적이 몇 번인지, 모니카와 그녀의 남편이 나를 자기 집으로 초대한 적이 몇 번인지 셀 수 없을 정도예요. 그런데 결국 나는 이 모든 괴로움을 끝내고 싶다는 생각이 들었어요. 그래서 생을 마감할 계획을 했어요. 모니카는 제 곁을 떠나지 않고 저를 돌봐주었어요. 결국 그녀는 나를 친정어머니의 사무실로 데려가 모든 속내를 털어놓게 했어요. 그때는 너무 짜증이 났지만, 지금은 너무 감사해요. 모니카가 없었다면 저는 지금 이 세상에 없을 거예요.
>
> _어느 고등학생

도시 청소년 사회 복지사와 28세의 YMCA 레크리에이션 책임자와 대화를 나누었던 적이 있다. 그 둘은 모두 내 연구에 관한 소감을 "내가 고등학생이었던 시절에는…"이라는 말로 시작한

다음, 개인적인 경험이 판단 기준이라도 되는 것처럼 설명했다. 그동안 청소년에게 일어난 변화를 더 깊이 들여다볼수록, 돌봄의 분야에서 헌신하는 대부분이 청소년의 삶을 자신의 역사적 이야기라는 필터로만 걸러서 보아온 것은 아닌지 의문이 더욱 짙어졌다. 이제 나는 청소년과 직접 부딪히며 일하는 모든 사람이 불과 몇 년 전과 비교해도 지금의 상황이 얼마나 달라졌는지 판단하도록 훈련받아야 한다고 확신한다.

많은 성인이 청소년과 교류하지만, 다음의 여섯 가지 직군이나 역할에 종사하는 사람은 포스트모던 시대의 중기 사춘기 청소년과 관련하여 자신이 어떤 문제를 다루고 있는지 특별히 잘 알고 있어야 한다.

— 교육자
— 정부의 공무원(특히 경찰)
— 상담가, 치료사, 사회 복지사
— 감독, 코치
— 사회 및 종교 단체의 청소년 사역자
— 청소년을 고용하는 사람

이들이 일하는 영역은 청소년이 유기에 영향을 받는 영역을 대표한다. 이런 분야에 몸담고 있는 성인들을 가르치고 훈련하기 위한 전략에는 체계적 유기와 관련된 문제를 드러내고 논의할 수 있는 공식적인 준비 및 교육 과정, 세미나, 비공식적인 대담이 포함된다. 청소년과 일하는 사람이 자신의 상황에서 유기를 막을 수 있는 방법과 각 청소년의 필요를 돌보기 위해 취해야 할 구체적인 조치를 고민하고 씨름하도록 장려해야 한다.

사춘기 청소년을 섬기는 사람들은 협력해야 한다

성인은 자신의 자원이나 전문 지식과 관계없이 혼자서는 유기라는 거대한 흐름을 되돌릴 수 없음을 알아야 한다. 대부분의 공동체, 학교, 청소년 센터, 교회, 청소년 스포츠리그, 이 외에 청소년을 겨냥한 모임들은 제각기 개별적으로 활동하고 있다. 특정 공동체에서 돌봄이 필요한 청소년의 재능이나 능력, 심지어 태도에 상관없이 비슷한 목표를 가진 프로그램이 협력해야 마땅하다.

이런 협력을 방해하는 요인은 시간 부족부터 특정 공동체에서 진행하는 일에 대한 정보 부족에 이르기까지 다양하다. 청소년을 위해 일하는 대부분의 사람과 기관은 자원 부족과 당면한 문제로 중압감에 시달린다. 생각을 같이하는 사람들과 기관들이 협력하여 추가 자원과 전략적 기회의 흐름을 만들어낼 수 있다고 생각하는 사람은 거의 없는 것 같다. 예를 들어, 부모를 위한 세미나를 열기 위해 지역 학부모회가 독자적으로 후원하면 비용 부담이 클 것이다. 다양한 기관과 조직으로 구성된 지역 공동체 네트워크에서 이 모임을 주최하면 누구나 쉽게 참여할 수 있는 더 양질의(그리고 적은 비용으로) 학부모 세미나를 열 수 있을 것이다. 리틀리그 후원자, 지역 학교, 경찰, YMCA, 교회가 1년에 두세 번 모여 지역 사회 안의 청소년 유기의 실태를 중점적으로 다루면 어떤 일이 일어날지 상상해보라.

때로 사람들과 기관들이 유기와 관련된 공통의 문제를 다루기 위해 협력하지 못하는 이유는 기관이나 심지어 개인의 불신 때문이다. 그러나 협력하지 않을 경우 치러야 하는 대가는 혹독할 수 있다. 모든 단체가 아동과 청소년을 돌보고자 하는 열정을 가지고 차이를 극복하기 위해 함께 노력하며, 공동체의 선을 위해 협력할 기준을 만들어야 한다.

사춘기 청소년을 섬기는 사람들은 청소년을 이해하고 경계를 설정해주어야 한다

유기와 관련된 문제를 해결하기 위해 필요한 기본 조치가 부담스럽게 느껴질 수 있다. 하지만 청소년을 양육하기 위해 그들의 변화하는 세계를 이해하고, 그들의 선택이 가능한 한 긍정적인 방향으로 이어지도록 경계를 정해주어야 한다는 점에서 보면 그 대응책은 비교적 단순하다.

성인은 체계적 유기의 결과로 청소년이 맞닥뜨리는 어려움과 문제가 무엇인지 조금이라도 이해하려고 노력해야 한다. 유기가 무엇이며, 어떤 영향을 미쳤고, 아이들은 거기에 어떻게 반응해왔는지 이해해야 한다. 유기가 오늘날의 청소년에게 심각한 영향을 미쳤다는 사실을 성인들에게 납득시키는 일이 극복해야 할 가장 큰 장애물이다. 유기라는 현상이 일어났고, 적어도 어른들이 청소년의 유익보다는 자기 자신과 그들의 신념과 이익에 더 몰두한다는 사실을 인정하면 청소년에게 생긴 심각한 문화적 변화라는 개념을 더 수월하게 받아들일 것이다.

　아동과 청소년을 양육하는 일의 핵심 요소인 경계선 설정은 공동체 안의 모든 성인이 청소년을 위해 감당해야 할 책무다. 대부분 사람은 오직 부모만이 자녀를 키울 책임이 있다고 생각한다. 그러나 이것은 종종 아이들에게 악영향을 미칠 수 있는 제도, 결정, 행동, 말에 대한 책임을 회피하려는 상황에서 표출된다. 자신의 앨범을 자녀에게 사주는 부모를 비난하는 가수, 십대를 겨냥한 청소년 관람불가 등급의 영화를 감시할 책임을 부모와 극장 소유주에게 돌리는 거만한 영화감독, "이 아이들은 모두 이기고 싶어 하는데, 당신의 자녀가 경기에 나가면 이길 수 없습니다"라고 주장하며 '레크리에이션'으로서의 운동 강도가 지나치게 과열되었다고 우려하는 부모의 의견을 일축하는 자원봉사 감독은 모두 어른의 책무를 회피하는 잘못을 저지르고 있다. 부모 혼자만의 노력으로는 아이들이 안전이 보장되는 지대에서 머무르게 해줄 경계를 마련할 수 없다.

　어른들이 경계를 마련해준다는 것이 무슨 뜻인가? 그것은 단순한 진리에 헌신하는 것으로 귀결된다. 바로 지역 사회의 청소년을 양육하고 돌보기 위해서는 그 일이 지역의 모든 성인이 함께 져야 할 책임이라는 사실을 인정하고 수용하는 것이다. 청소년을 돌보는 모든 어른은 유기의 영향을 더 악화시키는 사람과 기관과 정책을 점검하고 문제를 해결하기 위해 필요한 조치를 모두 취해야 한다. 상대적으로 간단하고 작은 조치라도 시간이 흐르면 거대한 변화를 만들어낼 수 있다.

— 경험이나 체급이나 재능과 관계없이 모든 선수를 골고루 격려할 방법을 논의하기 위해 코치진이나 부모를 찾아가서 만나는 유·청소년 축구 보조 감독(아동기와 초기 사춘기의 운동 역량은 실력을 기르는 것 못지않게 자신감과 격려 역시 중요하다).[1]

— 동료 교사가 학생들을 차별하는 사실을 알아차리고, 교사의 고귀한 소명을 명백히 어긴 잘못을 해결하도록 학교 당국에 조치를 요구하는 고등학교 교사.

— 지역 상인이 고등학교 축구 선수에게 씹는 담배를 판매하는 것을 알아채고 그 상인(그리고 마을의 다른 상인), 시 의회, 학교 당국, 법 집행 기관을 한자리에 소집하여 청소년에게 위험한 중독성 물질을 팔지 못하게 즉각 조치하는 소수의 부모.

결국 문제는 사춘기 청소년을 책임지는 이들이 누구냐는 것으로 요약된다. 각 청소년이 성인 공동체에 무사히 진입할 최선의 기회를 얻도록 모든 성인이 협력해야 함을 인정하는 시람들은 나머지 또래 청소년이 낙오되지 않도록 옹호자가 되어주어야 한다. 위의 예시는 성인들의 돌봄 공동체가 지역 사회의 청소년을 위한 경계를 설정하려고 할 때 취할 수 있는 수많은 조치 중 일부에 불과하다.

부모들은 변화하는 사춘기 청소년을 양육하도록 준비하고 격려받아야 한다

나는 부모를 대상으로 세미나를 열어 강연하고, 소규모의 친밀한 모임에서 아이들에게 일어나는 변화에 대해 토론하며 많은 시간을 보냈다. 자녀가 중기 사춘기에 접어들 때 대다수 부모는 자녀의 갑작스러운 변화에 충격을 받는다. 부모는 고등학교 생활이 이전과 많은 부분에서 다르고, 부모의 고등학교 시절과는 문화가 너무나 달라졌다는 사실을 잘 알고 있다. 그러나 부모는 대부분 불안해하고 외로움을 느낀다. 층위별로 보이는 변화, 관계의 단절, 냉담함을 느끼고, 친구들 때문에 부모는 뒷전이 되는 상황을 만난다. 대다수는 자녀가 부모에게 거짓말하고 속이며 조종당하는 경험이 무엇인지 안다. 부모는 자녀에게 일어난 변화가 자신의 잘못이 아님을 유념해야 한다. 또한 자녀를 이해하려고 전심으로 노력할 때 문화적 혼란 속에서도 자녀와 긍정적이고 생산적인 관계를 맺을 수 있음을 기억해야 한다.

부모는 자녀의 인생에서 가장 소중한 사람임이 분명하다. 그렇다면 청소년이 문화 속에서 체계적으로 유기당한 것에 비추어 부모는 무엇을 주의해야 하는가? 물론 최대한 모든 문제에 주의해야 한다고 대답할 것이다. 그러나 구체적으로 부모는 사춘기 발달의 세 가지 변화를 유의해야 한다. 그것은 확대된 사춘기 기간의 문제, 층위를 달리하는 지하 세계의 삶이라는 현상, 스스로 살아가는 법을 배워야 한다는 청소년의 인식이다. 부모(계부, 계모와 후견인 포함)가 사춘기의 이런 측면을 인정하고 이해한다면, 어느 정도 자신감을 가지고 자녀를 양육할 수 있을 것이다.

공동체는 각 학생에게 그들을 알고 돌봐주는 다수의 성인 옹호자를 연결해주어야 한다

많은 사람이 어릴 때부터 친숙히 들어온 대중적 신화가 있다면 단일 역할 모델이라는 개념이다. 빅 브라더스와 빅 시스터스(Big Brothers and Big Sisters, 관심사, 성격, 지역에 따라 일대일 관계를 맺어주는 멘토링 프로그램—역주) 같은 훌륭한 프로그램이나 필요할 때마다 불우한 청소년에게 도움을 줄 멘토를 연결해주는 식의 개념으로 이런 신화는 계속 강화되어왔다. 안타깝지만 한 청소년에게 필요한 다양한 방식의 도움을 한 개인이 온전히 충족해줄 빈도가 없다. 현재의 문화에서 다루어야 할 요구는 너무나 다양하고 복잡하다. 둘째, 아무리 훌륭한 멘토라 하더라도 결국 이별하기 마련이다.[2] 이는 어떤 면에서 아예 멘토를 만나지 않았을 때보다 상황이 더 나빠질 수 있다. 도움이 필요한 아동이나 청소년에게 친밀한 우정의 약속과 돌봄의 약속이 지켜지지 않으면 심각한 악영향을 미칠 수 있다. 셋째, 연구에 따르면 아이의 인생에 영향을 미치기 위해 일관된 메시지를 전달하면서 아이를 지지해주는 여러 긍정적인 관계가 있어야 한다.[3] 매주 한 번 만나서 지지와 신뢰를 보여주는 따뜻한 멘토가 있다고 해도 그 한 사람으로는 부족하다. 게으르고 바보 같고 무능력하다는 말을 일주일 내내 듣게 되면, 부정적인 목소리가 멘토의 긍정적인 목소리를 압도할 것이다. 아무리 훌륭한 사람이라도 한 명의 팬으로는 충분하지 않다.

모든 어른은 보호와 돌봄과 따뜻한 애정의 메시지를 더해주기 위해 노력해야 한다. 체계적 유기의 악영향을 최소화하기 위해서는 일관되게 격려하고 지지하는 여러 사람의 목소리가 필요하다. 청소년들을 돕는 최고의 방법은 지지와 헌신의 합창을 다 함께 불러주는 것이다.

〈부록〉 **방법론**

이 책에서 계속 언급했듯이, 여기에 수록된 내용은 나를 비롯한 연구 팀이 2001년부터 2004년 초까지 수행한 2부로 구성된 초기 연구('허트 프로젝트'로 불린)의 자료, 결과, 결론, 논의, 한계를 기반으로 하여 세 번째 단계(2004년-2010년)에서 얻은 자료를 추가한 것이다. 프로젝트 초기 단계는 2001년 말부터 2002년 6월까지 크레센타 밸리 고등학교에서 글렌데일 통합 학군(Glendale Unified School District)의 대리 교사를 하며 참여 관찰 방법으로 알려진 문화기술지 연구 방법론을 사용해 입수한 자료를 주로 활용했다. 동시에 연구팀의 문헌 검토 연구원들은 관련된 모든 대중적 자료와 학술적 자료에 대해 철저한 검토를 수행했고, 이들의 수고로 이러한 관찰과 새로운 관점을 알리고 정리하며 미묘한 부분까지 검증할 수 있었다. 2002년 여름부터 2004년 봄까지 시행한 프로젝트 2단계는 고등학교 2, 3학년 학생들과 나눈 17차례의 개방형 대화를 통해 이전에 활용한 관찰 자료와 문헌 검토 내용을 구체적으로 뒷받침할 새로운 자료를 모을 수 있었다. 이 내용은 이 책의 초판에 수록되어 있다. 이 프로젝트에서 계속 진행하고 있는 단계는 관찰, 인터뷰, 개방형 대화, 의도적인 표적 집단의 자료를 조합하여 초기 결과에 추가할 자료를 수집하고 정리하는 것이다. 이 단계는 지난 몇 년 동안 결론에 변화가 있음을 드러내고, 첫 연구에서 충분히 다루지 못한 연령대와 환경에 더 구체적으로 초점을 맞추고 있다.

첫 '허트 프로젝트'에 사용되었고 이 개정판에 기록된 방법론은 기본적으로 동일하게 참여 관찰, 문헌 검토, 의도적인 개방형 대화, 표적 집단 면접, 비정기적 인터뷰를 종합한 것이다. 이번 개정판에서 달라진 부분이 있다면 문헌을 검토한 수준의 차이에 있다. 개정판은 이른바 '양 주변부 아이'(건강한 발달을 저해하는 거대한 장애물이 있거나, 어른의 과도한 지시에 짓눌리는 아이)를 의도적으로 조사하고 분석했으며, 중기 사춘기 청소년들과의 대화 몇 차례와 표적 집단 면접을 추가하여 현재 십대의 세상이 얼마나 극적으로 변화하고 있는지를 파악하게 해줄 중요한 통찰을 제공한다.

이 책의 초판에서처럼 우리가 확인한 결과와 결론은 대체적으로 '근기이론'(grounded theory)의 범주에 속한다고 확신한다. 그러므로 다양한 학문 분야의 여러 학자가 우리의 연구 내용을 바탕으로 더 깊이 연구하여, 문화적 변화가 사춘기 청소년에게 미치는 영향을 이해하는 작업에 동참하기를 바란다. 이때 이 연구의 발전을 방해할 학문적 편견이나 선험적 전제에 얽매이지 않기를 기대한다.

연구 방법론

참여 관찰 방법은 이 연구에 사용된 초기의 동기부여 전략이었다. 이 전략을 뒷받침하기 위해 우리가 사용한 모든 방법론은 자신의 세계와 생활을 바라보는 십대의 의식을 이해할 가장 완벽하고 확실한 그림을 부각시키는 방향으로 통합적으로 사용하고자 했다. 청소년의 현실 인식에 관해 그들이 공유하는 일반적인 의식을 조사할 방법은 수없이 많다. 하지만 모든 방법론은 반드시 연구 대상을 정직하고 진정성 있게 묘사할 수 있게 해주어야 한다. 폴라 사우코가 지적하듯이, "한 프로젝트의 가치와 유효성은 그것이 얼마나 철저하며 방어적이고 정당하게 이루어졌는지에 달려 있다."[1] 초판과 이 개정판의 조사 과정에는 모든 측면에서 이런 우려가 핵심적으로 반영되었다.

지금까지 언급했듯이 이 개정판에 수록된 자료는 4부로 이루어진 연구 과정의 통합본이다. 고등학교에서 참여 관찰자로서 나의 역할, 내가 관찰하는 과정에서 발생하는 문제를 조사하는 문헌 조사 팀, 일련의 대화와 표적 집단, 마지막으로 이런 관찰과 대화와 표적 집단 면접, 새로운 학자와의 교류 그리고 현장 종사자와 학자, 초판의 결과물을 공개적, 개인적으로 폄하한 사람들과의 적극적인 대화가 모두 종합적으로 녹아들어 있다. 다시 말해, '허트 프로젝트'는 학자와 부모, 청소년 옹호자, 교육자, 사회과학자, 오늘날 사춘기 청소년의 세계를 이해하는 데 관심이 있는 다양한 사람과의 지속적 대화라 해도 무방하다.[2]

참여 관찰, 문화기술지 연구 방법

사회과학자가 제기할 수 있는 가장 기본적인 질문은 추정컨대 "특정 연령대에 대해 실제로 알 수 있는 방법은 무엇인가?"일 것이다. '허트 프로젝트'의 선임 연구원으로서 나는 거의 10년 동안 이 질문과 길고 힘든 씨름을 이어왔다. 세상의 변화와 광범위한 문화적 흐름은 이러한 변화들이 우리에게 어떤 영향을 미치는지를 점점 확실히 드러내준다. 따라서 이 질문은 학자가 자신의 세상을 가장 많이 가르쳐줄 수 있는 사람들, 즉 청소년에게 조금이라도 더 가까이 다가가라고 촉구한다. 오늘날의 십대는 표적 집단 면접, 설문지, 개인적인 대면 인터뷰라는 전통적인 조사 방법을 통해서는 파악할 수 없는 훨씬 복합적인 존재다. 특별히 청소년에 대해 연구할 때는 참여 관찰 방법이 중요하나. 청소년은 자가 보고형 질문에 일관되게 답변하지 않을 가능성이 높고, 실제 시각과 태도와 행동이 연구자에게 답한 내용과 즉각적인 상관 관계를 갖는지 확인하기가 쉽지 않다. 오늘날의 사춘기 청소년의 복합적이고 다층적인 세계를 정확히 이해하기 위해서는 끊임없이 변화하는 특성을 지닌 사춘기에서 벗어난 사람이 조심스럽고 의도적으로 듣고 관찰하며 질문하고 요청하며 추적해야 한다.[3] 진행되는 일에 대한 전체적인 그림을 그릴 정도로 가까이 있으며, 여과 없이 있는 그대로의 행동과 대화로 초청받을 수 있는 안전한 사람이 필요하다. 패트리샤와 피터 아들러는 대표적인 문화기술지 연구자로서 참여 관찰이 사춘기 청소년의 생활과 행동을 연구하는 가장 생산적인 방법론이라고 일관되게 주장한다. 「현대 문화기술지 저널」(*Journal of Contemporary Ethnography*)에서 그들은 이렇게 말한다. "특정 집단의 내부 상황에 접근할 수 있는 문화기술지의 장점을 고려할 때, 이 방법론은 십대가 자신의 사회적 세계를 어떻게 이해하고 있는지 탐색하는 데 필요한 핵심적인 방법이다."[4]

　　내가 사용한 구체적인 전략은 대체 교사로서 역할을 충실하게 이행함으로 학교와 학군과 맺은 합의를 존중하는 방법을 찾는 것이었다. 담당 교사가 수업에 관해 전달한 지시 사항을 이행하여 대체 교사로서 소임을 성실히 감당하는 한편, 나와 공동 교장들은 내가 대체 교사의 역할 외의 연구를 위해 학교에 온 이유를 학생들(그리고 교사와 행정 부서)에게 부득이 알려야 한다는 것으로 의견을 모았다. 수업을 시작할 때 먼저 나는 고등학생의 세계를 관찰하고 그들의 목소리에 귀 기울이고자 장기 안식년 휴가를 받았다는 것과 내가 보고 들은 내용을 토대로 책을 쓸 계획이라고 알려주었다. 하루의 수업이 끝날 때 나는 그날 관찰한 내용에 대한 인상을 세세히 기록했다. 다만 학생들의 실제 이름이나 반을 명기하지는 않았다. 한 주가 마무리될 때는 매일 기록한 메모를 요약해서 하나의 이야기로 정리한 다음 원래 쓴 기록을 삭제했다. 몇 주가 지나자 주제별로 정리되기 시작했고, 이런 새로운 주제들을 당시는 아직 현장에서 사용되지 않던 일일 관찰(daily observation) 방법을 통해 꼼꼼하게 점검하곤 했다.

한 학기 이상 대체 교사로 활동하는 동안 요구하지도 않았는데 학생들에게(그리고 일부 교사에게서) 1천 통이 넘는 시와 쪽지와 노래 가사와 편지를 받았다. 우리 연구 팀은 나중에 학생의 이름을 바꾸어 이 글들을 주제별로 정리해서 입력했고, 나는 관찰한 내용에 대한 소감과 대화 내용과 잠정적 결론을 자료로 정리했다. 이런 식의 자료 구축은 차마즈가 다양한 무작위적 자료를 통합하고 종합하기 위한 참여 관찰 과정의 중요한 측면이라고 주장한 과정에 해당한다. 그녀는 이렇게 말한다. "자료 정리 및 분류 작업은 연구자에게 근거로 사용할 분석의 틀을 제공한다. 연구자는 경험적 자료를 면밀하게 연구하기 때문에 거기에서 얻은 새로운 단서와 그 자료들이 보이는 차이를 확인할 수 있다. 인터뷰든, 현장 기록이든, 사례 연구나 개인적 이야기나 문서든 각 자료는 기존 자료에 영향을 미친다."[5]

참여 관찰이 가장 확실한 연구 방법론의 하니로 객관적인 인정을 받기는 하지만, 이 방법론에 대해 비교적 꾸준히 제기되는 비판이 있다. 연구자의 편향이 결론에 영향을 미칠 수 있다는 것이다. 연구자의 편향은 때로 전체 프로젝트가 무효화될 정도로 심각할 수 있다. 이 책의 초판을 선보인 이후 나는 우리 연구와 관련해 이런 비판을 심심치 않게 받았다. 유수의 한 미국 대학교 학부 수업에서 한 학생이 저명한 사회학 교수에게 나의 연구와 특별히 초판의 내용을 자신의 연구 이론에 어떻게 적용할 수 있는지 질문했다고 한다. 그 교수는 이렇게 답했다. "그 사람은 고등학교에서 몇 개월 지내고 그것을 연구라고 하는 사람 아닙니까? 이미 자신이 믿던 이론을 증명하려고 간 것이지요." 이 학생이 이런 대화 내용을 메일로 보내주었을 때, 나는 교수의 혹평보다는 이 연구 방식의 학문적 신뢰성에 대해 비슷한 의구심을 지닌 사람들이 '바깥 어딘가에' 있을 가능성이 더 염려스러웠다.

  연구자가 특정 연령대와 교류하며 그 실험 집단의 구성원과 친밀감이 생기거나 심지어 관계를 형성할 때 편향이 생길 가능성, 그것도 중대한 편향이 생길 가능성이 있다는 문제는 매우 현실적인 우려다. 그러나 연구에서 이 방법을 택하는 많은 학자는 혹자가 주장하듯이 연구자의 편향 가능성이 문화 기술지적 관찰과 결론의 가치, 진정성, 효력을 해칠 정도로 영향을 미친다는 인식에 의문을 제기한다. 가령, 마이클 V. 앙그로시노와 같은 연구자는 "관찰의 재상황화"(Recontextualizing Observation)라는 글에서 정확히 정반대로 주장하며 관찰 대상에 대해 심정적으로 공감하고 교감하는 헌신적 연구자의 가치를 옹호한다. 이 방법은 많은 시간을 투자해야 하기 때문에 연구자가 신뢰를 얻기 위해서는 관찰 대상과 일종의 라포(rapport)를 형성하는 것 외에 달리 방법이 없다. 앙그로시노는 연구자가 연구 대상의 실체를 알아내고 관찰하며 보고할 최상의 기회는 바로 이런 관계 생태적 상황에서 생긴다고 주장한다.[6] 나는 분명히 청소년의 옹호자이고 청소년이 그동안 어떻게 체계적으로 관리되고 이끌려왔는지를 더 알리고 싶다. 그런데 관찰한 자료와 결론을 형성하는 자료에 대한 인상, 여기에 기록된 결과들은, 열린 마음으로 이 연구를 그대로 실행한다면 모든 연구자가 같은 결론에 이를 정도로 충실하고 정직하며 객관적인 분석이라고 믿는다.

문헌 검토

'허트 프로젝트' 초기에는 고등학교에서 문화기술지 연구자로서 수행한 연구 결과에 의존했지만, 이 연구에서 사용한 방법은 그 한 가지 전략에만 한정되지 않는다. 우리가 내린 결론과 관련 문헌을 비교하거나, 적어도 그를 바탕으로 평가하는 데 많은 노력을 기울였다. 그러므로 철저한 학제 간 문헌 검토 방식은 우리가 사용한 나머지 형태의 자료 수집 방식 못지않게 역동적인 자료 모음을 제공한다. 이 개정판은 초판이 내용을 항목별, 단락별로 개정한 것으로 현대 문화 속의 청소년에 대한 나의 지속적인 관찰과 가장 최신이자 최고의 학문적 결과와 사상을 연결하는 작업을 이어나가는 차원에서 집필했다. 참여 관찰 방법에서 문헌 검토는 개방형 문화기술지적 질문과 동시에 상황화된 분석이 필요한 영역을 확인할 수 있는 범위를 정하는 기본적 구조를 제공한다. 문헌 검토가 필수적인 이유는 문화기술지 연구자가 기존의 개념적 틀로 관찰 내용과 결론에 접근하거나, 필요한 경우 새로운 사고방식을 추구하게 하기 때문이다. 이 때문에 일반적으로 문화기술지 연구 방법, 구체적으로는 참여 관찰 방식이 충실하고 신뢰할 수 있는 사회과학 방법론으로서 위치를 고수할 수 있다.[7]

그러나 참여 관찰에서는 관찰을 통해 연구자가 대상에 대한 인상을 정리하기 전에, 문헌이 제공하는 개념적 경계의 틀이 대상자를 바라보는 시각과 개념에 영향을 미치게 해서는 안 된다. 다시 말해, 관련 문헌은 기존의 이론적 가정에서 벗어나는 관찰 내용과 결론을 잠재적으로 수정하는 용도로 사용해야 하고, 먼저 대상에 대한 인상을 형성하는 데 영향을 주어서는 안 된다. '허트 연구'(초기 연구와 진행 중인 연구)를 하면서 우리는 이런 점을 유의하며 관련 문헌과 이론을 활용했다.

비공식적 대화와 표적 집단

표적 집단 면접 그리고 그와 유사한 조사 방법인 비공식적 집단 대화는 문화기술지 연구자에게 다른 방법으로는 얻기 어려운 풍성한 통찰을 얻게 해주었다. 첫째, 아무리 민감한 참여 관찰자라도 특정 연령대에 대해 겨우 스치듯이 관찰할 수 있을 뿐이므로 표적 집단은 그 격차를 메울 수 있다.[8] 나아가 표적 집단은 연구자가 충분한 일차적 정보 없이 섣부른 결론을 내리지 않도록 미리 방지해줄 수 있다.[9] 나는 표적 집단의 평가에 맞게 결론을 조정하는 우리의 절차가 이 연령대를 전반적으로 이해하는 데 필수라는 것을 확인했다. 마지막으로, 표적 집단의 가장 큰 가치는 십대가 "언어로 표현되지 않은 규범과 규범적 전제를 드러낼" 수 있게 한 것이었다.[10] 전반적으로 나는 이런 규범과 전제의 존재를 의심하고 있었는데, 참여자들이 집단적으로 설명하고 동의해줌으로써 그 존재는 한층 더 명확해졌다. 그러므로 프로젝트를 진행하는 기간이나 그 이후까지 우리 팀은 자료를 얻는 세 번째 주요 원천으로 소모임 형태의 교류를 유지해왔다.

앞에서 언급했듯이 초기 연구를 위해 나는 17번의 '공식화된' 비공식적 대화를 진행했다. 모두 부모에게 서면 동의를 받고 진행했다. 대화를 종료한 후 나는 다섯 개 그룹의 몇몇 부모들에게서 자녀가 이 연구에 참여한 것이 불쾌하다는 말을 들었다. 그래서 우리는 '허트 프로젝트'와 관련된 책, 기사, 강의에서 이 다섯 그룹의 아이들이 했던 말이나 이들에 대한 인상을 완전히 제외했다. 흥미롭게도 관련된 모든 부모가 우려하는 문제는 동일했다. 내가 전혀 채근하지 않았는데도 그 아이들이 구강성교에 대해 토론했다는 것이다. 내가 아는 한 그 연구와 관련해 부모들의 분노를 산 문제는 그 외에 전혀 없었다.

이 집단은 15-20명의 고등학교 2, 3학년으로 구성되었고, 이들은 모두 지리적으로 가까운 최소한 3개 그리고 보통은 6-10개의 인구 집단에서 선발했다.[11] 미국의 인구 밀집 지역을 대표하는 도시와 지역 공동체뿐만 아니라, 다양한 민족, 도시, 농촌, 교외 등 인구 통계적 스펙트럼을 대표하도록 선정했다(또한 캐나다의 표적 집단도 동부와 서부 해안에서 각각 한 팀씩 면접을 진행했다). 특정 도시나 마을을 방문하기 전에 먼저 해당 지역의 최소한 두 곳(혹은 그 이상)의 민간 기관에 연락하여 청소년 그룹이나 청소년을 대상으로 활동하는 단체를 만나는 데 도움을 받았다. 그렇게 만난 청소년들은 잠재적 피실험자가 되었고, 모르는 또래 친구들과도 활발하게 토론하며 자기 생각을 적극적으로 개진했다. 또한 그들이 사는 세계에 대한 인상을 적극적으로 알려줌으로 십대가 자신의 인생과 세계를 어떻게 인식하는지를 파악하고자 하는 연구에 도움을 주었다. 각 도시마다 고유한 과정이 있지만, 우리 팀은 다음의 조건을 엄수하고자 노력했다. 학생 중 서로 아는 친구가 세 명 이상은 없어야 하고, 주요 범주(스포츠 팀, 교회와 종교 관련 청소년 조직, 봉사 동아리 등) 중 한 가지 범주에 적극적으로 참여하는 학생은 50퍼센트 이하여야 하며, (피자를 제공하는) 한 번의 모임으로 마무리되어야 하고, 부모에게 서면 동의를 받는 것이었다. 대부분의 사례에서 우리는 자녀가 참여해도 된다는 의향을 재확인하기 위해 각 부모에게 서신을 보냈다. 초판이 나온 뒤 나는 유사한 대화를 8-15회 정도 실시했다(공식적으로 어느 수준까지 대화로 볼 수 있느냐에 따라 달라진다).

모임의 형식은 간단했다. 나는 사람들이 연구자의 참여 여부나 질문을 제시하는 방식에 영향을 받지 않고, 자유롭게 자기 생각이나 시각을 드러내는 분위기를 조성하고 싶었다. 그래서 거의 모든 표적 집단에 홀로 참여했고, 핵심적인 몇 가지 간결한 인용만 제외하고 가능한 한 기록은 자제하여 대체로 기억에 의존함으로 관찰 방법에 충실하고자 노력했다. 표적 집단의 대화가 원활하게 하기 위해 극히 단순하고 개방적인 대화 방식을 선택했다. 가령 "학교에 대해 말해 주면 좋겠어"라거나 "친구들에 대해 이야기해줘"(혹은 데이트나 가족이나 고민에 대해 말해줘)와 같이 질문했다. 대략 처음 30-45분 안에 십대 참여자들이 서로에게 마음을 열 준비가 되면, 그들이 집단 사고를 하지 않게 하는 것이 내가 해야 할 가장 중요한 일이었다. 먼저 정보를 제공함으로 일순간 모두 같은 생각을 하게 되는 불상사가 일어나지 않도록 해야 했다. 진행자가 집단 사고의 가능성을 방지해야 할 필요에 대한 연구는 다수의 관련 자료에서 찾아볼 수 있다. 연구자가 대화에 소극적인 사람에게 상대적으로 상관이 없는 질문에 대답하도록 요청하거나, 한 참가자의 말이 집단외 방향과 배치되는 경우 다시 소개하거나 표현을 수정하는 전략과 같이 비교적 쉽게 접근할 수 있는 기술을 사용했다.[12] 이런 방법이 어떤 그룹에도 문제없이 사용 가능하다는 것은 이미 확인된 사실이다.

'허트 프로젝트'의 지속적 과업

앞서 말했듯 이 책이 출판되었다고 해서 '허트 프로젝트'가 끝난 것은 아니다. 대학원 교수로서 나는 학생과 대학원생 지원자들을 모아 광범위한 문헌들을 조사하고, 현장에서 문화기술지적 질문을 제기하며, 십대를 이해하고 돌볼 수 있는 능력을 향상하기 위해 노력하는 기관과 공동체와 협력하고 상의하는 일을 계속해왔다. 우리 팀들은[13] 이 연구를 지속적인 연구 과제로 보고, 위원회나 보조금이나 제도화된 프로젝트라는 수단으로 프로젝트를 공식화하지 않고, 네트워크와 관계를 통한 자연적인 과정에서 보고 들은 것을 보고하는 식의 방식을 선택했다. 예를 들어, 한 사립학교에서 체계적 유기의 정도와 지점들을 확인하려는 목적으로 학생과 교사진을 관찰하고 인터뷰하도록 나에게(혹은 팀원 한 명에게) 학교에 방문해달라는 요청이 들어오면, 우리는 그 기관의 방침과 이사회의 권위를 존중하는 방식으로 접근한다. 표적 집단 면접을 진행할 기회가 생기면, 원래 방침대로 해당 기관이나 조직이 부모에게 승낙을 받는 일을 책임지도록 요구한다. 하지만 대부분 초청 당사자의 후원 아래 관찰 활동을 진행한다.

마지막으로, 우리가 이 프로젝트를 계속 진행해왔고 앞으로도 이 프로젝트를 지속하고자 하는 이유는 이 책의 초판을 쓸 때 발견했던 내용이 여전히 개선되지 않았기 때문이다. 아이들이 어린 나이부터 요구받는 책임과 역량의 정도는 지난 10년간 급격히 증가했지만, 그들에게 대가 없이 제공되는 어른의 지속적인 지원과 지도는 거의 동일한 수준으로 감소되어왔다. 오늘날의 아동과 청소년처럼 사회적 자본을 경험하지 못한 세대는 없었다. 또한 그들은 역사상 어느 세대보다 더 많은 스트레스에 짓눌려 있다. 우리는 이 현실을 자각하고 대화하며 새로운 움직임을 실천하겠다고 결단한 사람들과 발맞추어 걸으며, 우리 아이들과 그들의 자녀들까지 지역 사회와 국가와 전 세계에서 없어서는 안 될 귀중한 구성원으로 인정받고 사랑받으며 성장하도록 함께할 것이다.

참고 문헌

Books

Adler, Patricia A., and Peter Adler. "Observational Techniques." In Denzin and Lincoln, *Handbook of Qualitative Research*, 377-92.

Alan Guttmacher Institute. *Teen Sex and Pregnancy*. New York: Alan Guttmacher Institute, 1995.

Allen, Joseph, and Claudia Worrell Allen. *Escaping the Endless Adolescence: How We Can Help Our Teenagers Grow Up before They Grow Old*. New York: Ballantine Books, 2009.

Anderman, Eric M. "The Effects of Personal, Classroom and School Goal Structures on Academic Cheating." In *Psychological Perspectives on Academic Cheating*, edited by Eric M. Anderman and Tamera B. Murdock, 87-106. San Diego: Elsevier, 2007.

Angrosino, Michael V. "Recontextualizing Observation: Ethnography, Pedagogy, and the Prospects for a Progressive Political Agenda." In Denzin and Lincoln, *Sage Handbook of Qualitative Research*, 729-46.

Arnett, Jeffrey J. *Adolescence and Emerging Adulthood: A Cultural Approach*. Upper Saddle River, NJ: Pearson Education, 2000.

———. "Adolescent Storm and Stress, Reconsidered." In Arnett, *Read-*

ings on Adolescence, 6-14.

———, ed. Readings on Adolescence and Emerging Adulthood. Upper Saddle River, NJ: Prentice-Hall, 2002.

Atkinson, Paul, and Martyn Hammersley. "Ethnography and Participant Observation." In Denzin and Lincoln, Handbook of Qualitative Research, 248-61.

Augustine. Confessions. Translated by Rex Warner. New York: Signet Classics, 2001.

Azam, Sharlene. Oral Sex Is the New Goodnight Kiss. http://www.thenewgood nightkiss.com/ (accessed August 5, 2010).

Bandura, Albert. Social Foundations of Thought and Action: A Social Cognitive Theory. Englewood Cliffs, NJ: Prentice-Hall, 1986.

Barger, Robert N. A Summary of Lawrence Kohlberg's Stages of Moral Development. Notre Dame, IN: University of Notre Dame, 2000, http://www.qcc.cuny.edu/socialsciences/ppecorino/INTRO_TEXT/Chapter%208%20Ethics/Reading-Barger-on-Kohlberg.htm, (accessed November 30, 2010).

Barnes, G. M., M. P. Farrell, and S. Banerjee. "Family Influences on Alcohol Abuse and Other Problem Behaviors among Black and White Americans." In Alcohol Problems among Adolescents, edited by G. M. Boyd, J. Howard, and R. A. Zucker, 13-32. Hillsdale, NJ: Lawrence Erlbaum, 1995.

Besharov, D. J., ed. America's Disconnected Youth: Toward a Preventative Strategy. Washington, DC: CWLA Press, 1999.

Blos, Peter. The Adolescent Passage. New York: International Universities Press, 1979.

———. "The Second Individuation Process of Adolescence." In The Adolescent Passage, 141-70. New York: International Universities Press, 1979.

Bronfenbrenner, Urie. The Ecology of Human Development: Experiments by Nature and Design. Cambridge, MA: Harvard University Press, 1979.

Brown, B. B., M. S. Mory, and D. Kinney. "Casting Crowds in a Relational Perspective: Caricature, Channel, and Context." In Arnett, Readings on Adolescence, 161-72.

Buechner, Frederick. Whistling in the Dark. San Francisco: Harper, 1993.

Carroll, Colleen. The New Faithful: Why Young Adults Are Embracing Christian Orthodoxy. Chicago: Loyola, 2002.

Carskadon, Mary A., ed. Adolescent Sleep Patterns: Biological, Social, and Psychological Influences. Cambridge: Cambridge University

Press, 2002.

Charmaz, Kathy. "Grounded Theory in the 21st Century: Applications for Advancing Social Justice Studies." In Denzin and Lincoln, *Sage Handbook of Qualitative Research*, 507–35.

Child Trends. *Facts at a Glance*. Washington, DC: Child Trends, 1999.

Chodorow, Nancy. *The Reproduction of Mothering: Psychoanalysis and the Sociology of Gender*. Berkeley: University of California Press, 1978.

Clark, Chap. "The Changing Face of Adolescence: A Theological View of Human Development." In *Starting Right: Thinking Theologically about Youth Ministry*, edited by Kenda C. Dean, Chap Clark, and Dave Rahn, 41–62. Grand Rapids: Zondervan/Youth Specialties, 2000.

Clark, Chap, and Dee Clark. *Daughters and Dads*. Colorado Springs: NavPress, 1998.

———. *Disconnected: Parenting Teens in a MySpace World*. Grand Rapids: Baker Books, 2007.

Clark, Chap, and Steve Rabey. *When Kids Hurt: Help for Adults Navigating the Adolescent Maze*. Grand Rapids: Baker Books, 2009.

———. *The Youth Worker's Handbook to Family Ministry*. Grand Rapids: Zondervan/Youth Specialties, 1997.

Coleman, J. C., and L. B. Hendry. *The Nature of Adolescence*. 3rd ed. New York: Routledge, 1999.

Conger, R. D., and W. Chao. "Adolescent Depressed Mood." In *Understanding Differences between Divorced and Intact Families: Stress, Interaction, and Child Outcome*, edited by R. L. Simons, 157–75. Thousand Oaks, CA: Sage, 1996.

Coontz, Stephanie. *The Way We Never Were: American Families and the Nostalgia Trap*. New York: Basic Books, 1992.

Côté, James E., and Anton L. Allahar. *Generation on Hold: Coming of Age in the Late Twentieth Century*. Toronto: Stoddart, 1994.

Currie, Elliot. *The Road to Whatever: Middle Class Culture and the Crisis of Adolescence*. New York: Metropolitan Books, 2004.

Cusick, P. A. *Inside High School*. New York: Holt, Rinehart & Winston, 1973.

Damon, William. *The Moral Child: Nurturing Children's Natural Moral Growth*. New York: Free Press, 1988.

———. *The Youth Charter*. New York: Free Press, 1997.

———, ed. *Bringing In a New Era in Character Education*. Stanford, CA: Hoover Institute Press, 2002.

Damon, William, Deanna Kuhn, and Robert S. Siegler, eds. *Handbook of Child Psychology.* Vol. 2, *Cognition, Perception, and Language.* 5th ed. New York: Wiley, 1998.

Debold, E., L. M. Brown, W. Weseen, and G. K. Brookins. "Cultivating Hardiness Zones for Adolescent Girls: A Reconceptualization of Resilience in Relationships with Caring Adults." In Johnson, Roberts, and Worell, *Beyond Appearance,* 181–204.

Demos, John. *Past, Present, and Personal: The Family and the Life Course in America.* New York: Oxford University Press, 1986.

Denmark, F. L. "Enhancing the Development of Adolescent Girls." In Johnson, Roberts, and Worell, *Beyond Appearance,* 377–404.

Denzin, Norman K. *The Research Act: A Theoretical Introduction to Sociological Methods.* 2nd ed. New York: McGraw-Hill, 1978.

Denzin, Norman K., and Yvonna S. Lincoln, eds. *Handbook of Qualitative Research.* Thousand Oaks, CA: Sage, 1994.

———, eds. *The Sage Handbook of Qualitative Research.* 3rd ed. Thousand Oaks, CA: Sage, 2005.

DeVries, Mark. *Family-Based Youth Ministry.* Downers Grove, IL: InterVarsity, 1994.

Dryfoos, J. G. *Safe Passage: Making It through Adolescence in a Risky Society.* New York: Oxford University Press, 1998.

DuBois, David L., and Michael J. Karcher. "Youth Mentoring: Theory, Research, and Practice." In *Handbook of Youth Mentoring,* edited by D. L. DuBois and M. J. Karcher, 2–12. Thousand Oaks, CA: Sage, 2005.

Eccles, J., B. Barber, D. Jozefowicz, O. Malenchuk, and M. Vida. "Self-Evaluations of Competence, Task Values, and Self-Esteem." In Johnson, Roberts, and Worell, *Beyond Appearance,* 53–83.

Elkind, David. *All Grown Up and No Place to Go.* Reading, MA: Addison-Wesley, 1984.

———. *The Hurried Child: Growing Up Too Fast Too Soon.* 2nd ed. Reading, MA: Addison-Wesley, 1988.

———. *The Hurried Child: Growing Up Too Fast Too Soon.* 3rd ed. Cambridge, MA: Perseus, 2001.

———. *Reinventing Childhood: Raising and Educating Children in a Changing World.* Rosemont, NJ: Modern Learning, 1998.

———. *A Sympathetic Understanding of the Child: Birth to Sixteen.* Needham Heights, MA: Allyn & Bacon, 1994.

———. *Ties That Stress: The New Family Imbalance.* Cambridge, MA: Harvard University Press, 1994.

Epstein, Robert. *The Case against Adolescence: Rediscovering the Adult in Every Teen.* Sanger, CA: Quill Driver Books, 2007.
———. *Teen 2.0: Saving Our Children and Families from the Torment of Adolescence.* Fresno, CA: Linden, 2010.
Erikson, Erik H. *Identity: Youth and Crisis.* New York: Norton, 1968.
Feldman, Shirley, and Glen R. Elliott. *At the Threshold: The Developing Adolescent.* New York: Knopf, 1996.
Fine, Michelle, and Lois Weis. "Compositional Studies in Two Parts: Critical Theorizing and Analyzing on Social (In)Justice." In Denzin and Lincoln, *Sage Handbook of Qualitative Research*, 65–84.
Garbarino, J. *Lost Boys: Why Our Sons Turn Violent and How We Can Save Them.* New York: Anchor Books, 1999.
Gardner, H. *Multiple Intelligences: The Theory in Practice.* New York: Basic Books, 1993.
Gesell, A., F. L. Ilg, and L. B. Ames. *Youth: The Years from Ten to Sixteen.* New York: Harper & Brothers, 1956.
Gilligan, Carol. *In a Different Voice.* Cambridge, MA: Harvard University Press, 1982.
Glaser, Barney G. *Basics of Grounded Theory Analysis: Emergence vs. Forcing.* Mill Valley, CA: Sociology Press, 1992.
Goleman, D. *Emotional Intelligence.* New York: Bantam, 1994.
Griffin, Robert S. *Sports in the Lives of Children and Adolescents: Success on the Field and in Life.* Westport, CT: Praeger, 1998.
Hall, G. Stanley. *Adolescence: Its Psychology and Its Relation to Physiology, Anthropology, Sociology, Sex, Crime, Religion, and Education.* 2 vols. Englewood Cliffs, NJ: Prentice-Hall, 1904.
Hall, Stuart, and Tony Jefferson. *Resistance through Rituals.* London: Hutchinson, 1975.
Hamilton, D. "Traditions, Preferences, and Postures in Applied Qualitative Research." In Denzin and Lincoln, *Handbook of Qualitative Research*, 60–69.
Handel, Gerald, and Gail G. Whitchurch, eds. *The Psychosocial Interior of the Family.* New York: Aldine De Gruyter, 1994.
Hart, Archibald D., and Catherine Hart Weber. *Stressed or Depressed: A Practical and Inspirational Guide for Parents of Hurting Teens.* Brentwood, TN: Integrity, 2005.
Harter, S., S. Bresnick, H. A. Boushey, and N. R. Whitesell. "The Complexity of the Self in Adolescence." In Arnett, *Readings on Adolescence*, 111–18.
Herman, Judith. *Trauma and Recovery: The Aftermath of Violence—From*

Domestic Abuse to Political Terror. New York: Basic Books, 1992.
Hersch, Patricia. *A Tribe Apart: A Journey into the Heart of American Adolescence.* New York: Ballantine Books, 1998.
Hyman, Mark. *Until It Hurts: America's Obsession with Youth Sports and How It Harms Our Kids.* Boston: Beacon, 2009.
Jackson, P. *Life in Classrooms.* Rev. ed. New York: Teachers College Press, 1990.
Jaffe, M. L. *Adolescence.* New York: Wiley, 1998.
Janesick, Valerie J. "The Dance of Qualitative Research Design: Metaphor, Methodolatry, and Meaning." In Denzin and Lincoln, *Handbook of Qualitative Research*, 209–19.
Janis, I. *Groupthink: Psychological Studies of Policy Decisions and Fiascoes.* Boston: Houghton Mifflin, 1982.
Johnson, N. G., M. C. Roberts, and J. Worell, eds. *Beyond Appearance: A New Look at Adolescent Girls.* Washington, DC: American Psychological Association, 1999.
Kamberelis, George, and Greg Dimitriadis. "Focus Groups: Strategic Articulations of Pedagogy, Politics, and Inquiry." In Denzin and Lincoln, *Sage Handbook of Qualitative Research*, 887–907.
Kann, L., S. A. Kitchen, B. I. Williams, J. G. Ross, R. Lowry, J. A. Grunbaum, and L. J. Kolbe. *Youth Risk Behavior Surveillance—United States, 1999.* Atlanta: Centers for Disease Control and Prevention, 1999.
Kaufman, P., M. N. Alt, and C. D. Chapman. *Dropout Rates in the United States: 2000.* Washington, DC: U.S. Department of Education National Center for Educational Statistics, 2001.
Kegan, Robert. *The Evolving Self.* Cambridge, MA: Harvard University Press, 1983.
———. *In Over Our Heads: The Mental Demands of Modern Life.* Cambridge, MA: Harvard University Press, 1994.
Kerber, August. *Quotable Quotes on Education.* Detroit: Wayne State University Press, 1968.
Kipke, M., ed. *Adolescent Development and the Biology of Puberty: Summary of a Workshop on New Research.* Washington, DC: National Academy Press, 1999.
Kohlberg, Lawrence. *Essays on Moral Development: The Philosophy of Moral Development.* 2 vols. San Francisco: Harper & Row, 1981–84.
Larkin, R. W. *Suburban Youth in Cultural Crisis.* New York: Oxford University Press, 1979.

Larson, Carl E., and Frank M. J. LaFasto. *Teamwork: What Must Go Right, What Can Go Wrong*. Newbury Park, CA: Sage, 1989.

Levine, Madeline. *The Price of Privilege: How Parental Pressure and Material Advantage Are Creating a Generation of Disconnected and Unhappy Kids*. New York: HarperCollins, 2006.

Levine, Mel. *A Mind at a Time*. New York: Simon & Schuster, 2003.

Mahedy, William, and Janet Bernardi. *A Generation Alone: Xers Making a Place in the World*. Downers Grove, IL: InterVarsity, 1994.

Mahler, Margaret. "Symbiosis and Individuation: The Psychological Birth of the Human Infant." In *Separation-Individuation: Selected Papers of Margaret S. Mahler*, 149–65. Northvale, NJ: Jason Aronson, 1974.

Maslow, Abraham. *Motivation and Personality*. New York: Harper, 1954.

———. *Toward a Psychology of Being*. 3rd ed. New York: Wiley, 1998.

Micucci, J. A. *The Adolescent in Family Therapy: Breaking the Cycle of Conflict and Control*. New York: Guilford, 1998.

Moshman, David. *Adolescent Psychological Development: Rationality, Morality, and Identity*. New York: Guilford Press, 2004.

Mueller, Walt. *Understanding Today's Youth Culture*. Wheaton: Tyndale, 1999.

———. *Youth Culture 101*. Grand Rapids: Zondervan/Youth Specialties, 2007.

Mussen, Paul H., John J. Conger, Jerome Kagan, and James Geiwitz. *Psychological Development: A Life-Span Approach*. New York: Harper & Row, 1979.

Nakkula, Michael, and Michael Sadowski, eds. *Adolescents at School: Perspectives on Youth, Identity, and Education*. Cambridge, MA: Harvard Education Press, 2008.

Newman, Katherine. *Rampage: The Social Roots of School Shootings*. New York: Basic Books, 2004.

Palmer, Parker. *The Courage to Teach: Exploring the Inner Landscape of a Teacher's Life*. Hoboken, NJ: Jossey-Bass, 1997.

Peterson, Anne C., Pamela Sarigiani, Nancy Leffert, and Phame Camarena. "Resilience in Adolescence." In *The Adolescent in Turmoil: A Monograph for the International Society for Adolescent Psychiatry*, edited by Allan Z. Schwartzberg, 52–70. Westport, CT: Praeger, 1998.

Phinney, J. S., and M. Devich-Navarro. "Variations in Bicultural Identification among African American and Mexican American Adolescents." In Arnett, *Readings on Adolescence*, 120–31.

Piaget, Jean. *The Moral Judgment of the Child*. New York: Harcourt, Brace, Jovanovich, 1932.

———. *The Psychology of Intelligence*. New York: International Universities Press, 1950.

Pipher, Mary. *Reviving Ophelia: Saving the Selves of Adolescent Girls*. New York: Ballantine Books, 1994.

Plato. *Platonis Opera*. Edited by John Burnet. New York: Oxford University Press, 1903.

Pollack, W., and T. Shuster. *Real Boys' Voices*. New York: Random House, 2000.

Ponton, L. E. *The Romance of Risk: Why Teenagers Do the Things They Do*. New York: Basic Books, 1997.

Pope, Denise Clark. *Doing School: How We Are Creating a Generation of Stressed Out, Materialistic, and Miseducated Students*. New Haven: Yale University Press, 2001.

Posterski, Donald C. *Friendship: A Window on Ministry to Youth*. Scarborough, ON: Project Teen Canada, 1985.

Powers, Ron. *Tom and Huck Don't Live Here Anymore: Searching for the Lost American Childhood*. New York: St. Martin's Press, 2001.

Putnam, Robert D. *Bowling Alone: The Collapse and Revival of American Community*. New York: Simon & Schuster, 2000.

Raphael, Ray. *The Men from the Boys*. Lincoln: University of Nebraska Press, 1988.

Regnerus, Mark. *Forbidden Fruit: Sex and Religion in the Lives of American Teenagers*. New York: Oxford University Press, 2007.

Rowe, D. C., E. J. Woulbroun, and B. L. Gulley. "Peer and Friends as Nonshared Environmental Influence." In *Separate Social Worlds of Siblings*, edited by E. M. Hetherington, D. Reiss, and R. Plomin, 159–74. Hillsdale, NJ: Lawrence Erlbaum, 1994.

Rutter, Michael. "Protective Factors in Children's Responses to Stress and Disadvantage." In *Primary Prevention of Psychopathology*, vol. 3, *Social Competence in Children*, edited by M. W. Kent and Jon E. Rolf, 220–47. Hanover, NH: University Press of New England, 1979.

Santrock, John W. *Adolescence*. 8th ed. New York: McGraw-Hill, 2001.

Saukko, Paula. "Methodologies for Cultural Studies: An Integrative Approach." In Denzin and Lincoln, *Sage Handbook of Qualitative Research*, 343–56.

Scales, P. C., P. L. Benson, and E. C. Roehlkepartain. *Grading Grown-ups: American Adults Report on Their Real Relationships with Kids*.

Minneapolis: Lutheran Brotherhood and Search Institute, 2001.
Shandler, S. *Ophelia Speaks*. New York: Harper, 1999.
Simeonsson, Rune J., ed. *Risk, Resilience, and Prevention: Promoting the Well-Being of All Children*. Baltimore: Brookes, 1994.
Smith, Christian. *Soul Searching: The Religious and Spiritual Lives of American Teenagers*. New York: Oxford University Press, 2005.
Solarz, Andrea. *American Psychological Association Healthy Adolescents Project: Adolescent Development Project*. Washington, DC: American Psychological Association, 2002.
Stanfield, John H. "Ethnic Modeling in Qualitative Research." In Denzin and Lincoln, *Handbook of Qualitative Research*, 175–88.
Strauss, William, and Neil Howe. *The Fourth Turning: An American Prophecy*. New York: Broadway Books, 1997.
Strommen, Merton. *Five Cries of Youth*. Rev. ed. New York: Harper & Row, 1988.
Thompson, J. K., and L. Smolak, eds. *Body Image, Eating Disorders, and Obesity in Children and Adolescents*. Washington, DC: American Psychological Association, 2003.
Thucydides. *The History of the Peloponnesian War*. Translated by Richard Crawley. The Internet Classics Archive, http://classics.mit.edu/Thucydides/pelopwar.2.second.html (accessed February 16, 2004).
U.S. Council of Economic Advisors. *Teens and Their Parents in the Twentyfirst Century: An Examination of Trends in Teen Behavior and the Role of Parental Involvement*. Washington, DC: White House, 2000.
U.S. Department of Health and Human Services. *Trends in the Well-Being of America's Children and Youth*. Washington, DC: U.S. Government Printing Office, 1999.
van Gennep, Arnold. *The Rites of Passage*. Translated by Monika B. Vizedom and Gabrielle L. Caffe. Chicago: University of Chicago Press, 1960.
Wallbridge, H. R., and T. A. G. Osachuk. "Therapy with Adolescents." In *Basics of Clinical Practice*, edited by D. G. Martin and A. D. Moore, 208–22. Pacific Grove, CA: Brooks Cole, 208.
Wallerstein, Judith, Julia M. Lewis, and Sandra Blakeslee. *The Unexpected Legacy of Divorce: A Twenty-Five-Year Landmark Study*. New York: Hyperion, 2000.
Ward, Pete. *God at the Mall*. Peabody, MA: Hendrickson, 1999.
White House Council on Youth Violence. *Helping Your Children Navigate*

Their Teenage Years: A Guide for Parents. Washington, DC: U.S. Department of Health and Human Services, 2000.
Willis, Paul. Common Culture: Symbolic Work at Play in the Everyday Cultures of the Young. Boulder, CO: Westview, 1990.

Articles

ACAeNews. "Solution Focused Counseling in Middle and High Schools, Part 2: What the Research Says about What Works." School Counseling and Psychology, American Counseling Association 1, no. 2, January 29, 1998, www.counseling.org/enews/volume_1/0102b.htm (accessed February 26, 1998).

Adler, Patricia A., and Peter Adler. "Teen Scenes: Ethnographies of Adolescent Cultures." Journal of Contemporary Ethnography 31 (October 2002): 652-60.

Ainsworth, Mary D. S. "Infant-Mother Attachment." American Psychologist 34 (1979): 932-37.

Ainsworth, Mary D. S., and John Bowlby. "An Ethological Approach to Personality Development." American Psychologist 46, no. 4 (1991): 333-41.

Allen, J. P., S. Philliber, S. Herrling, and G. P. Kuperminc. "Preventing Teen Pregnancy and Academic Failure: Experimental Evaluation of a Developmentally Based Approach." Child Development 64, no. 4 (1997): 729-42.

Allen, Joseph P., Penny Marsh, Christy McFarland, Kathleen Boykin McElhaney, Deborah J. Land, Kathleen M. Jodl, and Sheryl Peck. "Attachment and Autonomy as Predictors of the Development of Social Skills and Delinquency during Midadolescence." Journal of Consulting and Clinical Psychology 70, no. 1 (2002): 56-66.

Amiot, Catherine E., Roxane de la Sablonnière, Deborah J. Terry, and Joanne R. Smith. "Integration of Social Identities in the Self: Toward a Cognitive-Developmental Model." Personality and Social Psychology Review 11, no. 4 (2007): 364-88.

Anderman, Eric M., Tripp Griesinger, and Gloria Westerfield. "Motivation and Cheating during Early Adolescence." Journal of Educational Psychology 90 (1998): 84-93.

Ansary, N. A., and S. S. Luthar. "Distress and Academic Achievement among Adolescents of Affluence: A Study of Externalizing and Internalizing Problem Behaviors and School Performance." Devel-

opment and Psychopathology 21 (2009): 319-41.
Aquilino, William S., and Andrew J. Supple. "Long-Term Effects of Parenting Practices during Adolescence on Well-Being Outcomes in Young Adulthood." Journal of Family Issues 22 (April 2001): 289-308.
Archibald, A. B., J. A. Graber, and J. Brooks-Gunn. "Associations among Parent-Adolescent Relationships, Pubertal Growth, Dieting, and Body Image in Young Adolescent Girls: A Short-Term Longitudinal Study." Journal of Research on Adolescence 9 (1999): 395-415.
Arnett, Jeffrey J. "Reckless Behavior in Adolescence: A Developmental Perspective." Developmental Review 12 (1992): 339-73.
Arnett, Jeffrey J., and L. Balle-Jensen. "Cultural Bases of Risk Behavior." Child Development 64 (1993): 1842-55.
Aseltine, R. H. "A Reconsideration of Parental and Peer Influence on Adolescent Deviance." Journal of Health and Social Behavior 36 (1995): 103-21.
Associated Press. "1 in 5 Undergrads Is Constantly Stressed." MSNBC, http://www.msnbc.msn.com/id/23693229 (accessed July 10, 2010).
———. "Unruly Students Top Public's List of School Worries." New York Times, April 23, 2003, D3.
Bakan, David. "Adolescence in America: From Idea to Social Fact." Daedalus 100 (1971): 979-95.
Barber, Bonnie L., Jacquelynne S. Eccles, and Margaret R. Stone. "Whatever Happened to the Jock, the Brain, and the Princess? Young Adult Pathways Linked to Adolescent Activity Involvement and Social Identity." Journal of Adolescent Research 16, no. 5 (September 2001): 429-55.
Barber, J. G., and P. Delfabbro. "Predictors of Adolescent Adjustment: Parent-Peer Relationships and Parent-Child Conflict." Child and Adolescent Social Work Journal 17, no. 4 (2000): 275-88.
Barczyk, Amanda, and Sanna Thompson. "Alcohol/Drug Dependency in Homeless Youth." Alcoholism: Clinical and Experimental Research 32, supp. 1 (June 2008): 367A.
Barnett, Lynn A. "Flying High or Crashing Down: Girls' Accounts of Trying Out for Cheerleading and Dance." Journal of Adolescent Research 21, no. 5 (September 2006): 514-41.
Barnhill, Carla. "How Good Parents Give Up on Their Teens." Books & Culture (May-June 2002): 29, www.christianitytoday.com/bc/2002/003/14.27.html (accessed February 16, 2004).

Bauman, Karl E., and Susan T. Ennett. "On the Importance of Peer Influence for Adolescent Drug Use: Commonly Neglected Considerations." *Addiction* 91, no. 2 1996: 185-98.

Beccaria, Franca, and Allan Sande. "Drinking Games and Rite of Life Projects: A Social Comparison of the Meaning and Functions of Young People's Use of Alcohol during the Rite of Passage to Adulthood in Italy and Norway." *Young* 11 (2003): 99-119.

Bender, D., and F. Losel. "Protective and Risk Effects of Peer Relations and Social Support on Antisocial Behavior in Adolescents from Multi-Problem Milieus." *Journal of Adolescence* 20 (1997): 661-78.

Bertera, Elizabeth. "The Role of Positive and Negative Social Exchanges between Adolescents, Their Peers and Family as Predictors of Suicide Ideation." *Child and Adolescent Social Work Journal* 24, no. 6 (December 2007), www.proquest.com (accessed December 11, 2009).

Bishop, J. A., and H. M. Inderbitzen. "Peer Acceptance and Friendship: An Investigation of Their Relationship to Self-Esteem." *Journal of Early Adolescence* 15 (1995): 476-89.

Boles, S. A. "A Model of Parental Representations, Second Individuation, and Psychological Adjustment in Late Adolescents." *Journal of Clinical Psychology* 55, no. 4 (1999): 497-513.

Boyd, M. P., and Z. Yin. "Cognitive-Affective Sources of Sport Enjoyment in Adolescent Sports Participants." *Adolescence* 31 (1996): 383-95.

Bradley, Robert H., and Robert F. Corwyn. "Home Environment and Behavioral Development during Early Adolescence: The Mediating and Moderating Roles of Self-Efficacy Beliefs." *Merrill-Palmer Quarterly* 47, no. 2 (2001): 165-87.

Brendgen, Mara, Frank Vitaro, and Anna Beth Doyle. "Same-Sex Peer Relations and Romantic Relationships during Early Adolescence: Interactive Links to Emotional, Behavioral, and Academic Adjustment." *Merrill-Palmer Quarterly* 48, no. 1 (2002): 77-103.

Bretherton, Inge. "The Origins of Attachment Theory: John Bowlby and Mary Ainsworth." *Developmental Psychology* 28, no. 5 (1992): 759-75.

Broman, Clifford L., Xin Li, and Mark Reckase. "Family Structure and Mediators of Adolescent Drug Use." *Journal of Family Issues* 28 (August 2008): 1626-49.

Brooks, David. "Making It: Love and Success at America's Finest Universities." *Weekly Standard* 8, no. 15, www.weeklystandard.com/

Content/Public/Articles/000/000/002/017ickdp.asp (accessed December 23, 2002).
Brooks, Jeffrey S., Roxanne M. Hughes, and Melanie C. Brooks. "Fear and Trembling in the American High School: Educational Reform and Teacher Alienation." *Educational Policy* 22 (January 2008): 45–62.
Brown, B. B., N. Mounts, S. D. Lamborn, and L. Steinberg. "Parenting Practices and Peer Group Affiliation in Adolescence." *Child Development* 64 (1993): 467–82.
Brown, J. D., and J. Cantor. "An Agenda for Research on Youth and the Media." *Journal of Adolescent Health* 27, no. 2, supp. (2000): 2–7.
Brown, Susan L. "How Cohabitation Is Reshaping American Families." *Contexts* 4, no. 3 (Summer 2005), www.proquest.com (accessed December 11, 2009).
Buysse, W. H. "Behavior Problems and Relationships with Family and Peers during Adolescence." *Journal of Adolescence* 20 (1997): 645–59.
Calloway, Linda Jo, and Constance A. Knapp. "Using Grounded Theory to Interpret Interviews." csis.pace.edu/~knapp/AIS95.htm (accessed November 30, 2010).
Centers for Disease Control. "2009 National Youth Risk Behavior Survey." http://www.cdc.gov/healthyyouth/yrbs/index.htm (accessed July 3, 2010).
Chapin, John R. "Adolescent Sex and Mass Media: A Developmental Approach." *Adolescence* 35 (Winter 2000): 799–811.
Chubb, N. H., C. I. Fertman, and J. L. Ross. "Adolescent Self-Esteem and Locus of Control: A Longitudinal Study of Gender and Age Differences." *Adolescence* 32 (1997): 113–30.
Clark, Chap. "Entering Their World: A Qualitative Look at the Changing Face of Contemporary Adolescence." *Journal of Youth Ministry* 1, no. 1 (2002): 9–22.
———. "Fathers' Participation in Their Adolescent Sons' Athletic Events: A Qualitative Study." Unpublished paper, Fuller Theological Seminary, Youth, Family, and Culture Department, Pasadena, CA, 1994.
———. "From Fragmentation to Integration: A Theology for Contemporary Youth Ministry." *American Baptist Quarterly* 19, no. 1 (2000): 45–55.
Coatsworth, J. Douglas, and David E. Conroy. "The Effects of Autonomy-Supportive Coaching, Need Satisfaction, and Self-Perceptions on Initiative and Identity in Youth Swimmers." *Developmental Psychology* 45, no. 2 (2009): 320–28.

Cohen, Patricia. "Long Road to Adulthood Is Growing Even Longer." *New York Times*, June 11, 2010, http://www.nytimes.com/2010/06/13/us/13generations.html?_r=1 (accessed November 30, 2010).

Cole, Helene, and Mark D. Griffiths. "Social Interactions in Massively Multiplayer Online Role-Playing Games." *CyberPsychology and Behavior* 10, no. 4 (2007): 575–83.

Cook-Sather, Alison. "What Would Happen If We Treated Students as Those with Opinions That Matter? The Benefits to Principals and Teachers of Supporting Youth Engagement in School." *NASSP Bulletin* 91 (December 2007): 343–62.

Cornell University. "Self-Injury Is Prevalent among College Students, Survey Shows." *Science Daily*, June 5, 2006, http://www.sciencedaily.com/releases/2006/06/060605155351.htm (accessed July 9, 2008).

Crosnoe, Robert, and Glen H. Elder Jr. "Family Dynamics, Supportive Relationships, and Educational Resilience during Adolescence." *Journal of Family Issues* 25 (July 2004): 571–602.

Curran, P. J., E. Stice, and L. Chassin. "The Relation between Adolescent Alcohol Use and Peer Alcohol Use: A Longitudinal Random Coefficient Model." *Journal of Consulting and Clinical Psychology* 65 (1997): 130–40.

Curry, Erin. "American Youth More Conservative but Less Moral, Studies Report." www.bpnews.net/bpnews.asp?ID=14511 (accessed October 24, 2002).

Daddis, Christopher. "Influence of Close Friends on the Boundaries of Adolescent Personal Authority." *Journal of Research on Adolescence* 18 (2008): 75–98.

Dekovic, Maja, and Wim Meeus. "Peer Relations in Adolescence: Effects of Parenting and Adolescents' Self-Concept." *Journal of Adolescence* 20 (1997): 163–76.

Delaney, Cassandra H. "Rites of Passage in Adolescence." *Adolescence* 30 (Winter 1995): 891–97.

Drews, Maria. "Bouncing Back: Increasing Resilience for Hurting Kids." *Fuller Youth Institute eJournal*, August 3, 2009, http://fulleryouthinstitute.org/2009/08/bouncing-back/#footnote_10_8354 (accessed July 6, 2010).

Duncan, Greg J., Johanne Boisjoly, and Kathleen Mullan Harris. "Sibling, Peer, Neighbor, and Schoolmate Correlations as Indicators of the Importance of Context for Adolescent Development." *Demography* 38, no. 3 (August 2001): 437–47.

Dworkin, Jodi. "Risk Taking as Developmentally Appropriate Experimentation for College Students." *Journal of Adolescent Research* 20 (March 2005): 232.

Eastham, Mary. "Healing the Wounded Adolescent." *Compass* 43, no. 2 (Winter 2009), www.proquest.com (accessed December 11, 2009).

Eltringham, Simon, and Jan Aldridge. "Parenting on Shifting Sands: The Transfer of Responsibility for Safely Managing Danger." *Clinical Child Psychology and Psychiatry* 7 (2002): 137–45.

Evans, Scot D. "Youth Sense of Community: Voice and Power in Community Contexts." *Journal of Community Psychology* 35, no. 6 (2007): 693–709.

Everall, Robin D., Jessica Altrows, and Barbara L. Paulson. "Creating a Future: A Study of Resilience in Suicidal Female Adolescents." *Journal of Counseling and Development* 84 (Fall 2006): 461–70.

Federal Interagency Forum on Child and Family Statistics. "Family Structure and Children's Living Arrangements." *America's Children: Key National Indicators of Well-Being, 2009*, http://www.childstats.gov/americaschildren/famsoc1.asp (accessed November 22, 2009).

Fergusson, D., and M. Lynskey. "Adolescent Resiliency to Family Adversity." *Journal of Child Psychology and Psychiatry* 37 (1996): 281–92.

Fisher, Terri D. "Teen Romance under the Microscope." Review of *The Development of Romantic Relationships in Adolescence*, edited by Wyndol Furman, B. Bradford Brown, and Candice Feiring. Journal of Sex Research 37, no. 4 (November 2000): 383–85.

Flor, D. L., and N. F. Knapp. "Transmission and Transaction: Predicting Adolescents' Internalization of Parental Religious Values." *Journal of Family Psychology* 15, no. 4 (2001): 627–45.

Frostling-Henningsson, Maria. "First-Person Shooter Games as a Way of Connecting to People: 'Brothers in Blood.'" *CyberPsychology and Behavior* 12, no. 5 (2009): 557–62.

Garbarino, J., J. P. Gaa, P. Swank, R. McPherson, and L. V. Gratch. "The Relation of Individuation and Psychosocial Development." *Journal of Family Psychology* 9 (1995): 311–18.

Gardner, Margo, Jodie Roth, and Jeanne Brooks-Gunn. "Sports Participation and Juvenile Delinquency: The Role of the Peer Context among Adolescent Boys and Girls with Varied Histories of Problem Behavior." *Developmental Psychology* 45, no. 2 (2009): 341–53.

Garza, Ruben. "Latino and White High School Students' Perceptions of

Caring Behaviors: Are We Culturally Responsive to Our Students?" *Urban Education* 44 (May 2009): 297–321.

Glenn, Catherine R., and David E. Klonsky. "The Role of Seeing Blood in Non-Suicidal Self-Injury." *Journal of Clinical Psychology* 66, no. 4 (April 2010): 466–73.

Gnaulati, Enrico, and Barb J. Heine. "Separation-Individuation in Late Adolescence: An Investigation of Gender and Ethnic Differences." *Journal of Psychology* 135, no. 1 (January 2001): 59–70.

Goldstein, Sara E., Pamela E. Davis-Kean, and Jacquelynne S. Eccles. "Parents, Peers, and Problem Behavior: A Longitudinal Investigation of the Impact of Relationship Perceptions and Characteristics on the Development of Adolescent Problem Behavior." *Developmental Psychology* 41, no. 2 (March 2005): 401–13.

Good Schools Pennsylvania. "Education History: A Timeline of Public Education in America." www.goodschoolspa.org/students/index.cfm?fuseaction=history (accessed August 13, 2003).

Gottsegen, Emile, and William W. Philliber. "Impact of a Sexual Responsibility Program on Young Males." *Adolescence* 36 (Fall 2001): 427–33.

Greenberg, Mark T., Judith M. Siegel, and Cynthia J. Leitch. "The Nature and Importance of Attachment Relationships to Parents and Peers during Adolescence." *Journal of Youth and Adolescence* 12, no. 5 (1983): 373–86.

Grossman, Jean B., and Jean E. Rhodes. "The Test of Time: Predictors and Effects of Duration in Youth Mentoring Relationships." *American Journal of Community Psychology* 30 (2002): 199–219.

Guerry, John D., and Mitchell J. Prinstein. "Longitudinal Prediction of Adolescent Nonsuicidal Self-Injury: Examination of a Cognitive Vulnerability-Stress Model." *Journal of Clinical Child and Adolescent Psychology* 39, no. 1 (January/February 2010): 77–89.

Gulli, Cathy. "Suddenly Teen Pregnancy Is Cool?" *Maclean's* 121, no. 3 (January 28, 2008): 40–44.

Hafner, Katie. "Texting May Be Taking a Toll." *New York Times*, May 25, 2009, http://www.nytimes.com/2009/05/26/health/26teen.html (accessed April 11, 2010).

Harrison, Patricia A., and Narayan Gopalakrishnan. "Differences in Behavior, Psychological Factors, and Environmental Factors Associated with Participation in School Sports and Other Activities in Adolescence." *Journal of School Health* 9, no. 3 (March 2003): 113–20.

Harter, Susan, Shelly Bresnick, Heather A. Bouchey, and Nancy R. Whitesell. "The Development of Multiple Role-Related Selves During Adolescence." *Development and Psychopathology* 9 (1997): 835–53.

Hektner, Joel M. "Family, School, and Community Predictors of Adolescent Growth-Conducive Experiences: Global and Specific Approaches." *Applied Developmental Science* 5, no. 3 (2001): 180–81.

Henrich, C. C., G. P. Kuperminc, A. Sack, S. J. Blatt, and B. J. Leadbeater. "Characteristics and Homogeneity of Early Adolescent Friendship Groups: A Comparison of Male and Female Clique and Nonclique Members." *Applied Developmental Science* 4, no. 1 (2000): 15–26.

Henry, Kimberly L., Eugene R. Oetting, and Michael D. Slater. "The Role of Attachment to Family, School, and Peers in Adolescents' Use of Alcohol: A Longitudinal Study of Within-Person and Between-Persons Effects." *Journal of Counseling Psychology* 56, no. 4 (2009): 564–72.

Hoff, Kathryn E., George J. Dupaul, and Michael L. Handwerk. "Rejected Youth in Residential Treatment: Social Affiliation and Peer Group Configuration." *Journal of Emotional and Behavioral Disorders* 11, no. 2 (2003): 112–21.

Hogan, M. "Media Matters for Youth Health." *Journal of Adolescent Health* 27, no. 2, supp. (2000): 73–76.

Huan, Vivien S., Yeo Lay See, Rebecca P. Ang, and Chong Wan Har. "The Impact of Adolescent Concerns on Their Academic Stress." *Educational Review* 60, no. 2 (May 2008): 169–78.

Hunter, Anita. "Adolescent Resilience." *Journal of Nursing Scholarship* 31, no. 3 (1999): 243–47.

―――. "A Cross-Cultural Comparison of Resilience in Adolescents." *Journal of Pediatric Nursing* 16, no. 3 (June 2001): 172–79.

Hussong, A. M. "Differentiating Peer Contexts and Risk for Adolescent Substance Use." *Journal of Youth and Adolescence* 31, no. 3 (2002): 207–20.

―――. "Perceived Peer Context and Adolescent Adjustment." *Journal of Research on Adolescents* 10, no. 4 (2000): 391–415.

Jarvinen, Denis W., and John G. Nicholls. "Adolescents' Social Goals, Beliefs about the Causes of Social Success, and Satisfaction in Peer Relations." *Developmental Psychology* 32, no. 3 (1996): 440.

Jensen, L., J. Arnett, S. Feldman, and E. Cauffman. "It's Wrong, but Everybody Does It: Academic Dishonesty among High School and

College Students." *Contemporary Educational Psychology* 27, no. 2 (2002): 209–28.

―――. "The Right to Do Wrong: Lying to Parents among Adolescents and Emerging Adults." *Journal of Youth and Adolescence* 33, no. 2 (April 2004): 101–12.

Josephson Institute of Ethics. "The Ethics of American Youth: 2002." http://charactercounts.org/programs/reportcard/2002/index.html (accessed October 24, 2002).

―――. "The Ethics of American Youth: 2008." http://charactercounts.org/programs/reportcard/2008/index.html (accessed June 18, 2010).

―――. "Survey Documents Decade of Moral Deterioration: Kids Are More Likely to Cheat, Steal, and Lie than Kids 10 Years Ago." www.josephsoninstitute.org/Survey2002/survey2002-pressrelease.htm (accessed October 24, 2002).

Kafka, R. R., and P. London. "Communication in Relationships and Adolescent Substance Abuse: The Influence of Parents and Friends." *Adolescence* 26 (1991): 587–98.

Kandel, D. B. "The Parental and Peer Contexts of Adolescent Deviance: An Algebra of Interpersonal Influences." *Journal of Drug Issues* 26, no. 2 (1996): 289–315.

Kim, Irene J., Nolan W. S. Zane, and Sehee Hong. "Protective Factors against Substantive Use among Asian American Youth: A Test of the Peer Cluster Theory." *Journal of Community Psychology* 30, no. 5 (2002): 565–84.

Klein, J. D. "The National Longitudinal Study on Adolescent Health: Preliminary Results—Great Expectations." *Journal of the American Medical Association* 278 (1997): 864–65.

Klonsky, E. David, and Jennifer Meuhlenkamp. "Self-Injury: A Research Review for the Practitioner." *Journal of Clinical Psychology* 63, no. 11 (2007): 1045–56.

Knox, David, Marty E. Zusman, and Kristen McGinty. "Deception of Parents during Adolescence." *Adolescence* 36 (Fall 2001): 611–14.

Knox, Richard. "The Teen Brain: It's Just Not Grown Up Yet." National Public Radio, March 1, 2010, www.npr.org/templates/story/story.php?storyId=124119468 (accessed July 1, 2010).

Langekamp, Amy G., and Michelle L. Frisco. "Family Transitions and Adolescent Severe Emotional Distress: The Salience of Family Context." *Social Problems* 55, no. 2 (May 2008), www.proquest.com (accessed December 11, 2009).

Lapsley, Daniel K., and Jason Edgerton. "Separation-Individuation, Adult Attachment Style, and College Adjustment." *Journal of Counseling and Development* 80 (2002): 484-92.

Larson, Reed. "Positive Youth Development, Willful Adolescents, and Mentoring." *Journal of Community Psychology* 34, no. 6 (2006): 678-79.

Lashbrook, Jeffrey. "Fitting In: Exploring the Emotional Dimension of Adolescent Peer Pressure." *Adolescence* 35 (Winter 2000): 747-57.

Lee, Daniel E. "Cheating in the Classroom: Beyond Policing." *The Clearing House* 82, no. 4 (March/April 2009), www.proquest.umi.com/pdqweb?did=1651769121&Fmt=3&clientId=29876&RQT=309&VName=PQD (accessed December 11, 2009).

Lee, Kang, and Hollie J. Ross. "The Concept of Lying in Adolescents and Young Adults: Testing Sweetser's Folkloristic Model." *Merrill-Palmer Quarterly* 43, no. 2 (1997): 255-70.

Leibenluft, E., D. L. Gardner, and R. W. Cowdry. "The Inner Experience of the Borderline Self-Mutilator." *Journal of Personality Disorders* 1 (1987): 317-24.

Lenhart, Amanda. "Teens and Mobile Phones over the Past Five Years: Pew Internet Looks Back." Pew Internet & American Life Project, August 19, 2009, http://www.pewinternet.org/Reports/2009/14--Teens-and-Mobile-Phones-Data-Memo.aspx (accessed April 11, 2010).

Leventhal, T., and J. Brooks-Gunn. "The Neighborhoods They Live In: The Effects of Neighborhood Residence on Child and Adolescent Outcomes." *Psychological Bulletin* 126, no. 2 (March 2000): 309-27.

Lindberg, Laura Duberstein, Rachel Jones, and John S. Santelli. "Non-coital Sexual Activities among Adolescents." *Journal of Adolescent Health* 42, no. 7 (May 2008), http://www.guttmacher.org/pubs/JAH_Lindberg.pdf (accessed December 10, 2009).

Livingstone, Sonia. "Taking Risky Opportunities in Youthful Content Creation: Teenagers' Use of Social Networking Sites for Intimacy, Privacy and Self-Expression." *New Media Society* 10 (2008): 393-411.

Lock, J. "Acting Out and the Narrative Function: Reconsidering Peter Blos's Concept of the Second Individuation Process." *American Journal of Psychotherapy* 39 (1995): 548-57.

Longman, Huon, Erin O'Connor, and Patricia Obst. "The Effect of Social

Support Derived from World of Warcraft on Negative Psychological Symptoms." *CyberPsychology and Behavior* 12, no. 5 (2009): 563–66.

Luthar, Suniya S., and Shawn J. Latendresse. "Adolescent Risk: The Costs of Affluence." *New Directions for Youth Development* 95 (Fall 2002): 101–21.

———. "Children of the Affluent: Challenges to Well-Being." *Current Directions in Psychological Science* 14, no. 1 (February 2005): 49–53.

Luthar, Suniya, Dante Cicchetti, and Bronwyn Becker. "The Construct of Resilience: A Critical Evaluation and Guidelines for Future Work." *Child Development* 71, no. 3 (May/June 2000): 543–62.

Males, Mike. "The New Demons: Ordinary Teens." *Los Angeles Times*, April 21, 2002, home.earthlink.net/~mmales/epheb.htm (accessed March 13, 2003).

Manlove, Jennifer, Cassandra Logan, Kristen A. Moore, and Erum Ikramullah. "Pathways from Family Religiosity to Adolescent Sexual Activity and Contraceptive Use." *Perspectives on Sexual and Reproductive Health* 40, no. 2 (2008): 105–17.

Manolis, C., A. Levin, and R. Dahlstrom. "A Generation X Scale: Creation and Validation." *Educational and Psychological Measurement* 57, no. 4 (1997): 666–84.

Martin, Don, and Maggie Martin. "Understanding Dysfunctional and Functional Family Behaviors for the At-Risk Adolescent." *Adolescence* 35 (Winter 2000): 785–92.

Martin, Paige D., Don Martin, and Maggie Martin. "Adolescent Premarital Sexual Activity, Cohabitation, and Attitudes toward Marriage." *Adolescence* 36 (Fall 2001): 601–9.

Masten, Ann S. "Ordinary Magic: Resilience Processes in Development." *American Psychologist* 56, no. 3 (March 2001): 227–38.

Masten, Ann S., and J. Douglas Coatsworth. "The Development of Competence in Favorable and Unfavorable Environments: Lessons from Research on Successful Children." *American Psychologist* 53, no. 2 (February 1998): 205–20.

Matherne, Monique M., and Adrian Thomas. "Family Environment as a Predictor of Adolescent Delinquency." *Adolescence* 36 (Winter 2001): 655–64.

Matkovic, V., Jasminka Z. Ilich, Mario Skugor, Nancy E. Badenhop, Prem Goel, Albert Clairmont, Dino Klisovic, Ramzi W. Nahhas, and John D. Landoll. "Leptin Is Inversely Related to Age at Menarche in Human Females." *Journal of Clinical Endocrinology and Metabolism* 82, no. 10 (October 1997): 3239–45.

Mayeux, Lara, and Antonius H. N. Cillessen. "It's Not Just Being Popular, It's Knowing It, Too: The Role of Self-Perceptions of Status in the Associations between Peer Status and Aggression." *Social Development* 17, no. 4 (2008): 871–88.

McCabe, Donald Lee. "Academic Dishonesty among High School Students." *Adolescence* 34 (Winter 1999): 681–87.

Melnick, Merrill J., Kathleen E. Miller, and Donald F. Sabo. "Tobacco Use among High School Athletes and Nonathletes: Results of the 1997 Youth Risk Behavior Survey." *Adolescence* 36 (Winter 2001): 730.

Milevsky, Avidan. "Compensatory Patterns of Sibling Support in Emerging Adulthood: Variations in Loneliness, Self-Esteem, Depression and Life Satisfaction." *Journal of Social and Personal Relationships* 22 (2005): 744–55.

Miller, Curtis. "The Way of Privilege: What You Need to Know about the Issues Facing Affluent Youth." *Fuller Youth Institute eJournal*, July 13, 2008, http://fulleryouthinstitute.org/2008/07/the-way-of-privilege/ (accessed June 28, 2010).

Miller, Samantha, Sarah J. Ericksen, Christina Barnom, and Hans Steiner. "Habitual Response to Stress in Recovering Adolescent Anorexic Patients." *Child Psychiatry and Human Development* 40, no. 1 (2009): 43–54.

Murdock, Tamera B., Anne S. Beauchamp, and Amber M. Hinton. "Predictors of Cheating and Cheating Attributions: Does Classroom Context Influence Cheating and Blame for Cheating?" *European Journal of Psychology of Education* 23, no. 4 (2008): 477–92.

National Health and Nutritional Examination Survey (NHANES). "One in Four Female Adolescents Is Infected with At Least One Sexually Transmitted Infection, New CDC Study Finds." http://www.cdc.gov/stdconference/2008/press/summaries-11march2008.htm (accessed June 15, 2010).

Nguyen-Rodriguez, Selena T., Jennifer B. Unger, and Donna Spruijt-Metz. "Psychological Determinants of Emotional Eating in Adolescence." *Eating Disorders* 17 (2009): 211–24.

Oetting, Eugene R., and F. Beauvais. "Peer Cluster Theory: Drugs and the Adolescent." *Journal of Counseling and Development* 65 (1986): 17–22.

———. "Peer Cluster Theory, Socialization Characteristics, and Adolescent Drug Use: A Path Analysis." *Journal of Counseling Psycholo-*

gy 34 (1987): 205-13.
Oliveira, Joanne O'Sullivan, and Pamela J. Burke. "Lost in the Shuffle: Culture of Homeless Adolescents." *Pediatric Nursing* 35, no. 3 (May-June 2009): 154-61.
Orenstein, Peggy. "Playing at Sexy: Do Gyrating Little Girls Become Sexting Young Women?" *New York Times Magazine*, June 13, 2010, 11.
Orfield, G. "Reviving the Goal of an Integrated Society: A 21st Century Challenge." The Civil Rights Project/Proyecto Derechos Civiles at UCLA, January 1, 2009, http://civilrightsproject.ucla.edu/research/k-12-education/integration-and-diversity/reviving-the-goal-of-an-integrated-society-a-21st-century-challenge (accessed August 12, 2010).
Osgood, D. Wayne, E. Michael Foster, and Mark E. Courtney. "Vulnerable Populations and the Transition to Adulthood." *Future of Children* 20, no. 1 (Spring 2010): 209-29.
Peterson, Karen S. "Youthful Pessimism Gives Rise to Generation Vexed." *USA Today*, October 19, 2000, 12D.
Pew Research Center. "Teens and Sexting." http://pewinternet.org/Reports/2009/Teens-and-Sexting.aspx (accessed November 30, 2010).
Pfeifer, Stuart. "3 Teenagers Will Be Tried as Adults in Videotape Rape Case." *Los Angeles Times*, January 30, 2003, B5.
Powers, Ron. "The Apocalypse of Adolescence," *Atlantic*, March 2002, www.theatlantic.com/issues/2002/03/powers.htm (accessed May 3, 2003).
Regnerus, Mark D. "Friends' Influence on Adolescent Theft and Minor Delinquency: A Developmental Test of Peer-Reported Effects." *Social Science Research* 13, no. 4 (December 2002): 681-706.
Remez, L. "Oral Sex among Adolescents: Is It Sex or Is It Abstinence?" *Family Planning Perspectives* 32, no. 6 (2000): 298-304.
Resnick, M. D., P. S. Bearman, R. W. Blum, K. E. Bauman, K. M. Harris, J. Jones, J. Tabor, T. Beuhring, R. E. Sieving, M. Shew, M. Ireland, L. H. Bearinger, and J. R. Udry. "Protecting Adolescents from Harm: Findings from the National Longitudinal Study on Adolescent Health." *Journal of the American Medical Association* 278 (1997): 823-32.
Ricciardelli, Lina A., Marita P. McCabe, and Damien Ridge. "The Construction of the Adolescent Male Body through Sport." *Journal of Health Psychology* 11, no. 4 (2006): 577-87.
Richardson, Stacey, and Marita P. McCabe. "Parental Divorce during Ad-

olescence and Adjustment in Early Adulthood." *Adolescence* 36 (Fall 2001): 467–89.

Roberts, Donald F. "Media and Youth: Access, Exposure, and Privatization." *Journal of Adolescent Health* 27, no. 2, supp. (2000): 8–14.

Rodriguez, Louie F. "'Teachers Know You Can Do More': Understanding How School Cultures of Success Affect Urban High School Students." *Educational Policy* 22 (September 2008): 758–80.

Rosenquist, J. Niels, Joanne Murabito, James H. Fowler, and Nicholas A. Christakis. "The Spread of Alcohol Consumption Behavior in a Large Social Network." *Annals of Internal Medicine* 152, no. 7 (April 6, 2010): 426–33.

Roth, J., and J. Brooks-Gunn. "What Do Adolescents Need for Healthy Development? Implications for Youth Policy." *Social Policy Report* 14 (2000): 3–19.

Rubin, Rita. "Survey Finds U.S. Abortion Rate Hits Lowest Level since 1974." *USA Today*, January 15, 2003, 8D.

Ruspoli, Tao. "Drugs and Technicity: A Heideggerian Inquiry into the Evolution of Drug Use." www.ruspoli.com/drugs.html (accessed February 16, 2004).

Schott, Gareth R., and Wynford Bellin. "The Relational Self-Concept Scale: A Context-Specific Self-Report Measure for Adolescents." *Adolescence* 36 (Spring 2001): 85–103.

Schvaneveldt, Paul L., Brent C. Miller, and Helen E. Berry. "Academic Goals, Achievement, and Age at First Sexual Intercourse: Longitudinal, Bidirectional Influences." *Adolescence* 36 (Winter 2001): 767–87.

Smylie, Lisa, Sheri Medaglia, and Eleanor Maticka-Tyndale. "The Effect of Social Capital and Socio-demographics on Adolescent Risk and Sexual Health Behaviours." *Canadian Journal of Human Sexuality* 15, no. 2 (Summer 2006): 95–112.

Sondheimer, Eric. "Soccer Players Face Split Decision: Some Elite Southland Athletes Must Choose between Their High School and Club Teams." *Los Angeles Times*, January 16, 2008, http://articles.latimes.com/2008/jan/16/sports/sp-academy16 (accessed March 8, 2010).

Spencer, Renée. "'It's Not What I Expected': A Qualitative Study of Youth Mentoring Relationship Failures." *Journal of Adolescent Research* 22 (2007): 331–54.

Stanton-Salazar, Ricardo, and Stephanie Urso Spina. "Adolescent Peer Networks as a Context for Social and Emotional Support." *Youth*

& *Society* 36, no. 4 (2005): 379–417.

Steinberg, L. "We Know Some Things: Parent-Adolescent Relations in Retrospect and Prospect." *Journal of Research in Adolescence* 11, no. 1 (2001): 1–19.

Steinfeldt, Jesse A., M. Clint Steinfeldt, Bre England, and Quentin L. Speight. "Gender Role Conflict and Stigma toward Help-Seeking among College Football Players." *Psychology of Men and Masculinity* 10, no. 4 (2009): 261–72.

Stice, E., C. Hayward, R. Cameron, J. Killen, and B. Taylor. "Body Image and Eating Disturbances Predict Onset of Depression among Female Adolescents: A Longitudinal Study." *Journal of Abnormal Psychology* 109, no. 3 (2000): 438–44.

Stonehouse, Cathy. "Moral Development: The Process and the Pattern." *Counseling and Values* 24 (1979): 6.

Strayhorn, Joseph M., and Jillian C. Strayhorn. "Religiosity and Teen Birth Rate in the United States." *Reproductive Health*, September 2009, www.reproductive-health-journal.com/content/6/1/14 (accessed November 13, 2009).

Strom, Robert D., Troy E. Beckert, and Paris S. Strom. "Evaluating the Success of Caucasian Fathers in Guiding Adolescents." *Adolescence* 37 (Spring 2002): 131–49.

Suldo, Shannon M., Elizabeth Shaunessy, Amanda Thalji, Jessica Michalowski, and Emily Shaffer. "Sources of Stress for Students in High School College Preparatory and General Education Programs: Group Differences and Associations with Adjustment." *Adolescence* 44 (Winter 2009): 925–48.

Svetaz, M. V., M. Ireland, and M. Blum. "Adolescents with Learning Disabilities: Risk and Protective Factors Associated with Emotional Well-Being: Findings from the National Longitudinal Study of Adolescent Health." *Journal of Adolescent Health* 27 (2000): 340–48.

Swanson, Dena Phillips, Margaret B. Spencer, Tabitha Dell'Angelo, Vinay Harpalani, and Tirzah R. Spencer. "Identity Processes and the Positive Youth Development of African Americans: An Explanatory Framework." *New Directions for Youth Development* 95 (Fall 2002): 73–99.

Taffle, Ron. *Childhood Unbound: Saving Our Kids' Best Selves—Confident Parenting in a World of Change.* New York: Free Press, 2009.

Tani, Crystal R., Ernest L. Chavez, and Jerry L. Deffenbacher. "Peer Isolation and Drug Use among White Non-Hispanic and Mexican American Adolescents." *Adolescence* 36 (Spring 2001): 127–39.

Tanner, Christine A. "Moral Decline or Pragmatic Decision Making? Cheating and Plagiarism in Perspective." *Journal of Nursing Education* 43, no. 7 (July 2004): 291–92.

Taylor, Catherine A., Neil W. Boris, Sherryl Scott Heller, Gretchen A. Clum, Janet C. Rice, and Charles H. Zeanah. "Cumulative Experiences of Violence among High-Risk Urban Youth." *Journal of Interpersonal Violence* 23, no. 11 (2008): 1618–35.

Tisak, M. S., J. Tisak, and M. Rogers. "Adolescents' Reasoning about Authority and Friendship Relations in the Context of Drug Use." *Journal of Adolescence* 17 (1994): 265–82.

Trew, Karen, Deidre Scully, John Kremer, and Shaun Ogle. "Sport, Leisure and Perceived Self-Competence among Male and Female Adolescents." *European Physical Education Review* 5, no. 1 (1999): 53–74.

U.S. Department of Health and Human Services. "Positive Youth Development." http://www.acf.hhs.gov/programs/fysb/content/positiveyouth/index.htm (accessed May 13, 2009).

Ungar, Michael T. "The Importance of Parents and Other Caregivers to the Resilience of High-Risk Adolescents." *Family Process* 43, no. 1 (2004): 23–41.

―――. "The Myth of Peer Pressure." *Adolescence* 35 (Spring 2000): 167–80.

Urberg, K. A., S. M. Degirmencioglu, and C. Pilgrim. "Close Friend and Group Influence on Adolescent Cigarette Smoking and Alcohol Use." *Developmental Psychology* 33 (1997): 834–44.

Valaitis, Ruta. "'They Don't Trust Us; We're Just Kids': Views about Community from Predominantly Female Inner City Youth." *Health Care for Women International* 23, no. 3 (2002): 256–57.

van der Kolk, B. A., J. C. Perry, and J. L. Herman. "Childhood Origins of Self-Destructive Behavior." *American Journal of Psychiatry* 148 (1991): 1665–71.

van Oort, Floor V. A., Frank C. Verhulst, Johan Ormel, and Anja C. Huizink. "Prospective Community Study of Family Stress and Anxiety in (Pre)adolescents." *European Child and Adolescent Psychiatry* 19, no. 6 (June 2010): 483–91.

Vasudevan, Lalitha, and Gerald Campano. "The Social Production of Adolescent Risk and the Promise of Adolescent Literacies." *Review of Research Education* 33 (2009): 310–53.

Vieno, Alessio, Nation Maury, Pastore Massimiliano, and Santinello Massimo. "Parenting and Antisocial Behavior: A Model of the Relationship between Adolescent Self-Disclosure, Parental Closeness, Parental Control, and Adolescent Antisocial Behavior." *Developmental Psychology* 45, no. 6 (2009): 1509–19.

Warr, Mark. "The Tangled Web: Delinquency, Deception, and Parental Attachment." *Journal of Youth and Adolescence* 36, no. 5 (2007): 607–22.

Webb, L. "Deliberate Self-Harm in Adolescence: A Systematic Review of Psychological and Psychosocial Factors." *Journal of Advanced Nursing* 38, no. 3 (May 2002): 235–44.

Weir, E. "Raves: A Review of the Culture, the Drugs, and the Prevention of Harm." *Canadian Medical Association Journal* 162, no. 13 (2000): 1843–48.

Whitbeck, L. B., R. D. Conger, and M. Kao. "The Influence of Parental Support, Depressed Affect, and Peers on the Sexual Behavior of Adolescent Girls." *Journal of Family Issues* 14 (1993): 261–78.

Wickrama, K. A. S., Samuel Noh, and Chalandra M. Bryant. "Racial Differences in Adolescent Distress: Differential Effects of the Family and Community for Blacks and Whites." *Journal of Community Psychology* 33, no. 3 (2005): 261–82.

Wiest, Dudley J., Eugene H. Wong, and Joseph M. Cervantes. "Intrinsic Motivation among Regular, Special, and Alternative Education High School Students." *Adolescence* 36 (Spring 2001): 111–26.

Willemen, Agnes M., Carlo Schuengel, and Hans M. Koot. "Physiological Reactivity to Stress and Parental Support: Comparison of Clinical and Non-clinical Adolescents." *Clinical Psychology and Psychotherapy* 15, no. 5 (September–October 2008): 340–51.

Wineburgh, A. L. "Treatment of Children with Absent Fathers." *Child and Adolescent Social Work Journal* 17, no. 4 (2000): 255–73.

Wolff, Alexander. "Special Report: The High School Athlete, Part 1." *Sports Illustrated*, November 18, 2002, sportsillustrated.cnn.com/si_online/news/2002/11/12/high_school (accessed February 13, 2004).

Wright, Darlene R., and Kevin M. Fitzpatrick. "Social Capital and Adolescent Violent Behavior: Correlates of Fighting and Weapon Use among Secondary School Students." *Social Forces* 84, no. 3 (March 2006): 1435–52.

Yates, T. M., A. J. Tracy, and S. S. Luthar. "Nonsuicidal Self-Injury among 'Privileged' Youth: Longitudinal and Cross-sectional Approaches to Developmental Processes." *Journal of Consulting and Clinical Psychology* 76 (2008): 52–62.

Zelizer, Gerald. "Break Cheating Pattern Early." *USA Today*, November 20, 2002.

Ziller, Curtis M. "The Way of Privilege: What You Need to Know about the Issues Facing Affluent Youth." *Fuller Youth Institute eJournal*, July 13, 2008, http://fulleryouthinstitute.org/2008/07/the-way-of-privilege (accessed June 28, 2010).

주

서문

1. 밀프[MILF, Mother(혹은 Mom) I'd Like(혹은 Love) to F***의 줄임말]는 성적 매력이 있는 연상의 여성을 가리킨다. 반드시 자녀가 있는 여성을 뜻하지는 않는다. 미국의 텔레비전 채널인 쇼타임(Showtime)에서 방영된 드라마 〈위즈〉(Weeds)에서 주인공 낸시 바트윈이 팔던 마리화나의 이름이기도 하다. 2008년 즈음 이 용어는 〈30 록〉(30 Rock, 'MILF Island' 편), 〈스크럽스〉(Scrubs, 'My Last Words' 편), 〈푸싱 데이지〉(Pushing Daisies, 'The Norwegians' 편)와 같은 텔레비전 드라마에서 아무 설명 없이 사용될 정도로 친숙해졌다(친숙하지 않은 상태에서 이 표현을 사용했다면 연방통신법 규정에 위배될 수 있다). 2007년 스피릿 항공(Spirit Airlines)은 '많은 섬, 값싼 요금'(Many Islands, Low Fares)의 줄임말로 "M.I.L.F." 홍보 캠페인을 벌이면서 중의적 의미로 의도적으로 이 용어를 사용했다(2010년 11월 접속, http://en.wikipedia.org/wiki/MILF).
2. 쿠거(cougar)는 40세 이상의 여자로 연하의 남자에게 관심을 보이는 여성을 가리키는 표현이다. 이 단어의 기원에 대해서는 의견이 분분하다. 그러나 캐나다 데이트 주선 웹사이트인 Cougardate.com에 처음으로 등장했다고 보는 것이 일반적이다. 그 이후로 이 용어는 텔레비전 드라마 시리즈, 광고, 영화, 심지어 책에서도 사용되었다(2010년 11월 30일 접속, http://en.wikipedia.org/wiki/Cougar_%28slang%29#Slang_terms).
3. 전국 청소년과 종교에 대한 연구 웹사이트 www.youthandreligion.org를 참고하라.
4. 이 논의는 2008년 3월 8일 풀러 신학교에서 진행되었다. 여기에 인용된 내용은 필요

한 부분만 편집되었다. 풀러 신학교 청소년 연구소의 Kara Powell을 비롯해 전체 패널 명단은 http://fulleryouthinstitute.org/2008/03/soul-searching-panel/에서 확인할 수 있다(2010년 11월 30일 접속).

초판 서문

1. Patricia Hersch, *A Tribe Apart: A Journey into the Heart of American Adolescence* (New York: Ballantine Books, 1998)를 참고하라. 학계에서 Hersch의 글이 인용될 때도 있지만, 실제로는 거의 사용되지 않는다. 저자들은 그녀의 결론을 진지하게 연구하기보다 청소년에 대한 일부 사람의 생각을 소개하는 일화적 예시로 인용하는 경우가 거의 대부분이다. 나는 그녀의 책이 학문적인 필요가 있는 연구자에게든, 청소년의 세계가 얼마나 다른지 알고자 하는 사람에게든 현대 청소년을 이해하고 싶은 모든 이에게 가장 중요한 책 중 하나라고 믿는다.
2. Paul Atkinson과 Martyn Hammersley, "Ethnography and Participant Observation", *Handbook of Qualitative Research*, Norman K. Denzin과 Yvonna S. Lincoln 편집(Thousand Oaks, CA: Sage, 1994), 248-261을 참고하라. 방법론에 대한 더 자세한 설명은 '부록'을 참고하라.
3. David Hamilton, "Traditions, Preferences, and Postures in Applied Qualitative Research," in Denzin and Lincoln, *Handbook of Qualitative Research*, 67.
4. John Stanfield, "Ethnic Modeling in Qualitative Research," in Denzin and Lincoln, *Handbook of Qualitative Research*, 175-188을 참고하라.
5. Valerie J. Janesick, "The Dance of Qualitative Research Design: Metaphor, Methodolatry, and Meaning," in Denzin and Lincoln, *Handbook of Qualitative Research*, 209-219; Patricia A. Adler and Peter Adler, "Observational Techniques," in Denzin and Lincoln, *Handbook of Qualitative Research*, 377-392를 참고하라.
6. 고스족은 검은색 옷을 입고, 머리를 검은색으로 염색하며, 때로 다양한 피어싱이나 여러 깃발로 디자인한 옷이나 눈에 띄는 소품을 착용하여 사람들에게 자신이 다르다는 것을 강조한다. 그들이 나에게 마음의 문을 열기까지 시간이 다소 걸렸지만, 결국 나를 상대적으로 안전한 사람으로 받아들여주었다. 나는 고스족이 그동안 만난 청소년 중 가장 지적이고 솔직하며 언변이 좋다는 것을 알게 되었다. 그들의 개인적인 이야기는 물론이고 그들이 공통적으로 겪은 이야기 역시 다른 학생의 이야기와 그렇게 다르지 않은 듯했다. 단지 성인 주도의 통제된 세상에서 자신을 분리하고자 하는 확고하고 흔들림 없는 태도가 다를 뿐이었다.
7. 펑크족은 고스족과 비슷하게 겉으로 보이는 외모를 통해 자신들의 정체감을 확인한다. 체인, 다양한 타투, 화려하고 독창적인 피어싱은 이 집단의 상징이 되었다.
8. 정체성의 끊임없는 변화라는 더 흥미로운 측면 중 하나를 꼽는다면, 현재 형성 중이며 시간이 흐르면서 발전하는 것으로서 친구 그룹이 중재하는 것처럼 보인다는 점이다. 이 점을 지적한 P. J. Curran과 E. Stice와 L. Chassin은 이렇게 말했다. "또래 클러스터 이론은 친구 모임이나 소모임(클러스터)이 보다 광의의 인과적 영향과 사춘기 청소

년의 약물 사용의 암묵적 협의의 연결 고리라고 전제한다. 사춘기 청소년의 심리적 특징, 행동, 태도와 사회화가 모두 이후의 약물 사용에 영향을 미칠 수 있지만, 이런 영향은 주로(유일하지는 않지만) 또래 클러스터를 통해 이루어진다고 생각한다"("The Relation between Adolescent Alcohol Use and Peer Alcohol Use: A Longitudinal Random Coefficient Model," *Journal of Consulting and Clinical Psychology* 65 [1997]: 131). 이 논문이 약물 사용을 집중적으로 다루지만, 또래 약물 사용의 원인으로 군집 집단의 문제를 심도 있게 다루고 있으며 저자가 요약한 내용은 사춘기 문헌에서 가장 간결한 내용 중 하나다.
9. 미디어는 성인이 사춘기 청소년처럼 행세하는 스캔들을 꾸준히 보도한다. 그 스캔들의 주인공이 누구든 가리지 않는다.

1부. 변화하는 사춘기 청소년의 세계

1. 예를 들어, Mike Males, "The New Demons: Ordinary Teens," *Los Angeles Times*, 2002년 4월 21일, home.earthlink.net/~mmales/epheb.htm(2003년 3월 13일 접속)을 참고하라.
2. 이 주제에 대한 보다 대중적인 나의 책에서는 '양초'의 비유를 사용하여 '다중 자아'라는 개념을 언급한다. Chap Clark과 Steve Rabey, *When Kids Hurt: Help for Adults Navigating the Adolescent Maze* (Grand Rapids: Baker Books, 2009); Chap Clark과 Dee Clark, *Disconnected: Parenting Teens in a MySpace World*(Grand Rapids: Baker Books, 2007)를 참고하라.

1장. 사춘기의 변화하는 얼굴

1. '아이'라는 표현이 대중 문학과 다른 매체에서 일관되게 사춘기 청소년을 가리키는 용어로 사용되고 있지만, 일부 성인은 이 표현을 사용하는 것에 대해 매우 부정적이다. 가능한 한 나는 이 단어를 사용하지 않으려고 노력해왔다. 그러나 필요하다면 이 단어를 사용할 수 있다고 생각한다.
2. August Kerber, *Quotable Quotes on Education*(Detroit: Wayne State University Press, 1968), 265에 나온다.
3. Augustine, *Confessions*, Rex Warner 번역(New York: Signet Classics, 2001), 28.
4. Sonia Livingstone, "Taking Risky Opportunities in Youthful Content Creation: Teenagers' Use of Social Networking Sites for Intimacy, Privacy and Self-Expression," *New Media Society* 10 (2008): 400.
5. Jeffery J. Arnett, *Adolescence and Emerging Adulthood: A Cultural Approach* (Upper Saddle River, NJ: Pearson Education, 2000); Jeffery J. Arnett 편집, *Readings on Adolescence and Emerging Adulthood* (Upper Saddle River, NJ: Prentice-Hall, 2002); G. Stanley Hall, *Adolescence: Its Psychology and Its Relation to Physiology, Anthropology, Sociology, Sex, Crime, Religion, and Education*, 2 vols(Englewood Cliffs, NJ: Prentice-Hall, 1904)를 참고하라.

6. http://www.qis.net/~jschmitz/afu/youth.htm을 참고하라(2010년 11월 15일 접속); 실제로는 Plato, *Platonis Opera*, John Burnet 편집(New York: Oxford University Press, 1903), 562e, 563a의 글을 인용한 것이다.
7. Arnold van Gennep, *The Rites of Passage*, Monika B. Vizedom and Gabrielle L. Caffe 번역 (Chicago: University of Chicago Press, 1960). 역사적으로 거의 모든 문화는 아동기에서 성인기로 잘 정리되고 체계화된 이행 과정을 거치도록 의식과 통과 의례가 필요하다고 믿었다. 예를 들어, Ray Raphael, *The Men from the Boys*(Lincoln: University of Nebraska Press, 1988)를 참고하라.
8. Chap Clark, "The Changing Face of Adolescence: A Theological View of Human Development," in *Starting Right: Thinking Theologically about Youth Ministry*, Kenda C. Dean, Chap Clark, Dave Rahn 편집(Grand Rapids: Zondervan/Youth Specialties, 2000), 41-62; Chap Clark, "From Fragmentation to Integration: A Theology for Contemporary Youth Ministry," *American Baptist Quarterly* 19, no. 1 (2000): 45-55를 참고하라.
9. Arnett, *Readings on Adolescence*, 1-31.
10. John W. Santrock, *Adolescence*, 8th ed. (New York: McGraw-Hill, 2001); Andrea Solarz, *American Psychological Association Healthy Adolescents Project: Adolescent Development Project*(Washington, DC: American Psychological Association, 2002)를 참고하라.
11. 이미 밝혔듯이 이 장은 전통적이거나 고전적인 발달 이론과 개념에 대해 논쟁하는 데 관심이 없다. 대신 청소년 사역의 과제와 직접적으로 관련되어 있는 발달상의 관계적 문제에 대해 균형 잡힌 시각을 제시하는 것이 목적이다. 이 장은 청소년과 일하는 사람들이 인식하고 이해해야 하는 연구와 조사와 논쟁의 영역을 종합적으로 소개한다.
12. 일부 현대 발달 이론가는 Jean Piaget와 Erik Erikson 같은 발달 이론의 선구자가 제시한 전제의 많은 부분에 이의를 제기했다. 이와 관련된 사례로는 Robert Kegan, *The Evolving Self*(Cambridge, MA: Harvard University Press, 1983)와 *In Over Our Heads: The Mental Demands of Modern Life*(Cambridge, MA: Harvard University Press, 1994)를 참고하라. 또한 Nancy Chodorow, *The Reproduction of Mothering: Psychoanalysis and the Sociology of Gender*(Berkeley: University of California Press, 1978)를 참고하라. 예를 들어, 그녀는 전통적인 발달 이론이 남성적인 시각과 유럽인의 시각에 편향되어 있을 가능성에 의문을 제기한다.
13. '사춘기 청소년'(adolescent)이라는 단어는 '자라가다'라는 뜻의 비교적 중립적인 라틴어 adolescere에서 파생했다. Arnett, *Adolescence and Emerging Adulthood*; Santrock, *Adolescence*를 참고하라.
14. 이 연구 과정에서 사춘기를 정의하라는 요청을 받자 한 교사가 했던 말이다.
15. Frederick Buechner, *Whistling in the Dark* (San Francisco: Harper, 1993), 2.
16. Santrock, *Adolescence*, 28-29.
17. 위와 동일.
18. Clark, "Changing Face of Adolescence"; S. A. Boles, "A Model of Parental Representations, Second Individuation, and Psychological Adjustment in Late Adolescents," *Journal*

of *Clinical Psychology* 55, no. 4(1999): 497-513; J. Garbarino, J. P. Gaa, P. Swank, R. McPherson과 L. V. Gratch, "The Relation of Individuation and Psychosocial Development," *Journal of Family Psychology* 9(1995): 311-318을 참고하라.

19. 미국 심리 학회가 후원한 Andrea Solarz의 보고서에 따르면 "정체감의 확립은 전통적으로 사춘기의 핵심적 과업으로 여겨졌다[Erik Erikson, *Identity: Youth and Crisis* (New York: Norton, 1968)], 하지만 지금은 정체성 형성이 청소년기에 시작되지도 끝나지도 않는다는 주장이 공통적으로 인정받고 있다. 그러나 청소년기는 개인이 처음으로 자신이 누구이고, 자신이 특별한 존재인 이유가 무엇인지 의식적으로 판단할 인식 능력이 생기는 시기다. 정체성은 단순히 사춘기 청소년이 현재 자신을 인식하는 방식 이상의 의미를 띤다. 그것은 '앞으로 되어갈 자아', 즉 개인의 미래적 모습과 원하는 미래적 모습이라고 할 수 있는 측면도 포함하게 되었다"(*American Psychological Association*, 34). 정체성 형성이 살아 있는 내내 계속되고, 심지어 이 책이 중점적으로 다루는 시기인 사춘기로 알려진 특정한 심리사회적 단계 이전에 시작된다는 생각에 개인적으로 동의한다. 하지만 이 주장이 사실상 상관성이 없을 정도로 이론적인 차원에 머무를 가능성이 있다고 생각한다. 그러므로 정체성 형성이라는 표현은 사춘기 발달의 핵심 역할을 가리키는 용도로 사용할 것이다. 이런 확정적인 개념의 복합적 차원들이 어떤 문제를 동반할지는 알고 있다.

20. Richard Knox, "The Teen Brain: It's Just Not Grown Up Yet," National Public Radio, 2010년, 3월 1일, www.npr.org/templates/story/story.php?storyId=124119468(2010년 7월 1일 접속).

21. 위와 동일.

22. Joseph Allen and Claudia Worrell Allen, *Escaping the Endless Adolescence: How We Can Help Our Teenagers Grow Up before They Grow Old* (New York: Ballantine Books, 2009), 34.

23. 위와 동일, 44.

24. Peter Blos, "The Second Individuation Process of Adolescence," in *The Adolescent Passage* (New York: International Universities Press, 1979), 141-170.

25. Boles, "Model of Parental Representations," 497-513.

26. 더 많은 정보를 알고 싶다면 이 기관들의 웹사이트를 참고하라. www.ama-assn.org와 www.cdc.gov. 이른 사춘기는 서구 문화에서 "더 양호한 영양 상태와 체지방 상태" 때문이라고 보고한다. V. Matkovic et al., "Leptin Is Inversely Related to Age at Menarche in Human Females," *Journal of Clinical Endocrinology and Metabolism* 82, no. 10(October 1997): 3239-3245도 참고하라.

27. Patricia Cohen, "Long Road to Adulthood Is Growing Even Longer," *New York Times*, 2010년 6월 11일, http://www.nytimes.com/2010/06/13/us/13generations.html?_r=1(2010년 11월 30일 접속)에서 보도한 것과 같다.

28. Allen and Allen, *Escaping the Endless Adolescence*, 19.

29. Robert Epstein, *The Case against Adolescence: Rediscovering the Adult in Every Teen* (Sanger, CA: Quill Driver Books, 2007), 5.

30. 예를 들어, *The Case against Adolescence*에서 Robert Epstein은 다소 급진적인 소수의 견해를 전한다. "준비되었다"고 판단되는 십대는 부모에게서 독립하여 결혼과 창업 등을 자유롭게 할 수 있어야 성숙 과정에 도움이 될 것이라고 주장한다.
31. David Elkind, *Ties That Stress: The New Family Imbalance* (Cambridge, MA: Harvard University Press, 1994). 『변화하는 가족』(이화여자대학교 출판문화원)
32. Robert D. Putnam, *Bowling Alone: The Collapse and Revival of American Community*(New York: Simon & Schuster, 2000)를 참고하라.
33. Elkind, *Ties That Stress*. 그리고 *The Hurried Child: Growing Up Too Fast Too Soon*, 3rd ed. (Cambridge, MA: Perseus, 2001). 『기다리는 부모가 큰 아이를 만든다』(한즈미디어)
34. Mary D. S. Ainsworth and John Bowlby, "An Ethological Approach to Personality Development," *American Psychologist* 46, no. 4(1991): 333-341; 또한 Mary D. S. Ainsworth, "Infant-Mother Attachment," *American Psychologist* 34(1979): 932-937을 참고하라.
35. Margaret Mahler, "Symbiosis and Individuation: The Psychological Birth of the Human Infant," in *Separation-Individuation: Selected Papers of Margaret S. Mahler* (Northvale, NJ: Jason Aronson, 1974), 149-165.
36. Peter Blos, *The Adolescent Passage* (New York: International Universities Press, 1979). Blos의 견해에 대한 평가와 비판의 한 예는 J. Lock, "Acting Out and the Narrative Function: Reconsidering Peter Blos's Concept of the Second Individuation Process," *American Journal of Psychotherapy* 39(1995): 548-557을 참고하라.
37. William Damon, *The Youth Charter* (New York: Free Press, 1997).
38. Elkind, *Ties That Stress*.
39. 1990년 미국 인구 조사국이 사용한 이 개념 정의는 매사추세츠 뮤추얼 생명보험사(Massachusetts Mutual Insurance Company)가 시행한 1990년도 조사에서 1,200명의 무작위 표본 중 성인의 불과 22퍼센트만 선택했다. 웹사이트 Kearl's *Guide to the Sociology of the Family*, www.trinity.edu/mkearl/family.html에서 볼 수 있다(2003년 10월 27 접속).
40. 이 자료는 터프츠 대학교 사회학과 웹사이트의 SOC0020에 대한 강의 설명에서 가져왔다(http://ase.tufts.edu/lgbt/resources/academic/courses.asp, 2010년 11월 30일 접속).
41. www.cdc.gov/nchs/fastats/pdf/43-9s-t1.pdf를 참고하라(2003년 3월 13일 접속).
42. 질병통제예방센터, www.cdc.gov/nchs/releases/01news/firstmarr.htm(2001년 3월 24일 접속) 자료다.
43. Federal Interagency Forum on Child and Family Statistics, "Family Structure and Children's Living Arrangements," *America's Children: Key National Indicators of Well-Being, 2009*; http://www.childstats.gov/americaschildren/famsoc1.asp에서 확인할 수 있다(2009년 11월 22일 접속).
44. 이 사춘기 발달 과정을 집중적으로 다룬 저널로 *Journal of Early Adolescence*가 있다.
45. Arnett, *Adolescence and Emerging Adulthood*를 참고하라.
46. 예를 들어, Joseph P. Allen 외 "Attachment and Autonomy as Predictors of the Development of Social Skills and Delinquency during Midadolescence," *Journal of Consulting and*

Clinical Psychology 70, no. 1 (2002): 56-66; "Solution Focused Counseling in Middle and High Schools, Part 2: What the Research Says about What Works," *School Counseling and Psychology*, ACAeNews, American Counseling Association, 1, no. 2, January 29, 1998, www.counseling.org/enews/volume_1/0102b.htm을 참고하라(1998년 2월 26일 접속).

47. www.counseling.org/enews/volume_1/0102b.htm, section on midadolescence(high school)를 참고하라(1998년 2월 26일 접속). 삽입된 인용문은 H. R. Wallbridge와 T. A. G. Osachuk, "Therapy with Adolescents," in *Basics of Clinical Practice*, D. G. Martin and A. D. Moore 편집(Pacific Grove, CA: Brooks Cole), 208에서 차용한 것이다.

2장. 유기, 현대 청소년의 결정적 문제

1. Lucinda Williams, http://top40-charts.com/news.php?nid=4878&string=Lucinda%20Williams(2010년 11월 30일 접속).
2. 청소년, 가정, 문화 수업을 담당하는 대학원 교수 외에 나는 기독교 청소년 아웃리치 프로그램을 운영하는 단체 영 라이프(Young Life)의 간사이자 자원봉사자로 섬겼다. 이런 역할 때문에 나는 지난 30년 동안 여러 지역 고등학교의 학생, 교사, 행정 담당자, 부모와 교류할 수 있었다.
3. Ron Powers, *Tom and Huck Don't Live Here Anymore: Searching for the Lost American Childhood* (New York: St. Martin's Press, 2001).
4. Ron Powers, "The Apocalypse of Adolescence," *Atlantic*, March 2002, www.theatlantic.com/issues/2002/03/powers.htm (2003년 3월 3일 접속).
5. Males, "New Demons."
6. 위와 동일.
7. 이것은 학술계와 학자들이 정보나 의견을 민간 전승으로 여길 때 사용하는 용어다. 기본적으로 학술계에서는 일종의 모욕적인 표현에 해당한다.
8. William Damon, Deanna Kuhn, Robert S. Siegler 편집, *Handbook of Child Psychology*, vol. 2, *Cognition, Perception, and Language*, 5th ed.(New York: Wiley, 1998); Rune J. Simeonsson 편집, *Risk, Resilience, and Prevention: Promoting the Well-Being of All Children*(Baltimore: Brookes, 1994)을 참고하라.
9. Powers, *Tom and Huck*; and Powers, "Apocalypse of Adolescence."
10. 미국 도심의 아동 매춘에 대한 CNN의 보도(2002년 3월 21일).
11. Robert Epstein, *Teen 2.0: Saving Our Children and Families from the Torment of Adolescence*(Fresno, CA: Linden, 2010)를 참고하라.
12. David Elkind, *A Sympathetic Understanding of the Child: Birth to Sixteen*(Needham Heights, MA: Allyn & Bacon, 1994), 197. Elkind, *Hurried Child*, 3rd ed도 참고하라.
13. Hersch, *Tribe Apart*, viii.
14. 위와 동일, ix. 참여 관찰 방법론의 삼각 검증법(Triangulation)은 연구 대상 집단을 최대한 정확히 이해하기 위해 다양한 출처의 자료들을 종합하는 것을 말한다. 보통 일반적이고 전문적인 외부 문헌의 추가, 연구자 자신의 경험과 연구 자체에서 얻은 관

찰 내용을 가리킨다. 이 연구에서는 또한 많은 그룹의 십대에게 제시한 설명에 대한 표적 집단의 반응과 피드백을 활용했다.
15. 관찰 내용과 문헌 및 피드백 인터뷰와 비교하고 대조하는 문화기술지적 조사 과정의 중요한 요소가 이것이다. 이 연구에서 사용한 방법론에 대해 더 상세한 설명에 대해서는 '부록'을 참고하라.
16. David Elkind, *The Hurried Child: Growing Up Too Fast Too Soon*, 2nd ed. (Reading, MA: Addison-Wesley, 1988), xv.
17. Elkind, *Hurried Child*, xv. 이 언급과 다른 모든 언급은 재개정판에 수록되어 있다.
18. Elkind, *Ties That Stress*, 10-11.
19. William Mahedy and Janet Bernardi, *A Generation Alone: Xers Making a Place in the World* (Downers Grove, IL: InterVarsity, 1994), 24.
20. Hersch, *Tribe Apart*, 19.
21. Good Schools Pennsylvania, "Education History: A Timeline of Public Education in America," www.goodschoolspa.org/students/index.cfm?fuseaction=history(2003년 8월 13일 접속).
22. 이에 대해서는 6장에서 다루고 있다.
23. Madeline Levine, *The Price of Privilege: How Parental Pressure and Material Advantage Are Creating a Generation of Disconnected and Unhappy Kids* (New York: HarperCollins, 2006), 28. 『물질적 풍요로부터 내 아이를 지키는 법』(책으로여는세상)
24. 위와 동일, 137.
25. 위와 동일, 8.
26. 예외는 분명히 있다. 교육 분야의 한 예는 교육자이자 작가이며 발달 심리학자인 Mel Levine의 *A Mind at a Time*(New York: Simon & Schuster, 2003)이다. 『아이의 뇌를 읽으면 아이의 미래가 열린다』(소소). 그는 교육적인 사고방식을 교실과 스타 학생에게서 각 아이에 대한 개별적 노력으로 관심을 이동하고자 시도하여 일부 교육계 관계자의 지지를 얻고 있다(2002년 3월 27일 처음 방송된 PBS 다큐멘터리 "Misunderstood Minds"를 참고하라. www.pbs.org/misunderstoodminds에 유사한 웹사이트가 있다). 하지만 그의 관점을 반대하는 흐름이 매우 거세다.
27. David L. DuBois and Michael J. Karcher, "Youth Mentoring: Theory, Research, and Practice," in *Handbook of Youth Mentoring*, D. L. DuBois and M. J. Karcher 편집 (Thousand Oaks, CA: Sage, 2005), 10.
28. Jean B. Grossman and Jean E. Rhodes, "The Test of Time: Predictors and Effects of Durationin Youth Mentoring Relationships," *American Journal of Community Psychology* 30 (2002): 213.
29. Renée Spencer, "'It's Not What I Expected': A Qualitative Study of Youth Mentoring Relationship Failures," *Journal of Adolescent Research* 22 (2007): 348.
30. Walt Mueller, *Youth Culture 101* (Grand Rapids: Zondervan/Youth Specialties, 2007), 38.
31. 이에 대해서는 3장에서 더 자세히 논의할 것이다. 이것이 거시 분석 연구임을 기억하라. 내가 주장한 내용의 대부분은 분명히 예외가 존재할 것이다. 그러나 내 결론이 틀리다고 암시한 학생은 찾아보기 어려웠다.

32. Paul Willis, *Common Culture: Symbolic Work at Play in the Everyday Cultures of the Young* (Boulder, CO: Westview, 1990), 1.
33. Denise Clark Pope, *Doing School: How We Are Creating a Generation of Stressed Out, Materialistic, and Miseducated Students* (New Haven: Yale University Press, 2001).
34. Chapman R. Clark, "Fathers' Participation in Their Adolescent Sons' Athletic Events: A Qualitative Study" (unpublished paper, Fuller Theological Seminary, Youth, Family, and Culture Department, Pasadena, CA, 1994).
35. Elkind, *Ties That Stress*.
36. 연구 문헌에서는 이런 파괴적인 결과에 관한 사례를 아주 많이 찾아볼 수 있다. 가령, 성인의 긍정적인 개입이 사라진 것과 학교 폭력이 두드러지게 나타난 것의 관련성에 대해서는 Darlene R. Wright와 Kevin M. Fitzpatrick, "Social Capital and Adolescent Violent Behavior: Correlates of Fighting and Weapon Use among Secondary School Students," *Social Forces* 84, no. 3 (March 2006): 1448을 참고하라. 마찬가지로 Katherine Newman은 학교 총기 난사 사건에서 볼 수 있는 다양한 종류의 집단 폭력에 의존하는 십대가 보이는 첫 번째 필수 조건을 "총기 난사자가 중요하게 여기는 사회적 세계에서 자신이 철저히 소외되고 있다고 인식하는 것"이라고 보고했다. Katherine Newman, *Rampage: The Social Roots of School Shootings* (New York: Basic Books, 2004), 230을 참고하라. 다른 고위험 행동과 사회적 자본 결여의 관련성에 대한 보고에 대해서는 Lisa Smylie, Sheri Medaglia, and Eleanor Maticka-Tyndale, "The Effect of Social Capital and Socio-demographics on Adolescent Risk and Sexual Health Behaviours," *Canadian Journal of Human Sexuality* 15, no. 2 (Summer 2006): 95-112를 참고하라.
37. 한 평가자는 나와 대화한 청소년들이 나의 결론에 동의하지 않았던 것을 가리켜 그들이 내가 듣고 싶은 대로 대답한 하나의 사례이거나, 또 다른 형태의 층위가 다른 삶의 한 예시라고 지적했다. 그런 가능성이 있음을 나 역시 인정한다. 그러나 나는 자료를 삼각 검증하는 여러 방식을 통해 학생들의 반응의 신뢰성이 최소한 어느 정도 확보될 수 있다고 믿는다.
38. Mary Pipher, *Reviving Ophelia: Saving the Selves of Adolescent Girls* (New York: Ballantine Books, 1994), 22. 『내 딸이 여자가 될 때』(문학동네)
39. Powers, "Apocalypse of Adolescence"에 인용된 대로.
40. Elkind, *Sympathetic Understanding of the Child*.
41. 한 가지 예로 Ellen Galinsky의 Work and Family Institute of New York의 조사를 참고하라. Robert D. Strom, Troy E. Beckert, and Paris S. Strom, "Evaluating the Success of Caucasian Fathers in Guiding Adolescents," *Adolescence* 37 (Spring 2002): 131-149에서 보고한 대로 초등학교 3학년부터 고등학교 3학년까지 1천 명의 아동과 청소년이 인터뷰 대상이었다.
42. Stacey Richardson and Marita P. McCabe, "Parental Divorce during Adolescence and Adjustment in Early Adulthood," *Adolescence* 36 (Fall 2001): 467-489.
43. 위와 동일.
44. James E. Côté and Anton L. Allahar, *Generation on Hold: Coming of Age in the Late*

Twentieth Century (Toronto: Stoddart, 1994), 71.
45. Carla Barnhill, "How Good Parents Give Up on Their Teens," *Books & Culture* (May-June 2002): 29, www.christianitytoday.com/bc/2002/003/14.27.html(2004년 2월 16일 접속).
46. Hersch, *Tribe Apart*, 20.
47. 위와 동일, 247. 또한 1장에서 내가 한 설명도 참고하라.
48. Allen and Allen, *Escaping the Endless Adolescence*, x.
49. 위와 동일, 13.
50. Mahedy and Bernardi, *Generation Alone*, 32.
51. Enrico Gnaulati와 Barb J. Heine, "Separation-Individuation in Late Adolescence: An Investigation of Gender and Ethnic Differences," *Journal of Psychology* 135, no. 1 (January 2001): 59-70; Mark T. Greenberg, Judith M. Siegel, and Cynthia J. Leitch, "The Nature and Importance of Attachment Relationships to Parents and Peers during Adolescence," *Journal of Youth and Adolescence* 12, no. 5(1983): 373-386; J. Eccles et al., "Self-Evaluations of Competence, Task Values, and Self-Esteem," in *Beyond Appearance: A New Look at Adolescent Girls*, ed. N. G. Johnson, M. C. Roberts, and J. Worell(Washington, DC: American Psychological Association, 1999), 53-83을 참고하라.
52. Cassandra Halleh Delaney, "Rites of Passage in Adolescence," *Adolescence* 30 (Winter 1995): 891-897.
53. Hersch, *Tribe Apart*, 21.
54. Don Martin and Maggie Martin, "Understanding Dysfunctional and Functional Family Behaviors for the At-Risk Adolescent," *Adolescence* 35 (Winter 2000): 785-792.
55. Alexander Wolff, "Special Report: The High School Athlete, Part 1," *Sports Illustrated*, 2002년 11월 18일, sportsillustrated.cnn.com/si_online/news/2002/11/12/high_school(2004년 2월 13일 접속).
56. *Los Angeles Times*, 2002년 11월 13일자, D2에 보도됨.

3장. 그들만의 지하 세계

1. Jeffrey Lashbrook, "Fitting In: Exploring the Emotional Dimension of Adolescent Peer Pressure," *Adolescence* 35 (Winter 2000): 754.
2. 이 우려의 한 가지 예로 Pope, *Doing School*, xi를 참고하라.
3. 이 우려의 한 가지 예는 Michael T. Ungar, "The Myth of Peer Pressure," *Adolescence* 35 (Spring 2000): 167-180에서 확인할 수 있다.
4. Hersch, *Tribe Apart*, viii.
5. Solarz, *American Psychological Association*, 3.
6. 이 책의 초판이 나오기 10년 전에, Côté와 Allahar는 *Generation on Hold*에서 사춘기 청소년들이 성인들의 거부에 대한 반작용으로 그들의 은밀한 세계를 만들었다는 점을 이미 지적한 적이 있다. "청소년은 성인의 문화에 전격적으로 참여하지 못하기 때

문에 의미 있는 정체성을 발견하기 위한 시도 차원에서 자신들만의 문화를 발전시킨다." Christian Smith는 최근에 Côté와 Allahar의 기본적인 시각을 인정하며 이렇게 말했다. "십대들은 계속해서 기다리고 준비하며 성년을 향해 나아간다. 그리고 그 도중에 사회적으로는 실질적인 기여를 하는 경우가 별로 없다. 그러므로 그들은 일상생활의 구조와 활동과 일정뿐 아니라 완전한 성인기에 접어들기까지 몇 년을 불완전한 상태로 유예 상태에 머무름으로써 성인의 세계와 단절되는 경험을 한다"(Christian Smith, *Soul Searching: The Religious and Spiritual Lives of American Teenagers* [New York: Oxford University Press, 2005], 185).

7. 이것은 사춘기 청소년이 전형적으로 보여준 무해한 고립[하이틴 드라마 〈베이사이드 얄개들〉(Saved by the Bell)이나 영화 〈그리스〉(Grease)의 Danny Zukko와 T-Birds처럼]과 오늘날 고립을 통해 발전시킨 중기 사춘기 청소년의 하위문화의 특이성과 고립의 의미의 차이를 예시적으로 보여준다. 이 책의 초판이 출간된 이후로 사춘기 청소년과 직접적으로 일한 대부분의 사람은 이런 현실을 쉽게 인정했지만, 세대 차이에 대한 전통적 이해와 아래 세계의 차이를 이해하는 데 어려움을 느끼는 사람들은 여전히 존재한다. 박사들이 모인 세미나에서 한 아프리카계 미국인 대학원생은 이런 사고 흐름을 종합적으로 이해하도록 도와주었다. 그 이후로 이 현상에 대한 사회학적 조사는 아래 세계에 대한 나의 사고에 많은 영향을 미쳤다.

8. 이 과정의 세부적인 시간 흐름은 개인이 거주하는 지역과 같은 수많은 요인에 따라 달라지지만, 이 연구는 이 일이 오늘날 우리 모두에게 해당될 수 있음을 보여주었다. 아래 세계는 도시화된 전 세계는 아니더라도 미국 사회의 거의 모든 분야에 나타나고 있는 것으로 보인다(라디오, CD, 텔레비전, 영화를 듣고 볼 수 있는 곳이면 어디서나 가능하다는 뜻이다).

9. 나는 내가 사용하는 표현들이 보편적이며, 따라서 독자들이 나의 관찰 내용을 반박할 예외를 찾을 수 있음을 안다. 나는 '거의 모든'이나 '대다수'와 같은 수식어를 계속 사용하는 대신 강한 어조의 표현을 일반화하는 편을 선택했다.

10. Putnam, *Bowling Alone*. 『나 홀로 볼링』(페이퍼로드). 이 책에서 사용된 자료를 확인하고 싶다면 www.bowlingalone.com/socialcapital.php3(2006년 7월 30일 접속)을 참고하라. 이 URL은 이제 더 이상 이용할 수 없지만 이에 관한 개념들은 이 책과 웹사이트에서 여전히 사용되고 있다.

11. Putnam, *Bowling Alone*, 312.

12. Delaney, "Rites of Passage in Adolescence"; and Lashbrook, "Fitting In"을 참고하라.

13. John R. Chapin, "Adolescent Sex and Mass Media: A Developmental Approach," *Adolescence* 35(Winter 2000): 799-811에서 인용됨.

14. Mahedy and Bernardi, *Generation Alone*, 31.

15. Lashbrook, "Fitting In."

16. Delaney, "Rites of Passage in Adolescence."

17. 위와 동일.

18. Anita Hunter는 "사춘기의 적응 유연성은 유연하고 능숙하게 역경을 이기는 과정이 아니라 단절, 고립, 절연, 부정, 공격과 같은 방법을 이용한 일종의 방어 과정일 수 있

다고 주장한다"("Adolescent Resilience," *Journal of Nursing Scholarship* 31, no. 3 [1999]: 243-247 중 246쪽에서 인용). 지지받지 못할 때 사춘기 청소년은 회복하지 못하고 생존과 자기 보호에 몰입할 수 있다. 나아가 "사춘기 청소년에게 인생의 역경을 헤쳐나가는 방법을 가르쳐주는 한결같이 사려 깊고 사랑을 표현하는 어른의 존재가 매개 변수로 작용하는 것으로 보인다. 넘어져도 일어서도록 도와주고, 자신이 사랑받고 존중받으며 인정받는다는 것을 알기 때문에 경험을 통해 배우고 성장하며 앞으로 나아가게 도와주는 성인의 존재가 매개 변수로 작용하는 것이다"(Anita Hunter, "A Cross-Cultural Comparison of Resilience in Adolescents," *Journal of Pediatric Nursing* 16, no. 3 [June 2001]: 172-179 중 178쪽에서 인용).

19. Delaney, "Rites of Passage in Adolescence."
20. Chapin, "Adolescent Sex and Mass Media," 802.
21. Susan Harter 외, "The Complexity of the Self in Adolescence," in Arnett, *Readings on Adolescence*, 112.
22. Madeline Levine은 "중기 사춘기에는 '자아'의 증식과 '누가 진정한 나인가?'에 대한 관심이 증폭된다"라고 주장한다. 나는 십대들이 자신들의 자아 인식에 모순된 부분들이 있음을 때로 다소나마 인지한다고 생각한다. 하지만 그들이 자신을 표현하고 '의미 있는 존재'가 되어야 함을 알기 때문에 그들에게 중요한 것은 그런 모순을 다루는 것이 아니라 생존하는 것이다. '다중 자아'라는 현실에 부딪힐 때 그들은 보통 Levine이 지적한 대로 혼란과 불안에 빠져 "학교에서 호기심으로 눈빛이 반짝거리고, 친구들과 거칠고 떠들썩하게 놀고, 새로운 상황에서는 내성적으로 굴고, 집에서는 심술을 부리는 모습을 편안한 하나의 인격으로 어떻게 통합할지" 고민에 빠진다. "사고 능력은 그동안 많은 진전이 있었지만 서로 반대되는 특징들을 통합하기에는 여전히 능력이 부족하다"(*Price of Privilege*, 120). 또한 Catherine E. Amiot 외 "Integration of Social Identities in the Self: Toward a Cognitive-Developmental Model," *Personality and Social Psychology Review* 11, no. 4 (2007): 364-388을 참고하라.
23. Hersch, *Tribe Apart*, 306.
24. J. S. Phinney와 M. Devich-Navarro, "Variations in Bicultural Identification among African American and Mexican American Adolescents," in Arnett, *Readings on Adolescence*, 120-131.
25. Solarz, *American Psychological Association*, 3. 2009년도 미국 질병통제예방센터 연구는 북미의 십대들이 고등학교 졸업반이 될 즈음이면 학급의 거의 절반이 마리화나를 피우며, 5명 중 3명 이상이 질 내 성관계를 하고, 5명 중 4명이 최소한 잔 가득한 술을 한 잔 이상 마시고 있음을 보여주었다. 전체 조사 결과는 Centers for Disease Control and Prevention, "2009 National Youth Risk Behavior Survey," http://www.cdc.gov/healthyyouth/yrbs/index.htm(2010년 7월 3일자 접속)을 참고하라. 퓨 리서치 센터의 2009년도 12월자 조사는 고등학생의 15퍼센트(그리고 3학년은 30퍼센트)가 핸드폰으로 누드나 반 누드를 한 사람의 사진을 주고받았음을 확인했다. "Teens and Sexting," *Pew Research Center*, http://pewinternet.org/Reports/2009/Teens-and-Sexting.aspx(2010년 11월 30일 접속)을 참고하라.
26. Levine, *Price of Privilege*, 35.

27. Pete Ward, *God at the Mall*(Peabody, MA: Hendrickson, 1999), 87을 참고하라. "Stuart Hall과 CCCS(현대문화 연구소)에 소속된 이들은 하위문화 개념이 사회 내의 '저항 문화'의 존재를 설명하는 데 사용되었다고 본다. Hall은 이탈리아 이론가인 Gramsci 의 이론을 바탕으로 문화란 사회의 여러 집단들이 서로 투쟁을 벌이는 영역을 제공 한다고 주장했다. 경제적, 사회적 지배 집단에 속하는 사람들은 문화를 이용해 자신 들의 권력을 지탱할 권위를 확장시키려고 한다. 그럴 때 문화는 하위 집단들의 동의 를 얻기 위한 사회 지배 집단들의 수단이 된다…Hall은 청소년 문화에 대해서 하위 문화들을 창출함으로 '헤게모니'에 저항하기 위한 시도라고 이 문화를 이해했다. 이 런 하위문화들은 특정한 종류의 복장, 행동 방식, 상징과 기호로 가득한 언어 방식 들로 구성된다…정확히 이해된 상징들은 지배 문화가 제시하는 정체성과는 별개의 독립된 정체성을 형성하고자 하는 시도로서의 생활 방식을 드러내며, 따라서 '저항 적' 성격을 띤다. 여기서 그가 인용한 자료는 Stuart Hall과 Tony Jefferson, *Resistance through Rituals*(London: Hutchinson, 1975): 5-8에 수록되어 있다.
28. Pipher, *Reviving Ophelia*, 28.
29. Hersch, *Tribe Apart*, 30.
30. 이에 대한 한 가지 예는 William Strauss와 Neil Howe의 저작이다(*The Fourth Turning: An American Prophecy*[New York: Broadway Books, 1997]). 이들은 4세대를 주기로 동 일한 패턴이 되풀이되기 때문에 현재 등장하고 있는 세대는 더 영적이고 서로 협조 적이며 "미국 청소년들에 대한 긍정적인 명성을 더 잘 재구성할 수 있을"것이라고 주장한다(327). 이 연구를 근거로 한다면, 이 이상 더 바랄 것이 없을 것이다. 그렇 다. 이렇게 새로이 등장할 세대는 이 모든 것을 부족함 없이 갖춘 것처럼 보인다. 그 러나 현실을 보면 우리 사회는 유기당하여 독자적으로 살아가는 세대의 등장을 보 고 있다. 이것은 미래에 유례없는 결과를 낳을 것이다.
31. Mahedy and Bernardi, *Generation Alone*, 32.
32. Pipher, *Reviving Ophelia*, 285.
33. 회복력을 연구하는 사람들은 성인들이 트라우마를 겪은 청소년들에게 제공한 사회 적 자본이 회복을 돕는 핵심적인 요인이라는 것을 30년이 넘도록 강조해왔다. 간단 한 평론에 대해서는 Michael Rutter, "Protective Factors in Children's Responses to Stress and Disadvantage," in *Primary Prevention of Psychopathology*, vol. 3, *Social Competence in Children*, 편집. M. W. Kent와 Jon E. Rolf (Hanover, NH: University Press of New England, 1979); Anne C. Peterson 외 "Resilience in Adolescence," in *The Adolescent in Turmoil: A Monograph for the International Society for Adolescent Psychiatry*, Allan Z. Schwartzberg 편집(Westport, CT: Praeger, 1998); Suniya Luthar, Dante Cicchetti와 Bronwyn Becker, "The Construct of Resilience: A Critical Evaluation and Guidelines for Future Work," *Child Development* 71, no. 3 (May/June 2000): 543-562; Hunter, Cross-Cultural Comparison of Resilience in Adolescents," n. 19; Robin G. Everall, Jessica Altrows, Barbara L. Paulson, "Creating a Future: A Study of Resilience in Suicidal Female Adolescents," *Journal of Counseling and Development* 84 (Fall 2006): 461-470을 참고하라.

2부. 지하 세계의 풍경

4장. 또래

1. Susan Harter 외, "The Development of Multiple Role-Related Selves during Adolescence," *Development and Psychopathology* 9 (1997): 844.
2. Peter Blos, "Second Individuation Process."
3. 본 연구는 고등학교 학생들의 사회적 환경을 살피는 과정에서 민족적 배경이나 사회 경제적 계층화와 같은 인구통계학적 차이에 대해서는 심층적인 조사를 시행하지 않았다. 혹자는 이런 방식 때문에 나의 관찰 자료들이 많은 부분 부적절하며 구체성이 결여되었다고 주장할 수도 있다. 그러나 나는 거시적 관점에서 있는 그대로의 현실을 기술하고자 노력하고 있다. 개별적으로 차이가 없는 것은 아니지만 다양한 하위집단의 대다수는 또한 사회적 상황의 영향을 받고 있을 뿐만 아니라, 전체 사춘기 공동체에 대한 나의 관찰 결과와 일치하는 행위를 보여주고 있다.
4. Donald C. Posterski, *Friendship: A Window on Ministry to Youth* (Scarborough, ON: Project Teen Canada, 1985), 8.
5. Eugene R. Oetting과 F. Beauvais, "Peer Cluster Theory: Drugs and the Adolescent," *Journal of Counseling and Development* 65 (1986): 17-22; Eugene R. Oetting과 F. Beauvais, "Peer Cluster Theory, Socialization Characteristics and Adolescent Drug Use: A Path Analysis," *Journal of Counseling Psychology* 34 (1987): 205-213을 참고하라.
6. 이에 대한 많은 예시가 있고, 이 책에서 그것을 여러 번 언급한다.
7. 일부 또래 연구들은 초기 사춘기를 집중적으로 다루며, 또 다른 연구는 전체 사춘기를 집중해서 다루지만 사춘기의 세 단계를 구분하는 특징들을 확인하기 위한 종합적 조사가 이루어진 적은 아직 없다(1장을 참고하라). 그러나 대체로 많은 연구가 그 차이의 존재를 분명히 암시하고 있다.
8. 실제 용어는 사용하지 않았지만 하나의 아이디어 차원에서 군집 집단을 사용한 예들에 대해서는 Curran, Stice, Chassin, "Relation between Adolescent Alcohol Use and Peer Alcohol Use," 131; K. A. Urberg, S. M. Degirmencioglu, C. Pilgrim, "Close Friend and Group Influence on Adolescent Cigarette Smoking and Alcohol Use," *Developmental Psychology* 33 (1997): 834-844; R. R. Kafka and P. London, "Communication in Relationships and Adolescent Substance Abuse: The Influence of Parents and Friends," *Adolescence* 26 (1991): 587-598; M. S. Tisak, J. Tisak과 M. Rogers, "Adolescents' Reasoning about Authority and Friendship Relations in the Context of Drug Use," *Journal of Adolescence* 17 (1994): 265-282; Kimberly L. Henry, Eugene R. Oetting, and Michael D. Slater, "The Role of Attachment to Family, School, and Peers in Adolescents' Use of Alcohol: A Longitudinal Study of Within-Person and Between-Persons Effects," *Journal of Counseling Psychology* 56, no. 4 (2009): 564-572; Ricardo Stanton-Salazar and Stephanie Urso Spina, "Adolescent Peer Networks as a Context for Social and Emotional Support," *Youth & Society* 36, no. 4 (2005): 379-417을 참고하라.

9. B. B. Brown, M. S. Mory, and D. Kinney, "Casting Crowds in a Relational Perspective: Caricature, Channel, and Context," in Arnett, *Readings on Adolescence*, 161-172.
10. 예를 들어 Maja Dekovic과 Wim Meeus, "Peer Relations in Adolescence: Effects of Parenting and Adolescents' Self-Concept," *Journal of Adolescence* 20(1997): 163-176; D. C. Rowe, E. J. Woulbroun, B. L. Gulley, "Peer and Friends as Nonshared Environmental Influence," in *Separate Social World of Siblings*, 편집. E. M. Hethington, D. Reiss, and R. Plomin(Hillsdale, NJ: Lawrence Erlbaum, 1994), 159-174를 참고하라.
11. 예를 들어 P. A. Cusick, *Inside High Schoo*(New York: Holt, Rinehart & Winston, 1973); R. W. Larkin, *Suburban Youth in Cultural Crisis*(New York: Oxford University Press, 1979)는 1990년대 중반의 문화기술지 연구자가 편찬한 자료들을 삼가 검증하는 데 사용되었다(Brown, Mory, and Kinney, "Casting Crowds," 166).
12. Barney G. Glaser, *Basics of Grounded Theory Analysis: Emergence vs. Forcing*(Mill Valley, CA: Sociology Press, 1992); Linda Jo Calloway and Constance A. Knapp, "Using Grounded Theory to Interpret Interviews," csis.pace.edu/~knapp/AIS95.htm(2010년 11월 30일 접속)을 참고하라.
13. Jean Piaget, *The Psychology of Intelligence* (New York: International Universities Press, 1950); E. Erikson, *Identity*.
14. Crystal R. Tani, Ernest L. Chavez, Jerry L. Deffenbacher, "Peer Isolation and Drug Use among White Non-Hispanic and Mexican American Adolescents," *Adolescence* 36 (Spring 2001): 127-139.
15. Joseph A. Micucci, *The Adolescent in Family Therapy: Breaking the Cycle of Conflict and Control* (New York: Guilford, 1998).
16. J. A. Bishop과 Heidi Inderbitzen, "Peer Acceptance and Friendship: An Investigation of Their Relationship to Self-Esteem," *Journal of Early Adolescence* 15 (1995): 476-489.
17. Daniel K. Lapsley and Jason Edgerton, "Separation-Individuation, Adult Attachment Style, College Adjustment," *Journal of Counseling and Development* 80 (2002): 484.
18. Lashbrook, "Fitting In."
19. Urie Bronfenbrenner, *The Ecology of Human Development: Experiments by Nature and Design* (Cambridge, MA: Harvard University Press, 1979).
20. Elkind, *Hurried Child*, 3rd ed.
21. Elkind, *Ties That Stress*.
22. 1장의 33번 주가 달린 본문의 내용을 참고하라.
23. Dekovic and Meeus, "Peer Relations in Adolescence," 173. 또한 L. B. Whitbeck, R. D. Conger, M. Kao, "The Influence of Parental Support, Depressed Affect, and Peers on the Sexual Behavior of Adolescent Girls," *Journal of Family Issues* 14(1993): 261-278도 참고하라.
24. Levine, *Price of Privilege*, 8.
25. 2장을 참고하라.
26. Denis W. Jarvinen and John G. Nicholls, "Adolescents' Social Goals, Beliefs about the

Causes of Social Success, and Satisfaction in Peer Relations," *Developmental Psychology* 32, no. 3 (1996): 440.

27. San Diego, Stanton-Salazar와 Spina는 샌디에고의 멕시코계 학생들에 대한 연구에서 "서로를 지지해주는 풍성한 또래 관계들과 네트워크는 사춘기 청소년들이" 어려운 가정 환경과 폭력적인 주변 환경, 혹은 적절한 지원이 부족한 학교 환경과 같은 "환경적 스트레스 요인들에 굴복하지 않도록 보호해주는 것으로 보인다"라고 지적했다. Stanton-Salazar와 Spina, "Adolescent Peer Networks," 411을 참고하라.

28. 위와 동일, 386.

29. 평가자 중 한 사람은 이 내용을 읽고 이렇게 반응했다. "이게 진짜예요? 나의 경험에 비추어보면 군집 집단의 아이들이라도 언제나 그렇듯이 유사한 감정의 여러 변화에 휘둘리는 것 같아요. 분위기를 망치지 않는 아이는 멋진 애가 되어서 같은 집단의 일원으로 인정받지만, 분위기를 망치면 전체 집단에서 추방된다고요." 나의 관찰에 따르면, 클러스터와 이전의 사춘기 사회적 조직의 가장 두드러진 차이 중 하나는 클러스터는 가족을 제외하면 중기 사춘기 청소년에게 한시적이지만 가장 강력한 커뮤니티 역할을 해준다는 것이다. 일단 결속감을 갖게 되면 과거 고등학생들의 우정처럼 쉽게 무너지지 않는다.

30. Christopher Daddis, "Influence of Close Friends on the Boundaries of Adolescent Personal Authority," *Journal of Research on Adolescence* 18 (2008): 91.

31. 예를 들어 Lara Mayeux와 Antonius H. N. Cillessen, "It's Not Just Being Popular, It's Knowing It, Too: The Role of Self-Perceptions of Status in the Associations between Peer Status and Aggression," *Social Development*, no. 17(2008): 871-888; Irene J. Kim, Nolan W. S. Zane, and Sehee Hong, "Protective Factors against Substantive Use among Asian American Youth: A Test of the Peer Cluster Theory," *Journal of Community Psychology* 30, no. 5(2002): 565-584도 참고하라.

32. 이와 관련한 예로는 Curran, Stice, Chassin, "Relation between Adolescent Alcohol Use and Peer Alcohol Use"; R. H. Aseltine, "A Reconsideration of Parental and Peer Influence on Adolescent Deviance," *Journal of Health and Social Behavior* 36(1995): 103-121; W. H. Buysse, "Behavior Problems and Relationships with Family and Peers during Adolescence," Journal of Adolescence 20(1997): 645-659; Kathryn E. Hoff, George J. Dupaul, Michael L. Handwerk, "Rejected Youth in Residential Treatment: Social Affiliation and Peer Group Configuration," *Journal of Emotional and Behavioral Disorders* 11, no. 2(2003): 112-121, 특별히 113쪽을 참고하라.

33. Urberg, Degirmencioglu, and Pilgrim, "Close Friend and Group Influence," 843.

34. 이 시각에 대한 명확한 학술적 자료는 없지만, 여러 학자는 각 개인의 고유성과 정체성은 그대로이지만 타고난 본성 대 양육 환경의 논쟁을 다룰 때 흥미로운 유형론의 하나로 이 시각을 활용한다.

35. Dekovic and Meeus, "Peer Relations in Adolescence."

36. Mary Ainsworth와 John Bowlby의 애착 이론에 대한 종합적 개요에 대해서는 Inge Bretherton, "The Origins of Attachment Theory: John Bowlby and Mary Ainsworth," De-

velopmental Psychology 28, no. 5(1992): 759-775를 참고하라.

37. Dekovic and Meeus, "Peer Relations in Adolescence." 또한 Gareth R. Schott and Wynford Bellin, "The Relational Self-Concept Scale: A Context-Specific Self-Report Measure for Adolescents," *Adolescence* 36(Spring 2001): 85-103도 참고하라. 그들은 "교육이 실제적인 효과를 내기 위해서는(그리고 다른 원하는 용도에서 효과를 내기 위해서는) 자아 평가가 학교의 사회적 과정과 직접 연관이 있어야 한다"(99)라고 주장하며 나의 추가적인 연구의 필요성을 확인해준다.
38. B. B. Brown, N. Mounts, S. D. Lamborn, and L. Steinberg, "Parenting Practices and Peer Group Affiliation in Adolescence," *Child Development* 64 (1993): 469.
39. 위와 동일.
40. Dekovic and Meeus, "Peer Relations in Adolescence," 164.
41. 그러나 역사적으로 이 변화는 초기에서 중기 사춘기가 아니라(3단계 사춘기 이론), 초기에서 후기 사춘기(2단계 사춘기 이론)에서 진행된다고 보았다.
42. 사춘기 여정과 관련해 이 비유가 모두 사용된 경우에 대해서는 Clark, "Changing Face of Adolescence"를 참고하라.
43. 내가 이렇게 믿는 이유는 내가 고등학교 때 겪은 경험과 비슷하기 때문이다. 내가 관찰한 내용과는 매우 다른 과정이었다.
44. D. Bender와 F. Losel, "Protective and Risk Effects of Peer Relations and Social Support on Antisocial Behavior in Adolescents from Multi-Problem Milieus," *Journal of Adolescence* 20 (1997): 661-678을 참고하라.
45. '사촌 클러스터'(cousin clusters)의 개념은 2000년 6월 나와 개별 연구 과정에 필요한 필요 요건으로서 박사 학위 이수 중인 학생 Andy Root가 진행한 클러스터에 대한 종합적 문헌 조사에서 처음 등장했다. 또래 관계에 대한 문헌들을 요약하면서 Root는 클러스터를 초월해 모이며 우의를 다지는 일단의 학생이 있다고 결론을 내렸다. 그는 이들을 '사촌 클러스터'라고 불렀다.
46. 관계 당국이 이 사회적 위계와 파편화의 존재를 인지하지 못할 때(혹은 그 징후를 무시할 때) 1999년 콜럼바인(Columbine) 고등학교 총기 난사 사건처럼 비극적이고 무서운 사태가 벌어질 수 있다고 생각한다. 중요한 요인으로 연구 대상이 된 적은 없다고 생각하지만, 4월 20일 그 사건이 있기 2년 전 콜럼바인 고교의 사회학적 풍경은 총기 난사범들이 친구들에게 폭력적으로 총기를 난사하는 데 최소한 일정 정도의 역할을 한 것이 사실이다.

5장. 학교

1. 〈클래스〉(The Class), Laurent Cantet 감독. 원제 *Entre les Murs* (France) (Culver City, CA: Sony Pictures, 2008), video recording.
2. 연구자로서 이 일이 개인적으로 쉽지 않았던 이유는 나의 여동생이나 처남, 처제와 장모가 모두 평생 공립학교 제도와 조합의 일원으로 있었기 때문이다. 나는 그동안 만난 교사들과 교육자들뿐만 아니라 그들 또한 존경한다. 이 연구에서 보고한 내용으로

공립학교 관계자를 모욕하거나 상처를 주고 싶지 않다. 이 연구를 통해 발견한 내용을 소개하는 과정에서 누군가 부당하게 상처를 받은 사람이 있다면 진심으로 사과를 전한다.

3. Greg J. Duncan, Johanne Boisjoly, Kathleen Mullan Harris, "Sibling, Peer, Neighbor, and Schoolmate Correlations as Indicators of the Importance of Context for Adolescent Development," *Demography* 38, no. 3 (August 2001): 437-447.
4. 행정가들 역시 아동과 청소년의 건강한 발달에 분명히 중요한 역할을 한다. 그러나 대다수 학생에게 그들은 교사만큼의 중요한 역할을 하지는 않는다.
5. 이 입장에 대해서는 Dudley J. Wiest, Eugene H. Wong, Joseph M. Cervantes, "Intrinsic Motivation among Regular, Special, and Alternative Education High School Students," *Adolescence* 36 (Spring 2001): 111-126을 참고하라.
6. Parker Palmer, *The Courage to Teach: Exploring the Inner Landscape of a Teacher's Life* (Hoboken, NJ: Jossey-Bass, 1997).
7. Solarz, *American Psychological Association*, 27.
8. Michael Nakkula와 Michael Sadowski, 편집, *Adolescents at School: Perspectives on Youth, Identity, and Education* (Cambridge, MA: Harvard Education Press, 2008), 19.
9. Elliot Currie, *The Road to Whatever: Middle Class Culture and the Crisis of Adolescence* (New York: Metropolitan Books, 2004), 193-194.
10. 나는 3년 연속 이 연회에 참석했다. 한 번은 학부형으로서, 또 다른 한 번은 이 연구 프로젝트를 진행하면서 가게 되었다.
11. 자원봉사 부분에서는 이것 역시 맞는 말이다. 교육계와 학계의 기본적 입장은 자원 봉사가 "인생의 의미와 존재 이유를 확인하도록 해주며 도덕적 발달을 고양시킨다"는 것이지만(Solarz, *American Psychological Association*, 32), 자원봉사, 특히 학교 교과목의 일부로 자원봉사를 하는 학생들은 대부분 거의 항상 이타적인 관심과 타인에 대한 순수한 관심이 아니라 다른 이유로 봉사를 한다는 것을 확인했다. 봉사를 하는 가장 공통된 이유는 숙제를 하기 위해서나, 선생님의 마음에 들기 위해서 혹은 대학교 입학 지원서 때문이었다. 이것이 광범위한 현상임을 일관되게 확인했기 때문에 중기 사춘기의 주요한 한 측면으로서 자원봉사를 토론하거나 열심히 자원봉사를 하는 모범적인 학생들을 세세히 확인하는 일은 하지 않았다.
12. 나의 연구 대상인 학교에서 행정 부분은 이 시각과 대체로 상관이 없었다. 교사들은 대부분 공동 교장들을 '교사 겸 행정 담당자'처럼 생각했다. 즉, 그들은 교육자이자 동료인 동시에 행정 관리자였다. 그래서 그들은 업무 중 낙담이 될 많은 일을 처리하면서 최소한의 사기조차 유지하기가 쉽지 않았다.
13. 미국 연합통신(Associated Press)에서 보도했다. "Unruly Students Top Public's List of School Worries," New York Times, April 23, 2003, D3. 다른 최근의 연구들 역시 교실에서 일어나는 일에 직접적 영향을 미치는 정책에 대해 교사들이 느끼는 무력감의 상태를 보여준다. 예를 들어 Jeffrey S. Brooks, Roxanne M. Hughes, Melanie C. Brooks, "Fear and Trembling in the American High School: Educational Reform and Teacher Alienation," *Educational Policy* 22 (January 2008): 45-62를 참고하다.

14. Carl E. Larson와 Frank M. J. LaFasto, *Teamwork: What Must Go Right, What Can Go Wrong*(Newbury Park, CA: Sage, 1989)을 참고하라.
15. Duncan, Boisjoly, and Harris, "Sibling, Peer, Neighbor, and Schoolmate Correlations."
16. 사춘기 비행에 대한 연구에서 Monique Matherne과 Adrian Thomas는 위기에 처한 학생들의 비행을 막기 위해 학교와 특별히 교사의 책임을 매우 강조했다. 인용된 근거 문헌 역시 중요한 연결 고리로 교사의 역할을 인정하는 동일하게 강한 메시지를 전달했다. Monique M. Matherne과 Adrian Thomas, "Family Environment as a Predictor of Adolescent Delinquency," *Adolescence* 36(Winter 2001): 655-664를 참고하라.
17. 많은 연구는 부모의 지원이 교육에 필요하다는 교사들의 주장을 인용한다. 하지만 부모들은 고등학교 환경에 직접 개입하는 일을 점점 더 기피하고 있다. 예를 들어 Strom, Beckert, Strom, "Evaluating the Success of Caucasian Fathers," 131-149를 확인하라.
18. Robert Crosnoe와 Glen H. Elder Jr., "Family Dynamics, Supportive Relationships, and Educational Resilience during Adolescence," *Journal of Family Issues* 25 (July 2004): 573.
19. 교사와 학부모 관계에 대한 이런 표현은 완전히 과장한 것이며 일반화한 것이라고 생각한다. 그러나 이 관계의 본질은 독자에게 실제적인 문제가 존재함을 이해시키려고 여기 소개한 것이다. 건강한 협력 관계가 쉽게 이루어질 수 있는 체계가 갖추어져 있지 않다.
20. "연구와 정책을 연구하는 비영리 기관 퍼블릭 어젠다에서 발표한 보고서에 따르면 …교사들은 부모의 개입 부족은 심각한 문제라고 말했다. 교사 중 78퍼센트는 자녀의 교육에 대해 전혀 모르는 부모가 너무 많다고 말했고, 불과 19퍼센트만이 고등학교에서 부모의 개입이 심하다고 답했다"(Associated Press, "Unruly Students Top Public's List").
21. 부모들은 전화를 걸어도 응답을 하지 않거나 통신문에도 반응하지 않는 등의 행동으로 교사들 사이에서 원성을 사는 것이 사실이다. 그러나 중기 사춘기 청소년을 양육하는 어려움과 관계들에 비추어볼 때, 바쁜 생활과 더 많은 압박을 받을 수 있다는 두려움, 비웃음을 받을 수 있다는 두려움이 전반적으로 이렇게 회피하는 마음을 더 부추길 수 있음을 더욱 분명히 확인할 수 있다. 부모와 교사의 관계는 서로를 필요로 하지만, 서로를 회의적으로 바라보고 주눅이 들어 있는 전형적인 경우에 해당한다. 그러나 교사들은 부모들보다 훨씬 안전한 위치에 있으므로 주도자로서 교사의 역할을 옹호하는 교육계 리더들의 주장에 동의한다. Strom, Beckert, Strom, "Evaluating the Success of Caucasian Fathers"를 참고하라.
22. 연합통신, "Unruly Students Top Public's List."
23. 〈클래스〉, 감독, Laurent Cantet.
24. Ruben Garza, "Latino and White High School Students' Perceptions of Caring Behaviors: Are We Culturally Responsive to Our Students?" *Urban Education* 44 (May 2009): 298.
25. Alison Cook-Sather, "What Would Happen If We Treated Students as Those with Opinions That Matter? The Benefits to Principals and Teachers of Supporting Youth Engagement in School," *NASSP Bulletin* 91 (December 2007): 348. 또한 Louie F. Rodriguez, "'Teachers Know You Can Do More': Understanding How School Cultures of Success Affect Ur-

ban High Schoo Students," *Educational Policy* 22(September 2008): 758-780의 결론 부분을 참고하라.
26. David Brooks, "Making It: Love and Success at America's Finest Universities," Weekly Standard 8, no. 15, www.weeklystandard.com/Content/Public/Articles/000/000/002/017ickdp.asp (2002년 12월 23일 접속).
27. Wiest, Wong, Cervantes, "Intrinsic Motivation"을 참고하라.
28. P. Jackson, *Life in Classrooms*, rev. ed. (New York: Teachers College Press, 1990), 27.
29. Donald Lee McCabe, "Academic Dishonesty among High School Students," *Adolescence* 34(Winter 1999): 681-687.
30. Jackson, *Life in Classrooms*, 26-28.
31. McCabe, "Academic Dishonesty." 또한 Jackson, *Life in Classrooms*; Pope, *Doing School*을 참고하라.
32. 이 진술을 지지하는 더 자세한 주장에 대해서는 10장을 참고하라.
33. Andrea Solarz는 "교사의 공정성에 대한 청소년들의 인식은 또한 긍정적인 사춘기 발달과 관련이 있음이 드러났다"라고 지적한다(*American Psychological Association*, 27). 또한 J. D. Klein, "The National Longitudinal Study on Adolescent Health: Preliminary Results—Great Expectations," *Journal of the American Medical Association* 278(1997): 864-865를 참고하라. 내가 관찰한 바에 따르면 광범위한 부정행위를 합리화하기 위해 가장 빈번하게 제기하는 주장 중 하나는 다음과 같다. "선생님들이 공정하지 않으니까 우리는 부정행위를 해도 돼요."
34. L. Jensen, J. Arnett, S. Feldman, E. Cauffman, "It's Wrong, but Everybody Does It: Academic Dishonesty among High School and College Students," *Contemporary Educational Psychology* 27, no. 2 (2002): 209-228
35. 위와 동일.
36. Pope, *Doing School*, 156.
37. 이것은 부모의 나라에서 태어났지만 이민국에서 자란 이들을 가리키는 호칭이다.
38. 이 연구가 진행된 공동체에서 많은 아시아계 학생들은 토요일에도 하루 종일 공부를 하고 최고의 학업 성적을 유지해야 한다는 압박과 기대를 받았다.
39. 일부 학교는 학생의 개인적인 환경이나 가정 환경과 상관없이 최소한의 일정한 봉사 시간을 채우도록 요구한다.
40. Pope, *Doing School*, 150.
41. Pope, 위와 동일.
42. 학생들이 팀을 이루어 공부하도록 훈련하려고 한 시도는 여러 차례 있었다. 무엇보다 중기 사춘기 청소년의 자기중심적 시각 때문에 이것을 효과적인 교수법으로 사용할 수 있는 방도를 연구해야 할 필요를 부정할 수는 없다. Solarz, *American Psychological Association*을 참고하라. 1988년 10월 전국 청소년 지도자 대회에서 David Elkind가 연설 중에 비꼬는 투로 언급했듯이 "우리는 모든 중학교 문을 닫고 학생을 모두 어딘가로 데리고 가서 2년 동안 배를 만들게 해야 한다!"
43. Solarz, *American Psychological Association*, 13.

44. 2003년 7월 31일, *New York Times*는 어떤 이유에서건 학교의 평균 시험 점수를 낮출 수 있기 때문에 강제로 퇴학당하는 학생인 '중퇴자'를 1면 기사로 다루었다.
45. Solarz, *American Psychological Association*, 10. 또한 H. Gardner, *Multiple Intelligences: The Theory in Practice*(New York: Basic Books, 1993)를 참고하라.
46. 나는 모든 아이가 무한한 가능성을 지니고 있다는 개념에 동의하지 않는다. 그런 개념은 모두가 동등하게 무엇이든 성취할 능력이 있다는 신화를 고수한다. 이런 입장은 아무리 애써도 이룰 수 없는 꿈이 있는 개인들에게 유해한 지나치게 낙관적인 문화적 신화다. 우리 제도를 변화시키고 아이들을 훈련하는 더 적절한 접근 방식은 각각의 아이마다 자신만의 특별한 재능과 역할을 타고났음을 믿도록 하는 것이다.
47. Levine, *A Mind at a Time*.

6장. 가족

1. Richardson과 McCabe, "Parental Divorce during Adolescence," 467-489; Strom, Beckert, Strom, "Evaluating the Success of Caucasian Fathers"; Matherne and Thomas, "Family Environment"; Robert H. Bradley와 Robert F. Corwyn, "Home Environment and Behavioral Development during Early Adolescence: The Mediating and Moderating Roles of Self-Efficacy Beliefs," *Merrill-Palmer Quarterly* 47, no. 2 (2001): 165-187.
2. Clifford L. Broman, Xin Li, and Mark Reckase, "Family Structure and Mediators of Adolescent Drug Use," *Journal of Family Issues* 28 (August 2008): 1626-1649; Sara E. Goldstein, Pamela E. Davis-Kean, Jacquelynne S. Eccles, "Parents, Peers, and Problem Behavior: A Longitudinal Investigation of the impact of Relationship Perceptions and Characteristics on the Development of Adolescent Problem Behavior," *Developmental Psychology* 41, no. 2 (March 2005): 401-413; Jennifer Manlove 외, "Pathways from Family Religiosity to Adolescent Sexual Activity and Contraceptive Use," *Perspectives on Sexual and Reproductive Health* 40, no. 2 (2008): 105-117.
3. Solarz, *American Psychological Association*, 25.
4. 이 책의 내용을 보강하는 차원에서 나는 학생들과 동료들과 친구들에게 의견을 개진하고 필요한 개념이 있으면 소개해달라고 요청했다. 내가 의지하고 신뢰하는 회사 중역인 Jim Collins는 이 부분의 내용에 매우 비판적이었다. 나는 그의 지적이 이 단원의 논리 전개와 맞지 않다고 판단했지만, 그의 비판은 귀담아들을 필요가 있다. "이 내용은 사실과 거리가 멉니다. 특히 유대-기독교 문화 밖에서는 그렇죠. 많은 태평양 제도의 문화에서는 사용하는 용어는 다르지만 자유롭게 아이들을 주고받기도 합니다. 그래도 낙인이 찍히거나 영향을 받지 않습니다. 우리 문화에서 문제는 용인되는 기준들과 문화적 변화가 일치한다는 사실입니다. 즉, 가정은 이기적인 어른들에게 편리한 방향으로 변화되고 있다는 말입니다. 그러나 '비정상적' 가정의 자녀들에게 강요되는 뚜렷한 사회적 관행은 여전합니다. 가장 심각한 영향을 미친다고 믿는 것은 이 처벌입니다. 예를 들어, 레즈비언 부모가 그 자체로 아이들에게 나쁘다는 주장은 개인적으로 동의하지 않아요. 아이들에게 문제가 되는 것은 가정 상황에 따라오는 부정할 수 없는

결과인 사회적 낙인이죠. 사람들이 자신의 욕망과 필요를 마음껏 추구하도록 사회가 허용해도, 이런 가정 환경에 종속된 아이들은 집 밖에서 홀로 그 무게를 감당하는 것이 엄연한 현실입니다. 이기적인 부모들은 아이들이 고통을 자유롭게 토로하지 못하게 하거나, 자녀의 생각과 감정을 무시하는 식으로 이 상황을 악화시킵니다." 나는 여기에 레즈비언 부모들과 이야기할 때 겪는 어려움을 덧붙이고 싶다. 본질적으로 아버지가 불필요하다는 내재적 개념은 객관적인 경험적 연구가 고려하지 않는 개념이다.

5. 이것은 미국 인구 조사국(U.S. Census Bureau)의 가족에 대한 개념 정의다. 1990년 매사추세츠 뮤추얼 생명보험사에서 실시한 조사를 보면 1,200명의 성인 중 무작위 샘플의 불과 22퍼센트만이 이 가족 개념을 선택했다. Kearl's Guide to the Sociology of the Family와 www.trinity.edu/mkearl/family.html(2003년 8월 1일 접속)을 참고하라.

6. 부모를 자녀들의 1차 양육자로 보는 확대 가족의 유럽식 개념은 수천 년 전의 초기 이스라엘 민족으로 거슬러 올라갈 수 있지만, 남녀 두 명으로 이루어진 부모의 전통적인 가족 개념은 그리 멀지 않은 흑백 텔레비전 시대로 거슬러 올라간다고 많은 이가 주장한다. 두 명의 부모 가정에 대한 이런 식의 수정주의적 거부의 한 가지 예는 Stephanie Coontz의 *The Way We Never Were*에서 볼 수 있다. "가족(family)라는 단어는 원래 노예를 가리키는 단어였다는 사실을 유의해야 한다. 이 단어가 혈연과 결혼으로 연결된 사람들에게 적용된 이후에도 수백 년 동안 가족이라는 개념은 사랑의 관계보다 권위 관계를 가리켜 사용되었다. 가정생활과 여성의 자녀 양육의 감상적 시각은 역사적이고 기능적으로 경쟁적 개인주의와 남성들의 형식적 평등주의의 등장과 관련이 있었다(*The Way We Never Were: American Families and the Nostalgia Trap* [New York: Basic Books, 1992], 43-44). 유럽 사회에서 가정생활이 길고 일관된 역사가 있다는 증거는 적지 않다. 유럽식 가정생활은 미국 가정생활의 기초다. 이 가정생활은 1830년대 초에서 중기에 미국 가정생활 영역에서 변화(일부는 쇠퇴 혹은 타락이라 부를 것이다)가 두드러지게 나타나면서 위축되기 시작했다. 예일 대학 교수인 John Demos에 따르면 이 시기에 백여 년 후에 무성하게 번창한 문제의 씨앗이 뿌려졌다. 이혼과 유기가 증가하고, 자녀 양육이 결정적으로 기분에 좌우되며, 가정의 권위가 의문시되고, 가족은 전반적으로 함께하는 시간이 줄어드는 경험을 했다(John Demos, *Past, Present, and Personal: The Family and the Life Course in America* [New York: Oxford University Press, 1986]).

7. Susan L. Brown, "How Cohabitation Is Reshaping American Families," *Contexts* 4, no. 3 (Summer 2005), www.proquest.com (2009년 12월 11일 접속).

8. 위와 동일.

9. Amy G. Langekamp and Michelle L. Frisco, "Family Transitions and Adolescent Severe Emotional Distress: The Salience of Family Context," *Social Problems* 55, no. 2 (May 2008), www.proquest.com (2009년 12월 11일 접속).

10. 이것은 부모의 행동에 대한 많은 연구로 확인할 수 있다. 한 가지 예로 Strom, Beckert, and Strom, "Evaluating the Success of Caucasian Fathers"를 참고하라.

11. Currie, *Road to Whatever*, 45.

12. Matherne and Thomas, "Family Environment," 663. 또한 Elizabeth Bertera, "The Role

of Positive and Negative Social Exchanges between Adolescents, Their Peers and Family as Predictors of Suicide Ideation," *Child and Adolescent Social Work Journal* 24, no. 6 (December 2007), www.proquest.com (2009년 12월 11일 접속).
13. Solarz, *American Psychological Association*, 26.
14. 위와 동일.
15. Jeffrey J. Arnett, "Adolescent Storm and Stress, Reconsidered," in *Readings on Adolescence*, 10.
16. 위와 동일.
17. Solarz, *American Psychological Association*, 27.
18. Mary Eastham, "Healing the Wounded Adolescent," *Compass* 43, no. 2 (Winter 2009), www.proquest.com (2009년 12월 11일 접속).
19. Strom, Beckert, and Strom, "Evaluating the Success of Caucasian Fathers."
20. 일부 연구는 자매들의 강력한 지지가 부모의 지원이 부재한 상황을 어느 정도 상쇄해줄 수 있음을 보여주었다. 하지만 그렇다고 부모가 이 결과를 자신의 일차적 책임을 방기할 구실로 사용해서는 절대 안 된다. Avidan Milevsky, "Compensatory Patterns of Sibling Support in Emerging Adulthood: Variations in Loneliness, Self-Esteem, Depression and Life Satisfaction," *Journal of Social and Personal Relationships* 22(2005): 751을 참고하라.
21. Solarz, *American Psychological Association*, 4.
22. Mark D. Regnerus, "Friends' Influence on Adolescent Theft and Minor Delinquency: A Developmental Test of Peer-Reported Effects," *Social Science Research* 13, no. 4 (December 2002): 681-706.
23. Mary Eastham, "Healing the Wounded Adolescent." 또한 William S. Aquilino과 Andrew J. Supple의 결론을 참고하라. "부모의 지속적 지원을 동반한 성공적인 개인화는 사춘기 이후의 긍정적인 심리사회적 능력으로 이어진다"("Long-Term Effects of Parenting Practices during Adolescence on Well-Being Outcomes in Young Adulthood," *Journal of Family Issues* 22 [April 2001]: 291); Simon Eltringham과 Jan Aldridge, "Parenting on Shifting Sands: The Transfer of Responsibility for Safely Managing Danger," *Clinical Child Psychology and Psychiatry* 7(2002): 143도 참고하라.

7장. 스포츠

1. 놀라울 것도 없이 이런 식의 사회적 명명은 학생들의 발달상의 필요를 의미 있는 수준으로 충족시킨다. "또래 집단 멤버십과 활동 참여는 정체성 탐색과 특정 유형의 또래 집단에 대한 소속감과 연관이 있고 특정한 활동 기반의 페르소나를 갖게 해주기 때문이다"(Bonnie L. Barber, Jacquelynne S. Eccles, Margaret R. Stone, "Whatever Happened to the Jock, the Brain, and the Princess? Young Adult Pathways Linked to Adolescent Activity Involvement and Social Identity," *Journal of Adolescent Research* 16, no. 5 [September 2001]: 429-455, 431에 대한 인용).

2. Solarz, *American Psychological Association*, 18.
3. Barber, Eccles, Stone, "Whatever Happened?"; Patricia A. Harrison, Narayan Gopalakrishnan, "Differences in Behavior, Psychological Factors, and Environmental Factors Associated with Participation in School Sports and Other Activities in Adolescence," *Journal of School Health* 9, no. 3 (March 2003): 113; Karen Trew 외, "Sport, Leisure and Perceived Self-Competence among Male and Female Adolescents," *European Physical Education Review* 5, no. 1 (1999): 53-74를 참고하라.
4. Lina A. Ricciardelli, Marita P. McCabe, Damien Ridge, "The Construction of the Adolescent Male Body through Sport," *Journal of Health Psychology* 11, no. 4 (2006): 577-587을 참고하라.
5. 고등학교 스포츠가 미국에서 집중적인 관심을 받는 강력한 조직이 된 방식을 섬세하고 솔직하게 들여다본 보고에 대해서는 Wolff, "Special Report"; Mark Hyman, *Until It Hurts: America's Obsession with Youth Sports and How It Harms Our Kids*(Boston: Beacon, 2009)를 참고하라.
6. Merrill J. Melnick, Kathleen E. Miller, Donald F. Sabo, "Tobacco Use among High School Athletes and Nonathletes: Results of the 1997 Youth Risk Behavior Survey," *Adolescence* 36(Winter 2001): 730. 또한 Barber, Eccles, Stone, "Whatever Happened?"; Lynn A. Barnett, "Flying High or Crashing Down: Girls' Accounts of Trying Out for Cheerleading and Dance," *Journal of Adolescent Research* 21, no. 5(September 2006): 514-541; Margo Gardner, Jodie Roth, and Jeanne Brooks-Gunn, "Sports Participation and Juvenile Delinquency: The Role of the Peer Context among Adolescent Boys and Girls with Varied Histories of Problem Behavior," *Developmental Psychology* 45, no. 2(2009): 341-353도 참고하라.
7. Elkind, *Hurried Child*, 30.
8. John Underwood, "A Game Plan for America," *Sports Illustrated*, February 23, 1981, 동일한 부분에서 인용.
9. Hyman, *Until It Hurts*, 1-14.
10. Eric Sondheimer, "Soccer Players Face Split Decision: Some Elite Southland Athletes Must Choose between Their High School and Club Teams," *Los Angeles Times*, January 16, 2008, http://articles.latimes.com/2008/jan/16/sports/sp-academy16 (accessed March 8, 2010). Sondheimer의 기사는 주로 남부 캘리포니아의 축구 클럽을 집중적으로 다룬 반면, 이 인용문은 미국 전역의 다른 스포츠 클럽에도 해당된다. 클럽 연회비도 여기에 포함된다.
11. U.S. Soccer Development Academy, http://ussda.demosphere.com/Profiles/index_E.html(2010년 3월 12일 접속)을 참고하라.
12. Sondheimer, "Soccer Players." 그는 계속해서 이렇게 지적한다. "700만 명이 넘는 학생이 고등학교 스포츠 활동에 참여하는 가운데 (미국 주 고등학교 협회 연맹의 부국장인) Mark Koski는 그의 조직의 주요 목적은 반드시 올림픽 챔피언이 아니라 '일생 긍정적인 기여를 할 시민들'을 생산하는 데 있다고 말했다. 그러나 전국적으로 우후죽순 등장한 클럽 프로그램들은 직업 선수로서 성과를 점점 더 요구하는 스포츠계의

현실을 보여준다."
13. Hyman, *Until It Hurts*, 66.
14. 위와 동일, 38. Hyman은 또한 1974년 Frank Jobe가 처음 시술한 팔꿈치 인대 접합 수술인 '토미 존 수술'(Tommy John surgery)을 살펴본다. 척골 측부 인대 부상은 야구 투수들이 주로 겪는 고통스러운 부상으로, 이 수술은 인체의 다른 부위의 힘줄을 이용해 척골 측부를 연결한다. John은 선수 생활이 끝난 줄 알았지만 이 수술로 10년 이상 선수 생활이 연장되었다. 한때 낯설고 매우 위험하다고 여겨졌던 이 수술은 모든 연령대의 선수들에게 점점 흔한 수술이 되고 있다. "1988년부터 1994년까지 유명한 앨라배마주의 외과의 James Andrews는 단 7명의 고등학교 선수에게만 '토미 존 수술'을 시행했다. 2000년부터 2004년까지 그 수치는 124명으로 늘었다. 오늘날 Andrews가 시행한 '토미 존 수술'의 절반 이상이 고등학교 선수와 대학교 선수다"(위와 동일, 84). Tommy John 본인은 무엇이라고 말하는가? 그는 Hyman에게 불행하게도 "8살에 투수가 되든지 18살에 투수가 되든지 아무런 차이가 없다는 사실을 (부모들은) 이해하지 못하며 앞으로도 그러지 못할 것"이라고 말한다. "17살이 될 때까지 한 번도 공을 던져본 적이 없는 아이를 데려다가 2년 동안 훈련시키면, 19살 쯤에는 8살 때부터 투수로 활약해온 아이만큼이나 혹은 그보다 더 월등한 투수 실력을 보여줄 것이다. 그리고 팔 부상은 거의 없을 것이다"(위와 동일, 21).
15. Hyman은 이렇게 말한다. "성인들에게 청소년 스포츠는 명사로 인정받을 중요한 수단일 수 있다. 자녀가 엘리트 선수로 지명되거나 원정 경기를 뛰는 대표팀 선수로 선정되면 전 가족의 사회적 지위 역시 당연히 보장받을 수 있다"(위와 동일, 22).
16. 이런 미묘한 문제들을 논의함으로 사춘기 이전의 일반 학생들의 불안감이나 열등감을 자극하기를 원치 않았기 때문에 이들과 인터뷰는 하지 않았다. 이 실험의 취지상 이들의 목소리를 반드시 들어야 할 필요는 없었다.
17. 그랜트와 같은 학생들이 '진실을 말하는 강인한 사랑'이라는 훈련 방식으로 장기적 유익을 얻는다는 식의 개념은 오래전 심각하게 재고되었어야 한다. 부정적인 피드백은 말할 것도 없이 다른 사람들과의 비교에 집중하는 피드백은 상대의 의욕을 꺾고, 학생들이 더 자신을 의식하고 조건부 자존감을 갖는 원인이 된다. 반면 자율성을 존중하며 지지하는 식의 훈련(선수들에게 선택을 보장하고, 비난과 같은 통제적 행위를 피하며, 선수들의 감정과 시각을 인정하고, 과제와 한계의 합리적 근거를 제시하고 선수들이 주도성과 독립성을 보일 기회를 주는 방식을 포함함)은 동기와 신체 활동과 심리적 안정에 영향을 미치는 것으로 나타났다. J. Douglas Coatsworth와 David E. Conroy, "The Effects of Autonomy-Supportive Coaching, Need Satisfaction, and Self-Perceptions on Initiative and Identity in Youth Swimmers," *Developmental Psychology* 45, no. 2 (2009): 320-328을 참고하라.
18. 중서부 대학 풋볼 선수들에 대한 최근 연구에 따르면, 어떤 대가를 치르더라도 우승하고자 하며 개인적 욕구를 무시하고 상대편을 이기고자 하는 욕구가 높은 학생들은 더 지배적이고 경직된 획일적인 남성적 규범을 가진 것으로 보고되었다. 이로 인해 우울증, 불안, 대인관계의 친밀성 저하의 위험이 있음을 보여주었다. Jesse A. Steinfeldt 외, "Gender Role Conflict and Stigma toward Help-Seeking among College Football

Players," *Psychology of Men and Masculinity* 10, no. 4 (2009): 261-272를 참고하라.

8장. 성

1. 인간을 대상으로 하는 연구, 특별히 아동과 청소년들을 대상으로 하는 연구는 잘한다고 해도 쉽지 않고 최악의 경우 위험하다. 사춘기 청소년의 성에 관하여 지금까지 자료 수집의 가장 일반적 형태는 자기 보고 형식으로 이루어졌다. 이것은 청소년이 자신의 성 경험이나 성에 대한 생각을 조사 방식이나 인터뷰 방식으로 밝히는 것이다. 그럼에도 태도와 심지어 노골적 행위들을 조사하는 데 사용되는 조사 방법론들은 아무리 엄격하고 철저하더라도 의미 있는 결론이 나오도록 정확히 정리하기 위해서는 자료를 다차원적 정렬 방식으로 입력해야 한다. 그러나 대중 미디어에서는 연구자들의 지지 아래 이런 유형의 연구 결과가 객관적이며 부정할 수 없는 사실로 받아들여질 수 있다(전체 그림을 알기 위해서는 이 방법으로 드러내거나 확인할 수 있는 수준을 넘어서는 더 많은 것이 필요할 수 있다).
2. 2005년도에 작성된 이 광고에 대한 한 블로거의 소감을 소개한다. "탄산음료 닥터페퍼는 새로운 광고를 선보이고 있다. 광고는 〈스테이시의 엄마〉(Stacy's Mom)라는 노래를 배경으로 사용한다('스테이시 엄마는 뭔가 끌리는 게 있어'). 이 노래는 여자 친구의 엄마에게 추파를 던지는 십대가 부르는 노래다. 닥터페퍼 광고는 10-12세 소년들이 공원에서 놀고 있을 때 미니밴 한 대가 등장하는 장면으로 시작한다. 운동화 차림의 여성이 밴에서 내리고 손가락에는 자동차 열쇠를 건 여성의 모습을 근접 촬영하여 보여준다. 바람에 블라우스가 들리면서 허리춤 바로 위가 살짝 드러나는 일종의 유혹하는 장면이 스쳐 지나간다. 미묘하면서도 성적인 매력을 강조하는 장면이다. 그녀가 자동차 문을 열자 냉장고 위의 닥터페퍼 음료가 짠하고 보인다. 아이들은 웃으며 냉장고로 달려간다. 마지막 스치는 몇 장면에서 '나는 스테이시의 엄마와 사랑에 빠졌어요'라는 노래 가사가 흘러나온다···한 아이가 황홀한 듯 그 여성을 멍하게 바라보자 그녀는 다 알고 있다는 듯 씩 미소 짓는다"(http://right-mind.us/blogs/blog_0/archive/2005/02/07/1534.aspx, 2010년 6월 17일 접속).
3. 거리감을 유지하기 위해 여학생들과는 개인적으로 이 주제에 대해 이야기하지 않았다.
4. 기독교 청소년 사역 단체에 속해 있는 한 표적 집단 학생들은 상대적으로 예상 가능한 답변으로 이 논의를 시작했다. 그러다가 그중 한 명이 "얘들아, 좀 솔직해져 봐. 그게 뭔지 너희는 알잖아"라는 말로 분위기를 바꾸었다. 그 말을 기다리기라도 했다는 듯이 아이들은 교회에 다니지 않는 학생들과 흡사한 내용으로 열면 대화를 이어갔다.
5. 이런 유행에 대한 설명은 Snopes.com을 참고하라(http://www.snopes.com/risque/school/bracelet.asp, 2010년 11월 30일 접속). 영 라이프(Young Life)의 란초 델 솔(Rancho Del Sol) 지역 책임자인 Rob Clark는 이메일로 이 현상에 대해 자신이 사는 동네의 중학교 여학생들에게 이런 열풍이 광범위하게 나타나고 있다고 지적한다. "이런 유행은 보통 기껏해야 조롱조의 흉내 내기 차원이지만, 중학생들이 이 팔찌를 사용해 희롱할 때는 적어도 유의해 살펴보아야 할 사건이 된다"라고 그는 말한다. (sex bracelet: 여성이 착용할 경우, 색깔로 성석 행위에 관해 의사를 표시할 때 사용하는 팔찌—역주)

6. Peggy Orenstein, "Playing at Sexy: Do Gyrating Little Girls Become Sexting Young Women?" *New York Times Magazine*, June 13, 2010, 11.
7. Chapin, "Adolescent Sex and Mass Media."
8. 특별히 Mark Regnerus, *Forbidden Fruit: Sex and Religion in the Lives of American Teenagers*(New York: Oxford University Press, 2007)을 참고하라.
9. Solarz, *American Psychological Association*, 24.
10. 나는 성에 대해, 특히 성행위에 대해 학생들과 일대일로 직접 대화하지 않으려고 조심했다. 또한 여러 명과 함께 나누는 대화 역시 조심스럽게 접근했다. 이 장에 나오는 내용은 여러 환경의 다양한 학생들이 자유롭게 들려준 내용을 요약한 것이다.
11. Orenstein, Deborah Tolman, "Playing at Sexy," 7 인용.
12. 위와 동일.
13. 사춘기 청소년들의 실제 성관계 실태를 확인하기란 쉽지 않다. 다양한 연구가 진행되지만 엄선된 최신 자료들을 보면 전반적으로 성관계는 감소하는 추세를 보이는 것 같다. 유의미한 수준에서 이 수치를 정리하고자 시도한 자료는 풍성하다. 예를 들어, 십대들의 성과 종교에 대한 획기적인 연구로 Regnerus의 *Forbidden Fruit*가 있다. 캐나다 청소년들에 대해서는 Smylie, Medaglia, Maticka-Tyndale, "The Effect of Social Capital and Socio-demographics on Adolescent Risk and Sexual Health Behaviours"를 참고하라.
14. Rita Rubin, "Survey Finds U.S. Abortion Rate Hits Lowest Level since 1974," *USA Today*, January 15, 2003, 8D.
15. Child Trends에서 입수한 자료다. www.childtrends.org/PDF/FAAG2002.pdf (2003년 4월 24일 접속).
16. Cathy Gulli 외, "Suddenly Teen Pregnancy Is Cool?" *Maclean's* 121, no. 3 (January 28, 2008): 40-44. 온라인으로는 http://www.macleans.ca/culture/lifestyle/article.jsp?content=20080117_99497_99497에서 확인할 수 있다(2010년 11월 30일 접속).
17. Joseph M. Strayhorn과 Jillian C. Strayhorn, "Religiosity and Teen Birth Rate in the United States," Reproductive Health, September 2009, www.reproductive-health-journal.com/content/6/1/14(2009년 11월 13일 접속).
18. 위와 동일.
19. "One in Four Female Adolescents Is Infected with At Least One Sexually Transmitted Infection, New CDC Study Finds," Oral Abstract D4a—Prevalence of Sexually Transmitted Infections and Bacterial Vaginosis among Female Adolescents in the United States: Data from the National Health and Nutritional Examination Survey (NHANES) 2003-2004, http://www.cdc.gov/stdconference/2008/press/summaries-11march2008.htm(2010년 6월 15일 접속).
20. 광고, *USA Today*, March 25, 2008, 8A.
21. 이와 관련한 증거는 적지 않다. 더 상세한 내용은 Sharlene Azam의 *Oral Sex Is the New Goodnight Kiss*를 참고하라. 이 책에는 또한 다큐멘터리 영상(DVD)과 다른 온라인 자료들도 담고 있다. http://www.thenewgoodnightkiss.com/에서 확인할 수 있다(2010년 8월 5일 접속).

22. "청소년의 절반이 조금 넘는 사람들이 이성 간에 구강성교를 한 경험이 있다(전체 55퍼센트). 실제로 십대들은 질 삽입 성관계보다 이런 구강성교를 하는 이들의 비율이 더 높다(50퍼센트, 유의 확률 p값이 0퍼센트 이하다). 실질적으로 항문성교는 그 수치가 훨씬 적으며(11퍼센트)…여성 청소년의 54퍼센트와 남성 청소년의 55퍼센트는 구강성교를 한 경험이 있고 10명 중 1명이 구강성교를 한 경험이 있다. 성관계 경험이 없는 이들과 비교해 질 삽입 섹스를 시도했던 청소년들은 구강성교와 항문성교를 모두 경험한 경우가 훨씬 더 많았다." Laura Duberstein Lindberg 외, "Non-coital Sexual Activities among Adolescents," *Journal of Adolescent Health* 42, no. 7 (May 2008), http://www.guttmacher.org/pubs/JAH_Lindberg.pdf (2009년 12월 10일 접속).
23. Paige D. Martin, Don Martin, Maggie Martin, "Adolescent Premarital Sexual Activity, Cohabitation, and Attitudes toward Marriage," *Adolescence* 36 (Fall 2001): 601-609.
24. Mara Brendgen, Frank Vitaro, Anna Beth Doyle, "Same-Sex Peer Relations and Romantic Relationships during Early Adolescence: Interactive Links to Emotional, Behavioral, and Academic Adjustment," *Merrill-Palmer Quarterly* 48, no. 1(January 2002): 77-103. 또한 Chapin, "Adolescent Sex and Mass Media"도 참고하라.
25. 학회에서 두 명의 소아과 의사와 토론 중에 여러 명의 의학심리 연구원이 전 세계적으로 이른 초경 경험과 세계 문화의 성적 이미지의 지속적 증가 추세의 상관관계를 연구하고 있다는 말을 들었다. 동일하게 이 연관성을 연구하는 이들도 있다. 하지만 이 연관성을 다룬 문서 형태의 자료를 찾기가 쉽지 않았다.
26. L. Remez, "Oral Sex among Adolescents: Is It Sex or Is It Abstinence?" *Family Planning Perspectives* 32, no. 6 (2000): 298-304.
27. Solarz, *American Psychological Association*, 23.
28. Michael D. Lemonick, *Time*지 인터뷰에서 인용, *Time*, October 30, 2000, www.time.com/time/magazine/0,9263,1101001030,00.html(2004년 2월 13 접속).
29. Martin, Martin, Martin, "Adolescent Premarital Sexual Activity"; 또한 Terri D. Fisher, "Teen Romance under the Microscope," review of T*he Development of Romantic Relationships in Adolescence*, Wyndol Furman, B. Bradford Brown, and Candice Feiring 편집, *Journal of Sex Research* 37, no. 4(November 2000): 383을 참고하라.
30. Brooks, "Making It."
31. 20대 청년들이 단지 짜릿함을 즐기려고(그리고 돈 때문에) 선정적인 행동을 선보이는 '리얼리티' 텔레비전 쇼가 대폭 늘어난 것이 떠오른다. 이들은 수십 년은 아니더라도 수년 동안 성적인 실험을 했고, 이제 인생의 묘미를 맛보기 위한 또 다른 황홀한 경험이 필요하다. 익스트림 스포츠와 MTV의 유명한 코미디 프로그램으로 출연자들이 위험한 장난이나 스턴트를 수행하는 〈잭애스〉(Jackass)도 여기에 포함될 수 있다.
32. Stuart Pfeifer, "3 Teenagers Will Be Tried as Adults in Videotape Rape Case," *Los Angeles Times*, January 30, 2003, B5.
33. Smylie, Medaglia, Maticka-Tyndale, "The Effect of Social Capital and Socio-demographics," 97.

9장. 바쁜 일상과 스트레스

1. 이에 대한 종합적 토론은 Mary A. Carskadon 편집, *Adolescent Sleep Patterns: Biological, Social, and Psychological Influences*(Cambridge: Cambridge University Press, 2002)을 참고하라.
2. 연합통신이 실시한 여론 조사에 따르면 대학생 5명 중 1명이 심지어 봄방학으로도 불안감을 느낄 정도로 지속적인 스트레스를 받는다고 한다. Associated Press, "1 in 5 Undergrads Is Constantly Stressed," msnbc.com, http://www.msnbc.msn.com/id/23693229 (2010년 7월 10일 접속).
3. Brooks, "Making It."
4. 위와 동일.
5. Suniya S. Luthar와 Shawn J. Latendresse, "Adolescent Risk: The Costs of Affluence," *New Directions for Youth Development* 95 (Fall 2002): 103.
6. 위와 동일, 108.
7. Levine, *Price of Privilege*, 18.
8. Solarz, *American Psychological Association*, 29.
9. Elkind, *Hurried Child*, 3rd ed., 166.
10. 위와 동일, 184.
11. Shannon M. Suldo 외, "Sources of Stress for Students in High School College Preparatory and General Education Programs: Group Differences and Associations with Adjustment," *Adolescence* 44(Winter 2009): 925-948. 비교 차원에서 이 연구는 또한 선행 '대학 진학 준비 프로그램'에 참가하는 학생들에게 가장 힘든 것이 학업 스트레스임을 보여주었다. 또한 Vivien S. Huan 외, "The Impact of Adolescent Concerns on Their Academic Stress," *Educational Review* 60, no. 2(May 2008): 169-178을 참고하라.
12. 가족에 대한 스트레스에 대해서는 Floor V. A. van Oort 외, "Prospective Community Study of Family Stress and Anxiety in (Pre)adolescents," *European Child and Adolescent Psychiatry* 19, no. 6(June 2010): 483-491을 참고하라. 또한 스트레스를 받을 때 부모의 지지가 미치는 생리적 영향에 대한 흥미로운 연구는 Agnes M. Willemen 외, "Physiological Reactivity to Stress and Parental Support: Comparison of Clinical and Non-clinical Adolescents," *Clinical Psychology and Psychotherapy* 15, no. 5 (September-October 2008): 340-351를 참고하라.
13. Lawrence Steinberg, "We Know Some Things: Parent-Adolescent Relations in Retrospect and Prospect," *Journal of Research in Adolescence* 11, no. 1 (2001): 1-19.
14. Solarz, *American Psychological Association*, 34.
15. Pipher, *Reviving Ophelia*, 283.
16. Hersch, *Tribe Apart*, 364.
17. Bradley와 Corwyn, "Home Environment and Behavioral Development during Early Adolescence," 165-187을 참고하라.
18. Albert Bandura, *Social Foundations of Thought and Action: A Social Cognitive Theory*

(Englewood Cliffs, NJ: Prentice-Hall, 1986), 178.
19. Bradley와 Corwyn, "Home Environment," 167.
20. Luthar와 Latendresse, "Adolescent Risk"; Selena T. Nguyen-Rodriguez, Jennifer B. Unger, Donna Spruijt-Metz, "Psychological Determinants of Emotional Eating in Adolescence," *Eating Disorders* 17 (2009): 211-224; Dena Phillips Swanson 외, "Identity Processes and the Positive Youth Development of African Americans: An Explanatory Framework," *New Directions for Youth Development* 95 (Fall 2002): 73-99. 또한 Archibald D. Hart와 Catherine Hart Weber, *Stressed or Depressed: A Practical and Inspirational Guide for Parents of Hurting Teens* (Brentwood, TN: Integrity, 2005)의 논의도 참고하라.
21. E. David Klonsky와 Jennifer Muehlenkamp, "Self-Injury: A Research Review for the Practitioner," *Journal of Clinical Psychology* 63, no. 11 (2007): 1045-1056.
22. Cornell University, "Self-Injury Is Prevalent Among College Students, Survey Shows," *Science Daily*, June 5, 2006, http://www.sciencedaily.com/releases/2006/06/060605155351.htm (2008년 7월 9일 접속).
23. 위와 동일. 자해에 대한 더 자세한 내용은 John D. Guerry와 Mitchell J. Prinstein, "Longitudinal Prediction of Adolescent Nonsuicidal Self-Injury: Examination of a Cognitive Vulnerability-Stress Model," *Journal of Clinical Child and Adolescent Psychology* 39, no. 1 (January/February 2010): 77-89; Catherine R. Glenn and E. David Klonsky, "The Role of Seeing Blood in Non-Suicidal Self-Injury," *Journal of Clinical Psychology* 66, no. 4 (April 2010): 466-473; L. Webb, "Deliberate Self-Harm in Adolescence: A Systematic Review of Psychological and Psychosocial Factors," *Journal of Advanced Nursing* 38, no. 3 (May 2002): 235-244를 참고하라.
24. Nguyen-Rodriguez, Unger, and Spruijt-Metz, "Psychological Determinants of Emotional Eating"; Swanson, "Identity Processes and Positive Youth Development." 또한 Samantha Miller 외, "Habitual Response to Stress in Recovering Adolescent Anorexic Patients," *Child Psychiatry and Human Development* 40, no. 1 (2009): 43-54를 참고하라.
25. 연합통신, "1 in 5 Undergrads Is Constantly Stressed."

10장. 윤리와 도덕성

1. Males, "New Demons."
2. Thucydides, *The History of the Peloponnesian War*, Richard Crawley 번역, The Internet Classics Archive, http://classics.mit.edu/Thucydides/pelopwar.2.second.html (2004년 2월 16일 접속).
3. Karen S. Peterson, "Youthful Pessimism Gives Rise to Generation Vexed," *USA Today*, October 19, 2000, 12D.
4. 내 원고를 읽은 한 심사자는 여기에 다음의 내용을 추가했다. "그들은 또한 어린 나이에 성인들이 아주 사소한 유혹에도 도덕적이고 윤리적인 기준이 흔들릴 수 있는 존재이자 너무나 불완전하고 바보 같은 존재라고 가르치는 미디어의 엄청난 공격을 받아

왔다."
5. Erin Curry, "American Youth More Conservative but Less Moral, Studies Report," www.bpnews.net/bpnews.asp?ID=14511 (2002년 10월 24일 접속).
6. Jean Piaget, *The Moral Judgment of the Child* (New York: Harcourt, Brace, Jovanovich, 1932).
7. Lawrence Kohlberg, *Essays on Moral Development: The Philosophy of Moral Development*, vols. 1 and 2 (San Francisco: Harper & Row, 1981, 1984).
8. Solarz, *American Psychological Association*, 11.
9. Cathy Stonehouse, "Moral Development: The Process and the Pattern," *Counseling and Values* 24 (1979): 6.
10. 단계 이론과 다른 접근 방식은 Abraham Maslow의 '욕구 5단계 이론'이다(*Motivation and Personality*[New York: Harper, 1954]). 이 이론은 아래 세상의 필요에서 행동하는 중기 사춘기 청소년들의 경우처럼 단계 이론들이 한계를 보이는 이유를 설명하기 위해 도덕적 발달 과정을 포함시킨다. Maslow에 따르면, 욕구의 전반적인 여러 유형(생리적, 안전, 사랑, 존중의 욕구)이 충족되어야 한 개인이 자기중심적인 상태에서 타인 중심적으로 성장할 수 있다.
11. Robert N. Barger, *A Summary of Lawrence Kohlberg's Stages of Moral Development*(NotreDame, IN: University of Notre Dame, 2000)를 참고하라. http://www.qcc.cuny.edu/socialsciences/ppecorino/INTRO_TEXT/Chapter%208%20Ethics/Reading-Barger-on-Kohlberg.htm. "덕성 발달의 첫 단계(전관습적 수준)는 일반적으로 초등학교 수준에서 확인할 수 있다. 이 수준의 첫 단계에서 사람들은 권위적 인물(가령, 부모나 교사)에게 지시를 받고 사회적으로 용인되는 규범에 따라 행동하는 모습을 보인다. 이때의 복종은 위협이나 처벌이 동기로 작용한다. 이 수준의 두 번째 단계에서는 올바른 행동의 기준을 자신의 욕구 충족으로 보는 시각이 두드러진다."
12. David Knox, Marty E. Zusman, Kristen McGinty, "Deception of Parents during Adolescence," *Adolescence* 36 (Fall 2001): 611-614.
13. 위와 동일.
14. Lene Arnett Jensen, Jeffrey Jensen Arnett, S. Shirley Feldman, Elizabeth Cauffman, "The Right to Do Wrong: Lying to Parents among Adolescents and Emerging Adults," *Journal of Youth and Adolescence* 33, no. 2 (April 2004): 101-112. 또한 Mark Warr, "The Tangled Web: Delinquency, Deception, and Parental Attachment," *Journal of Youth and Adolescence* 36, no. 5(2007): 607-622를 참고하라.
15. 위와 동일.
16. 유사한 결론을 보고하는 연구의 한 가지 예에 대해서는 Kang Lee와 Hollie J. Ross의 "The Concept of Lying in Adolescents and Young Adults: Testing Sweetser's Folkloristic Model," *Merrill-Palmer Quarterly* 43, no. 2(1997): 255-270을 참고하라.
17. Lashbrook, "Fitting In," 747-757.
18. Gerald Zelizer, "Break Cheating Pattern Early," *USA Today*, November 20, 2002. 또한 위의 자료도 참고하라.

19. 이 연구 과정에서 나는 사춘기 청소년의 행동을 연구하며 사용한 조사 방법론에 대한 나의 믿음에 점점 피로감이 쌓이게 되었다. 나는 개인적으로 정량적인 실증적 연구를 보완할 목적으로 인터뷰에 의존하는 소위 정성적 연구에서조차 중기 사춘기 청소년들은 피상적 층위에서 대답할 수 있다고 생각한다. 가령, 청소년이 자신의 집에서 진행된 인터뷰에서 조사자에게 속내를 털어놓는다는 이유만으로 그녀가 자신의 생활에 대해 말한 내용이 반드시 정확하거나 신뢰할 만한 내용이라는 의미는 아니라는 것이다.
20. McCabe, "Academic Dishonesty."
21. Eric M. Anderman, Tripp Griesinger, Gloria Westerfield, "Motivation and Cheating during Early Adolescence," *Journal of Educational Psychology* 90 (1998): 84-93.
22. McCabe, "Academic Dishonesty."
23. 위와 동일.
24. "징계 처분만으로는 이 문제를 해결할 수 없다. 교실의 부정행위를 효과적으로 처리하는 방법은 교실 문화를 바꾸는 데서 시작된다"(Daniel E. Lee, "Cheating in the Classroom: Beyond Policing," *The Clearing House* 82, no. 4 [March/April 2009], http://proquest.umi.com/pqdweb?did=1651769121&Fmt=3&clientId=29876&RQT=309&VName=PQD, 2009년 12월 11일 접속).
25. Tamera B. Murdock, Anne S. Beauchamp, Amber M. Hinton, "Predictors of Cheating and Cheating Attributions: Does Classroom Context Influence Cheating and Blame for Cheating?" *European Journal of Psychology of Education* 23, no. 4 (2008): 477-492.
26. Eric M. Anderman, "The Effects of Personal, Classroom and School Goal Structures on Academic Cheating," in *Psychological Perspectives on Academic Cheating*, 편집. Eric M. Anderman and Tamera B. Murdock (San Diego: Elsevier, 2007), 87-106.
27. McCabe, "Academic Dishonesty," 684.
28. Christine A. Tanner, "Moral Decline or Pragmatic Decision Making? Cheating and Plagiarism in Perspective," *Journal of Nursing Education* 43, no. 7 (July 2004): 291-292.
29. Zelizer, "Break Cheating Pattern Early."
30. Josephson Institute of Ethics, "Survey Documents Decade of Moral Deterioration: Kids Are More Likely to Cheat, Steal, and Lie than Kids 10 Years Ago," www.josephsoninstitute.org/Survey2002/survey2002-pressrelease.htm(2002년 10월 24일 접속). 2008년 조셉슨 윤리 연구소의 보고에 따르면, 응답자의 64퍼센트가 지난 1년 동안 시험 중 부정행위를 했다고 인정했고, 38퍼센트가 2번 이상 부정행위를 했다고 인정했다. 이것은 본문에서 제시된 2002년도 수치보다 감소했지만 2006년 자료와 비교하면 증가했다는 뜻이다. 2006년의 경우 지난 1년 동안 시험에서 부정행위를 한 이는 60퍼센트이고, 2번 이상 부정행위를 한 경우는 35퍼센트라고 보고되었기 때문이다("The Ethics of American Youth: 2008," http://charactercounts.org/programs/reportcard/2008/index.html [2010년 6월 18일 접속]).
31. Chris Dogra(고등학교 1학년, Fairfax High School, Los Angeles), *Los Angeles Times*, November 2, 2002, B23.

32. Zelizer, "Break Cheating Pattern Early."
33. 위와 동일.
34. See Solarz, American Psychological Association, 16. "성적인 문제로 스트레스를 받는 십대에게 '그냥 거절하라'고 말하는 것은 애정을 받기를 절실히 원하는 그들이 대인 관계를 다룰 때 도움이 되는 조언이 아니다."
35. 위와 동일, 33.
36. William Damon, director of Adolescent Research Center (lecture given at Fuller Theological Seminary, Pasadena, CA, February 15, 2000). 또한 William Damon, *The Moral Child*(New York: Free Press, 1988)도 참고하라.
37. Barger, Summary of Lawrence Kohlberg's Stages of Moral Development, http://www.qcc.cuny.edu/socialsciences/ppecorino/INTRO_TEXT/Chapter%208%20Ethics/Reading-Barger-on-Kohlberg.htm을 참고하라(2010년 11월 30일 접속).

11장. 파티, 게임, 소셜 네트워킹

1. 미국 질병통제예방센터에 십대들이 보고한 자료를 보고 싶다면 본서 3장을 참고하라. 또한 "2004년도 캐나다 중독 조사에서 15-17세 청소년들 중 77퍼센트와 18-19세 청소년들 중 97퍼센트가 때로 술을 마신다고 보고했고, 그중 각각 62퍼센트와 91퍼센트는 그 전 해에도 술을 마셨다고 보고했다. 전 해에 술을 마셨다고 한 청소년들 중에서 각각 29퍼센트와 42퍼센트가 자주 폭음(한 번에 5잔 이상을 마시는 경우)을 했다고 보고했다는 사실에 주목할 필요가 있다(Demers & Poulin, 2005)"(Smylie, Medaglia, and Maticka-Tyndale, "The Effect of Social Capital," 96).
2. Tao Ruspoli, "Drugs and Technicity: A Heideggerian Inquiry into the Evolution of Drug Use," www.ruspoli.com/drugs.html (2004년 2월 16 접속).
3. 12,067명을 대상으로 한 2010년도 종단 연구는 "한 개인의 사회적 관계 속에서 알코올 소비 행동의 변화가 그 사람의 이후의 알코올 소비 행동에 통계적으로 유의미한 영향을 미쳤음을 발견했다"(J. Niels Rosenquist 외., "The Spread of Alcohol Consumption Behavior in a Large Social Network," *Annals of Internal Medicine* 152, no. 7 [April 6, 2010]: 426).
4. 어떤 연구들은 이 과정이 어떤 효과가 있는지 이해하고자 시도한다. 예를 들어, Karl E. Bauman과 Susan T. Ennett는 또래가 약물과 알콜 소비에 어떤 영향을 미치는지 조사한 연구 자료를 살펴본 후 "또래는 여러 복합적인 기제들을 통해 청소년의 약물 사용에 직간접적으로 영향을 미치는 것으로 보인다. 약물 사용하는 것을 따라 함으로써, 규범과 태도와 가치관을 형성함으로써, 약물을 사용할 기회를 주고 그 행위를 지지함으로써 이루어진다"(Bauman and Ennett, "On the Importance of Peer Influence for Adolescent Drug Use: Commonly Neglected Considerations," *Addiction* 91, no. 2 [1996]: 184). 또한 Jeffrey J. Arnett, "Reckless Behavior in Adolescence: A Developmental Perspective," *Developmental Review* 12(1992): 339-373; Jeffrey J. Arnett과 L. Balle-Jensen, "Cultural Bases of Risk Behavior," *Child Development* 64(1993): 1842-1855도 참고하라.

5. Arnett, *Adolescence and Emerging Adulthood*.
6. Franca Beccaria and Allan Sande, "Drinking Games and Rite of Life Projects: A Social Comparison of the Meaning and Functions of Young People's Use of Alcohol during the Rite of Passage to Adulthood in Italy and Norway," *Young* 11 (2003): 101.
7. Jodi Dworkin, "Risk Taking as Developmentally Appropriate Experimentation for College Students," *Journal of Adolescent Research* 20 (March 2005): 232.
8. Katie Hafner, "Texting May Be Taking a Toll," *New York Times*, May 25, 2009, www.nytimes.com/2009/05/26/health/26teen.html (2010년 4월 11일 접속).
9. Amanda Lenhart, "Teens and Mobile Phones over the Past Five Years: Pew Internet Looks Back," Pew Internet & American Life Project, August 19, 2009, http://www.pewinternet.org/Reports/2009/14--Teens-and-Mobile-Phones-Data-Memo.aspx (2010년 4월 11일 접속).
10. 부모들에게 자녀들이 이용하는 과학 기술과 관련해 이해하기 어려운 행동 중 하나는 거의 모든 십대가 잠자리에 들 때 충전한 핸드폰을 베개 위에, 즉 귀 옆에 두는 것이다. 부모들은 왜 십대들이 그렇게 가까이 핸드폰을 두고 자는지 이해하기가 어렵다. 특별히 그런 습관이 유해하다고 믿을 충분한 이유가 있음에도 말이다. 십대들은 대체로 이렇게 대답한다. "누군가 날 필요로 할 것 같아서죠." 달리 말해 "이건 내 구명줄이고 친구라고요"라고 말하는 셈이다.
11. Livingstone, "Taking Risky Opportunities."
12. Maria Frostling-Henningsson, "First-Person Shooter Games as a Way of Connecting to People:'Brothers in Blood,'" *CyberPsychology and Behavior* 12, no. 5 (2009): 561.
13. Huon Longman, Erin O'Connor, Patricia Obst, "The Effect of Social Support Derived from World of Warcraft on Negative Psychological Symptoms," *CyberPsychology and Behavior* 12, no. 5(2009): 563. 이 연구는 또한 (일주일에 44-82시간까지) 가장 많은 시간 동안 게임을 하는 사람들이 오프라인에서 사회적 지지를 받는 경우가 현저히 적었고 부정적인 심리적 증상을 보이는 경우가 더 많음을 발견했다.
14. Helene Cole과 Mark D. Griffiths, "Social Interactions in Massively Multiplayer Online RolePlaying Games," *CyberPsychology and Behavior* 10, no. 4 (2007): 583.

12장. 주변부 양극단에 있는 아이들

1. Epstein, *Teen 2.0*을 참고하라.
2. D. Wayne Osgood, E. Michael Foster, Mark E. Courtney, "Vulnerable Populations and the Transition to Adulthood," *Future of Children* 20, no. 1 (Spring 2010): 210.
3. Osgood, Foster, and Courtney, "Vulnerable Populations."
4. 위와 동일.
5. K. A. S. Wickrama, Samuel Noh, Chalandra M. Bryant, "Racial Differences in Adolescent Distress: Differential Effects of the Family and Community for Blacks and Whites," *Journal of Community Psychology* 33, no. 3 (2005): 276.

6. Amanda Barczyk와 Sanna Thompson, "Alcohol/Drug Dependency in Homeless Youth," *Alcoholism: Clinical and Experimental Research* 32, supp. 1 (June 2008): 367A.
7. 또래 친구들이 주류에 껴주지 않는 십대들을 가리켜 지금까지 많은 표현이 사용되었다. 가령 '범생이'(nerd)나 '촌뜨기'(dork)와 같은 표현이다. 이 책의 초판이 출간되었을 때 많은 학교와 공동체에서, 드라마나 밴드에 등장하는 이들이 때로 이런 식으로 묘사되었다. 흥미롭게도 텔레비전 드라마 〈글리〉(Glee)의 압도적인 인기에서 보듯이 '괴짜 범생이'에 대한 관심이 최근에 되살아나고 있다. 그러나 이런 구분은 여전히 중요하다. 거의 모든 상황에서 다른 대다수 청소년과 '어울리지' 못하는 아이들이 있고, 따라서 친구들에게 따돌림을 당하는 이들이 있기 때문이다.
8. 이런 표현들은 주로 자신과 자녀들을 엘리트로 보는 가정들과 다른 환경의 사람들의 시선으로 사용되기 때문에 객관적으로 그 의미를 확정할 필요가 없다.
9. Levine, *Price of Privilege*, 64.
10. David Moshman, *Adolescent Psychological Development: Rationality, Morality, and Identity* (New York: Guilford, 2004).
11. Lalitha Vasudevan과 Gerald Campano, "The Social Production of Adolescent Risk and the Promise of Adolescent Literacies," *Review of Research Education* 33 (2009): 323.
12. Catherine A. Taylor 외, "Cumulative Experiences of Violence among High-Risk Urban Youth," *Journal of Interpersonal Violence* 23, no. 11 (2008): 1618-1635.
13. Michael Ungar, "The Importance of Parents and Other Caregivers to the Resilience of High-Risk Adolescents," *Family Process* 43, no. 1 (2004): 33-34.
14. Joanne O'Sullivan Oliveira와 Pamela J. Burke, "Lost in the Shuffle: Culture of Homeless Adolescents," *Pediatric Nursing* 35, no. 3 (May-June 2009): 154-161.
15. Vasudevan과 Campano, "The Social Production of Adolescent Risk," 323.
16. '재능 있고 뛰어난' 아이들, 다시 말해 영재들을 평범한 아이들과 구분하는 깊이 뿌리내린 관행에 대한 비판조차 이 관행을 지지하는 사람들의 우려에 부딪힐 수 있다. 그러나 또 다른 한편으로 청소년들의 특정 필요에만 반응하는 교육 제도 발달에 관심을 둠으로써, 나머지 청소년들이 각기 가진 고유한 가능성을 발전시킬 기회를 부정하게 될 가능성은 없는지 생각해보아야 한다. 영재 중심의 소수의 청소년만 인정하는 미국 교육 제도의 극히 협소한 기준을 옹호하는 것은 아무리 보아도 문제가 있다. 이 논의의 불을 붙이기 위해 나는 독자들이 전미 영재아동협회 웹사이트(www.nagc.org)의 자료를 정독할 것을 권한다. 일부는 이런 영재 중심적 교육 역사와 시각을 분명히 인정하고 장려하겠지만, 나를 비롯한 일부는 우리 문화에서 가장 편협하고 경멸스러우며 위험한 대의에 대한 논증이라고 생각한다. 이런 상황임에도 이 장은 이런 명명하기가 명성과 족보나 시험 점수에 상관없이 발달 중인 사춘기 청소년에게 미치는 영향을 살피는 작업을 하고 있다.
17. Levine, *Price of Privilege*, 9.
18. 위와 동일, 14.
19. 위와 동일.
20. 위와 동일, 48.

21. Curtis Miller, "The Way of Privilege: What You Need to Know about the Issues Facing Affluent Youth," *Fuller Youth Institute eJournal*, July 13, 2008, http://fulleryouthinstitute.org/2008/07/the-way-of-privilege/ (2010년 6월 28일 접속).
22. Scot D. Evans, "Youth Sense of Community: Voice and Power in Community Contexts," *Journal of Community Psychology* 35, no. 6 (2007): 704.
23. 위와 동일, 705.
24. 이것의 한 가지 예를 들자면 "자녀들의 노력과 능력을 칭찬하고 독자적인 문제 해결을 장려하는 부모들의 자녀는 도전적인 과제를 선호했다"(Joel M. Hektner, "Family, School, and Community Predictors of Adolescent Growth-Conducive Experiences: Global and Specific Approaches," *Applied Developmental Science* 5, no. 3 [2001]: 180-181).
25. 독자들은 이 부분에 대한 나의 편집상의 결정이 마음에 들지 않거나 이 결정에 동의하지 않을 수 있다. 하지만 나 역시 그렇게 만족스럽지 않다는 것을 알면 도움이 될 것이다.
26. Ruta Valaitis, "'They Don't Trust Us; We're Just Kids.' Views about Community from Predominantly Female Inner City Youth," *Health Care for Women International* 23, no. 3 (2002): 256-257.
27. 심각한 신체적 장애가 있는 취약층 아이들은 여기서 예외일 수 있다. 극히 드물기는 하지만 대다수 또래들은 가장 도움이 필요한 이들에게 공감하거나 존중하는 모습을 보인다. 많은 주류 청소년이 심각한 장애가 있는 이들을 어떻게 바라보고 대하는지를 보고 흥미로운 반전이 있음을 확인했다. 그리고 때로 자신을 게이나 레즈비언으로 밝히면서 생활 방식을 과시하거나 숨기지 않는 이들처럼 너무나 달라서 틀에 얽매이지 않고 살아가는 모습은 일종의 존경을 받기도 한다. 주류 청소년이 사회적 혹은 정서적 장애가 있거나 생활 방식이 주류의 사회 구조상 혐오스럽거나 방해가 된다고 인식되는 소외된 또래들을 어떻게 바라보고 대하는지와 비교할 때, 신체 장애가 있는 또래들에 대해서는 훨씬 섬세하고 심지어 보호해주려는 감정을 드러낸다(아마 그들이 '어쩔 수 없다'는 가정이 작용하는 것일 수 있다). 종종 다른 형태의 비교적 바로 확인하기 어려운 장애나 어려움을 겪는 이들에 대해서는 노골적으로 조롱하고 놀리는 모습을 보인다. 나는 이런 일이 실제로 일어나고 있다고 확신하지만, 나의 관찰을 명확하게 이해하거나 결론을 내리기까지는 신중하고 조심스러운 연구가 더 필요할 것이다.
28. 의미 있는 성인의 지원을 받을 뿐 아니라 "내면에 강한 목적 의식"이 있는 청소년들은 특별히 어려움을 만날 때 더 강력한 회복탄력성을 발전시킬 것이라는 증거가 계속 확인되고 있다. 예를 들어, Ann S. Masten, "Ordinary Magic: Resilience Processes in Development," *American Psychologist* 56, no. 3(March 2001): 227-238을 참고하라.
29. Maria Drews, "Bouncing Back: Increasing Resilience for Hurting Kids," *Fuller Youth Institute eJournal*, August 3, 2009, http://fulleryouthinstitute.org/2009/08/bouncing-back/#footnote_10_8354(2010년 7월 6일 접속). 또한 Ann S. Masten과 J. Douglas Coatsworth, "The Development of Competence in Favorable and Unfavorable Environments: Lessons from Research on Successful Children," *American Psychologist* 53, no. 2 (February

1998): 213, 215; Masten, "Ordinary Magic," 232, 235도 참고하라.
30. 펜실베니아 대학 긍정 심리학 센터(University of Pennsylvania Positive Psychology Center)에 따르면 긍정 심리학은 "개인들과 공동체가 성장할 수 있게 해줄 감정과 덕목에 대한 과학적 연구"라고 정의할 수 있다[http://www.ppc.sas.upenn.edu/(2010년 7월 6일 접속)].
31. U.S. Department of Health and Human Services, "Positive Youth Development," http://www.acf.hhs.gov/programs/fysb/content/positiveyouth/index.htm (accessed May 13, 2009).
32. Reed Larson, "Positive Youth Development, Willful Adolescents, and Mentoring," *Journal of Community Psychology* 34, no. 6 (2006): 678-679.
33. 그녀의 노력의 예들은 N. A. Ansary와 S. S. Luthar, "Distress and Academic Achievement among Adolescents of Affluence: A Study of Externalizing and Internalizing Problem Behaviors and School Performance," *Development and Psychopathology* 21(2009): 319-341, T. M. Yates, A. J. Tracy, S. S. Luthar, "Nonsuicidal Self-Injury among 'Privileged' Youth: Longitudinal and Crosssectional Approaches to Developmental Processes," *Journal of Consulting and Clinical Psychology* 76(2008): 52-62를 참고하라.
34. Suniya S. Luthar and Shawn J. Latendresse, "Children of the Affluent: Challenges to Well-Being," *Current Directions in Psychological Science* 14, no. 1 (February 2005): 49-53.
35. Levine, *Price of Privilege*, 38-48.
36. 캐나다의 한 종단 연구에서 17세에 경험한 가장 힘든 인생 경험과 그 이후 다시 26살에 경험한 가장 어려운 인생 경험에 대해 연구한 결과, "긍정적인 양육"을 받은 경험이 상황에 대해 "긍정적으로 문제를 해결"로 이어지는 내러티브를 발전시킬 가능성이 높았다. 반대로 상대적으로 부정적인 양육 경험이 있다고 보고한 이들은 상황에 대한 훨씬 어려운 해결을 암시하는 내러티브를 보여주었다. 연구자들은 "예상한 대로 후기 사춘기의 긍정적인 양육 경험의 인식과 성인 모색기에 부정적인 일을 선명하고 긍정적으로 처리하려는 이후의 성향은 유의미한 관련성이 있음을 확인했다"(Alessio Vieno 외, "Parenting and Antisocial Behavior: A Model of the Relationship between Adolescent Self-Disclosure, Parental Closeness, Parental Control, and Adolescent Antisocial Behavior," *Developmental Psychology* 45, no. 6 [2009]: 1516).
37. Ungar, "The Importance of Parents and Other Caregivers," 36.
38. 자녀들의 일상과 책무를 과도하게 통제하고 문제를 해결해주는 헬리콥터 부모는 아동기, 사춘기, 성인 초입기의 자녀와의 관계에서 적극적으로 자녀를 도와주는 부모와는 차이가 있다. 예를 들어, 대학 신입생 학부모 설명회에서는 이 두 양육 방식을 하나의 범주로 보고 이를 반대하며 때로 부모들에게 다음과 같은 강력한 조언을 한다. "이제 자녀들은 성인입니다. 부모의 도움없이 독립적으로 생활하게 해주십시오." 개인적으로 나는 대학 신입생들이 부모와 끈끈한 관계를 유지할 필요가 있다고 생각한다. 하지만 이 두 유형의 부모들은 청소년 자녀들이 스스로 해결해야 할 문제가 있을 경우, 개입하지 말고 그들에게 맡길 필요가 있다.

39. 더 자세한 내용은 이 장에서 인용한 연구들을 참고하라.
40. Abraham H. Maslow, *Toward a Psychology of Being*, 3rd ed. (New York: Wiley, 1998), 27.
41. 전체 미국 사립학교가 이 문제를 핵심 목표로 삼고 있다고 주장할 이는 거의 없을 것이다. 하지만 특정한 선언문을 갖춘 사립학교에서나 인종간 평등을 핵심 의제로 제시하는 행정 부서나 교수가 있는 학교처럼 상당한 예외가 존재한다.
42. *Time*, http://www.time.com/time/magazine/article/0,9171,1948619-3,00.html (2010년 11월 30일 접속).
43. G. Orfield, "Reviving the Goal of an Integrated Society: A 21st Century Challenge," The Civil Rights Project/Proyecto Derechos Civiles at UCLA, January 1, 2009, http://civilrightsproject.ucla.edu/research/k-12-education/integration-and-diversity/reviving-the-goal-of-an-integrated-society-a-21st-century-challenge (2010년 8월 12일 접속).
44. Levine, *Price of Privilege*, 48-53.

3부. 우리의 선택지

1. 특별히 사춘기 때 아버지와 자녀 관계 같은 개념에 대한 본격적인 논의는 Chap and Dee Clark, *Daughters and Dads* (Colorado Springs: NavPress, 1998)를 참고하라.

13장. 중기 사춘기 청소년들에게는 무엇이 필요한가?

1. 스탠포드 대학의 William Damon은 이론적인 시각들과 결론들을 실제적 행동으로 전환하는 데 성공했다. 예를 들어, William Damon 편집, *Bringing in a New Era in Character Education*(Stanford, CA: Hoover Institute Press, 2002); Damon, *Moral Child*; and Damon, *Youth Charter*를 참고하라.
2. 8장에서 언급한 것처럼 여기서 말하는 포옹은 연인 관계나 성적인 의미의 포옹과는 다르다. 많은 청소년에게 남녀 상관없이 적극적인 성적 표현이 유기의 고통을 해결해 주는 경우는 거의 없으며, 일반적으로 더 깊은 환멸과 좌절감만 더할 뿐이다. 사라와 다른 모든 사춘기 청소년이 무의식적으로 원하는 포옹은 안전한 장소와 관계가 주는 따스한 포옹이다.

14장. 체계적 유기의 흐름을 되돌릴 다섯 가지 전략

1. Robert S. Griffin, *Sports in the Lives of Children and Adolescents: Success on the Field and in Life* (Westport, CT: Praeger, 1998).
2. Big Brothers and Big Sisters는 이런 일이 너무 빨리 일어나지 않도록 하기 위해 노력하며 아이들이 성인이 된 후에도 많은 Big Brothers and Big Sisters(청소년의 멘토가 되어 주는 성인 봉사자)들이 그들과 오랫동안 관계를 유지한다고 보고한다. 그러니 일반적

으로 그들은 대부분 한 아이의 인생에 일시적인 역할을 하는 것으로 보인다.
3. Damon, *Youth Charter*.

부록. 방법론

1. Paula Saukko, "Methodologies for Cultural Studies: An Integrative Approach," in *The Sage Handbook of Qualitative Research*, Norman K. Denzin and Yvonna S. Lincoln 편집, 3rd ed. (Thousand Oaks, CA: Sage, 2005), 346.
2. 오늘날 십대들의 세계에서 일어나는 일에 대해 최신 정보를 확인하고 싶은 사람들은 우리 팀에서 새로운 자료와 결론과 정보들을 지속적으로 업데이트하고 있는 www.parenTeen.com을 이용하면 된다.
3. 이것의 한 가지 예는 미국 고등학교 청소년에 대한 부당한 대우를 조사한 Michelle Fine과 Lois Weis의 보고서다. 문화기술지적 근접 조사를 통해 그들은 "미국 학교의 대부분 학생과 달리 인종 차별 정책이 철폐된 학교의 청소년들은 항상 그리고 매일 관계를 통해 스스로의 정체성을 확인하고 설명해야 한다. 그들은 '차이'가 중요한 공간에서 그에 맞는 자아를 선보여야 한다. 다시 말해, 그들은 매일 소우주와 같은 인종과 계급으로 나뉘는 위계 속에서 스스로의 위치를 확인하고 주장하며 협상하고 있는 것이다"(Fine and Weis, "Compositional Studies in Two Parts: Critical Theorizing and Analyzing on Social (In)Justice," in Denzin and Lincoln, *Sage Handbook*, 75). 이런 차원의 관찰은 설문 조사처럼 전형적인 형태의 십대 연구 방식으로는 얻을 수 없는 결과다. 연구 대상에 대해 일정한 형태와 수준의 참여 관찰 방법이 아니고서는 발견될 수 없었을 너무나 직접적인 통찰과 그들의 환경에 대한 세세하고도 익숙한 내용을 소개하고 있다.
4. Patricia A. Adler와 Peter Adler, "Teen Scenes: Ethnographies of Adolescent Cultures," *Journal of Contemporary Ethnography* 31 (October 2002): 653.
5. Kathy Charmaz, "Grounded Theory in the 21st Century: Applications for Advancing Social Justice Studies," in Denzin and Lincoln, *Sage Handbook*, 517.
6. 그러므로 "과정과 방법에 대한 전통적인 연구자들의 관심은 문화기술지적 관찰자들이 연구 대상인 집단 구성원들과 상호 교류하거나 대화 관계를 이어가는 방식에 대한 관심으로 보완되어왔다(그러나 절대 대체된 것은 아니다)"(Michael V. Angrosino, "Recontextualizing Observation: Ethnography, Pedagogy, and the Prospects for a Progressive Political Agenda," in Denzin and Lincoln, *Sage Handbook*, 734).
7. "문화기술지의 '자기 교정 조사 과정'은 일반적으로 적절한 샘플링 절차, 자료를 수집하고 분석하는 체계적 기법, 자료의 타당성, 관찰자의 편향 방지, 결과물의 문서화를 포함한다"(Angrosino, "Recontextualizing Observation," 733).
8. George Kamberelis와 Greg Dimitriadis, "Focus Groups: Strategic Articulations of Pedagogy, Politics, and Inquiry," in Denzin and Lincoln, *Sage Handbook*, 887-907.
9. Kamberelis와 Dimitriadis가 지적하듯이 "아마 가장 중요한 것은 표적 집단이 제공하는 대화의 가능성이 연구자가 자신의 생각과 해석을 섣불리 확정하는 잘못을 저지르지 않게 한다는 점일 것이다. 그렇게 해서 주관적 추론의 한계와 윤리와 실천의 형태로서

지적, 경험적 겸허함의 중요성을 알리는 것이다. 그런 겸손함이 있을 때 타인의 시도에 귀 기울이며 자신들의 삶을 이해하고자 하는 '이중적 실천'이 가능해진다. 또한 경험 자체가 힘들 때 '목소리'와 같은 '너무 쉬운' 개념의 유혹에 휩쓸리지 않고 저항할 수 있다. 이것은 이런저런 '거대 서사'에 이미 내포되어 있다"(Kamberelis and Dimitriadis, "Focus Groups," in Denzin and Lincoln, *Sage Handbook*, 903).

10. 위와 동일.
11. 여기서 '인구 집단'(population pool)은 고등학교, 민족 집단, 인근 동네처럼 학생들의 다양한 집단을 말한다.
12. "집단 사고는 동질적인 응집력이 강한 그룹이 의견의 만장일치에 지나치게 관심을 가져서 가능한 모든 대안과 선택을 충분히 평가하지 못할 때 발생한다"(http://oregonstate.edu/instruct/theory/grpthink.html [accessed May 15, 2010]). 또한 I. Janis, *Groupthink: Psychological Studies of Policy Decisions and Fiascoes*(Boston: Houghton Mifflin, 1982)를 참고하라.
13. 이 연구를 시작한 이후 나는 수십 명의 학생이나 대학원생과 이 연구에 깊이 관여한 이들과 함께 협력해왔다. 따라서 그들 모두를 지칭해 "팀"이라는 단어를 사용했다.
14. 예를 들어, 워싱턴주 인사과(State of Washington Department of Personnel)에 따르면 역량은 "성공적인 업무 수행에 필수적인 측정 가능하거나 관찰 가능한 지식, 기술, 능력, 태도(KSABs)"라고 정의할 수 있다[http://www.dop.wa.gov/strategichr/workforce-planning/competencies/pages/default.aspx(2010년 5월 19일 접속)].